한국여성 정치사회사 3

한국여성근현대사 ❸ : 1980–현재

한국여성 정치사회사 3

전경옥 유숙란 신희선 김은실

숙명여자대학교 아시아여성연구소

| 발 간 사 |

한국여성근 · 현대사의 연구 결과물이 지난 2년 동안 『한국여성정치 · 사회사』, 『한국여성문화사』, 『한국여성인물사』, 『한국여성정치 · 사회사 2』, 『한국여성문화사 2』, 『한국여성인물사 2』에 이어, 이제 마지막 『한국여성정치 · 사회사 3』, 『한국여성문화사 3』, 『한국여성인물사 3』가 나오게 되었다. 이로써 100여 년에 걸친 한국여성근 · 현대사 총서가 9권으로 완성되었다. 한국여성근 · 현대사 총서가 본격적인 성평등 사회로의 진입 속에서 그 속력이 더욱 가속화되기 시작한 21세기 초반에 완성되었다는 점에서 더욱 벅찬 감격을 느낀다.

21세기 초반 호주제가 헌법 불합치 결정을 받음으로써 광복 후 지속되었던 호주제가 60여 년 만에 드디어 폐지되었다. 또한 여성 행정 수반의 등장, 크로스 섹슈얼이라는 새로운 풍조 속에 나타난 여성성에 대한 수용 등 여성의 경험을 긍정적으로 수용한 제도나 문화가 자리 잡고 때로는 여성성이라는 고정관념을 더욱 부각시키는 결과를 가져 온 문화코드가 바람을 일으키기도 한 것이다. 이제 변화는 어디로 향할지 그 형태나 내용의 깊이가 예측불허인 상황이 되었다.

한국여성근 · 현대사 제3권은 1980년대부터 현재까지의 시기를 다루었다. 제1권에서 개화와 근대화, 식민지배 및 민족독립이라는 큰 틀 속에서 여성의 삶을 조망하였고, 이어 제2권에서는 8·15 광복과 6·25한국전쟁, 분단 및 산업화를 논의의 큰 축으로 전개한 데 이어, 제3권에서는 민주화, 지방화, 세계화라는 큰 축을 중심으로 여성의 삶을 균형 있게 조망하였다.

1980년대 이후 시작된 민주화는 민주주의에 대한 이해와 요구로 시작하여 다양성에 대한 주장과 인간의 조건 향상이라는 인권문화가 부각되는 방향으로 흘렀다. 정치적으로 민간 통치로의 전환점이 그 안에 있고, 참여민주주의를 가능하게 한 소수집단의 부상, 문화적 복지의 중요성에 대한 일반적 이해 등에 따른 정치적 요구의 변화를 볼 수 있었다. 경제적으로 근대화가 이루어 놓은 번영 속에서 여전히 소외된 여성도 있었지만 많은 여성이 경제적 리더로 등단함도 볼 수 있었다. 시민사회의 도약은 여성 참여의 장이 증대될 수 있는 기회를 마련하기도 했다. 뿐만 아니라 민주화는 문화 영역 역시 다양성의 인정과 수용이라는 흐름에 맞게 살지게 할 수 있었다. 고정관념 속에 갇혀 있지 않고 다양한 문화적 코드를 만들어 내는 데 여성의 공로는 컸다. 문화는 단순히 예술과 관련한 영역만이 아니라 실생활 속에 스며드는 인간의 조건 향상이라는 것과 맥락을 같이하는 발전을 기록하였다.

물론 이 시기 여성의 도약은 긍정적인 과정과 결과만을 낳은 것은 아니다. 복잡한 사회의 연결망 속에서 발생하는 긍정적이거나 부정적인 현상을 그대로 재현하기도 하고, 이대로 가다간 여성이 만들어내는 문화의 편협함이 오히려 순수한 희망을 꺾고 말 것이라는 우려를 낳는 면도 있었다. 잘못을 되풀이하지 않을 '정직한 의식'과 '적극적 행동'에 기대하는 것은 이 때문이다.

3년에 걸쳐 한국여성근·현대사를 세 부분으로 나누어 연구했다. 여기서 얻어진 성과는 한국사를 여성의 눈으로 다시 보고 재평가하는 시도를 했다는 것이다. 물론 때로는 여전히 축약되고 제한되어 모든 사실과 경험을 담지는 못했다. 또한 분석의 시각과 틀이 일관되지 못한 점도 있다. 그러나 무엇보다도 이 시도는 100여 년의 한국여성사를 정리했다는 것으로 충분히 보람 있고 높이 평가받아야 할 작업이라고 믿는다. 이제 큰 그림을 놓고 세부적인 것들로 연구를 좁혀가는 심층연구가 필요하다. 우선 여성사 연구 방법에 대한 논의가 다각적으로 행해져야 한다고 본다. 연구의 방법, 즉 주제에 접근하는 방법은 다양하고 그 다양성은 보다 확대되어야 한다. 자칫 특정 학문 영역이나 접근방식이 기득권을 가진 것처럼 잣대 노릇을 하면서 새로운 어떤 시도도 미흡하다는 식으로 보는 경우도 있다. 여성사 연구에서도 그런 위험은 있다. 문학을 하는 사람들이 정치사를 볼 때 다른 이해를 하게 되듯이 정치학을 하는 사람이 같은 주제를 놓고도 문학하는 사람들이 더 중요하다고 보는 점이나 문제를 인식하는 방식을 소화하지 못할 수도 있다. 거시사보다는 미시사의 중요성을 강조할 수도 있고 그 반대일 수도 있다.

여성사 연구에 있어서 역사기술을 완전히 해체하여 다시 조립하는 방식으로 작업했어야 했다는 비판을 하는 사람들은 그것만이 유일한 길이 아니라는 것을 인정해야 할 것이다. 동시에 완전한 해체에 이를 정도의 시간이나 정력을 투자하지 못했을 수도 있다는 것을 인정하는 입장에서는 다른 입장의 지적 역시 수용해야 할 것이다. 이렇듯 여성사 연구의 다양한 방법, 주제의 무한한 가능성, 주제에의 접근 방식 및 이해의 다양한 시각 등을 보면 아직 남아 있는 과제가 상당히 많다. 이는 다른 말로 하면 여성사 연구는 새로운 주제로서 아직 예상할 수도 없는 가능성을 가지고 있다는 뜻이다. 역사란 무엇인가에 대한 새로운 인식부터 한 사람의 생애에 이르기까지 앞으로 펼쳐질 학문적 지평은 무한하다.

한국여성근 · 현대사 100여 년을 새로이 조망하는 작업은 우리의 능력이 미치지 못하여 아쉬움을 남긴 점도 있고 우리의 노력이 제대로 평가받기에는 학문적 방법론에 대한 편견이 작용하거나, 여전히 보편적인 지식과 상식의 경계가 굳건한 데서 비롯된 비판에 대한 아쉬움도 남았다. 우리는 한국 여성의 관점에서 역사를 정리하는 작업을 남긴 것을 자랑스럽게 생각한다. 이런 작업의 기회가 만들어진 것은 2002년 한국학술진흥재단의 기초학문 지원 사업에 선정된 덕이다. 3년 간 한국여성의 근현대사를 연구하여 평등한 사회를 위한 노력에 한 그루의 나무를 더 심었다는 겸허함으로 이 분야 연구를 계속 할 것이다. 이 연구에 동참한 모든 연구자들, 자료 수집에 기꺼이 응해 준 분들, 개인의 경험을 공유해 주신 분들, 연구를 도와 준 많은 학부생과 대학원생들, 연구자들보다 더 애착을 가지고 책을 만들어 주신 숙명여자대학교 출판국 여러분 모두에게 큰 빚을 진 것이다. 관심을 놓치지 않고 연구를 발전시키는 것으로 보답할 것을 약속하며 다시 한번 모든 지원에 감사한다.

2006년 1월

한국여성근현대사 연구책임자
숙명여자대학교 아시아여성연구소 소장
전 경 옥

| 차례 | 한국여성정치사회사 ❸

3장 여성과 사회

1장

한국 민주주의와 여성

여성사란 다른 모든 사회적 현상과 마찬가지로 여성의 관점에서 역사를 다시 보자는 특정한 시대적 요구와 노력의 산물이다. 1980년대 이전에는 소개도 되지 않았거나 크게 주목받지 못했던 여성의 경험을 바탕으로 한 인식의 패러다임이 일반적으로 적용의 범위를 넓혀가기 시작한 것은 그리 오래된 일이 아니다. 근대 국가의 남성 중심적 제도화와 사회 제 가치의 편성이 아직도 많은 경우 유효하지만 1980년대 이후 민주화 과정을 거치면서 여성의 지위와 권력 행사 패턴이나 수준도 변화하였다. 역사를 이해하고 기술하는 데 성인지적 관점을 유지하는 것이 간단하지는 않다. 사건의 선정, 의미 부여, 공감 자극, 그리고 패러다임 변환의 성과 등의 과정을 일관되게 재평가하고 해석해야 하기 때문이다.

1980년 이후 한국 여성의 삶을 한국 민주주의의 전개라는 큰 틀을 통해서 기술하는 데 있어서 여성에게 유독 중요했던 경험이나 여성의 문제의식 및 가치체계가 전 국가적인 변화를 가능하게 했던 것들을 발굴하고 가치를 부여하는 작업을 하게 된다. 민주화 전개 과정에서 여성의 경험, 국가 성격의 변화와 제도화 속에서 여성의 요구와 지위, 시민사회의 발달을 지향하는 가운데 커지는 여성의 역할, 세계 체계의 재편에 반응하는 여성의 현재와 미래가 모아질 것이다.

민주주의 논의와 여성 연구

아직까지 한국에서는 여성과 관련한 질문이 학문적 연구 주제로서 특정 분야 전공자들 외의 다른 사람들에게 주류 연구 패러다임으로나 객관적인 자료로 수용되는 것이 보편적이지 않다. 그러나 한국여성정치사회사는 이러한 학문적 주변화를 극복하고 여성사를 주류 역사로, 그리고 여성사 관련 자료를 공식적인 자료로 복원시키기 위해 쓰였다. 이를 위해 한국여성정치사회사는 아래로부터의 역사 형성이라는 거시적 틀을 유지하면서 국가, 민주화, 세계화, 지방화라는 거대담론 틀 속에서 그 내용을 채워가는 여성의 역할과 모습을 분석할 수 있었다.

개인이 민주 시민으로서의 역할이나 권익에 눈을 뜬 것은 1980년대 이후의 일이다. 특히 이때에 와서야 비로소 여성은 여성정책이라는 성인지적 정책의 필요성과 가치를 의식 하고 연대 의지를 발현시킨다. 여성의 경제 · 교육 등에의 참여가 늘면서 정치적 발언권에 대한 요구가 더욱 커졌다. 여성정책을 국가가 주도하였지만 여성의 목소리는 국가의 정책 우선 순위를 바꾸어 놓는 성과를 내기도 하였다. 또 국가 발전전략에 여성의 능력과 연대를 동원하는 등 여성운동을 실천에 옮기기도 하였다. 특히 한국여성개발원의 설치는 여성의 경험을 중심으로 정책제안을 망라하는 계기가 되었다.

민주주의의 이론과 실제를 비판하고 평가하는 연구가 많이 이루어졌지만, 민주화와 관련하여 여성이 겪는 특별한 경험에 대해서는 밝혀내지 못하거나 밝히려는 의도도 가지고 있지 않았던 것이 현실이다. 우리나라는 다른 어디와 비교하여도 우위에 있을 만큼 여성 관련 자료가 많이 축적되어 있다. 그러나 아직 여성을 따로 분류하여 분석한 사회적 현상을 볼 수가 없다. 그저 일반적인 기준으로 계층, 직업, 학력, 출신지역 등에 맞추어 수집된 자료가 많을 뿐이다. 이것은 많은 사람들이 여성에 초점을 맞춘 현황 파악에 노력하고 있지만 국가 차원에서의 체계적인 자료 수집이 부족하기 때문이다. 예를 들면 빈곤 가구에 대한 자료나 문화적 요구, 복지 요구 등에 관한 여성의 입장에서의 조사는 미흡하다. 개별 연구자가 수집하고 분석하는 것에는 한계가 있게 마련이다. 따라서 국가의 지속적인 경비 지원과 관심으로 체계적인 통계가 상시적으로 수집되는 것이 절실히 필요하다.

한국여성정치사회사 연구는 여성사 및 여성과 관련한 체계적인 자료의 축적에 큰 획을 그었으며, 향후 보다 깊이 있는 여성사 연구의 기반을 구축하였다는 점에서 의미가 깊다.

1. 1980년 이후 한국의 민주주의

박정희 독재정권이 18년 집권을 마감하면서 새로운 시대에 대한 기대가 피의 대가를 치르면서 시작되었다. 1979년 10월 26일 박 대통령이 김재규에 의해 피살되면서 짧은 기간 동안 민주화의 봇물이 터졌다. 그러나 그것은 혼란을 초래하고 피를 뿌리면서 제2

의 군사정권 시대를 열었다. 군사독재 시대는 산업화를 향한 중단 없는 전진의 역사로 평가받는다. 그리고나서 1980년대 말 순탄하지만은 않은 민주화의 길을 시작하였다. 군부의 통치를 이은 민간 정치는 3당 야합이라는 오명을 안고 갈 수밖에 없는 미흡한 것이었고 그 뒤를 잇는 국민의 정부와 현재의 참여 정부까지 때로는 뒷걸음치는 듯하고 때로는 졸속의 민주주의가 민주화를 힘겹게 하는 측면도 있었다.

갑자기 닥친 정치적 자유를 제대로 활용하지 못한 정치인들의 대표격인 3김과 최규하 대통령은 혼란을 미처 수습하지도 못하였다. 한편 시민들은 들떠서 모든 것이 당장 변해야 한다는 식의 과잉 요구와 정치권의 더딘 반응 사이의 시간을 기다려주지 않았다. 혼란을 관리해야겠다는 신군부의 움직임은 제어되지 못했다. 1980년 서울의 봄과 5·18민주화운동은 한국의 민주주의에 전환점을 마련하였고, 개인과 사회에, 그리고 국가의 운명에 제2기 군사정권의 특징을 심어주었다. 부모를 잃은 자식들, 자식을 잃은 부모들, 학생을 잃은 학교, 직원을 잃은 회사, 시민을 잃은 도시, 서로 적이 된 국민들, 다시 살아난 미국의 존재 등 상실과 절망이 저항과 갈등의 역사를 쓰게 되는 모티브가 되었다. 민주주의 미국은 전두환 정권을 인정하는 배경 등 무수한 뒷얘기를 남기면서 반미감정의 소용돌이를 자초하였다.

3김이 분열하면서 그 간의 정치지도자 상은 허상임을 보여주었고 신군부는 그들에게 집권자가 될 기회를 주지 않았다. 그들은 박정희 독재에 억눌렸던 정치 영웅들이 아니었다. 단지 자신들의 민주 운동 이력을 경쟁적으로 포장하고 내세우는 동안 신군부에게 무력하게 모든 것을 넘겨버린 것이다.

기본적으로 전두환 정권의 통치방식이 박정희 정권의 통치방식과 달라진 점은 없다. 즉 강압에 의한 대통령 중심의 국가 권력의 우위는 여전하였다. 박정희 정권에 이어 전두환 정권에서도 언론 탄압은 계속되었다. 이는 민주주의의 가장 중요한 요소인 자유로운 의사표현의 자유가 구속됨을 말한다. 1980년 언론 통폐합은 '언론 학살'이라 불렸다. 방송 언론에 정부의 보도지침이 있다는 것이 알려지게 되었고 그 내용에 경악했다. 모든 공영, 민영 언론이 모두 국가의 수족이 되어있었던 것이다.

전두환 정권의 탄압으로 위축되었던 노동운동은 1987년 과거 10년간의 노동쟁의 건수보다 두 배 이상이 많은 노동쟁의를 기록하는 등 다시 위력을 갖추게 되었다. 1990년대 중반 총파업을 벌여 노동법 개정을 유보시키는 등 힘을 과시했으나 외환위기가 터지면서 다시 주춤해졌다. 이때는 전태일을 잊고 귀족화한 노동운동을 비판하는 소리가 안으로부터도 나왔다.

1987년 6·29선언이라는 군부의 항복은 민주화를 본격화하겠다는 것이었지만 당시 노태우 민정당 대표위원은 대선의 혼돈을 뚫고 직선제 대통령으로 당선되었다. 이때도 역시 10·26 직후와 같은 혼란과 갈등 표출이 있었다. 노동자와 학생을 비롯하여 사회 각계각층의 요구 분출은 정치적 능력을 훨씬 앞지른 것이었다. 그리고 여전히 민간 정치인들은 분열했다. 1990년 1월 그간 불분명한 자질과 태도로 비판받으면서도 묘하게 시대적 파도를 뛰어넘어 온 김영삼은 군부정권과 손잡고 3당 합당을 이루어 1992년 대선에서 대통령이 된다. 군사정권에 대한 저항과 마찬가지로 야합의 정치 역시 정통성 문제를 완전히 해결하지 못한 채 집권하였다. 한국정치의 지역분열이 절정을 이루는 시기였다.

박정희 정권과는 다른 각도에서 재벌 길들이기를 시도한 전두환 대통령의 제5공화국은 그리 성공적이지는 않았다. 이미 재벌은 덩치가 너무 커 버려 국가도 통제할 수 없는 상태가 되었다. 이것은 IMF관리체제로 경제가 새로운 국면을 맞이할 때까지 지속되었다. 특히 1990년대는 정부주도의 경제개발 시대가 아닌 재벌의 독자적인 국내외 경제 판짜기가 가능했다. 1997년 외환위기를 맞을 때까지 재벌들은 정부와는 별도로, 오히려 정치 영역보다 빨리 대북경협, 중앙 아시아와 유럽으로 진출하였다.

김영삼 대통령은 '…공화국' 자를 떼고 '문민 정부'라는 기치를 내걸었다. 비록 출발은 옹색했지만 군부세력과 구분되는 민간 정치 시대를 열었다. 그러나 1997년 국고는 비었고 공적 자금을 풀어 기업을 유지시키는 등 비정상적인 경제체제를 유지시킴으로써, 1년 전 터뜨린 샴페인이 무색해졌다. 1997년 1월 한보철강의 부도를 시작으로 줄줄이 부도가 났다. 이 시기를 대변하는 사회적 현상은 정리해고와 재벌의 구조조정이었다. 고금리, 긴축재정, 그리고 구조조정을 한꺼번에 추진해야 하는 주문을 받은 한국은 사실 국가가 국민에게 어떤 보호막도 되지 못하는 지경을 의미한다.

국제통화기금 관리체제라는 부담을 안고 출발한 김대중 정권은 당대의 실책이 아닌 과거의 실책으로 경제적 어려움을 해결해야 했고 국민이 기대했던 다른 많은 것들을 보여주기에는 역부족이었다. 1993년 금융실명제와 1997년 외환위기로 금리가 완전히 시장에 맡겨지면서 은행 저축의 의미가 사라졌다. 시중은행이 반으로 줄었고 그 중 일부는 외국계로 넘어갔다. 종금사 등 다른 금융기관들의 경우도 마찬가지였다. 재벌기업의 운명도 경제계의 그림을 바꾸어 놓았다. 1985년 국제그룹이 무너지는 등 한국 재계의 주인공들이 세대교체를 하였고 더러는 경영권 분쟁 등을 겪으면서 역사에서 사라지거나 분열되었다. 1999년 8월 김대중 대통령은 외환 위기를 이겨냈다고 말했지만 부실기업과 금융관련 지원을 위해 166조5천억 원이라는 공적 자금을 투입해야 했고 이는 고스란히 국민의 부담이 되었다. 중산층 신화에 기대오던 민심은 지쳐갔다. 재벌 구조조정이나 금융기관 조정 같은 개혁이 수행되긴 했지만 국민이 분담한 고통은 너무 컸다. '고통분담'이란 구호는 정치가 책임져야 할 부분을 길거리에 방치한 느낌을 주는 것이기도 했다.

1998년 김대중은 김영삼 정권의 이중 성격을 비판하며 순수 민간정권임을 자랑으로 내세우면서 대통령이 되어 '국민의 정부'라는 모토를 걸었다. 그의 긴 민주인사로서의 이력을 존중해온 국민은 그에게 환호한 만큼 실망도 했다. 한 나라의 대통령은 시민단체의 대표와는 다르다. 민주운동 인사였을 때의 생각과 능력은 정치인 그리고 한 국가의 대통령으로서 요구받은 것들을 수행하는데 기대했던 성과를 보여주지 못했다. 인권 수호라는 커다란 명분을 실질적으로 이루지 못한 상황에서 노벨 평화상을 받았고 북한의 김정일과 만나면서 막대한 비용을 지출하였다.

김대중 정권에게 걸었던 기대는 상징적 존재의 한계를 절실히 보여주면서 노무현 정권으로 이어졌다. '참여 정부'라는 상징을 통해서 이전 김대중 정권보다 더욱 실질적인 토대 흔들기를 감행하는 노무현 정부는 그 평가는 아직 이르지만 어떤 영역의 개혁 시도가 환영받는 것만큼 기대에 미치지 못하는 결과를 낳은데 대한 불만이 사회 균열까지도 조장하고 있다. 한국의 민주화는 아직도 끝나지 않았다.

2. 참여 민주주의와 여성

민주화 운동과 여성

민주화 운동이 사회 구성원 모두의 몫이고 제도적으로 소수 집단에 대한 공평한 대우와 사회적 통합을 이루는 것이었다면, 그 과정에서 여성은 무엇을 경험 하였을까? 권위주의적 군사정권은 여성에게 아내와 어머니로서의 전통적 질서관을 대표시키고, 필요하면 저임금 노동자로 동원하곤 하였다. 대개 독재는 국가를 하나의 가족으로 만들려고 한다. 그리고 가부장적 지배를 정당화시킨다.

1979년 유엔의 여성차별철폐협약은 남녀평등한 임금을 보장할 것을 비롯하여 여성의 인간으로서의 존엄성을 위반하는 여타의 상황을 개선할 것을 약속하게 했다. 교육의 기회만이 아니라 교육의 내용에 있어서의 평등을 주장하며, 동시에 여성이 사회참여를 하는 데 장애가 되지 않도록 아동 보육 정책을 필요로 한다는 것을 천명하고 있다. 박정희 정권은 말할 것도 없고 전두환 정권 같은 군부독재 정권에서는 여성을 비롯한 소수 집단의 인권을 요구하기에는 시기상조였다. 1975년은 유엔이 정한 '여성의 해'였지만 박정희 정권에서는 여타 소수집단 문제와 마찬가지로 여성에 관한 문제는 표면에 드러내지조차 못했다. 그러나 여성의 해가 선포되고 여성에 대한 의식이 전 세계적으로 제고되면서 한국에서도 역시 문제의식이 활발하게 표출되기 시작했다.

1987년 6·29 민주화 선언, 1988년 노태우 정권 출범과 서울올림픽, 3당합당과 1993년 김영삼 정권 출범, 1998년 김대중 정권 출범, 그리고 2003년 현재의 노무현 정권이 출범하였다. 각 정권은 국민의 정부, 참여 정부 등의 캐치프레이즈를 걸고 저마다 과거

정권과의 차별성을 부각시키려 노력하였다. 이 시기 여성의 정치세력화는 본격적으로 활발하게 전개되었다. 할당제 논의가 지속적으로 진행되었고 그 할당의 비율이 점진적으로 향상되어 2004년 정당법에는 지역구에 여성후보를 30퍼센트 할당할 것을 권고하는 규정과 전국구 50퍼센트를 여성에게 할당하는 의무규정이 생겼다. 약간의 전진과 후퇴를 보이기도 했지만 2004년 17대 총선에서 여성의원 비율이 세계 평균인 15.9퍼센트보다는 약간 낮지만 이에 근접하는 13퍼센트를 기록하였다. 헌정 사상 최다수인 39명의 여성의원이 의회에 진출하였다.

이제 여성은 더 이상 여성의 지위를 향상시켜 달라고 누구에게 기대고 기다리지 않는다. 비록 여성의원이 13퍼센트 확보되었지만, 질적인 측면에서의 여성의 정치세력화는 그 이상의 역량을 발휘하고 있다. 이제 직접 법률안을 발의하고, 연대 세력을 형성하여 정책으로 통과시킬 수 있는 역량을 갖추게 되었다. 정치참여에 변화가 오면 정책 내용이 달라지고 이것은 사회 전반에 걸친 평등문화를 확산시키는 데 기여하게 된다.

국가와 여성: 국가는 여전히 가장 중요한 행위자

1980년대 민주화 분위기는 마치 역사를 민중이 쓰고 있는 것으로 착각하게 하기에 충분했다. 그리고 여성은 거기에 동참하는 줄 알았다. 그러나 20세기의 끝에서도 여전히 여성은 역사를 끌어가는 힘에서는 작은 부분이었을 뿐이다.

국가가 여전히 중요한 행위자라는 것은 다른 말로 하면 국가가 젠더화되었다는 뜻이다. 1980년과 1987년 헌법개정에서도 성별 분업은 또 다시 기정사실화되었다. 호주제 폐지 등의 성과를 내기도 했지만 복지 정책이나 국가인적자원개발 정책을 비롯한 국가발전 정책의 틀 속에 양성평등의 제도화와 그것의 이해와 수용을 보편화하자면 아직도 많은 난관을 극복해야 할 것이다. 국가의 정책으로 여성을 평등한 권리 소유자로 수용한 것은 한국 여성의 아래로부터의 요구가 관철된 결과이지만, 국가 정책을 통한 실현이 없다면 의미가 덜하다는 것은 인정할 수밖에 없다. 여전히 국가는 여성정책 구현의 주체이다.

그러나 이러한 상황임에도 불구하고 중요한 것은 의식화된 여성의 요구가 정책 마련을 끌고 가는 힘이라는 것이다. 시혜적인 정책이나 제도가 많은 것은 사실이나 이것이 합리적 결정의 결과이기에 앞서 그것의 정당성을 요구한 힘이었던 것이다. 그 힘과 노력은 앞으로도 당분간 이어질 것이다.

분권화와 중앙집권적 국가의 변화

1990년대에 들어 지방정치의 시대가 본격화되었다. 지방화란 중앙정치 무대에서 모든 것을 결정하고 따라서 권력의 중심이 중앙 정부에 집중되던 것을 지방 정부로 분산시키는 것이다. 이렇게 하면 국가의 자원과 능력이 분산되는 것인데 특히 행정과 재정의 분산은 지역에 많은 자율권을 부여하는 것이다. 여기에는 자율이라는 큰 권력 이양과 함께 자립해야 한다는 책임과 역할도 포함된다. 참여와 연대를 더욱 강조하고 공동체 중심의 사고 전환이 요구된다.

지방 분권 정치는 소규모 집단의 구체적이고 긴밀한 활동과 기여를 기대하게 된다. 이러한 환경의 변화는 여성에게 비단 정치뿐 아니라 경제와 문화 영역에서도 보다 활발한 활동을 가능하게 해 주었다. 주민자치라는 개념은 실생활에 가까운 정책들에 대한 주민들의 관심과 참여를 필요로 하고, 기왕에 주민 정치에 활발했던 여성을 제도권으로 유입되기 용이하게 한다. 국가 발전이라는 목표를 성취하는 방식이 바뀜으로써 무엇이 중요하고 필요하며 어떤 자질과 활동이 필요한가에 이르기까지 정치의 패러다임이 바뀔 수 있게 된 것이다. 거대한 정치 사회의 비효율과 감시의 어려움이 이제 여성의 시각에서 관찰되고 운용될 수 있는 장이 마련된 것이다.

지구화 · 세계화 속의 한국, 그 진실

지구화 · 세계화는 자본, 정보, 문화, 기술, 노동, 지식 등 모든 분야에서 국가라는 경계가 무너지고 주권이라는 개념이 관계할 수 없는 전면적인 개방과 교환을 요구한다. 국가 간 협약이나 행위자 간의 국가적 정체성을 자격으로 하는 것 외의 모든 것이 교환되고 자동적으로 조정되는 장이라고 볼 수 있다. 모든 행위자의 욕구와 필요가 자유롭게 오고가는 개방된 체계를 기대하는 것이다. 긍정적인 면을 보면 자유 경쟁의 극대화라고 볼 수 있어 실체가 없는 정보와 지식 같은 상품이 자유롭게 획득될 수도 있다. 노동의 분업이 자연스럽게 이루어져 세계가 하나의 공동체가 되어 서로의 이익에 맞는 관계를 맺을 수 있다. 전 세계가 평화와 인간의 존엄성이라는 하나의 보편 가치로 통합되어 평화를 기대하기가 쉬워질 수 있다. 다른 나라에 있는 사람들의 어려움을 알게 되고 쉽게 도울 수도 있다. 이념이 제공하지 못하는 상호협력이 쉬워진다.

지구화 · 세계화는 자유나 공평함이나 동등한 자격을 기대했던 만큼 실현시키지 못한다는 것은 다 아는 일이다. 물론 전적으로 예기치 못했거나 피하고 싶은 문제만을 낳는 것은 아니다. 그러나 세계화는 국가 간 혹은 지역 간 혹은 경제 내지 이데올로기 블록 간 힘의 관계를 극단화시키는 또 하나의 틀이 되고 있다. 미국과 소련을 축으로 한 이념적인 양극화 체제가 무너진 것은 국가 간 관계에 있어서 커다란 변화임은 물론이다. 이념의 장벽이 무너진 것이 전 세계를 하나로 통합시킬 수 있었던 것은 아니다. 이제 경찰국가로서의 미국은 경제적 · 문화적 패권국가로서 더욱 강력해지고 있다. 기술 선진국은 노동 분업의 결과 값싼 노동력을 활용할 수 있으며 저발전 국가들은 발전을 위해 노력하기보다는 다른 나라의 생산품을 사고 자기들이 잘 만들 수 있는 것들만 생산하면 된다. 그러니 당연히 수입의 크기가 정해진 대로 굳어질 것이고 전 세계 발전의 크기 속에 묻혀 가면 그뿐 스스로의 발전과 변화에 신경 쓸 필요가 없다는 요구를 받아들여야 한다.

문화 역시 쉽게 전파되고 사람들이 원하는 문화 상품이 지역 고유의 문화를 사장시켜 버리기도 한다. 이제 사람들은 문화정체성의 고갈과 소멸을 염려하고 있다. 농산물 시장이 개방되어 농업은 무의미해진 농업국가, 잘 만들어진 영화나 음악으로 고유의 문화 상품을 대체해야 하는 비서구 지역 국가들, 국제적인 기준에 맞는 맞추어 적응해야 하는 교육의 내용, 다국적 기업의 상품들이 천편일률적으로 만드는 일상생활과 문화생활, 국제적인 환경 수준에 맞게 생산하기 위해 생산을 포기해야 하는 후개발 국가들 등의 문제는 결국 선진국과 강대국의 모든 것으로 세계를 통일시키려는 것에 다름 아닌 형국이 되고 있다.

이러한 변화는 우리에게도 완전히 다른 시대를 준비해야 함을 알리고 있다. 한국은 그간 1980년대의 반미정서가 축적된 영향력을 발휘하는 것인지 정치적 과정에서도 변화를 보여 왔다. 눈에 띄게는 북한, 공산권 국가들 및 다른 제3세계 국가들 등에 대한 정책에 있어서 탈 미국을 드러냈다. 이같은 방향 설정은 한국에게 보이지 않는 혹은 명백하게 감지되는 불이익도 가져왔다.

한국은 세계화의 수혜국이기도 하고 피해국이기도 하다. 자유무역으로 인해 다른 나라에 우리의 상품을 팔 때는 세계화 개념의 수혜자면서, 교육이나 금융 등의 개방 압력에 대해서는 개방을 늦추거나 거부하고 싶은 입장이다. 이런 환경에서 여성의 위치는 개인이나 한국인의 범주에 한정되지 않는다. 세계의 여성과 인식 및 경험을 나누는 시대에 살게 된 것이다. 이제는 자기 한 사람의 경험만이 고려의 대상이 아니라 전 세계 여성의 지위나 권리와 연관된 문제의식과 실천의지를 공유하는 일이 중요해졌다.

3. 패러다임을 바꾸다

이 책은 제1장 한국 민주주의와 여성, 제2장 여성과 정치, 제3장 여성과 사회 등 세 개의 장으로 구성되었다.

제2장 여성과 정치에서는 크게 민주화, 지방화, 지구화의 과정 속에서 여성과 관련한 젠더체제가 어떤 방향으로 형성 · 전개되어 갔는가를 중심으로 살펴보았다.

첫째, 민주화는 1980년대 이후의 정치사를 대변하는 대표적인 단어다. 민주화는 구체적으로는 성인지 헌법의 제한적인 채택과 여성의 정치세력화 구축 과정, 여성정책의 성 주류화 및 법제화 과정으로 전개되었다. 하나, 1980년 헌법과 1987년 대통령 직선제 민주 헌법의 작성과정에서 여성계는 성 평등을 위한 실질적인 성인지 조항이 헌법에 삽입될 것을 주장하였지만, 헌법에 반영된 실질적 평등은 여성을 여전히 사적 영역에 국한시키는 성별 분리의 규범이 극복되지 않은 가부장적 헌법의 한계 내에 있었다. 둘, 여성의 정치세력화는 1980년대 이후 비약적인 발전을 하였다. 민주화 이후 여성할당제를 위한 구체적인 운동을 여성단체가 전개하면서, 정당법과 선거법 등 정치관계법에 여성할당을 위한 비율이 지속적으로 상향조정되었다. 그 결과 2004년 17대 총선은 최초로 여성의원의 비율이 13퍼센트를 기록하면서 16대 총선의 5.9퍼센트에서 두 배 이상이 증가되어 여성정치세력화의 원년으로 기록되었다. 셋, 정책의 성 주류화 및 법제화 과정에서 1995년 베이징 세계여성회의의 행동강령 채택의 결과 우리나라도 본격적인 여성주의적 정책을 국가와 지방자치 단체에서 실시하기 시작하였음을 살펴 보았다. 여성관련 정책의 법제화는 1987년 남녀고용평등법의 제정에서 2005년 호주제를 폐지하기에 이르렀다. 또한 과거 여성에 대한 성폭력을 '정조'의 문제로 다루었으나, 이제는 여성을 주체로 하여 성적 자기결정의 침해라는 개념에서 '성폭력'과 '성희롱' 개념으로 전환하여 다루게 되었다. 국가 여성관련 기구인 여성부와 국회 여성위원회 등이 설치되어 여성정책의 법제화는 더욱 가속화되었다.

둘째, 지방화와 지구화는 20세기 후반의 보편적인 현상으로 특히 민주화의 이행과 맞물리면서, 젠더체제의 변화에 지대한 영향을 미쳤다. 1991년 제한적인 지방선거에 이어 1995년 제1차 지방동시선거가 실시되어 34년 만에 본격적인 지방화 시대가 전개되었다. 1995년 지방동시선거를 앞두고 여성단체는 '할당제 도입을 위한 여성연대'를 결성하여 각 정당의 당헌과 당규 및 정치관계법에 할당제를 채택할 것을 요구하였다. 지방화 시대 여성은 생활

정치와 일상의 정치 역시 정치의 한 부분으로 보면서, 지방정치의 중심 주체로 부상하기 시작하였다. 부천서 담배자판기 설치 금지 조례의 제정이라든지, 학교급식의 실현, 86아시안게임, 88올림픽 매스게임 고교생 동원에 저항한 학부모의 시위운동 등은 여성이 지방정치의 중심에서 지자체와 국가를 상대로 운동을 전개한 것을 보여주고 있다.

셋째, 지구화 시대 여성은 국가를 파트너로, 지구를 무대로, 국제기구, 국가, 시민사회, NGOs, 기타 지역공동체와 동등한 행위자로 지구사회의 가버넌스에 참여하여 그들의 목소리와 이해를 직접 관철시키기도 하고 지구적인 연대를 모색하기도 하였다. 일본군 위안부 문제해결을 위한 지구적인 연대의 모색, 환경보존과 평등사회 건설을 위한 아시아의 지역적 연대, 전쟁을 반대하는 여성의 지구적 연대 등은 그 구체적인 예다. 이러한 지구화의 과정 속에서 국가는 시민사회에 비해 상대적으로 약화되고 지구화의 규범과 아래로부터의 지방화에 의해 국가의 주권은 약화되고 있다. 그러나 국가가 여성주의적 정책을 추진하는 실체라는 점에서는 여전히 강력한 집행력을 가지고 있고, 바로 이 점에서 국가가 더욱 강화되는 패러독스를 보여주고 있다.

제3장 여성과 사회에서는 1980년대 이후 여성운동이 민주화 과정 속에서 어떻게 성장해 왔는지를 살펴보았다. 민주화는 여성운동에도 큰 영향을 미쳐 성차별과 편견을 허물기 위한 노력과 여성의 인권과 평등 문제에 힘이 실리기 시작하였다. 특히 가부장제하에서 암묵적으로 참고 견뎌야 했던 성희롱과 성폭력, 가정폭력 등과 같은 문제들이 사회의제화 되었다. 더구나 호주제를 폐지하기 위한 60여 년 동안의 여성계의 노력이 2005년 결실을 맺었다.

이처럼 '성 평등'이라는 측면에서 '인권'과 '정의'라는 이름 하에 이 시기 한국의 여성운동은 시민의 적극적인 지원과 참여를 이끌어내면서 법과 제도적인 차별에 대한 문제제기를 넘어서 의식과 문화의 벽에 도전하였다.

이 시기 여성운동의 또 하나의 특징은 지난 역사 속에서 가리워졌던 여성 문제에 주목하면서 일제 강점기의 희생양이었던 '일본군 위안부' 할머니들의 문제와 남북 분단의 그늘로 이질화가 진행되고 있는 북한 여성의 문제에 관심을 보였다는 사실이다. 진보적인 여성운동 단체들은 이러한 문제들이 해결되지 않고서는 진정한 평화와 소통이 불가능하다는 공감대를 형성하고 구체적인 노력을 경주하였다. '한국정신대문제대책협의회'가 발족되었고 '아시아의 평화와 여성의 역할'이라는 이름으로 남북한 여성 대표들이 만나 질곡과 갈등의 역사를 극복하고 화해하고 소통하고자 하는 노력들이 전개되었다. 또한 적극적으로 국제사회에도 이 문제들을 알리면서 실질적인 연대를 구축해 갔다.

나아가 21세기 지식정보화 사회, 인터넷 시대를 맞이하여 여성은 온라인으로 운동영역을 확장하면서 사이버 상에 새로운 활동 거점을 마련하는 등 새로운 변화를 맞이하고 있다. 특히 여성운동의 주목할 만한 변화는 국내외의 경계를 허물며, 남성과 여성의 화해와 소통을 추구하며, 남북한 간, 한일 간 여성이 평화와 연대를 구축하는 구체적인 노력들이 시작되고 있다는 것이다.

2장

여성과 정치

민주화, 지방화, 지구화 속의 젠더체제

역사를 기술하는 관점에는 역사발전의 방향성이 내포되어 있다. 한국여성정치사 전개의 궁극적인 발전 방향은 성평등을 통한 진정한 민주주의 실현이다. 한국정치사는 개화기 이후 21세기 초반인 현재까지 한 세기가 넘는 기간 동안 비약적인 발전을 전개해 왔다. 19세기 말 개화기의 계몽과 서구화를 향한 움직임, 이어 일제 강점기 민족독립운동과 근대화, 1945년 광복 이후 분단과 국가건설, 6·25전쟁과 산업화, 조국 근대화 추진, 군사 정권의 수립과 민주화 운동, 1980년 5·18민주화 운동과 1987년 6·29민주화 선언, 이후 1990년대 민주주의의 공고화 과정을 거치면서 민주주의는 발전을 거듭해 왔다.

한국여성정치사회사 연구의 주 초점은 21세기 초반에 진입한 현재의 위치가 진정한 민주주의 노정의 어느 단계에 와 있는지를 고찰, 기술하는 것이다. 제2장에서는 1980년대 민주화로의 전환을 기점으로 하여 2000년대 초반까지의 한국여성정치사의 발전과정을 고찰한다.

1980년대 이후 민주화 기류는 여성의 정치세력화와 여성정책의 법제화를 더욱 가속화시킬 수 있었다. 또한 지방화는 여성을 지방정치의 중심축으로 부상시켰으며, 사적 영역으로 간주된 생활정치까지 정치영역이 확대되었다. 그리고 지구화 물결 속에서 여성은 지구적 거버넌스global governance[1]의 주요 행위자로 부상하였다. 20세기 후반 이후 민주화, 지방화, 지구화의 흐름 속에서 여성과 국가, 사회의 관계 그리고 사적 영역에서의 성별 지배 관계를 포함한 젠더체제 역시 근본적으로 변화의 과정을 거치고 있다. 1980년대 이후 한국여성정치사를 민주화, 지방화, 지구화와 젠더체제의 변화를 중심으로 여성을 포함한 진정한 민주주의로 나가는 과정을 살펴본다.

1. 민주화와 젠더체제

민주화democratization와 민주주의democracy는 그 의미하는 바가 다르다. 민주화가 과정을 중시한 표현이라면, 민주주의는 제도를 강조한 표현이다. 민주화는 권위주의 정권 혹은 공산주의 정권 등 민주주의 이외의 정치체제에서 민주주의 체제로 전환하는 과정을 의미한다. 한국 민주화 운동의 역사는 이승만 독재정권에 저항한 1960년 4·19혁명에 이어 군사 권위주의 정권에 저항한 5·18민주화 운동에 이어 1987년 시민사회의 승리인 6월 민주화 운동으로 이어졌다.

1980년대 중반 이후 남미, 아프리카 및 아시아의 많은 권위주의 국가들은 민주주의 국가로 전환되었다. 1989년 동독의 몰락을

1 지구적 거버넌스는 국가, 국제기구, 기업과 민간단체 및 개인 등 다양한 행위자가 평등하게 참여하여 주요 결정을 하는 일종의 협치(協治) 형태를 지칭한다.

시작으로 동구 및 중국 공산국가 역시 와해되면서 민주주의 국가로 이행하였다. 민주화를 경험한 이들 국가에서 여성의 경험은 일률적이지 않았다. 민주화 운동은 각 국가의 역사적 맥락에 따라 상이하여 식민지로부터의 민족독립운동, 대독재투쟁 혹은 공산주의로부터의 해방운동 등으로 나타났다. 이러한 민주화 과정에서 여성은 가시적 혹은 비가시적인 형태로 깊숙이 개입하여 체제 전환에 공헌하였다.

민주화에 성공한 국가에서 여성의 위치가 과연 어느 정도 향상되었는가를 보려면 민주화 과정에서 권력구조와 지배이념 등의 재구축 과정에 여성이 어느 정도 참여 혹은 고려되었는지를 살펴보아야 한다. 대부분의 민주화 과정에서 주 관심은 정치영역에서 일어나는 권력구조에 관한 것이다. 그러나 민주화로의 체제전환 과정에서 무엇보다 여성을 억압하는 기존의 가부장적 젠더체제 patriarchal gender regime 역시 재편되어야 했다.

사회계약론자들은 통치권자혹은 국가의 지배와 피지배자의 복종을 설명하기 위해서 비역사적인 개념이지만 사회계약이라는 논리를 개발하였다. 역사상 자연상태 하에서의 자연권을 가진 인간이 모여 자기의 안전을 보장해 주는 대가로 개인의 주권을 지배자에게 양도하는 계약을 통해서 국가를 수립한 적은 없다. 단지 현재의 지배 복종 관계를 설명하기 위해 인위적으로 도출해 낸 논리다. 이와 마찬가지로 젠더체제란 역사적으로 구축된 개념은 아니다. 역사적으로 남성 중심의 지배집단이 여성에 대한 지배구조를 지속시키기 위하여 합의 혹은 강제적으로 하루아침에 구축한 질서는 아니다. 농업사회로 들어서면서 정착생활이 시작되고 남성의 힘이 필요해지자 이전의 모계사회는 부계사회로 전환하기 시작하였다. 그 이후 여성은 정치사회적 제도 및 이념에 의해 오랫동안 열등한 존재로 간주되어 왔으며, 소수집단과 같이 주변화된 집단으로 취급되어 왔다. 이러한 질서는 남성 지배집단에 의해 제도적 · 이념적으로 유지되고 강화되어 하나의 확고한 가부장적 젠더체제로 구축되어 왔다. 젠더체제가 의도적으로 합의되어 나온 질서는 아니지만 오랜 통치과정에서 여성을 완전한 인간으로 고려하지 않고, 여성을 가정에 소속시켜 출산과 양육 등 재생산을 담당하는 존재로만 인정하여 온 것이다. 따라서 민주화로의 체제 이행과정에서도 이러한 가부장적 젠더체제의 타파는 남성에 의해서 자발적으로 일어나기는 어렵다. 기존의 가부장적 젠더체제를 타파하고 진정으로 중립적인 젠더체제를 구축하는 것은 가부장적 젠더체제에서 억압받아온 여성에 의해 먼저 제기되었다.

정치사, 정치관계를 설명하는 데 '젠더체제'라는 개념이 필요한가? 젠더체제는 중립적인 개념이며, 젠더체제의 변화 방향이 근대화론과 같이 단선론적으로 설정된 것도 아니다.[2] 단지 그 동안 역사적으로 전개되어 온 젠더체제의 내용이 남성지배 중심의 편향된 체제였기 때문에 궁극적으로 양성평등한 방향으로 전개되어야 한다는 가치지향적인 사고가 개념 속에 내재되었을 뿐이다. 젠더체제의 방향은 민주화와 지구화가 진행되는 과정에서 어느 방향으로 갈 수도 있다. 진정으로 성별 차이에 의한 제도적인 차별이 극복된 평등한 젠더체제가 구축되면 젠더체제라는 개념은 더 이상 필요 없을 것이다.

젠더체제는 통치질서보다 상위 규범으로 볼 수 있다. 제도적으로 나타나는 통치질서와는 달리 젠더체제는 보이지 않지만 정치영역보다 광범위한 영역에 존재하면서 그 영향력도 전면적이라

2 Kerber(1980); Landes(1988); Scott(1996); McDonagh (1999).

는 특징을 갖는다. 그 관계는 마치 실정법이 자연법에서 도출되는 관계와 같다. 그러나 자연법은 무오류라는 정당성을 갖지만 젠더체제는 지배집단의 이해에 의해 인위적으로 형성되었다는 점에서 항상 오류의 가능성이 전제되어 있으며, 실제 역사적으로도 여성의 희생 위에 남성의 이해가 유지되는 내용으로 나타났다. 그러한 젠더체제는 실정법으로 제도화한 통치질서를 통해서 간접적으로 나타난다. 그러므로 통치질서는 그 자체가 이미 젠더화된 체제다.[3]

민주화 과정에서는 권력관계의 재구축만이 아니라 보이지 않지만 바로 명백히 존재하는 기존의 남성중심 편향의 젠더체제의 재구축 과정 역시 필요하다. 즉 '가부장적 젠더체제patriarchal gender regime'를 타파하고 '동반자적인 젠더체제partnership gender regime'의 구축이 필요하다.[4] 이를 위해 우선 당연하다고 여겨왔던 헌법과 기존의 법률 및 정부 조직 등에 대한 근본적인 재검토가 필요하다. 1994년 민주주의 선거의 실시로 민주화에 성공한 남아프리카는 가부장적 젠더체제를 극복한 성공적인 성인지 헌법gender sensitive constitution을 마련한 모범적인 사례다.

한국의 경우도 1987년 민주화 헌법이 제정되었다. 민주화 헌법 개정과정에서 여성은 진정한 평등 실현을 위한 세부 사항을 헌법에 열거할 것을 주장하였다. 그리고 민법 등 각종 법률을 성인지적gender sensitive으로 개정할 것도 요구하였으며, 여성의 평등한 정치참여를 위한 정치관련법과 남녀고용평등법의 제정 및 개정 등을 강력히 주장하였다.

1980년대 이후 남미나 동구의 체제 전환과정의 사례에서도 알 수 있는 바와 같이 민주화 과정에서 여성이 수행한 역할에도 불구하고 민주화로의 체제 이행 이후에 여성의 공헌에 대한 보장은

3 Brush, Lisa(2003), *Gender and Governance*, Oxford: AltaMira Press.

4 Marian Simms는 Malebreadwinner Gender Regime과 Partnership Gender Regime을 구분하였다. 동반자적 젠더체제에서는 남자와 여자는 똑같이 벌면서 동등하게 생활할 수 있는 체제로서 오스트레일리아, 뉴질랜드, 캐나다 및 미국 등에서 발견된다고 한다(Marian, 2001).

자동적으로 이루어지지는 않는다.[5] 민주화 과정에서 여성에게 더욱 불리하게 젠더화된 권력관계를 재생산할 수도 있다.[6] 즉 제도적인 개선에 투입된 여성의 정치참여와 실질적인 지위개선은 체제전환 과정에서 자동적으로 주어지는 것은 아니다. 이는 자율적인 여성조직이 단일의 목소리를 정책결정과정에 성공적으로 투입시켜야 가능하다.

젠더체제와 민주주의 관계를 중심으로 정치사의 발전과정을 보려면 민주주의에 대한 조작적인 재정의가 필요하다. 민주주의를 '내용'과 '포용'의 정도 두 가지 측면에서 정의하면 다음과 같다. 첫째, 내용적인 수준에서 민주주의란 '제도적인 민주주의'와 실질적인 권력관계를 포괄적으로 설명하는 '광의의 민주주의'로 구분할 수 있다. 제도적인 수준의 민주주의가 이루어져도 가부장적 젠더체제는 변화되지 않을 수 있고, 이 경우 광의의 민주주의는 완성되지 않는다. 둘째, 포용의 정도를 중심으로 정의하면 인구의 절반이 배제된 '절반의 민주주의half democracy'와 인구 모두가 포함되는 '완전한 민주주의full democracy'로 구분해 볼 수 있다. 젠더체제가 고려되지 않은 민주화는 완전한 민주주의에 대한 이해도 결여된 것이다. 젠더를 고려한 완전한 민주주의란 여성을 남성과 동등한 시민으로 인식하면서, 젠더체제까지도 평등하게 제도화되는 것을 의미한다.[7]

민주화 과정democratization process은 제도적인 민주주의에서 포괄적인 민주주의로, 절반의 민주주의에서 완전한 민주주의로 전환해 가는 것이다. 민주화 과정에서 포괄적인 민주주의와 완전한 민주주의가 완성되면 민주화의 다음 단계인 민주주의 공고화democratic consolidation가 완성된다.[8] 민주화와 젠더체제의 상호관계를 중심으로

5 Waylen(1994), "Women and Democratization," *World Politics* 46(3), 327~354.

6 Hawkesworth(2001), "Globalization, Democratization, and Gender Regimes," *Gender, Globalization, and Democratization*, Oxford: Rowman & Littlefield.

7 여기서는 완전한 민주주의를 제한된 혹은 부분적인 민주주의에 대한 개념으로 설정하고 있다(Mill, 1989). Bayes는 민주화를 ① 부분적이며 제한적인 민주화partial and thin democratization process와 ② 풍부하고 완전한 민주화rich and complete democratization process로 구분하였다. ①은 남성만을 위한 민주적 제도로서 여성의 정치참여를 배제한다. ②는 전통적인 남녀관계를 변화시키고, 남자와 여자의 사회화 과정도 변화시키며, 정당, 의회, 관료, 법원과 같은 공적 제도의 변화만이 아니라 가족, 종교, 기업 및 자발적 결사체의 관습과 관례까지도 변화시킨다(Bayes, Jane. H. et al., 2001).

8 Bang-Soon L. Yoon(2001).

1980년대 이후 현재까지의 한국여성정치사를 재현해 본다.

2. 지방화와 젠더체제

지방화는 지구화와 국가의 권력구조 재편과정 속에서 보아야 한다. 서구 선진국가에 있어서 복지국가의 위기 상황과 지방분권을 통한 국가의 수직적 재구조화가 밀접한 연관을 가졌던 데 반하여, 남미를 위시한 제3세계의 경우 지방분권을 통한 국가기구의 수직적 재구조화는 '발전' 및 정치적 '민주화' 문제와 깊은 연관 속에서 진행되었다.[9] 1987년 노태우의 6·29선언은 '대통령직선제 헌법' 개정만이 아니라 '지방자치'를 천명한 것이기도 하였다. 이로써 국가의 권력 구조가 수직적 구조로 이양되기 시작하였으며, 이 과정에서 여성은 지방정치의 중심 주체로서 등장할 기회를 얻었다.

지구화와 동시에 진행된 지방화는 젠더체제 역시 변화시켜 왔다. 1991년 30여 년 만에 지방자치가 부활되면서 본격적인 지방화 시대가 열렸다. 그 결과 지방 수준의 정책입안과 실행은 그 지역 주민의 이해와 욕구를 보다 직접적·구체적으로 반영하게 되었다. 그리고 이 과정에서 주민의 이해란 생활 정치, 일상의 정치와 관련한 것이고, 지역 여성은 이러한 정치와 관련한 핵심 이슈를 제안하는 주요 행위자로 부상할 수 있었다.

3. 지구화와 젠더체제

민주화, 지방화와 더불어 지구화globalization[10]는 이 시대의 핵심적 특

9 강명구(1995). 지방화와 정보화: 재구조화의 정치적 의미, 『한국정치학회보』 29(1). 73~94.

10 글로벌라이제이션은 '국제화', '세계화', '지구화' 등으로 번역되고 있다. '국제화internationalization'는 근대 민족국가 형성 이후 국제사회가 형성되어 개별 민족국가의 주권이 절대적으로 존중되고 국제사회의 주요 행위자가 국가인 단계를 표현한 역사적 개념으로 볼 수 있다.

반면 현재 '세계화 혹은 지구화'로 번역되는 글로벌라이제이션globalization은 20세기 후반, 특히 1980년대 이후를 지칭하는 단어라 할 수 있다. 즉 지구화 혹은 세계화는 통신기술과 상호의존성의 증대로 지구사회가 하나로 통합되고 국가 이외의 다양한 행위자가 지방적, 지역적, 국가적, 지구적 차원에서 등장하여 이들 간의 협치가 이루어지는 과정을 '세계화' 혹은 '지구화'로 정의할 수 있다. '지구화'와 '세계화' 모두 같은 현상을 표현하지만, 다음과 같은 두 가지 이유에서 '지구화'라는 단어를 사용하려 한다. 첫째, 우리나라에서 1994년 김영삼 정부가 주장한 '세계화'는 국가의 경쟁력을 강화시켜 세계 일류를 지향하는 의도적 의미로서 사용한 예가 있고, 이 경우 세계화는 기존의 개별 국가의 전략

징이다. 어쩌면 이 세 가지 흐름은 동시에 진행되는 속성을 가지고 있는지도 모른다. 20세기 후반부터 진행된 지구화와 민주화의 조류는 근대민족국가를 단위로 운영되는 국제사회질서를 근본적으로 바꾸어 놓고 있다.

지구화에 의해 국가의 주권과 역할이 근본적으로 변화되고 있다. 기존의 영토에 기반한 민족국가가 주권과 자율성을 가지고 정치, 경제, 사회, 문화, 군사, 환경 등의 영역에서 통치권을 행사하였다면, 현재 하나로 연결된 지구촌에서는 한 국가가 배타적 주권을 바탕으로 자국의 영토 내에서 독자적인 통치권을 행사하기가 점차 어려워지고 있다. 이는 지구화 시대 국제사회에는 민족국가만이 아니라 다양한 행위자가 등장하고 이들의 중요성과 역할이 점차 증대되고 있기 때문이다. 경제적 측면에서 국제금융시장의 중요성이 증대되면서 IMF, 세계은행 등이 주요 행위자가 되었으며, 정치적 측면에서 각국 정부, 정부 간 기구, 이익집단 및 국제비정부 기구 등이 국가와 대등한 행위주체로서 국제무대에 부상하고 있다. 이러한 다양한 행위주체로 구성되는 국제사회는 질서유지 패러다임 자체도 새로운 양태로 전환되고 있다. 거버넌스는 지구화와 불가분의 관계를 가지고 있다. 거버넌스는 중앙집권적인 국가 권력을 분산하여 정치체계 내에 다양한 행위자들이 포함되도록 한다.[11] 지구화로 인한 국제조직의 힘과 역할이 증대하고, 지방분권화로 인하여 지역사회와 지방자치단체의 중요성이 커지면서 지구사회는 과거 '통치統治 형식government'에서 파트너십과 네트워크를 강조하는 '협치協治 형식governance'으로 변화되고 있다.

통신기술 발달에 의해 1980년대부터 더욱 강화되고 있는 지구화의 물결은 각 국가의 경제, 사회, 정치, 문화 전영역에 변화를

적 목표를 강하게 보여주는 뉘앙스가 있다. 당시 김영삼 정부는 '세계화 선언'에 의해 외환자유화 조치와 OECD 가입 등 자본시장의 개방을 무분별하게 추진하였고, 이 과정에서 금융기관의 내실화 등이 수반되지 않았기 때문에 결국 외환위기를 초래하고 말았다. 이러한 세계화는 아직 경쟁력이 확보되지 않은 국가에서 세계화를 서둘러 지향할 경우의 위험성을 보여주는 사례다. 둘째, '세계화'는 세계 단일국가의 패권적 통합을 지향하는 위험성 역시 내포하고 있다. 따라서 지구사회에서 한 국가에 의한 패권적 단일화를 내포할 수 있는 개념보다는 지구사회의 통합 속에서 다원화를 내포하는 '지구화'라는 개념으로 통일하여 표현하려 한다.

11 정순영 외(2004), 『유엔발전전략의 성인지적 통합방안에 관한 연구』, 한국여성개발원.

유발시키고 있다. 지구화의 경제적 의미는 노동력과 자원 및 자본의 국가 간 이동의 강화를 의미한다. 또한 정치적으로는 국가의 통치규범보다 상위 규범에 의해 국가의 주권이 축소되며, 지구화와 동시에 전개되는 지방화의 움직임에 의해 권력의 수직적 이양이 일어나면서 국가 권력이 축소됨을 의미한다. 문화적으로는 서구화된 세계문화 혹은 지역문화의 강화과정을 의미하기도 한다. 즉 문화적 지구화 속의 상반되는 두 가지 흐름은 주도적인 문화가 지역 문화 속에 전파되는 것과 동시에 자생적인 문화가 문화통합의 위험 속에서 스스로 강화되는 것이다.[12]

이렇게 지구화는 국가의 경계를 넘어서 전 지구를 하나의 체제로 묶어 나가는 '통합의 과정'인 동시에 국가의 권한을 지방으로 이양시키는 '분화의 과정'이기도 하다. 로버슨[13]은 이를 세방화 glocalization로 표현한다. 이러한 지구화의 통합과 분화 속에 국가와 젠더체제 역시 새롭게 재편되는 것이 20세기 후반 이래 목격되고 있다. 지구화의 재편과정에서 젠더체제는 지구적, 지역적, 국가적, 지방적 차원의 모든 층위에서 기존의 젠더체제를 새롭게 구성할 수 있는 기회를 가지게 되고 실제로 재편과정에서 보다 성평등적인 방향으로 나가고 있다.

돌이켜 보면 지구화는 20세기 후반에 새롭게 나타난 현상은 아니다. 지구화는 식민지 쟁탈전이 시작된 14, 15세기까지 거슬러 올라간다. 20세기 후반 지구화의 모습은 자유교역에 따른 자본의 자유로운 이동, 정부의 제한적인 통제라는 신자유주의 이념과 결합되어 나타나고 있지만 아이러니컬하게도 국가의 개입이 더욱 더 강화되는 특징을 보이고 있다.

지구화의 정치적 의미는 국가의 통치체제와는 다른 상위 규범

12 Rai(2000), *International Perspectives on Gender and Democratization*, London: MacMillan Press LTD; Beneria(2003), *Gender, Development, and Globalization*, New York & London: Routledge.

13 Ronald Robertson(1995).

체제가 작동하여 국가와 그 국가에 거주하는 국민의 삶에 영향을 미치는 것이다. 이 시대의 주요 특징 중의 하나는 주권의 상하이동이다. 근대국가 형성 이후 구축된 강력한 민족국가의 중앙집권적 권위는 점차 약화되어 지방화와 함께 아래로 이양되고, 또 지구화의 물결과 함께 초국가적 기구인 상위 단위로 이전되고 있다. 그 결과 그 속에서 거주하는 인간은 중층적인 통치 질서의 지배를 받게 되었다.

그러면 지구화는 여성에게 어떤 영향을 미쳤는가? 지구화는 젠더체제도 변화시킨다. 지구화에 의해 젠더체제는 다음과 같이 변화되었다.[14]

첫째, 초국가적 기업 등 외부 세력에 의해 젠더체제가 변화되는 경우다. 여성의 책임을 가족의 재생산으로 규정하는 기존가부장적의 젠더 규범은 초국가적 기업에 의해 변화된다. 초국가적 기업이 들어오면서 전통적인 농업생산양식이 산업화된 생산양식으로 전환되면서 기존의 젠더체제도 변화된다. 다국적 기업 혹은 초국가적 기업은 저개발국가로 들어와 이 지역의 값싼 여성노동을 고용하여 생산을 하였으며, 이들 국가에 자본을 빌려준 국제금융조직IMF와 세계은행은 자본의 안정적 회수를 위해 구조조정을 강요하였다. 외압에 의해 단행된 구조조정정책은 자급자족적인 최저생존을 위한 농업경제 양식에서 수출을 위한 산업으로의 구조적 전환을 단행하게 된다. 초국가적 기업에 의한 경제 통합과 젠더체제가 변환되는 과정에서 기존의 가족은 해체되고 여성은 가정에서 나와 수출주도 산업에 고용되었으며, 가족의 일상적인 일과 가족의 생계를 위한 대외적인 일까지 도맡아 하게 되었다. 여성이 임금노동자가 되면서 상이한 젠더체제를 경험하고 그들의 노동을 통해 자원

14 Jane H. Bayes et al(2001), "Globalization, Democratization, and Gender Regimes." Kelly, Rita, Mae., Jane H. Bayes, Mary E. Hawkesworth, Brigitte Young. *Gender, Globalization, and Democratization*. Oxford: Rowman & Littlefield.

을 얻음으로써 여성의 역할이 양육에 한정되는 전통적인 젠더체제가 흔들리게 되었다.

둘째, 인권에 대한 국제규범이 기존의 관행과 법 등을 평가하는 하나의 잣대로 적용되면서 젠더체제가 변화되었다. 세계인권선언을 비롯하여 여성차별철폐협약CEDAW: Convention on the Elimination of All Forms of Discrimination Against Women 등 일련의 국제규범은 각 국가의 남성중심의 헌법과 법률 및 정부구조를 동반자적 젠더체제로 변화시키기 위해 성 할당제 등 구체적인 조치를 취할 의무를 국가에 부담시켰다.[15]

지난 반세기 여성운동은 지구화의 변화에 대한 반응이기도 하다. 1948년 UN의 세계 인권선언 이래 여성인권향상과 여성지위개선을 위한 국제사회 노력의 결과 이제 여성관련 규범체계는 전 세계를 하나로 묶는 단계에 이르렀다. 이렇게 볼 때 지구화는 확실히 젠더체제의 변화에 공헌하였다.

지구화에 의한 젠더체제의 변화 속에서 여성이 어느 정도 적극적으로 주도권을 쥐느냐에 따라 변화의 방향과 정도는 달라질 수 있다. 실제로 1979년 결성된 여성차별철폐협약은 1981년부터 효력을 발휘하고 있다. 이 협약은 각국의 헌법 제·개정시 실질적인 평등조항을 채택할 의무를 서명국가에 부여하고 있다. 이 협약의 제2장에는 "국가는 헌법과 기타 관련 입법에 남녀평등의 원칙을 실현하기 위하여 구체적인 조치를 취해야 함"을 명시하고 있다. 이로써 민주화 이행기에 각국은 헌법에 실질적인 평등을 위한 구체적인 조항을 명기하기 시작했다. 브라질이 1980년대 중반 헌법개정을 할 때 여성단체는 여성의 권리와 관련하여 200개의 수정안을 제출하였으며, 콜럼비아도 1990년대 초 헌법심의를

15 1975년 UN 여성의 해, 1976년에서 1985년 UN 여성 10년, 1990년대의 여성의 NGOs활동, 1992년 환경, 1993년 인권, 1994년 인구, 1985년 나이로비 여성대회, 1995년 베이징여성대회 등의 활동은 국가 간의 여성연대 필요성을 증대시켰을 뿐만 아니라 각국의 국가가 국제여성조직의 압력 등을 의식하고 대내적으로 시민사회의 여성의 목소리를 무시할 수 없게 만드는데 기여하였다. 이러한 제 규범은 '여성정치의 국제화'라는 국경을 초월한 큰 맥락 속에서 여성문제를 다루게 만들었다 (Hart, 2002).

할 때 여성 NGOs는 평등과 관련하여 헌장을 숙고하고 형식적 평등이 아닌 실질적 평등이 되어야 함을 주장하였다. 기타 남아프리카, 우간다 등에서도 여성단체는 여성차별철폐협약을 인용하여 헌법과 국가의 정책수립과정에 여성의 이해를 반영하도록 노력하였다.

이상의 사례에서 볼 수 있듯이 지구화의 정치적 함의는 주권국가가 국제 규범의 구속을 받는 것을 의미한다. 국가의 주권이 국제 규범의 영향을 받는 만큼 국경의 의미도 약화된다. 이러한 맥락에서 젠더체제는 각 국가와 여성을 포괄하여 진정한 의미의 시민을 구성요소로 하는 또 다른 권력관계다. 정치사를 지구화와 젠더체제를 중심으로 본다는 것은 이러한 국제적인 규범체제와 국가의 관계를 보는 것이다. 국가는 어떤 식으로 젠더체제의 재구축 과정에 반응하고 있는지, 여성은 젠더체제의 변화를 위해 무엇을 했는지, 이를 반대하는 세력은 어떻게 형성되었으며, 반대의 내용과 이들이 고수하려는 기존의 편향된 젠더체제는 어떻게 유지되어 왔으며, 그 유지에 기여한 주요 기제는 무엇이었는지를 중심으로 살펴볼 것이다.

민주화와 여성

민주화는 1980년대 이후 정치사의 대표적인 단어다. 민주화는 민주주의 이외의 체제에서 민주주의 체제로 전환하는 이행과정을 의미한다. 그것은 역사적 특수성에 따라 짧게 이루어지기도 하고, 지난한 세월을 요구하기도 한다. 한국은 지난 1960~1970년대 급속한 산업화를 통해 어느 정도의 양적인 경제성장은 이룩하였으나, 정치적으로는 민주주의의 후퇴를 경험하였다. 1980년대 다시 거세게 일어난 민주화운동에서 여성은 하나의 집단으로 조직적으로 참여했다. 여성의 참여 없는 민주화는 절반의 민주주의만을 만드는 과정일 것이다. 중산층 여성만이 아니라 기층 여성의 문제를 포괄하는 다양한 여성단체들이 사회구조적인 문제 해결을 위해서 정치의 민주화가 필요함을 인식하고 연대하기 시작했다.

1980년은 1979년의 10·26사태로 박정권이 무너지면서 억압되었던 시민사회의 민주화 요구가 봇물터지듯 쏟아진 역사적인 해다. 당시 국회에서는 시민사회의 다양한 의견을 수렴하여 대통령 직선제를 주요 골자로 민주헌법을 심의하였고, 민주주의로 전환되는 것은 시간문제일 뿐으로 보였다. 그러나 5·17군부쿠데타에 의해 모든 헌정은 일시에 중단되었다. 민주화 과정은 법제적으로는 1987년 6·29선언에 의해 직선제 헌법이 채택되기까지 7년이 더 걸렸으며, 선거에 의한 실질적인 민주화는 두 차례의 대선을 거친 1990년대 초반에야 이루어질 수 있었다.

1. 권위주의에서 민주주의로

민주화, 과연 어떤 민주주의로 가는 것인가? 군주정을 논외로 하고 공화정 내의 권력구조를 중심으로 정의하면, 민주주의는 국민의 의사에 의해 선출된 통치권자에 의해 통치되는 정치체제다. 1980년대 개헌논의의 핵심은 권력구조에 관한 제도적인 민주주의에 관한 것이었다. 내각제와 대통령중심제 그리고 이원적 집정부제라고 하는 정부 형태를 중심으로 각자의 이해에 따라 다양한 목소리를 내었다. 그러나 민주주의는 권력구조에 관한 제도적인 차원만으로 정의될 수는 없다. 민주화 과정에서 이념, 법제, 정책 등 모든 부문에서 여성이 고려되고 여성의 입장이 반영되어야 완전한 민주주의를 이루었다 할 것이다.

1980년대 민주화 과정, 개헌과 호헌의 소용돌이 속에서 각자가 이해하고 주장하는 민주주의는 서로 일치하지 않았다. 특히 여성이 주장하는 민주주의는 기존의 제도적 민주주의와는 또 다른 축에서 나온 것이었다. 포용을 중심으로 한 완전한 민주주의는 제도적인 민주주의가 완성된 다음 단계인 1990년대 본격적으로 진행될 수 있었다. 1980년대의 민주화는 '포용' 이전의 민주주의를 위한 제도적 기반 구축을 중심으로 진행되었다.

민주화의 열망과 좌절

1980년 봄 김대중, 김영삼, 김종필 3인의 대권경쟁은 민주화를 요구하는 시민사회의 분출과 함께 본격화되었다. 제도권 안에서는 국회의 헌법개정특별위원회와 정부측의 헌법심의위원회 간에 개헌주도권을 놓고 다투고 있었다. 재야에서는 정부나 국회 주도의 개헌을 배격하고 국민 주도로 조기 개헌을 실시할 것을 요구하였다. 이렇게 정당, 국회, 정부, 시민사회는 그들이 요구하는 다양한 민주주의 헌법을 그려내고 있었다. 그러나 그 이면에서는 이미 신군부의 대통령 간접선거 7년 단임제의 헌법안이 마련되고 있었다.

1980년 5월 민주화와 직선제 개헌 등을 요구하는 학생 시위와 광주 민주화 운동을 빌미로 신군부 세력은 5월 17일 전국에 계엄을 확대함으로써 국회 내에서의 헌법 논의는 중단되었다. 이제 정권은 5월 31일 발족한 국가보위비상대책위원회로 사실상 넘어갔다. 8월

16일 최규하 대통령은 하야하였고, 4공화국의 대통령선거법에 의해 통일주체국민회의에서 전두환 후보가 간접선거로 당선되었다. 전두환은 9월 1일 제11대 대통령으로 취임함으로써 정권을 장악하게 되었다.[16] 당시 정부의 헌법개정심의위원회에서 8월 중순까지 여러 개헌안을 참조하여 마련한 헌법안을 10월 22일 국민투표로 확정하고 27일 공포함으로써 5공화국의 틀을 마련하였다.

발효된 개정 헌법의 부칙 6조에 따라 기존의 국회는 해산되고 해산된 국회의 기능은 국가보위입법회의가 대신하였다.[17] 이 회의는 11대 국회가 개원하기까지 156일 동안 215건의 안건을 접수하여 100퍼센트 가결시켰으며, 정치풍토쇄신특별법, 정당법, 대통령선거법, 국회의원선거법 등 부수법을 새 헌법에 따라 제정 혹은 개정하였고 차년도 예산안을 다루면서 실질적인 5공화국의 골간을 마련하는 역할을 하였다.

이제는 다음 해의 대선과 총선을 위한 일련의 조치만이 남았다. 기존의 국회의원을 정치활동규제 대상자로 묶어놓고 '건전언론 육성과 창달을 위한 결의문'을 내걸고 언론통폐합을 단행한 후 집권당인 민정당과 온건한 야당인 민주한국당 및 한국국민당으로 구성되는 다당체계를 만들었다. 유력한 야당지도자 김대중의 사형을 감형하고, 대선 직전 레이건 미국 대통령과의 회담을 가진 후, 개정된 제5공화국의 헌법에 따라 대통령선거인단의 간접선거에 의해 2월 25일 전두환은 제12대 대통령으로 다시 선출되었다.[18] 이로써 제5공화국은 공식적인 출범을 하였다.

이어 3월 25일 실시된 제11대 총선은 92개의 지역구에서 2명씩 184명을 선출하고 전국구는 지역구의 의석율에 의해 배분되는 선거였다. 총 635명이 출마하여 평균 3.4대 1의 경합을 벌였으며,

16 1980년 8월 27일 통일주체국민회의는 전두환 단일후보를 총 투표자 2,525명 중 2,524명의 찬성과 1명의 무효로 제11대 대통령으로 당선시켰다.

17 국가보위입법회의는 새 헌법이 발표된 직후에 헌법 부칙 6조 규정에 의해 첫 회의를 열어 〈국가보위입법회의설치법〉을 제정할 것을 결정하였다. 동조 제1항은 국보위입법회의는 이 헌법에 의한 국회의 최초 집회일 전까지 국회의 권한을 대행한다고 규정하고 있다.

18 선거인단 총 5,277명 중 5,271명이 투표에 참가하여 90.2퍼센트의 득표로 당선되었다.

민주정의당이하 민정당, 민주한국당이하 민한당, 통일국민당이하 국민당이 각각 35.6퍼센트, 21.6퍼센트, 13.3퍼센트의 득표로 전국구를 포함하여 민정당은 151석, 민한당은 81석, 국민당은 25석을 획득하였다. 이로써 집권당은 과반수 이상의 의석을 확보함으로써 물리적인 통치기반을 구축하게 되었다.[19]

86, 88이데올로기

> …애야팔유팔파오림픽이열리며는우리덜은뭐시그리좋더냐소값이나쌀값이나객지서노동일허는니동생임금이라도올라간다냐…해가떠도오림픽달이떠도오림픽빛이져도오림픽소값개값되어도오림픽죽으나사나오림픽인디아아아아아그때는참말이제무슨절망으로아아대한민국아아대한민국허여무신재미로살끄나…(김용택)[20]

통치는 단지 강제력에만 의존할 수는 없다. 이데올로기라는 또 다른 힘이 필요하다. 비정상적으로 권력을 장악하였을 경우 새로운 이데올로기의 창출은 더욱 필요하다. 비록 통치를 위한 제도적인 외양을 갖추더라도 정권의 이념적인 헤게모니가 구축되지 않을 경우 끊임없이 정통성의 시비에 휘말리게 되기 때문이다. 광주 민주화 운동의 과잉진압은 이후 민주화 운동의 주요 추진력이 되었다. 1981년 3월 3일 제12대 대통령으로 취임한 전두환 정권은 집권 기간 내내 시민사회의 민주화 요구에 물리적인 탄압으로 맞섰다. 그러나 물리적인 탄압만으로는 정권이 유지될 수 없었다.

허약한 정통성을 완화시킬 수 있는 방법은 국민을 탈정치화시키는 것이었다. 우선 1981년 여의도 광장에서 개최한 '국풍國風 81'

19 5공화국 국회의원은 지역구 당 두 명씩 선출되는 1구2인제의 지역구와 지역구의 총의석율에 따라 배분되는 전국구로 구성되었다. 지역구의 득표율이 아닌 가장 많은 의석을 확보한 제1정당에게 전국구 의석의 2/3를 배정하는 방식이다. 집권당은 1구2인제라는 지역구 선출방식에 의해 거의 모든 지역구에서 당선이 되었으므로 득표율에 상관없이 전국구 의석의 2/3를 장악함으로써 의회의 과반수 의석을 무난히 확보할 수 있는 선거제도였다.

20 김용택(1985), '아아! 대한민국', 『말』 1985. 12. 30, 38. 강준만(2003), 『1980년대편: 광주학살과 서울올림픽』 2, 66에서 재인용.

은 국민을 탈정치화시키는 조치의 하나였다. 당시 동원된 인원은 천만 명이 넘었다. 전 정권을 유지시키는 또 다른 방법은 새로운 이데올로기의 창출이었다. 86아시안게임과 88서울올림픽의 개최는 전 정권을 유지시킬 수 있는 이데올로기 그 자체였다. 이로써 전 국민의 관심을 올림픽 개최로 향하게 하였다. 박정희 정권이 '대망의 80년대'를 슬로건으로 걸고서 독재를 유지한 것과 같이, 전 정권은 88서울올림픽 유치와 성공적인 올림픽 개최로 시민 사회의 민주화 열기를 덮으려 하였다.

전 정권은 86아시안게임과 88서울올림픽의 성공적 개최를 통해 정권의 정통성을 확보하려 하였다. 올림픽은 민족 우수성 과시, 국제적 위상 입증, 세계 속의 한국 부각의 기회로 활용되었다. 그래서 모든 반민주적이고 억압적인 조치들이 올림픽과 아시안게임의 이름으로 정당화되었다. 86, 88은 끊임없이 매스컴을 통해 반복 선전되면서 대중세뇌의 핵으로 등장하여 입만 벙긋하면 86, 88을 읊조리는 백치와 같은 존재로 탈바꿈시켰다.[21] 여기에 프로야구 창설은 일반 대중의 모든 관심을 스포츠로 돌리는 보완적인 역할을 하였다. 86, 88이데올로기를 중심으로 한 공화국의 스포츠 정책은 군사정권의 폭력적인 부문을 완화시키고 대중을 탈정치화시키는 데 기여하였다.

이러한 스포츠 정책과 함께 일련의 자율화 조치도 단행되었다. 해방 후 36년 만에 실시된 통금해제[22]나 해외여행의 자유화, 중고생의 두발 및 교복 자율화 등으로 시민들은 약간의 자유를 느꼈지만, 자율화의 이면에서는 탄압이 강화되고 있었다. 사회정화라는 미명 하에 835명을 정치규제대상자로 묶어 놓았으며, 155명의 스님을 연행하여 불교계를 통제하였고, 사회악을 일소한다는

21 『말』 1986. 9.

22 1945년 9월 7일 군정하의 미군사령관 하지의 군정포고 1호로 시작된 통행금지가 1982년 1월 5일자로 36년 만에 해제되었다.

1981년 여의도 광장에서 개최된 국풍 81(인터넷 국정홍보처 국가기록사진관)

명분으로 일제히 검거한 불량배를 삼청교육대에 보냈다. 여자 삼청교육대도 있었는데 그 대상은 성매매 여성과 포주 그리고 계주들이었다.[23]

이러한 86, 88이데올로기는 외화획득을 위한 성매매관광까지도 합리화시켰다. 산업화 시대의 외화획득을 위해 공공연하게 성매매, 기생관광이 묵인, 허용되면서,[24] 중동에 나간 노동자들의 부인에 대한 성적일탈은 철저히 규제되는 이율배반을 보였다.[25] 1960~1970년대 산업화를 위한 성매매관광은 이제 86, 88을 위한 성매매관광으로 이어졌다. 이는 국가가 여성을 건전한 가정주부와 성매매 여성으로 이분화하여, 건전한 주부만 보호하는 변하지 않는 가부장적 태도를 보여주는 것이다.[26]

올림픽이 다가오면서 1985년 1월 20일자 한국일보에는 "일지

23 삼청교육대는 국보위 사회정화분과위원회가 사회악 일소를 위해 추진하였다. 지역별로 할당받은 인원을 채우라는 명령과 실적을 올리려는 관계자들의 충성전쟁으로 인해 평범한 가정주부도 끌려갔다. 총 6만755명이 검거되었고, 이 중 4만347명이 군사훈련은 받았으며, 사망자 339명, 불구나 부상자는 2천7백여 명이었다(강준만, 2003).

24 1970년 마산수출자유지역 개설로 외국자본의 투자가 확대되자 각지에 각종 공업단지

日誌선정화보 파문-한국 연예인에 여대생 특집"이라는 기사가 보도되었다. 이 기사는 일본의 주간지 『헤이본 펀치』에 실린 한국 관련 특집기사가 큰 파문을 일으키고 있음을 보도하였다.[27] 같은 해 올림픽 조직위원회는 미국의 잡지 『The Sporting News』에 별책 부록으로 서울올림픽을 홍보하는 내용의 광고를 46면에 걸쳐 소개하였다. 그 중 한국의 젊은 여성들이 기생관광의 메카라 할 요정에서 외국인 남성들에게 안주를 먹여주는 컬러 사진이 게재되었다. 올림픽 조직위원회는 이 특집을 위해 스포팅 뉴스에 거액을 지불하고 취재팀이 한국을 방문했을 때 모든 취재 편의를 제공하였다.

日誌선정화보 파문 "한국 연예인에 여대생 특집"이라는 제목의 기사가 실렸다(한국일보 1985. 1. 20).

여성단체들은 본격적인 기생관광 반대운동을 전개하였다. 여성단체는 공개질의서를 통해 여성을 이용해 관광수입을 올리려는 정부를 비난하며 정부 당국과 올림픽 조직위원회의 해명, 사과를 요구하고 올림픽 정책의 시정을 요구하였다. 그러나 전 정권은 1986년 1월 기생관광으로 명성이 높던 11개 대형 요정업체에 총 20억 원을 특별융자 형식으로 지원하였으며, 접대부에게 아가씨들이 벌어들이는 외화가 우리 경제의 밑거름이 된다는 소양교육을 시켰다.[28]

개헌과 호헌의 소용돌이

> 우리는 전국민적인 민주화 열망이 잔혹하게 짓밟혔던 80년 5월을 생생하게 기억하고 있다. …우리는 민주헌법의 쟁취야말로 이 시대의 우리 여성들에게 주어진 가장 중요한 역사적 과제임을 인식하였

가 설립되었다. 공장에서의 근로자의 대부분은 나이어린 여성들이었다. 1974년 불황을 이후로 해고된 여성근로자와 휴직자가 약 5천여 명이었는데 이 중에는 생계를 위해 성매매여성으로 전락하는 경우가 많았다(동아일보 1976. 5. 16). 당시 외국자본의 대부분은 일본자본이었으며 상담 및 관광차 한국을 찾는 일본인의 수는 날로 늘어 1973년 약 70만 명의 관광객 중 80퍼센트가 일본인이었다. 이와 때를 같이 하여 일본인들의 기생관광은 큰 사회문제가 되어 여성계는 강하게 비판하였다. 가족법개정운동이 전개되던 1973년부터 한국교회여성연합회 중심

으로 기생관광반대운동이 추진되었다. 정부에서는 기생관광도 외화획득을 위한 것이라는 차원에서 이를 묵인하였다.

25 1970~1980년대 외화수입을 위해 중동건설프로젝트로 중동에 나간 건설자는 약 10여 년에 걸쳐 100만 명이었는데 이들은 대부분 남성이었다. 남편이 부재한 이 사우디 부인들의 성적일탈은 중동건설프로젝트 자체에 대한 위협이었으며 국가경제발전에 대한 위협으로 다루어졌다(최성애, 2004).

26 건전한 주부와 성매매여성의 이분법에 의해 다양한 여성층이 편의적으로 분류되었다. 또한 이분화된 여성은 가부장적 국가의 담론 대상이 되었으며, 젠더화된 국가 정책과 이데올로기에 의해 동원되어 왔고 여성들 스스로도 내면화해 나갔다.

27 '평범치 못한', 『헤이본 平凡 펀치』라는 잡지는 일본의 외설 대중잡지다.

28 당초 올림픽 개최로 TV 방영권료로 총 6억 달러 이상의 수입을 예상했으나 IOC 몫을 제외하면 단지 2억 달러에 불과했기 때문에 해결책으로 등장한 것이 박정희 시대의 기생관광이었다(강준만, 2003).

29 민주헌법쟁취 범여성추진위원회에서는 〈민주헌법쟁취를 위한 여성선언〉을 발표했다(1986. 4. 3).

30 임영태(1998).

다. …민주헌법 쟁취를 위한 서명운동은 민주화와 민족통일, 민족자립경제의 토대를 닦아 나가기 위한 우리들의 힘이며, 남녀평등한 사회, 여성이 인간으로서 대우받을 수 있는 사회를 이룩하기 위한 첫 걸음이다(민주헌법쟁취를 위한 여성선언).[29]

1981년 11대 총선이 전두환 정권의 통치기반을 구축해 준 선거라면 1985년 12대 총선은 전 정권의 근본 토대를 뒤흔든 선거였다. 이 선거를 계기로 직선제 개헌 문제가 정국 현안으로 등장하기 시작하였다.[30]

민주화를 향한 시민사회의 투쟁은 박 정권이 와해된 이후 지속적으로 강화되었고, 본격화된 것은 1984년 5월 18일 '김대중 김영삼 8·15공동선언'으로 민주화추진협의회이하 민추협가 탄생되고, 같은 해 11월 제3차 정치활동 해금조치가 이루어진 이후부터다. 민추협은 1985년 2·12 총선을 대비하여 신한민주당이하 신민당을 창당하였다. 12대 총선의 의미는 개별 국회의원을 뽑는 것이라기보다는 민주화에 대한 일종의 국민투표적인 의미를 가졌다.[31] 총선 결과 신민당은 기존의 민주한국당을 제치고 제1야당으로 부상하였다. 신민당은 전국 91개 지역구에서 50석을 획득하여 전국구 17석을 합하여 총 67석으로 제1야당이 되었다.[32] 이 12대 총선으로 야당은 민주화를 대변하는 제도권 내의 대표적인 세력이 되었고, 여기에 학생과 노동계 및 재야세력은 외곽에서 민주화를 향한 투쟁을 지원하게 되었다. 1985년 하반기부터는 민주통일민중운동연합이하 민통련과 신민당이 광범위한 국민 대중의 지지와 참여 속에서 본격적인 개헌투쟁을 전개할 수 있었다.

시민사회의 개헌투쟁에 대해 전 정권은 호헌으로 맞섰다.

1986년 1월 전두환은 국정연설에서 대통령선거방법 변경은 '평화적 정권교체의 선례'와 '88올림픽 개최'라는 국가적 과제를 성취한 후 1989년에 가서 논의하는 것이 순서임을 표명함으로써 호헌 의지를 확실히 하였다.

이로써 정국은 개헌과 호헌의 걷잡을 수 없는 소용돌이 속으로 빨려 들어갔다. 여성계, 종교계, 학계 등 사회의 모든 계층은 개헌을 위한 투쟁의지를 표명하였다. 여성계는 한국가정법률상담소장 이태영과 여성단체협의회의장 이우정 등 13명이 모여 '민주헌법쟁취 범여성추진위원회'를 결성하였다. 이 위원회는 헌법개정을 원하는 여성 서명자 325명의 명단을 공개하고 '헌법개정을 위한 여성선언'이란 성명서를 발표하였다. 이 선언에서 "우리 여성은 전국민적인 민주헌법쟁취투쟁에 적극 참여할 것이며, 이를 통해 민주, 민족, 민중적 사회건설에 앞장설 것"이라고 말했다.[33] 1986년 3월 김수환 추기경의 직선제 개헌 촉구 표명에 이어 한국기독교협의회KNCC가 신민당의 1천만 개헌서명운동에 적극 동참할 것을 천명하였다. 야당을 비롯한 정치계 개헌의 핵심 내용은 대통령 직선제에 관한 것이었다. 여기에 여성계는 억압당하고 부당한 대우를 받고 있는 여성의 현실 상황을 변혁시킬 수 있는 기회로 보고 권력구조만이 아니라 젠더체제의 변경을 포함하는 헌법개정을 요구하였다.

개헌을 중심으로 이루어지기 시작한 범국민연대 투쟁은 1986년 4월부터 일어나기 시작한 KBS시청료거부투쟁을 중심으로 더욱 강화되었다. 신민당과 민추협, 민통련 민주언론운동협의회, 천주교 정의평화위원회, KBS시청료거부 기독교 범국민운동본부, KBS시청료폐지운동 여성단체연합 등 재야 5개 단체들은 민추협

31 강준만(1993).

32 민한당은 지역구 26석, 전국구 9석을 합쳐 35석에 불과하였다. 총선 후 신민당은 민한당과 국민당에서 당선자를 영입하여 103석을 확보하였다. 이로써 11대 총선에서 인위적으로 창출된 다당제는 12대 총선에 와서 다시 실질적인 양당체제로 변화되었다.

33 조선일보 1986. 4. 4.

1987년 6·10규탄대회 및 호헌철폐 국민대회(인터넷 국정홍보처 국가기록사진관)

사무실에서 공동기자회견을 가지고 '시청료거부 및 언론자유 공동대책위원회'를 결성하였다.

개헌을 향한 시민사회의 움직임이 강화될수록 정권은 더욱 강력하게 호헌으로 맞섰다. 1987년 4월 13일 전두환은 88올림픽이 끝날 때까지는 개헌 논의를 일체 금지한다고 다시 한번 선언하였다. 시민사회는 범국민적인 투쟁전선체인 민주헌법쟁취국민운동본부를 결성하고 정권에 대항하였다. 이와 함께 연세대학교 시위도중 이한열 군이 사망하면서 시작된 차량의 경적시위로 중산층이 가세하면서 정권은 '6·29 민주화 선언'을 통해 호헌에서 개헌으로 돌아서게 되었다.

그러나 노태우가 건의형식으로 발표한 6·29민주화선언은 항복을 가장한 권력연장의 합리적이고 계산된 행동으로서 국가로 볼 때 저항세력의 거센 도전 하에서 취해진 유효적절한 선택이었다.[34] 6·29선언을 받아냄으로써 직선제 개헌투쟁은 다시 제도권 안에서 전개될 수 있었다. 대통령 직선제 개헌의 채택으로 같은 해 12월 13대 대통령 선거가 실시되었다. 그러나 이 선거는 야당이 후보 단일화에 실패한 채 민정당의 노태우 후보와 야당의 김대중, 김영삼, 김종필 3후보가 출마함으로써 지역할거구도를 극대화하는 선거가 되었다. 여성 대통령 후보로서는 최초로 홍숙자 후보가 출마하였다. 그러나 홍 후보는 등록무효로 출마를 취소하였다. 민주화운동에 의해 얻어낸 직선제 대통령 선거 결과는 여당의 노태우 후보 당선으로 돌아갔다.

1987년 민주헌법의 채택과 성인지 헌법을 위한 노력

성인지 헌법 채택의 좌절 1987년 여성단체가 주도한 6·18최루탄추방대회는 6월 민주항쟁을 승리로 이끄는 데 기여함으로써 여성운동 연대의 힘을 가늠케 했다.[35] 6월 민주항쟁의 승리와 6·29민주화선언 이후 정국은 대통령직선제 개헌 작업으로 들어가게 되었다.

1987년 개헌 과정에서 여성관련 조항은 최소한 반영되었다. 직선제 개헌을 수용하기로 발표한 1987년 6월 29일은 확실히 민주화의 전환점이었다. 민주화 이행기는 여성에게 평등한 젠더체제의 수립을 위한 기회로 다가왔다.

이제 여성운동이 개화기 이래 여성문제보다 선결되어야 한다는 구국운동, 민족독립운동, 민주화 운동으로부터 비로소 독립하여 독자적인 목소리를 낼 수 있는 단계에 왔다. 이는 여성운동이 자율성을 획득했다는 의미다. 여성을 억압하는 기존의 지배구조

34 김영명(1992).
35 『말』(19), 1988.

盧대표, 直選制 改憲선언

朝鮮日報 1987年 6月29日 号外

金大中씨등 赦免·복권

새憲法으로 大統領선거 88년2월 政府이양

時局事犯석방, 대통령選擧法·言基法改廢

独自구상 일방선언

全대통령에 모든조치 건의

受諾안되면 후보·代表사퇴

지방議會도 구성

월요일出勤길충격

民正中執委員경악

盧대표, 선언후 顯忠祠로

盧대표 「국민大和合 특별선언」 全文

"때늦었지만 전폭환영"

"擧国·과도政府구성을"

金泳三·金大中씨 논평

노 대표, 직선제 개헌 선언(조선일보 호외 1987. 6. 29)

를 타파하기 위한 가장 중요한 작업은 우선 헌법의 불평등한 조문을 삭제하고, 평등한 젠더체제를 구축하기 위한 새로운 조문을 삽입하는 것이다. 이러한 인식 하에 여성계는 이행기 권력구조의 재편을 중심으로 한 개헌 작업에 목소리를 내기 시작하였다. 민주주의를 공고화시키기 위한 개헌 작업은 두 개의 서로 다른 축에서 진행되었다. 하나는 독재로부터 '제도적인 민주주의'를 완성하는 것이고, 또 하나는 제도적인 민주주의가 진정으로 여성을 위시한 모든 주변화된 집단에게도 동시에 민주적일 수 있는 '포용의 민주주의'를 완성시키는 것이었다. 여성계가 주장한 여성관련 조항을 중심으로 내건 것은 바로 포용의 민주주의를 통해서 '완전한 민주주의'를 구축하자는 것이었다. 여성계는 이미 1980년 제5공화국 헌법개정 당시부터 남녀평등 조항을 헌법상 구체적으로 명시하고 열거함이 필요하다는 주장을 하였다.[36]

성인지 헌법의 주장 성인지 헌법gender-sensitive constitution이란 성평등의 원리가 민주주의의 근본 원리의 하나임을 밝히고, 여성에 관한 모든 차별을 철폐하고 이를 위해 적극적 조치를 취할 것을 헌법 조항으로 보장하는 것이다.[37] 성인지 헌법은 헌법의 성평등 원리에 조화될 수 있게 모든 법을 제 · 개정 및 철폐하는 조치까지를 포함한다.[38]

민주화 이후 제도화 과정에서 주변화된 집단, 특히 여성의 평등을 보장하기 위해 법제상 어느 정도의 개선이 있었는가. 헌법은 크게 권력구조에 관한 것과 기본권에 관한 내용으로 구성된다. 성인지 헌법이 되려면 헌법 전문前文에서부터 마지막 조항까지 성인지적 관점gender-perspective에서의 고려가 있어야 한다. 혹은 여성을

36 전경옥 외, 『한국여성정치 · 사회사 2: 1945~1980』 참조.
37 성인지 헌법에 관한 최근의 세 가지 유형은 다음과 같다. 남아프리카의 헌법은 여성에 관한 별도의 장이 있으며, 우간다의 헌법은 전 조항에 분산되어 있는 여성에 관한 조항을 통합하여 규정하고 있다. 말라위의 헌법은 여성에 관한 별도의 장도 있고, 여성의 권리에 관한 조항도 통합하였다(IPU, 2002).
38 IPU(2001).

위한 별도의 장이 마련되어야 한다. 제헌 헌법 이래 9차에 걸쳐 개정된 우리나라의 헌법은 성인지 헌법은 아니다. 주요한 체제 전환 과정마다 여성계가 부분적으로 주장한 내용이 헌법에 완전히 삽입되지 않았다.

> 오천년의 유구한 역사 속에서…이제 나라의 주인인 국민은 인간의 존엄성을 존중하며 양성은 본질적으로 차별받지 않음을 기본으로 하여, 자유와 권리가 침해, 박탈되지 아니하며…(한국여성유권자연맹, 헌법전문前文 예시 안, 1980).

1980년과 1987년 여성계에서 주장한 헌법전문에 "양성이 본질적으로 차별받지 않는다"는 것, 혹은 "4·19의거와 5·18광주의거 그리고 양성평등을 전제로 한 기회의 균등" 등을 명시할 것을 제안하였지만 반영되지 않았다.[39] 특히 한국여성유권자연맹은 헌법전문에 양성은 본질적으로 평등하다는 것을 명기할 것을 주장하였으며, 대한YWCA연합회안과 유권자연맹안은 "국회의원의 20퍼센트를 비례대표제로 하고 그 반수를 여성으로 하자는 제안과 보건권, 환경권, 저항권을 신설할 것"이 주 내용이었다.[40]

여성계는 체제전환 과정마다 제헌헌법 이래 추상적으로 주장된 일반적인 평등권 조항과 혼인과 가족생활에서의 실질적인 평등권 조항을 좀 더 구체적인 조항으로 명시할 것을 요구하였다.[41] 1979년 10·26사태 이후 1980년 5월 17일 계엄확대와 정치활동 금지조치가 이루어지기까지 약 7개월 동안 민주화로의 전환을 위한 개헌안이 국회 안에서만이 아니라 정부, 그리고 시민사회 내에서 활발하게 작성되었다. 한국여성유권자연맹의 헌법연구위원회를

39 한국여성유권자연맹, 1980. 1. 30. 우리가 원하는 새 헌법; 한국여성단체연합.
40 조선일보 1980. 2. 7.
41 헌법상의 평등권 조항은 11조의 일반적 평등권과 36조의 평등권 말고도 여자의 근로의 권리, 선거권과 피선거권에서의 동등한 기회 부여 등의 조항도 포괄적으로 포함된다. 여기서는 여성의 평등과 구체적으로 관련한 36조에 국한하여 실질적인 평등권 조항이 헌법상 어떻게 전개되어 나갔는가에 국한하여 본다.

비롯하여 여성계도 성평등 조항을 보다 실질적이고 구체적으로 개정할 것을 중심으로 한 개헌안을 국회에 제출하였다. 이 당시 국회는 개헌안을 위한 헌법개정특별위원회를 구성하여 권력구조와 기본권 등을 중심으로 한 개헌작업을 시작하였다. 그러나 개헌안의 핵심은 항상 그래왔듯이 대통령 직선제를 중심으로 한 권력구조에 관한 것이었다.

이러한 개헌안 작성과정에서 여성계 대표는 객관적 평등조항과 실질적 평등조항에 좀 더 구체적으로 성별평등을 명시할 것을 요구하였다. 여성계는 성별, 종교 또는 사회적 신분에 관계없이 일반적 평등을 주장한 이전의 헌법조항4공화국 헌법의 9조을 개정하여 보다 구체적으로 '가정이나 직장에서의 차별을 받지 않는 실질적인 남녀동권 조항의 삽입'이 필요함을 역설하였다1980년 헌법개정특별위원회 공청회. 즉 여성계의 주장은 9조 평등권 조항에 '양성평등 혹은 부부동등권'이라는 용어를 추가하고 혹은 관련 장에 구체적으로 삽입하여 성평등조항을 보다 구체화시킬 것을 요구하였다.

가부장적 헌법 틀 내의 개정 실질적인 평등권을 규정한 31조4공 헌법 기준 역시 문제가 되었다. 1980년 5월 15일 국회 개헌안에는 여성계의 의견을 수렴하여 "혼인과 가족생활의 양성평등의 보장과 혼인과 재산권 또는 가족생활에 관한 법률은 개인의 존엄과 양성평등을 기초로 제정되어야 함"으로 규정되었다. 그러나 국회의 개헌안은 1980년 5월 17일로 헌정이 중단되면서 역사 속으로 사라지고 개헌의 주도권은 정부로 넘어갔다. 정부 주도로 마련된 개헌안은 같은 해 10월 22일 국민투표에 의해 제5공화국 헌법으로 확정되었다. 5공화국 헌법에는 "혼인과 가족생활은 개인의 존엄과 양성의 평등을 기초로 성립되고 유지되어야 한다"로 최종확정되면서 국회 주도로 추진되었던 개헌안보다 후퇴하였다. 이로써 "모든 국민은 혼인의 순결과 보건에 관하여 국가의 보호를 받는다"는 4공화국 헌법의 조항에 비해 '양성평등'이라는 조항이 삽입되어 성평등이 보다 구체적으로 표명되었지만, 그 성평등이 여전히 혼인과 가족생활이라는 사적영역에서의 보장으로 국한되었다는 점에서 근본적인 한계가 있었다.

양성평등의 규정이 이와 같이 사적 영역에만 국한되어 규정되어 있는 것은 6공화국 헌법에서도 마찬가지다. 6공화국 헌법 36조 혼인관련 조항은 5공화국 헌법의 연장선 상에서 단지 "국가는 이를 보장한다"라는 문구를 추가하였고, 모성보호 조항을 제2항에 신설하였을 뿐이다.[42] 1987년 국회개헌특별위원회에 제출된 4당의 개헌안 중 민정당의 개헌안에서만 모성보호조항이 신설되었다. 민정당은 모성보호조항의 신설 이유를 모성의 보호는 국가와 민족의 생존과 번영에 직결된 것으로서 사회적 관심과 보호가 절실히 요청되므로, 이를 헌법적 차원에서 확인하고 국가와 국민에 그 의무를 함께 부여함으로써 건강한 임신 출산과 건전한 육아를 통한 후손대대의 번영의 기초를 마련함에 있다고 신설 이유를 밝히고 있다헌법개정안 특별위원회 회의록 부록 1987. 8. 31.

실질적인 평등권 조항과 관련하여 1980년 헌법과 1987년 헌법의 차이는 혼인과 가족생활에서의 국가의 보호의무를 명시한 것과 모성보호조항을 추가한 것뿐이다. 여성계가 주장한 실질적 평등은 공사 영역, 그리고 정치, 경제, 사회 모든 영역에서의 실질적 평등이었다. 그러나 헌법에 반영된 실질적 평등은 여성을 여전히 '사적 영역에 한정'시키는 성별 분리의 규범이 극복되지 않은

42 6공화국 헌법 36조 ① 혼인과 가족생활은 개인의 존엄과 양성의 평등을 기초로 성립되고 유지되어야 하며, 국가는 이를 보장한다. ② 국가는 모성의 보호를 위하여 노력하여야 한다. ③ 모든 국민은 보건에 관하여 국가의 보호를 받는다.

가부장적 헌법이었다.

성평등구조 제도화의 실패 1980년대 두 차례의 헌법개정의 기회가 있었지만 성평등에 관한 여성계의 제한적인 주장이 최소한으로 반영될 수밖에 없었던 이유를 국내적인 요인과 국제적인 요인으로 나누어 볼 수 있다.

첫째, 가장 중요한 요인은 당시 헌법개정안이 실질적으로 국회 밖의 '8인회담'과 '4인회담'이라는 정당 간의 합의에 의해서 추진되었다는 것이다.[43] 즉 1987년의 헌법제정 과정은 정당의 정치엘리트들의 독점적인 주도 하에 이루어졌다. 6·29선언으로 시민사회는 폭발적인 힘을 잃고 헌법작성에 대한 영향력은 최소에 그치면서 관심은 선거 쪽으로 옮겨갔다.[44] 민정당과 통일민주당 양당의 합의에 의해 헌법안이 성립되는 과정에서 나머지 두 당인 신한민주당과 한국국민당은 사실상 배제되었으며, 기타 재야의 목소리도 마찬가지였다. 원래 국회 내의 헌법개정특별위원회는 1986년 6월 24일 본회의 결의에 의하여 구성되어 개헌 논의를 시작하고 3개의 소위원회를 구성하였다. 그러나 이 위원회가 본격적으로 활동한 것은 1987년 6·29선언으로 직선에 의한 대통령중심제의 합의개헌에 여야가 임하면서부터다. 여야 각 정당 간에 개헌요강에 관한 합의가 이루어졌고, 이에 헌법개정특별위원회도 8월 17일부터 활동을 재개하여 여야합의개헌안을 마련하기 위한 회의에 들어갔다. 이 특위에서는 8월 31일 헌법개정안 기초소위원회를 구성하고 여야 간에 합의된 개헌요강에 맞추어서 헌법개정안을 기초하여 보고하도록 결정하였다.[45] 개헌안을 작성한 10인의 소위원회에 여성의원이 한 명도 배정되어 있지 않은 것 역시 여성계의

43 8인회담은 민정당과 통일민주당 중심으로, 4인회담은 민정당과 신한민주당, 그리고 민정당과 한국국민당 간에 합의개헌을 위해 실시된 회담이다.

44 조정관(2000), 1987년 헌법 제정과정의 특징: 민주화 경로와 연관하여, 2000년도 한국정치학회 연례학술회의.

45 헌법개정특별위원회는 1987년 8월 31일 헌법개정안을 기초하는 소위원회를 민정당 5인(현경대, 허청일, 유상호, 김종인, 이치호), 통일민주당 3인(허경만, 김봉호, 박광용), 신한민주당 1인(신경설), 한국국민당 1인(신철균) 이상 10인으로 구성하였다. 이 소위원회는 9월 1일부터 17일까지 8차례의 회의를 가졌다(국회헌법개정특별위원회 회의록 1987. 9. 17).

소리가 개헌과정에서 반영되지 못한 중요한 요인이다. 만약 이 과정에서 여성의원이 참가하였다면 비록 이미 양당이 합의한 개헌안이 거의 확정적이라 할지라도 여성관련 조항이 의제화 될 경우 의외로 쉽게 통과될 수 있었을 것이다. 논쟁의 핵심은 권력구조에 관한 것이며, 이는 이미 6·29선언에 의해 직선제 대통령제로 합의된 상태였다. 대통령의 임기와 총선 시기 및 선거 연령 등에 관한 양당 간의 차이 역시 이미 조정되었다. 성평등 조항의 삽입에 대한 저항세력 때문이라기보다는 이 조항을 의회 내에서 보다 구체적으로 의제화하고 삽입할 수 있는 추진 주체가 없었던 것을 실패의 한 요인으로 볼 수 있다.

소위원회에서 마련한 대통령 직선제 정부형태를 골격으로 한 개헌안은 9월 17일 특위에서 그대로 채택되어 본회의에 상정되었다국회본회의 1987. 9. 18. 본회의에서는 소위원회에서 마련한 개헌안이 민정당과 통일민주당 주도로 이루어졌고 신한민주당과 한국국민당은 소외되었기 때문에 소위원회안을 헌법개정특별위원회에서 그대로 받아들여서는 안 된다는 의사진행발언을 하였지만 무리 없이 특위안으로 채택되었다헌법개정특별위원회회의록 1987. 9. 17. 이처럼 소위원회에서 기본으로 채택한 4당 간의 합의를 통한 개헌안은 실질적으로는 민정당과 통일민주당 간의 합의로 추진된 것이며, 개헌안에 대한 공청회도 정치일정상의 이유로 실시되지 않았다. 국회 내의 헌법개정특별위원회는 여야 합의개헌안을 받아서 본회의에 올리는 역할만을 하였다. 헌법개정의 주체인 정당은 차기집권을 향한 권력구조 등에 주로 관심이 있었으며, 자기 당의 집권을 전제로 한 개헌안이기 때문에 대통령 직선제 말고는 기존의 헌법과 크게 다를 것이 없었다.

둘째, 당시 여성단체의 역할과 여성관련 국가기구의 공식적 접근통로, 즉 국회 내의 제도적 접근통로가 마련되어 있지 않은 점은 여성계의 주장이 개헌과정에서 잘 반영되지 못한 두 번째 실패요인이다. 1980년대 후반은 우리나라도 이미 여성차별철폐협약에 가입하였고, 여성단체도 성인지 헌법의 내용을 담은 주장을 하기 시작한 시기였다. 따라서 여성의 목소리를 반영할 수 있는 유리한 환경이 국내외적으로 설정되었음에도 불구하고 여성관련 국가기구가 설립되지 않았기 때문에 여성계의 주장이 개헌과정에서 공식적으로 반영되는 데는 사실상 한계가 있었던 것으로 볼 수 있다.

국가의 성평등구조 구축을 위한 국제적인 노력은 유엔의 헌장과 1948년 세계인권선언을 선포한 이래 지속적으로 강화되었다. 여성인권보호와 여성지위개선을 위한 국제사회 노력의 결과 여성관련 규범은 전 세계를 하나로 묶는 단계에 이르렀다. 유엔이 '1975년 여성의 해'를 선포한 이래 1979년 여성차별철폐협약과 1995년 베이징 세계여성회의의 행동강령이 대표적인 국제 규범으로 기능하고 있다. 여성차별철폐협약의 제1조에서 6조까지는 서명 국가가 여성의 지위를 향상시키기 위해 모든 적절한 조치를 취할 의무가 있음을 규정하고 있다. 이러한 조치는 할당제와 같은 잠정적인 조치를 포함한 헌법상, 입법상, 행정명령, 기타조치 등을 취할 것을 포함한다. 제2조에는 "…관련 국가는 헌법과 기타 관련 입법에 남녀평등의 원칙을 실현하기 위하여 구체적인 조치를 취해야 함…"을 명시하고 있으며, 제4조에서는 남녀평등을 실현하기 위한 잠정적인 조치로서 성 할당제 도입은 차별이 아님을 규정하고 있다. 제7조는 여성의 정치참여에 관한 조항으로서 국가는 여성을 공적 영역과 정치 영역에서 차별하지 않을 의무가 있음을 천명하고 있다. 이로써 민주화 이행기의 각국은 헌법에 실질적인 평등을 위한 구체적인 조항을 삽입하기 시작했다.

1979년 작성되어 1981년부터 발효되기 시작한 이 협약에 근거하여 각국의 시민사회, 특히 여성단체는 자국의 헌법 제·개정 시 성인지적 헌법과 입법을 채택하도록 압력을 가하였다. 이 협약 이전에 혹은 유엔의 헌장이 성립되기 이전에 작성된 대부분의 헌법에는 성별 차이를 고려하지 않은 객관적인 평등만이 규정되어 있었다. 예를 들어 브라질이 1988년 헌법을 개정할 때 여성단체는 여성의 권리와 관련하여 200개의 수정안을 제출하였으며, 여성계의 의견과 협약의 내용을 반영하여 젠더평등에 관한 국가의 의무를 명시하고 가부장제를 폐지하였다. 남아프리카에서는 1994년 90개의 여성단체가 가입된 여성전국연합WNC: Women's National Coalition이 회의를 소집하여 효율적인 평등을 위한 여성헌장을 채택하고 이를 헌법에 삽입하는 데 결정적인 역할을 하였다. 그 결과 남아프리카의 새 헌법에는 인간의 존엄성과 평등의 진작, 인권과 자유의 촉진 및 반인종주의와 반성차별주의를 민주주의 국가의 기본원리로 채택하고 있다. 또한 여성차별철폐협약 4조의 잠정적인 특별조치로서 차별을 받아왔던 집단을 보호하기 위한 입법조치와 기타 조치를 취할 것을 규정하는 조항도 헌법에 포함시켰다.[46] 이외에도 1990년대 영연방의 권력이양 과정에서 스코틀랜드의 여성조정집단SWCG: Scottish Women's Co-ordination Group의 역할은 정당이나 행정부 및 의회 내에서 여성의 역할 못지않게 중요했으며,[47] 르완다 역시 2000년대 초 '여성의원포럼'과 여성단체의 역할은 성인지 헌법이 채택되는 데 결정적인 기여를 하였다. 이상은 여성의원만이 아니라 시민사회 내의 여성단체가 성인지 헌법의 채택에 결정적인 공

46 Chatherine(2003).

47 Dobrowolsky(2003). "Intersecting Identities and Inclusive Institutions: Women and a Future Transformative Politics". *Journal of Canadian Studies*, Winter 2001. 35(4). 240~261.

헌을 한 예다.

우리나라는 이 협약에 1983년 가입하여 1984년 국회비준을 받은 후 1985년부터 국내법과 같은 효력을 발휘하게 되었다. 그러나 1987년 헌법개정과정에서 성인지 헌법이 개헌특위에서 의제화되지는 않았다. 당시 한국여성연합회의 1987년 7월 27일 '개헌과 여성'을 주제로 한 회의에서 홍숙자 회장은 새 헌법에 "여성평등권이 현행 가족법처럼 하위법의 침해를 받지 않도록 위헌적 하위법률에 대한 금지규정을 명확히 하고, 교육과정에서부터 남녀평등의식을 심어줄 수 있는 교과내용을 삽입하며, 소년과 부녀자로 묶여 있는 근로권 조항에서 여성을 따로 독립하여 명시할 것"을 주장하였다. 한국여성단체연합에서도 1987년 7월 29일 '민주헌법을 위한 여성정책연합회'를 개최하였는데, 여기서 "헌법전문에 '양성평등을 전제로 한 모든 사람의 기회균등'이라는 문구를 삽입할 것과 혼인과 가족조항, 노동권조항 등을 수정 신설함으로써 실질적인 남녀평등을 보장할 것신인령"을 제안하였다. 또한 여성문제와 직결된 조항만이 아니라 선거연령의 인하 조정, 위헌심사제도의 의무화, 근로자의 기본 삼권 보장 등도 여성문제와 직결된 조항이라 언급하면서 헌법 내용 전반의 민주화가 급선무이은영라고 강조하였다.[48] 즉 여성단체연합은 민주헌법을 논의함에 있어 여성의 시각이 여성과 관련한 특수조항에만 국한되어서는 안 됨을 다음과 같이 주장하였다.

> 전체 헌법 내용이 민주적이지 않은 상태에서 어느 한 부분만의 민주적인 보장이란 결코 지켜지지 못할 허구이기 때문이다. 지난 1980년 개헌 당시 혼인관련 조항(당시 32조 1항)의 신설로 여성관계 조항은

48 조선일보 1987. 7. 31.

개선되었지만, 여타 국민의 기본권 조항이 무참히 짓밟힌 상태에서 결과적으로 여성의 권익조차 보장되지 못했던 생생한 기억을 상기해야 한다(민주여성 1987. 8).

헌법전문에 성평등 원리를 구현할 것, 그리고 헌법 전항에 걸쳐 성평등을 고려할 것을 주장하는 것은 성인지 헌법의 핵심이다.[49] 이처럼 여성단체의 주장은 진보적이었지만 국가기구에의 접근통로의 결여 및 4당 주도로 이루어진 개헌으로 인해 구체적인 헌법조항으로 반영될 수 없었다. 이 협약이 헌법에 반영될 수 있으려면 의회 내 일정 수의 여성의원과 여성위원회 등 제도화된 국가기구가 마련되어 여성단체의 통로역할을 할 수 있어야 했다. 이와 같은 국가기구의 제도화는 1995년 제4차 베이징 세계여성회의의 행동강령인 성주류화 전략의 도입 등 보다 구체적인 전략이 도입된 이후에 가능하였다.

셋째, 국내의 정치상황과 성별 균열이 구체적인 균열구조로 드러나지 않은 사회 구조적인 요인도 여성관련 조항이 헌법에 최소한으로밖에 반영되지 못한 이유 중의 하나이다. 사회적인 균열구조는 어떤 식으로든지 헌법에 반영된다. 헌법개정 당시 잠재적인 성별 균열구조는 계급이나 지역, 이념, 혹은 연령 간의 균열구조만큼 뚜렷이 현재화되지 않았다. 당시 성별 균열구조는 기존의 균열구조 속에 복합되어 나타났기 때문에 더욱 인식되기 어려웠다. 즉 개헌 당시 성별 균열구조는 여전히 잠재되어 있었기 때문에 여성이 헌법개정과정에서 고려되어야 할 주요한 정치 집단이 아니었다.

넷째, 오랜 시일 동안 고착되어 온 불평등한 성별 분리와 관련

49 이와 같은 성인지 헌법은 이미 1980년 개헌과정에서도 한국유권자연맹의 '우리가 원하는 새 헌법(1980. 1. 30)'과 대한YWCA연합회의 '개헌안에 대한 제안'에서도 제기되어 왔다. 두 단체는 남녀평등에 관한 조항에 새로운 항을 신설하여 '양성은 본질적으로 평등하며, 성별을 이유로 여성은 가정이나 직장에서 차별을 받지 않는다'는 조문을 신설할 것을 주장하였다. 이외에 한국여성유권자연맹은 헌법전문에 양성은 본질적으로 평등하다는 것을 명기할 것을 주장하였으며, 두 안 모두 국회의원의 20퍼센트를 비례대표제로 하고 그 반수를 여성으로 하자는 제안과 보건권, 환경권, 저항권을 신설할 것을 주장하였다(조선일보 1980. 2. 7).

"여성勤勞權 독립明示를"

女性단체들 改憲공청회

民正-民主 헌법시안 여성정책 비교분석

男女평등-민주화문제 집중적으로 거론

개헌에 여성문제는 어떻게반영되고 있는지, 시안을 점검해보고 女声을 한데 모으기 위한 모임이 잇따르고 있다. 한국여성단체협의회 (회장 洪淑子)는 27일 프레스센터 19층에서 「개헌과 여성—양대정당에 묻는다」를 주제로 공청회를 열었으며, 한국여성단체연합 (회장 李啓貞) 도 「민주헌법을 위한 여성정책협의회」를 29일 여의도 여성백인회관에서 가졌다.

한국여성계의 양대단체가 마련한 이들 개헌관련 모임은 여성대표들에게 현재 추진중인 개헌안의 개요를 항목항목 설명하면서 양대 정당이 마무리짓고 있는 새 헌법안중 여성정책을 비교분석하는 형태로 시도되고있다.

24개회원단체관계자 1백여명이 참가한 女協의 공청회에는 민정당金囯緯국책연구소정책실장, 민주당金完燮정책위부의장이 出席, 각정당의 개헌안을 발표했고 종합논평은 성균관대 張乙炳교수가 맡았다.

이날 洪淑子여협회장은 새헌법에▲여성평등권이 현행 가족법에서처럼 하위법의 침해를 받지않도록 위헌적 하위법률에 대한 금지규정을 명확히 하고 ▲교육과정에서부터 남녀평등의식을 심어줄 수 있는 교과내용을 삽입하며▲소년과 부녀자로 묶여있는 근로권관계 헌법에 여성을 따로 독립시켜 명시해야한다고 제안했다.

金天柱주부클럽연합회회장도 ▲취업 승진 처우 정년등에서 남녀차별 철폐▲가사노동의 가치를 국가적으로 인정할 것등을 요청했다.

女聯의 여성정책협의회는 양대정당뿐아니라 대한변호사협회의 시안등을 항목별로 비교검토하면서 새 헌법안의 민주화문제를 집중적으로 살폈다. 주제발표는 이화여대 辛仁羚교수가, 논평은 고영구변호사와 李銀暎외국어대교수가 맡았으며, 회원 단체 관계자 1백50여명이 참가했다.

「여성이 바라는 개헌에 관한 의견」을 주제로 발표한 辛교수는 헌법전문에 「양성평등을 전제로 한 모든 사람의 기회균등」이라는 표현을 삽입할 것을 주장하면서 평등권일반조항, 혼인과 가족조항, 노동권조항등을 확인 수정 신설함으로써 실질적인 남녀평등을 보장해야 한다고 제안했다. 이어 논평자 李교수는 이들 여성문제와 직결된조항뿐아니라 선거연령의 인하조정, 위헌심사제도 의무화, 근로자의기본3권 보장등도 여성문제와 직결된 조항이라고 언급, 헌법내용 전반의 민주화가 급선무라고강조했다.

女聯은 헌법전반을 점검한 이번 모임에 이어 여성과 관련된 하위법을 분석, 조사작업이 마무리 되는대로 공청회및 관련책자발간등의 활동을 계속 펼칠 계획이다. 〈申世美기자〉

◇한국여성단체연합이 29일 마련한 「민주헌법을 위한 여성정책연합회」.

여성단체 개헌 공청회(조선일보 1987. 7. 31)

된 젠더 이데올로기는 여성계의 목소리가 개헌과정에서 잘 반영되지 못한 요인 중의 하나다. 당시는 성별 차이를 당연시하거나 혹은 객관적인 평등이 헌법상 주어진 것만으로도 양성 간의 평등이 충분히 이루어졌다고 여기는 사회분위기였다. 여성이 그간 사회적 · 정치적으로 주변화된 집단임을 감안하여 객관적 평등 자체가 실질적인 불평등이라는 것을 인식하여야 성인지 헌법이 고려될 수 있다. 이러한 불평등한 젠더 이데올로기가 강하게 내면화되어 있는 상태에서는 성별 불평등구조에 대한 인식이 형성되기 어렵고, 이는 결과적으로 성평등구조 구축의 걸림돌로 작용한다. 이러한 가부장적 이데올로기는 제도 개선과 동시에 개선되는 것이 아니라 어느 정도의 지체가 뒤따르기 때문에 보이지 않는 성불평등구조로서 기존의 불평등한 성별 지배관계를 유지하는 기제로 작용한다. 1980년대는 지금보다 훨씬 더 불평등한 젠더 이데올로기가 사회 전영역을 강하게 규제하였다고 볼 수 있다.

이처럼 성평등구조를 위한 성인지 헌법의 전제조건은 국내의 정치적 상황과 성별평등과 관련한 국제적인 규범체제의 성숙, 여성계의 국가기구로의 통로 확보, 여성을 중심으로 한 사회 균열구조의 형성 및 가부장적 젠더 이데올로기의 개선 등이다. 이에 더하여 여성단체의 연대와 민주화 완성도 전제조건으로 볼 수 있다. 민주화가 완성되지 않은 단계에서는 성평등보다는 민주화의 완성이 최우선 과제로 부각되었기 때문에 젠더 이슈는 의제화되기 힘들었음을 역사적 경험에서 볼 수 있다.

만약 현 시점에서 개헌 논의가 재개된다면 두 가지 이유에서 보다 발전적으로 논의될 것이다. 첫째, 여성이 하나의 독자적인 집단으로서 정치적으로 대표되어야 한다는 인식이 광범위하게 이루어져서 모든 법제의 제·개정 과정에서 고려되고 있다는 점이다. 둘째, 지구화와 함께 강하게 구축되고 있는 인권과 관련한 초국가적 규범체제로서 형성되고 있는 젠더체제는 국경을 넘어서 성평등을 위한 힘으로 작용하면서 각 국가의 성평등구조 형성에 압력을 가하고 있다는 점이다. EU와 같은 국가 간의 지역적인 통합을 구축하는 과정에서 3,000개 이상의 여성조직을 대변하는 유럽여성압력단체EWL: European Women's Lobby가 EU 조약에 성평등을 통합시키기 위해 활약하고 있는 예를 보면 잘 알 수 있다. 대개 헌법 제정의 역사가 오래된 국가의 헌법에서는 평등권 조항 자체도 없었다. 또 일반적 평등인 객관적인 평등만을 규정한 헌법도 많이 있다. 그리고 2차 세계 대전 후 신생국을 중심으로 제정된 헌법은 실질적 평등을 포함하여 성인지 헌법에 근접하였다. 그러나 보다 완전한 성인지 헌법은 1990년대 이후 새로 헌법을 작성한 국가에서 볼 수 있다.

우리나라 헌법은 현재 실질적인 평등의 내용에서는 여전히 한계점이 있지만, 일단 헌법에 실질적 평등 조항은 있는 것으로 볼 수 있다. 그리고 헌법상의 실질적 평등을 실현하기 위해 각종 하위법에 영역별 구체적인 평등을 담고 있는 입법체계다. 여성의 정치적 대표성을 위한 할당제는 헌법이 아니라 정당법에 명시되어 있으며, 국가 및 지방자치단체의 여성참여를 촉진시키기 위한 적극적 조치를 취할 의무는 1995년 제정되고 2002년 개정된 여성발전기본법에 규정되어 있다.

2. 여성의 정치세력화 과정

1987년 민주화로의 이행이 시작되면서 여성의 정치세력화가 본격적으로 추진되기 시작하였다. 1988년과 1992년의 13대, 14대 국회의원 총선과 1991년 지방의회선거에서 여성이 연이어 저조한 의회 진출율을 기록하자, 1994년 여성계는 할당제도입을 위한 연대를 구축하였다. 2004년 강화된 할당제에 의해 실시된 17대 총선에서 최초로 여성의원의 비율이 13퍼센트가 됨으로써 2004년은 여성정치세력화의 원년이 되었다.

민주화와 여성의 정치세력화

1987년 대통령 직선제 헌법을 채택하여 민주화로의 이행이 가속화되면서 여성운동의 중심은 민주화 운동에서 '여성의 정치세력화'로 전환될 수 있었다. 1987년 민주 헌법작성시 여성계는 성평등을 위한 구체적인 조항을 헌법에 삽입하기 위해 노력하였다. 민주화 이전의 여성단체가 권위주의 국가의 지배로부터 자유롭지 못했거나, 아니면 민주화 운동을 전개하는 데 주력하였다면, 민주화 이후 여성운동은 국가로부터의 자율성을 획득하면서 사회 모든 부문에서 균형적인 참여를 통한 '여성의 세력화'를 구축하는 것에 전념할 수 있었다.

여성의 정치세력화는 정치부문에서 여성의 균형적인 참여를 실현하는 것을 말한다. 그 동안 여성은 인구의 절반 이상을 차지하고 있었음에도 불구하고 항상 소수집단으로 분류되었고, 여성의 저대표 자체가 사회적인 문제로 인식되지도 않았다. 그러나 민주화가 이루어지고 사회경제적 발전도 향상되고, 동시에 1975년 '유엔 세계여성의 해'를 선포한 이후 유엔을 중심으로 여성지위개선과 양성평등에 대한 세계적인 연대와 네트워크가 구축되면서 각 국가는 여성의 동등한 참여의 실현을 위한 노력을 가속화하기 시작하였다.

남녀의 균형적인 정치참여는 객관적인 법적 기회의 평등만으로는 실현될 수 없다. 남녀의 균형적인 정치적 대표를 회복하기 위해 단기적으로 가장 효율적인 방법은 선거제도를 이용하는 것이다. 물론 장기적으로는 여성의 정치적 진출에 호의적인 이념적 변화라든지, 사회경제적 변화 등이 수반되어야 하겠지만, 단기적으로 가장 강력한 효과는 법제도를 통한 것이다. 1948년 제헌 헌법과 선거법에 의해 남녀 모두에게 동등한 참정권이 부여되었지만, 여성의 의회진출은 보이지 않는 장벽 속에서 제한적일 수밖에 없었으며, 특히 지역구에서 여성의 당선은 매 국회의원 선거 때마다 한두 명에 불과할 정도의 이례적인 현상이었다.

이렇게 객관적인 기회의 평등만으로는 기존의 불평등한 성별구조를 바꿀 수 없기 때문에 잠정적인 조치로서의 성 할당제의 필요성이 제기되어 왔다. 성 할당제는 해방 이후 미군정 하의 과도입법의원의 여성의원에 의해 주장된 이래 새로운 권력구조를 짤 때마다 반복적으로 주장되었다본권 97쪽 광역여성선거구제 참조. 그때마다 객관적인 평등과 민주주의 원리 및 헌법에 위배된다는 논리로 잠정적인 할당제는 채택되지 않았다.

민주화 이후 지역할거구도 하에서 국회의원 선출방식이 1988년 13대 4·26 총선에 앞서 선거법 개정으로 중선거구제에서 다시 소선거구제로 바뀌면서 각 정당은 보다 적극적으로 여성의 표를 인식하기 시작하였다. 소선거구제는 일반적으로 양당체계를 가져오지만, 극도의 지역할거구도 하에서는 13대 총선과 같이 다당체계를 초래한다. 지역할거 구도 속에서 정권의 지역적 지지 기반이 약했기 때문에 선거 결과 여소야대 정국이 초래되었다. 즉 1987년 민주화 헌법의 도입과 대통령 직선으로 민주주의 체제로 이행하였지만 소선거구 다수대표제 방식으로 치른 1988년 13대 총선에 의해 다당체계가 형성되었고, 이후 다당체계 하에서 각 정당은 선거에서 승리하기 위해 경쟁적으로 여성공약을 하기 시작하였다. 이로써 정당은 여성계의 목소리를 무시할 수 없게 되었고 다투어 여성정책을 제시하면서 선거를 치를 때마다 여성공약은 더욱 강화되고 구체화되었다. 이와 동시에 여성운동은 민주화 운동 이후 여성문제 자체에 집중할 수 있게 되고, 이제는 성평등 사회를 실현하기 위한 구체적 조치를 정치사회에 요구할 수 있는 단계와 역량을 구축하게 되었다.

이런 맥락에서 정당과 여성계는 '공정한 경쟁이 보장된 선거'라는 장에서 만나게 되었다. 선거에서 승리하려는 정당과 선거를 통해 여성의 의회진출을 달성하려는 여성계는 선거를 전후하여 여성의 의회진출을 증대시킬 수 있는 구체적인 할당 방안을 요구하고 이에 응하면서 선거에 임하게 되었다.

그 동안 여성은 세 가지 영역에서 저대표되었다. 정당후보공천과정에서의 저대표under-representation, 선거과정의 저대표under-election, 선거 후 의회 내의 저대표under-power는 상호연관되어 여성이 정치적으로 저대표되는 데 상승작용을 해왔다.[50] 정당에서 공천하는 여성후보의 비율이 일정 문턱을 넘어야 당선 가능성도 증대될 것이다. 아울러 의회 내에서의 실질적인 대표성도 일정 수의 수적인 대표가 확보되어야 가능하다. 여성의 정치세력화는 세 영역이 맞물

50 IPU(1997).

한국여성단체협의회의 여성 국회진출을 위한 공청회(인터넷 한국여성사지식정보시스템).

려서 일어나기 때문에 각 영역에서 동시에 여성의 대표성이 제고되어야 한다.

1987년 이후 한국여성유권자연맹 등 여성단체에서 구체적으로 제시하기 시작한 할당제는 2000년 정치관계법의 개정을 시작으로 각 정당도 이에 영향을 받아 정당 공천의 할당을 당헌 · 당규에 명시함으로써 더욱 강화되었고, 2004년 17대 총선 직전의 정치관계법은 할당비율을 좀 더 높이는 방향으로 개정되었다. 이로써 여성의 의회대표성은 최근 선거 실시 때마다 두 배 이상의 증가를 보여 왔다. 그러나 정당의 공천은 여성 대표성을 확보하는 과정에서 가장 중요한 첫 관문이다. 이 단계에서 여성의 공천이 실질적으로 남녀 동수로 이루어져야 선거에서 여성의 진출도 어느 정도 보장될 수 있고 선거에서 일정 수의 수적 대표가 이루어져야 의회 내에서 여성관련 정책이 의제화되고 채택될 가능성이 높으며, 여성의원 비율의 가속적인 증가도 가능하기 때문이다.

1992년 IPU가 젠더 시각에서 정의한 민주주의는 "정책과 법률이 결정될 때 인구의 절반을 차지하는 성별 집단의 이해가 동등하게 고려되는 것"이었다.[51] 민주화 과정에서 이념, 법제, 정책 등 모든 부문에서 여성이 고려되고 여성의 입장이 반영되어야 실질적으로 완전한 민주주의가 달성될 수 있다. 정치의 제도권 영역 내에서 완전한 민주주의는 일차적으로는 의회 내에서의 남녀의원이 균형적으로 대표되는 것이다.

양성평등을 위한 여성의 세력화는 공사 영역을 아우르는 사회 모든 부문에서 이루어져야 한다. 특히 정치사회 영역에서 여성의 정치세력화는 민주주의의 완성과 양성평등을 향한 견인차 역할을 한다. 구체적으로 여성의 정치세력화는 "여성운동이 조직화되고 자율적인 집단으로서 조직을 통해 여성의 의식화를 선도하고 여성주의적 정책을 요구, 주장하는 것이며, 정치활동의 주체로서 국회, 행정부 또는 정당에 참여하여 정책결정과정에 영향력을 행사하는 것"으로 요약될 수 있다.[52]

이러한 여성의 정치세력화를 위한 단기적이면서 잠정적인 조치로서 가장 효율적인 수단은 성 할당제gender quota의 도입이다. 1994년 IPU의 남녀 정치참여의 불균형을 시정하기 위한 행동강령에서는 여성을 위한 특별한 강조보다는 남녀 간의 균형 개념을 더욱 강조하고 있다. 할당제는 여성을 목표로 하는 것이 아니라 형평성의 정신에 입각하여 어느 한 성이 50퍼센트의 비율 이하가 되지 않도록 하는 것으로서 중립적인 제도라 볼 수 있다.

여성할당제는 세 가지 차원에서 추진될 수 있다. 즉 정당의 당헌·당규, 선거법과 정당법 등 정치관련 법 및 헌법의 세 가지 수준에서 구체적인 성별 할당을 명시할 수 있다. 각 국가의 역사와 정치적 상황, 정치문화 등에 따라 여성할당을 관련법제의 제정

51 IPU(1997).
52 김은경(2004), 여성의 정치세력화, 그 가능성과 딜레마, 『여성과 사회』(15), 275~301.

지구적으로 전개되고 있는 성평등구축을 위한 여성의원할당제(IPU, 1997)

없이 정당 차원에서 당헌에 여성후보할당제를 도입할 수도 있다. 또한 법에 의해 강제적으로 실시하는 국가도 있으며, 보다 근원적으로 헌법상 조문으로 할당을 명시하기도 한다. 우리나라는 주요 정당의 당헌과 정당법 등 정치관계법에서 여성할당을 명시하고 있다.

〈그림 1〉은 1995년 이래 여성의 의회진출의 세계 평균치와 세계 1위 국가의 평균치 및 한국의 평균치를 보여주고 있다. 2005년 2월 현재 184개국의 하원에서의 여성의원의 평균비율은 15.9퍼센

〈그림 1〉 세계의 여성 의회진출 추이

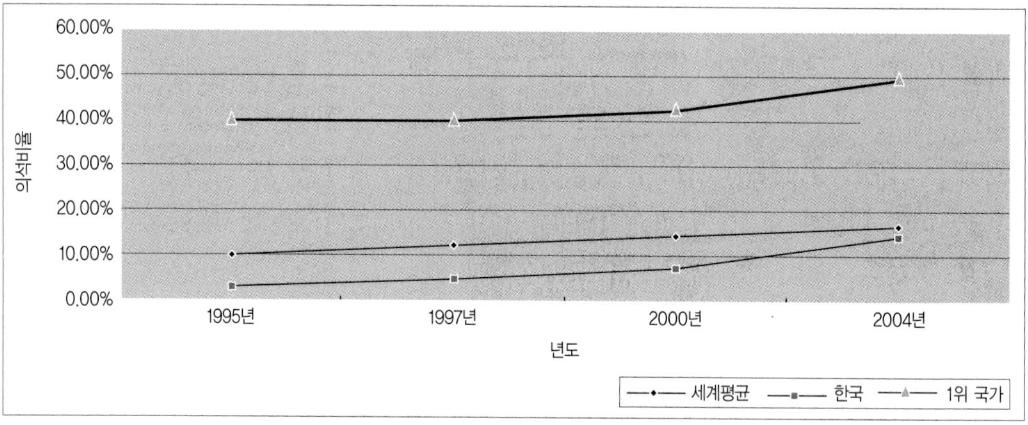

참고자료: www.ipu.org/wnn-e/classif.htm(검색일 2005년 5월 13일); IPU(2000), Women in Politics 1945-2000, Geneva 2000.

주: 세계 평균율은 하원에서의 여성의원 비율을 중심으로 하였음. 1995, 1997, 2000, 2004년은 각각 한국의 14, 15, 16, 17대 총선의 결과가 반영된 데이터임.

〈표 1〉 세계의 여성 의회진출율 추이

(단위 : %)

	세계 평균	세계 1위	한국
1995	9.5	40.4(스웨덴)	2.0
1997	11.7	40.4(스웨덴)	3.0(91위)
2000	13.9	42.7(스웨덴)	5.9(84위)
2004	15.9	48.8(르완다)	13(66위)

트며, 르완다는 여성의원 비율이 48.8퍼센트로서 그 동안 항상 1위를 차지한 스웨덴을 제치고 최고치를 기록하고 있다.[53] 한국의 여성의원 비율은 아직 세계 평균비율에는 미치지 못하고 있으나 2000년 할당제 도입 이후 비슷한 추세로 따라잡고 있다.

〈그림 1〉과 〈표 1〉에서 보는 바와 같이 성 할당제를 채택하지 않아도 점진적, 장기적으로 볼 때 여성의원의 비율은 늘어난다. 그러나 성 할당제가 없을 경우 그 증가비율이 아주 낮다는 데 문제가 있다. 우리나라에서 성 할당제를 정당법에서 채택하기 시작한 2000년과 2004년 총선의 결과는 그 이전 선거보다 두 배 이상의 증가율을 보이고 있다.

정당 내의 여성: 수적 대표성을 위한 할당제 1

여성의 대표성을 증진시키기 위한 할당제 중 일차적으로 중요한 것은 정당의 공천이다. 정당은 당헌을 통해 자발적으로 여성후보 공천 할당제를 채택할 수 있다.

정당공천은 여성이 의회에 대표되기 위해서 최초로 넘어야 할 관문이라는 점에서 가장 중요한 단계다. 여성이 대표되기에 유리한 선거제도를 채택하고 정치관계법에서 여성할당을 강제한다 하더라도 정당차원에서 여성이 후보로 공천되지 않으면 원천적으로 진출이 봉쇄되기 때문이다. 세계적으로도 여성의 대표성이 가장 높은 노르웨이, 덴마크, 스웨덴의 경우 이들 국가의 정당이 모두 자발적으로 성 할당제를 도입한 결과며, 최근에는 영국의 노동당이 여성전용선거구제all-women shortlists를 당헌으로 채택하여 여성의 진출을 두 배로 증가시켰다.

53 르완다는 2003년 국민투표로 성인지적 헌법(gender-sensitive constitution)을 채택하고 2003년 9월 총선을 실시하였는데, 새로운 의회 구성은 하원의 경우 총 80석 중 직선에 의해 53석을 선출하고 나머지 3석은 청년 2석과 장애인 1석, 그리고 여성에게 할당된 24석은 선거인단이 지명한다. 여성할당제를 채택한 결과 여성이 총 80석 중 39석을 차지하여 여성의원 세계 1위의 국가로 부상하였다. 르완다는 권력구조를 새로 개편할 때 성평등구조도 쉽게 이룰 수 있는 사례를 보여주고 있다.

〈그림 2〉 지역구 여성후보자 및 득표 비율

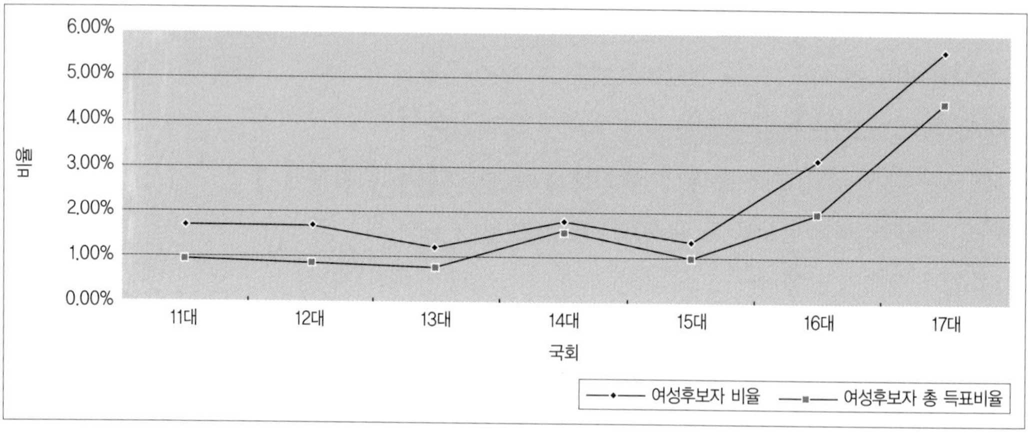

〈표 2〉 지역구 여성 후보자 및 득표수

	총투표자수(%)	여성국회의원후보자수 /전체 후보자수(%)	여성국회의원후보 총 득표수(%)
11대	16,397,845 (77.7)	10/635 (1.6)	147,419 (0.9)
12대	20,286,672 (84.6)	7/440 (1.6)	162,151 (0.8)
13대	19,850,815 (75.8)	14/1,046 (1.3)	146,108 (0.7)
14대	20,843,482 (71.9)	19/1,052 (1.8)	305,470 (1.5)
15대	20,122,799 (63.9)	20/1,388 (1.4)	179,188 (0.9)
16대	19,156,515 (57.2)	33/1,040 (3.2)	392,717 (2.1)
17대	21,581,550 (60.6)	66/1,175 (5.6)	971,840 (4.5)

당선비율은 후보비율에 비례 다음 〈그림 2〉와 〈표 2〉는 여성 후보자의 비율이 전국구 50퍼센트, 지역구 30퍼센트 여성할당이 법제화된 2004년 17대 총선에서도 무소속을 포함하여 지역구 여성의원의 후보비율은 5.6퍼센트에 불과함을 보여주고 있다. 동시에 여성 후보자의 총 득표비율은 여성 후보의 출마비율과 비슷하게 증대하고 있음도 보여주고 있다. 여성의원의 의회 진출을 위해 우선 출마단계에서 남녀의 균형적인 후보의 출마가 중요하다는 사실을 보여주고 있다.

〈그림 2〉를 보면 여성의원의 저대표성의 가장 중요한 요인은 여성유권자가 몰아줄 여성후보자의 수가 너무 적은 데 있음을 알 수 있다. 여성이 많이 당선되기 위해서는 우선 많은 여성 후보자가 나와야 한다. 그러나 대부분의 정당은 당선가능성이 없다는 이유로 그 동안 지역구에 여성후보를 내지 않았다. 그러나 선거에서 후보자의 당선경쟁력은 주요 정당에 의해 공천을 받는 것에 좌우된다. 여성후보의 경우 개인적인 능력보다는 주요 정당의 공천이 당선에 결정적이다.[54]

다음 〈그림 3〉은 전국구 여성후보자 비율이 30퍼센트 이상 할당이 의무화된 2000년 16대 총선에서 22.9퍼센트였던 것이, 전국구 여성후보자 비율이 50퍼센트 이상 할당이 도입된 2004년 17대 총선에서는 47.9퍼센트라는 거의 50퍼센트에 근접하는 비율로 증가하였음을 보여준다. 그러나 전국구의 비율이 전체 의석의 15퍼센트에 불과하여 여성의 균형적인 대표성을 증가시키는 데는 근본적인 한계가 있었다.

제1차 관문, 정당의 여성공천할당 여성의 대표성 제고를 위한 노력으

54 황아란(2002), 국회의원후보의 당선경쟁력에 대한 性差 연구, 『한국정치학회보』 36(1), 203~222; 김현희 · 오유석(2003), 여성은 여성에게 투표하지 않는가: 16대 총선 결과를 중심으로, 『동향과 전망』 57, 231~260; 김원홍 · 김은경(2004), 『제17대 총선에서의 여성후보 선거과정과 향후 과제』, 한국여성개발원; 서현진(2004), 17대 총선 여성후보자의 개인적 배경과 주요 정당 공천, 『국제정치논총』 44(4), 263~289.

〈그림 3〉 전국구 여성후보자 및 당선 비율

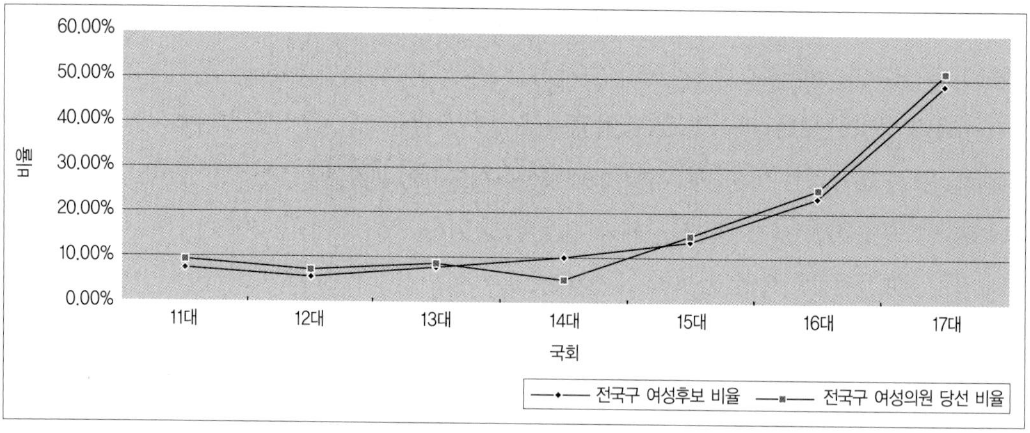

〈표 3〉 전국구 여성 후보자 및 당선 비율

	전국구 후보자 수	전국구 여성후보자 수(%)	전국구 여성당선자수/ 전국구 총 당선자수(%)
11대	228	15 (6.6)	8/92 (8.7)
12대	171	9 (5.3)	6/92 (6.5)
13대	173	13 (7.5)	6/75 (8.0)
14대	154	16 (9.9)	3/62 (4.8)
15대	161	22 (13.7)	7/46 (15.2)
16대	140	32 (22.9)	11/46 (23.9)
17대	190	91 (47.9)	29/56 (51.8)

2000년 16대 총선 공천심사에서 여성 우선 배려를 요구(뉴스피플 406)

로 정당법 31조에 지역구 여성공천할당제를 도입하였음에도 불구하고 당내 민주화를 위한 경선제의 도입은 여성의 대표성 확대를 위한 걸림돌로 작용하고 있다. 따라서 여성의 대표성 확보라는 대의와 공직후보자 추천과정의 민주화라는 명제를 합리적으로 접목시켜야 할 필요가 있다.[55] 실제 전국구 30퍼센트 여성공천이 의무화된 2000년 16대 총선에서 30퍼센트 할당을 지킨 정당은 민주당뿐이었다. 민주당이 16대 총선 전국구 후보 총 43명 중 여성후보를 14명, 32.6퍼센트를 할당한 데 반해, 한나라당과 자민련의 전국구 여성후보 비율은 21.7퍼센트와 19.4퍼센트로서 30퍼센트 할당 기준에 크게 미달하였다. 강제규정이 없는 상태에서 어떻게 보면 당연한 결과기도 하다.

지역구 30퍼센트 할당에 대한 인센티브 규정을 둔 2004년 개정된 선거법 하에서 실시된 17대 총선에서도 당내 공천을 통과한 지역구 여성후보자의 수가 무소속 14명을 포함하여 총 66명으로

55 김원홍 외(2003), 『정당의 여성후보공천 확대방안에 관한 연구』, 한국여성개발원.

전체 후보자의 5.6퍼센트에 불과하여 정당법에서 제시하고 있는 지역구 여성의원 후보 30퍼센트 할당에 여전히 미치지 못하였다. 17대 총선에서 주요 정당의 지역구 여성공천 현황을 보면 열린우리당의 경우 22명의 여성후보 신청자 중 최종 후보자로 나온 수는 11명이었으며, 한나라당은 27명의 여성후보 신청자 중 최종 8명, 민주당은 19명 중 8명이 최종 후보자로 나왔다. 특히 여성후보 신청자가 경선을 통과하여 후보자로 나올 가능성은 더욱 낮으므로, 열린우리당의 경우 22명의 여성후보 신청자 중 경선이 실시된 7개의 지역에서 경선을 통과한 후보는 2명이며, 한나라당은 2곳의 경선지역을 통과한 여성후보가 없었고, 민주당은 3명 중 2명이 통과하였다.[56] 따라서 지역구에서 30퍼센트 공천할당을 지킨 정당이 없고, 실제로 당내 경선을 통과하는 것도 문제겠지만 단일후보공천 지역에도 절대수가 진출하지 못하였다. 따라서 각 정당의 당헌·당규 상의 규정에서 지역구 여성의 30퍼센트 공천할당을 강제할 수 있는 제도적인 보완장치가 필요하다.

정당 공천에서 여성할당을 많이 할수록 여성이 당선될 가능성도 커진다. 실제로 외국의 사례를 보더라도 정당명부에서 여성후보의 비율을 증가시킨 정당이 승리하였다. 1989년 일본 상원의원 선거에서 여성후보를 가장 많이 낸 사회당이 승리하였으며, 여성후보를 가장 적게 낸 자민당은 1955년 집권 이래 최초로 패배하였다.[57] 영국 노동당도 1997년 여성후보할당제를 채택하여 여성의원이 1992년의 60명에서 120명으로 증가하였고 집권에도 성공하였다.

1988년 13대 총선 결과 형성된 다당체계는 각 정당이 여성을 집중공약하는 계기가 되었다. 이후 인위적인 정계개편에 의해 민정, 민주, 공화 3당이 합당함으로써 선거에 의해 형성된 4당 구도

56 김원홍·김은경(2004), 『제17대 총선에서의 여성후보 선거과정과 향후 과제』, 한국여성개발원.

57 McNelly(1994), Women Power in Japan's 1989 Under House Election, Wilma, Rule and Joseph F. Zimmerman, eds., *Electoral Systems in Comparative Perspective: Their Impact on Women and Minorities*, 149~159, London: Greenwood Press.

는 다시 여대야소민자당 219석, 야당 89석의 양당체계로 변화되었다. 그러나 인위적인 양당체계는 14대 총선에서 현대그룹의 정주영 회장이 국민당을 창당함으로써 다시 다당체계로 복귀되었다. 1992년 14대 총선에 즈음하여 창당된 국민당은 여성할당의 구체적 비율을 당 차원에서 최초로 제시하였다. 물론 당시 민자당과 민주당 모두 여성의 정치참여 확대방안과 관련하여 각급 의회의 여성 진출을 확대하기 위한 할당제를 주장하고 있으나 구체적 비율을 명시하지는 않았다. 국민당은 최초로 지역구 후보공천은 10퍼센트, 전국구는 당선권 내 20퍼센트, 광역의회 의원은 30퍼센트 이상을 공천하겠다고 공약하였다.

이처럼 여성할당은 기존 정당의 경우는 지역구에서의 기득권 세력의 반대 때문에 쉽게 채택될 수 없었지만 정당이 새롭게 창당될 경우는 채택될 가능성이 훨씬 크다. 특히 다당체계라는 경쟁 구도 속에서는 여성의 표를 적극적으로 끌어 들이는 것이 승리의 관건이기 때문에 여성이 선거의 주요 이슈로 등장하게 된다. 일단 개혁적 정당에 의해 여성에게 긍정적인 차별이 제도화되면 다른 정당도 이러한 방식을 따르는 경향이 있다. 이는 듀베르제[58]의 확산효과로서 다당체계 하에서 한 정당이 다른 정당을 모방하여 정책을 채택하는 효과를 의미한다. 따라서 한 정당이 여성할당제를 채택하면 경쟁하는 다른 정당도 연쇄반응적으로 할당제를 채택하게 된다. 독일의 경우 1987년 녹색당이 성 할당제를 채택하자 사민당도 다음 해 녹색당에 잃은 여성표를 다시 찾기 위해 성 할당제를 선거의 핵심전략으로 채택하였다.[59] 이러한 확산효과 결과 현재 노르웨이의 모든 정당은 50퍼센트 할당제를 채택하고 있으며, 영국의 노동당과 독일의 B90/Greens와 PDS는 50퍼센트 할당, 독일

58 Duverger(1955), *The Political Role of Women*, Paris: UNESCO.

59 Matland(1993); Caul(2001), Research Note: Political Parties and the Adoption of Candidate Gender Quotas: A Cross-National Analysis, *The Journal of Politics* Vol.63(4), 1214~1229.

의 사민당과 남아프리카의 ANC는 33.3퍼센트 할당을 채택하고 있다.[60]

우리나라의 경우 2000년 국회의원 비례대표 후보 가운데 30퍼센트 이상을 여성에게 할당하는 내용으로 정당법이 개정된 데 대해, 여성계와 시민단체 등은 환영하였다. 당시 여성계는 정당법만이 아니라 각 정당의 당헌 · 당규상에도 성문화할 것 등 구체적인 후속작업을 촉구했다. 한국여성단체연합은 2월 9일 논평을 내고 "오랫동안의 여성계 요구를 반영한 이번 결정을 환영하다"고 밝히고, "실효성을 얻기 위해 당헌에당선가능권 여성할당 순번을 명시해야 한다"고 주장했다.[61] 공직선거및선거부정방지법 47조와 정당법 31조에서 민주적 추천을 기본 원칙으로 규정하고 구체적인 추진 절차와 방법은 당헌에 위임하였기 때문에 어떤 식으로든지 각 정당은 당헌 상에 여성할당제를 명시해야 했다. 이후 2002년 4월 24일 새천년민주당이 여성할당제를 당헌에 명시하는 등 주요 정당은 여성할당을 당헌 · 당규에 명시하기 시작하였다.

선거와 여성: 수적 대표성을 위한 할당제 2

여성과 소수집단의 대표를 방해하는 '정치적 관행과 문화'는 단시일에 바뀌지 않는다. 이에 반해 소수집단과 여성의 진입을 방해하는 '선거제도'는 비교적 쉽게 바꿀 수 있다. 그런데 평등한 선거제도가 되려면 그동안 배제되었던 소수집단이나 여성의 특수한 이익이 균형적으로 대표될 수 있는 제도여야 한다.

유엔의 여성지위위원회에서는 1990년 30퍼센트의 여성참여가 정치, 경제 등 한 국가내의 모든 수준의 정책결정직에서 반영되어야 함을 권고하였으며,[62] 1995년의 베이징 세계여성회의에서는

60 IPU(1997).
61 조선일보 2000. 2. 10.
62 UNDP(1995), Human Development Report 1995, New York: Oxford University Press.

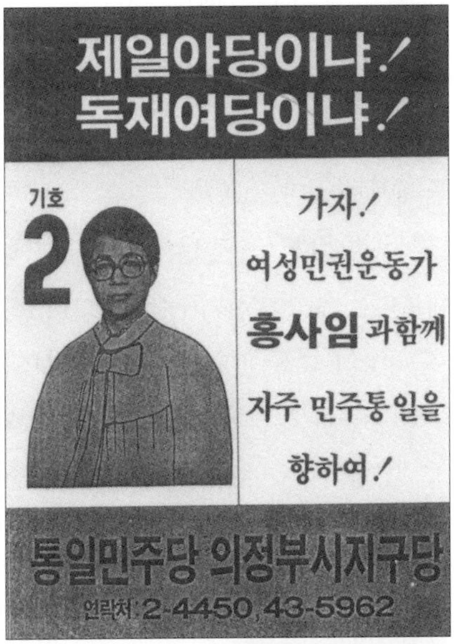

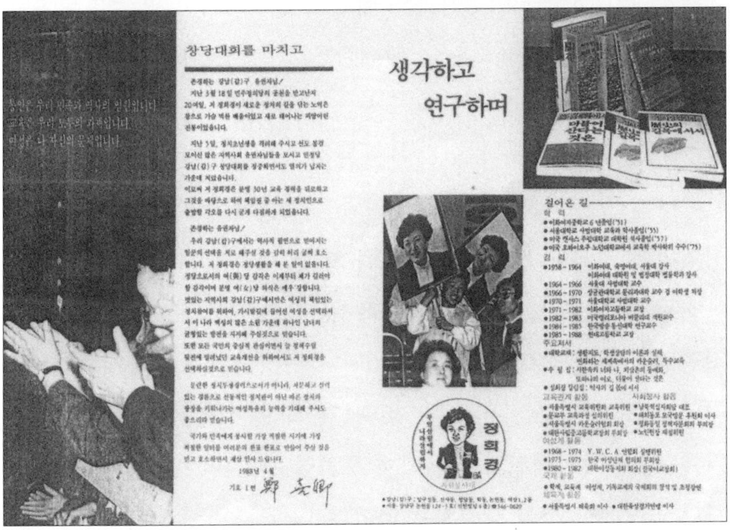

1988년 13대 총선 지역구 여성의원 출마자 포스터(김정례, 정희경, 홍사임 후보)

"정치적 결정과정을 포함한 모든 의사결정 과정에서의 동등한 참여는 민주주의와 사회정의 실현의 전제며, 여성의 이해와 관심을 고려하기 위한 필수적인 조건"임을 선언하고 구체적인 행동강령을 채택하였다.

여성이나 소수집단이 대표되기에 유리한 선거제도는 소선거구제보다는 중·대선거구제다. 그리고 이러한 단일의 선거제도만으로 여성의 대표성이 단시일에 확보되지 않을 경우 잠정적으로 성할당제 등을 채택하여 불평등이 시정되어야 한다.

정당은 선거에서의 승리가 관건이므로 소선거구제를 채택할 경우 당선가능성이 가장 높은 후보를 공천하게 되므로, 소수집단으로 간주된 여성이 공천될 가능성은 낮다. 반면 선거구가 중·대선거구제인 경우는 여성과 소수집단도 공천되어서 이들이 당선될 가능성이 소선거구제보다는 상대적으로 크다. 따라서 여성이 대표되기에 가장 유리한 선거제도는 중·대선거구제도며, 이론적으로 가장 많이 대표될 수 있는 제도는 전국 단일의 대선거구제다.

11대와 12대 총선은 1구 2인제로서 여야 동반당선제였다. 여성의원은 지역구에서 11대와 12대 총선 시 각각 1명김정례과 2명김정례, 김옥선이 당선되었으며, 전국구에서는 제1당의 프리미엄에 의해 집권당인 민정당이 각각 7명과 6명의 여성의원을 배출시켰다. 그러나 소선거구제로 전환한 1988년 13대 총선에서는 지역구에서 단 한 명의 여성의원도 당선되지 못하였으며 1992년 14대 총선 역시 지역구에서 여성 당선자는 없었다〈표 5〉 참조.

1991년 지방의회 선거와 1992년 14대 총선에서의 여성참여의 저조는 이후 여성의 정치참여를 위한 연대를 모색하는 계기가 되었다. 여성의 정치참여와 할당제 논의의 시발점은 1995년 지방의

〈그림 4〉 역대 여성국회의원 진출비율

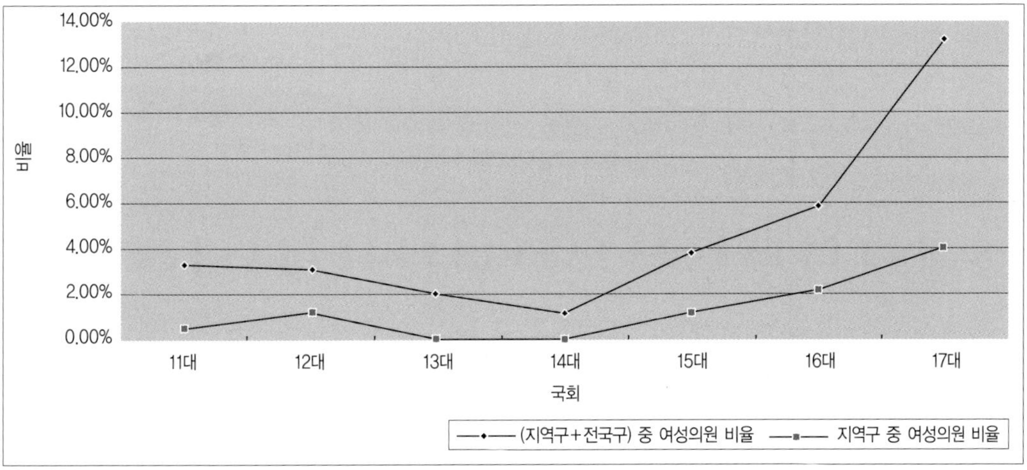

〈표 4〉 역대 여성국회의원 진출비율

국회	총의석수=지역구+전국구	(전국구+지역구) 여성의원수(%)	지역구 중 여성의원 수(%)
11대	276=184+92	9 (3.2%)	1 (0.5%)
12대	276=184+92	8 (2.9%)	2 (1.0%)
13대	299=224+75	6 (2.0%)	0 (0%)
14대	299=237+62	3 (1.0%)	0 (0%)
15대	299=253+46	9 (3.0%)	2 (0.8%)
16대	273=227+46	16 (5.9%)	5 (2.2%)
17대	299=243+56	39 (13.0%)	10 (4.0%)

〈표 5〉 역대 국회 여성의원 당선 현황

국회(선거일)	여성의원	선거제도와 정치상황
11대 (1981.3.25)	지역구: 민정당 1명(김정례) 전국구: 민정당 7명(김현자, 김모임, 이윤자, 이영희, 이경숙, 김행자, 문용주)/ 민한당 1명(황산성)	●지역구(1구 2인제)+전국구
12대 (1985.2.12)	지역구: 민정당 1명(김정례), 신민당 1명(김옥선) 전국구: 민정당 6명(김현자, 김영정, 한양순, 양경자, 김장숙, 박혜경)	●지역구(1구 2인제)+전국구
13대 (1988.4.26)	전국구: 민정당 5명(이윤자, 양경자, 김장숙, 신영순, 도영심)/ 평민당 1명(박영숙)	●지역구(소선거구제)+전국구 ●지역구 당선자 없음.
14대 (1992.3.24)	전국구: 민자당 2명(강춘자, 주양자)/ 민주당 1명(이우정)	●지역구(소선거구제)+전국구 ●지역구 당선자 없음. 현경자(지역구 보궐, 자민련)
15대 (1996.4.11)	지역구: 국민회의 1명(추미애)/ 무소속 1명(임진출) 전국구: 신한국당 3명 (권영자, 오양순, 김영선)/ 국민회의 3명(정희경, 신낙균, 한영애)/ 민주당 1명(이미경)	●지역구(소선거구제)+전국구 ●박근혜(지역구 보궐, 한나라당)
16대 (2000.4.13)	지역구: 한나라당 1명(박근혜)/ 민주당 4명(추미애, 김희선, 장영신, 김경천) 전국구: 한나라당 5명(이연숙, 전재희, 김정숙, 임진출, 손희정)/ 민주당 5명(최영희, 한명숙, 이미경, 허운나, 김방림)/ 국민당 1명(강숙자)	●지역구(소선거구제)+전국구 ●정당법 개정(전국구 30% 여성할당 권고사항)
17대 (2004.4.15)	지역구: 열린우리당 5명(김희선, 이미경, 한명숙, 김선미, 조배숙)/ 한나라당 5명(이혜훈, 김희정, 박근혜, 전재희, 김영선) 전국구: 열린우리당 12명(장향숙, 김명자, 이경숙, 홍미영, 박영선, 김현미, 김영주, 강혜숙, 이은영, 유승희, 윤원호, 장복심)/ 한나라당 11명(김애실, 박찬숙, 송영선, 전여옥, 이계경, 나경원, 김영숙, 고경화, 진수희, 안명옥, 박순자) /민주노동당 4명 (심상정, 이영순, 최순영, 현애자)/ 민주당 2명 (손봉숙, 이승희).	●지역구(소선거구제)+전국구 ●정당법개정(전국구 50% 여성할당 의무조항, 지역구 30% 여성할당 권고사항) ●정치자금법 개정(여성추천보조금 지원, 정당보조금의 10%를 여성정치발전에 사용)

출처: 중앙선거관리위원회, 『역대 국회의원 선거상황』 각 해당 호별 참조.

회 선거에서 광역의회에 10퍼센트 비례대표제가 채택되면서부터다. '여성할당제 도입을 위한 여성연대'가 1994년 구축되면서 1995년 제1차 지방동시선거의 광역의회 비례대표구의 여성당선비율은 전체 비례대표 의원 중 44.3퍼센트를 차지하였다. 1996년 15대 국회의원 총선에서 지역구에 2명국민회의 추미애, 무소속의 임진출, 전국구에 7명의 여성의원이 당선됨으로써 13대 총선 이후 최초로 지역구에서 여성의원이 진출하였다〈표 5〉 참조.

2000년의 16대 총선과 2004년의 17대 총선에서는 〈그림 4〉에서와 같이 정당법에 의해 할당이 부분적으로 의무화되면서 각각 이전의 총선보다 약 두 배 이상 여성의원이 증가되었다. 2000년 정당법 개정에 의해 각 당이 비례대표에 여성을 30퍼센트 할당하는 의무규정에 의해 16대 총선에서는 지역구 5명, 전국구 11명의 여성의원이 진출할 수 있었다. 2004년 17대 총선에서는 보다 강화된 정당법 규정인 지역구 여성후보 30퍼센트 할당 권고규정과 비례대표 50퍼센트 의무규정에 의해 여성의원이 지역구 10명, 전국구 29명으로 총 39명, 전체 의원 중 13퍼센트를 차지하여 여성의원 진출율은 역대 최고치를 기록하였다.

할당제를 위한 여성단체 연대: "새로운 정치, 깨끗한 정치, 일상의 정치" 여성운동이 여성의 정치세력화로 응집할 수 있었던 1987년부터 여성계는 할당제를 주장하기 시작하였다. 최초로 여성유권자연맹에서 13대 대선 직후 노태우 대통령당선자에게 공무원 채용시 여성에게 10~15퍼센트를, 국회 및 지자체 운영에 여성 10퍼센트 할당을 실시할 것을 요구하면서 할당제 운동은 시작되었다.[63] 여성의 정치세력화를 위한 할당제는 1990년대 여성운동이 연대할 수 있

63 한국여성개발원(2001).

는 주요 계기가 되었다. 이후 여성단체의 할당제 추진운동은 여성할당을 위한 법제 개정운동과 여성후보의 당선운동, 그리고 국가기구여성의원를 통한 압력활동의 세 가지 방향으로 전개되었다.

첫째, 한국여성단체협의회, 한국여성단체연합 등 90여 개의 여성단체가 총망라되어 1994년 발족된 "할당제 도입을 위한 여성연대"를 중심으로 할당제를 위한 법제 개정운동이 시작되었다. 1995년 지방선거에서 지역구 공천 20퍼센트, 광역의회 비례대표구의 10퍼센트 후보추천 등을 각 정당에 요구하였다. 1995년 지방의회에 20퍼센트 여성할당을 목표로 한 여성연대는 이어서 1996년 15대 총선을 향해서는 할당의 목표를 더욱 상향조정하여 전국구 의석의 30퍼센트를 여성에게 할당하고 홀수 번호를 여성에게 배정할 것과 여성에 대한 정당공천할당 30퍼센트를 도입할 것, 정당의 각종 당직에 30퍼센트 이상 여성할당을 보장하고 정부와 공공부문의 각종위원회에도 여성에게 30퍼센트 이상을 할당할 것을 요구하였다. 이후 1997년 15대 대선에서도 여성계가 주장하는 할당비율은 30퍼센트로 상향 조정되었다.[64]

2000년 16대 총선을 앞두고 여성단체는 여성의 정치세력화를 위한 여성의 정치참여 할당제 30퍼센트 확보와 당선가능 범위에 여성을 할당하도록 15대 국회여성특별위원회에 요구하면서, 여성후보 30퍼센트 할당을 정당법에 포함시킬 것을 촉구하였다. 여성단체가 본격적으로 선거운동에 개입하고 여성할당을 위한 연대운동을 하게 된 결정적인 계기는 단체의 선거운동을 금지한 공직선거및선거부정방지법 81조가 2000년 2월 16일 개정되면서부터다. 이로써 여성단체들도 특정 정당이나 후보를 지지하는 등 선거운동을 할 수 있게 되었고, 여성단체의 선거운동과 압력이 본격화될

64 한국여성유권자연맹(2000).

한국여성단체 연합회원들이 2000년 4월 6일 여의도 한나라당사 앞에서 비례대표 여성할당 30퍼센트 위반 정당을 규탄하고 있다(한국여성유권자연맹(2000), 『여성유권자운동과 정치발전』, 414)

수 있었다. 한편 여성단체는 2000년 2월 개정된 정당법에 의해 비례대표 30퍼센트 할당을 지키지 않은 한나라당과 자유민주연합, 민주국민당 등 3당에 대해 공천효력정지가처분 신청을 4월 6일 서울지방법원에 제출하였다.

> 여성단체는 헌법 8조의 정당조항, 11조의 평등조항 및 2000년 개정된 정당법 31조에 근거하여 "…이는 여성할당제를 규정한 정당법을 여성 정치권익을 향상시키는 도약대로서 기대를 하고 있는 여성계, 나아가서는 여성정치유권자를 우롱하는 것으로서 과연 한나라당과 자유민주연합, 그리고 민주국민당이 진정한 민주정치를 실현하려는 의도가 있는지 의심스럽고, 이러한 정당에 우리나라의 정치를 맡겨도 되는지 우려된다 아니할 수 없습니다"(공천효력정지 가처분신청, 2000. 4. 6).

이에 대해 법원은 여성단체가 제출한 공천효력정지가처분 신청에 대해 각하 결정을 내렸다. 재판부는 결정문에서 "후보자 등록을 마친 뒤에는 현행 선거법상 후보자 등록에 대한 추천을 변경하거나 취소할 수 없으므로 후보자 등록이 끝난 후에 제기된 이번 공천무효가처분 신청은 여성들의 권익을 증진하는 데 아무런 도움이 되지 않는다"고 각하 사유를 밝혔다. 따라서 내용심리에 들어가지도 못하였다.[65]

17대 총선을 앞두고 2003년 8월에는 321개의 여성단체가 참여한 '17대 총선을 위한 여성연대'가 발족되었다. 이들은 여성정치참여확대를 위한 정치제도개선을 위한 토론회를 개최하고 제안서를 국회정치개혁특별위원회에 제출하였다2003. 11. 19. 주 내용은 선출직과 비례직의 비율을 2대 1로 하고 비례직 중 여성에게 홀짝 순번 50퍼센트를 할당하며, 이를 준수하지 않은 정당의 명부는 선거관리위원회에서 접수하지 말 것, 각 당의 지역구 30퍼센트 여성 공천의무화 및 당내 경선시 여성후보자에게는 득표수에 20퍼센트 가산점을 줄 것 등이었다. 이를 실천한 경우 국고보조금의 지급을 확대하고 국고보조금 중 10퍼센트를 여성정치인 양성기금으로 할 것을 제안하였다. 이에 대해 2004년 1월 5일 정치개혁위원회의 정당법 소위원회에서 할당 방안은 정당자율에 맡겨야 한다고 하자, 2004년 1월 20일 "정치개악규탄 여성비상시국회의"를 개최하면서 여성단체는 압력을 가하였다.

둘째, 여성단체는 개별 여성후보의 당선을 위하여 구체적인 운동을 추진하였다. 1998년 6월 제2차 지방동시선거를 맞이하여서 한국여성정치연구소, 한국여성정치문화연구소, 한국여성유권자연맹, 한국여성정치연맹 등 4개 단체로 구성된 '여성정치네트워크'가 1997년 12월 결성되어 정치참여를 희망하는 여성을 훈련시

65 한국여성유권자연맹(2000).

키기도 하였다. 또한 할당제 도입을 위한 여성연대에서는 2000년 16대 총선의 지역구 여성후보의 공천을 촉구하면서 지역구 및 비례대표 여성후보자 명단을 각 당에 전달하였다.[66] 특히 2004년 17대 총선에서는 여성단체의 선거운동이 가능해지자, 여성후보의 당선을 후원하기 위해 여성의 정치세력화에 동의하는 개인 회원으로 구성된 '맑은정치여성네트워크'가 구성되었다. 이 네트워크는 102인의 여성후보명단을 발표하고 각 정당에서 주요 참고자료로 할 것을 요구하였다. 이들의 요구사항은 비례대표 50퍼센트 여성할당과 지역구 여성공천할당제의 도입 및 공천위원회에 여성 30퍼센트 이상을 참여시키도록 하는 내용이었다.

셋째, 여성계는 총선에 출마한 여성후보자나 국회여성특별위원회, 여성위원회 위원과의 간담회 및 정책토론회 등을 통하여 할당제의 필요성과 할당제를 위한 공감대를 모색하면서 할당제를 공식적으로 의제화하였으며, 궁극적으로 할당제 관련 정치관계법이 의회 내에서 발전적으로 개정되는 성과를 거두게 하였다. 한국여성단체협의회와 한국여성단체연합 등 정부에 등록된 개별단체 및 지방여성단체협의회 대표는 국회여성특별위원회와의 정책간담회에서 여성의 정치세력화 문제와 할당제 확보방안, 30퍼센트 확보노력 요구 등을 수차례 제안하였다. 이러한 여성계의 여성특별위원회를 통한 요구사항의 투입노력으로 여성문제는 국회에서 공식적으로 의제화될 수 있었다. 국가기구가 여성정책을 수행하는 데 선행되어야 할 조건은 국가가 평등의 요구를 제도화할 수 있는 능력과 의지가 있어야 하며, 여성단체의 요구가 광범위한 사회적 지지를 받아야 하는 것이다.[67] 이런 두 가지 조건이 충족된 상태에서 여성단체의 목소리가 국가기구를 통해 반영될 수 있는 접

66 전정희(2000), 16대 총선에 있어서 여성유권자 및 여성단체의 역할, 『16대 총선 평가 학술회의: 16대 총선과 한국 민주주의의 진로』, 한국정치학회.

67 Stetson & Amy(1995), *Comparative State Feminism*, *Sage*, California.

근통로가 제도화되어 있을 때, 국가는 여성정책을 성공적으로 수행할 수 있다.

국회여성특별위원회는 여성운동이 국가기구로 투입될 수 있는 공식적인 접근통로의 하나였다. 그 동안 여성단체는 선거의 주요 국면마다 할당제의 수위와 범위를 상향조정하면서 국회여성특별위원회와의 간담회를 통해 그들의 주장을 전달하였다. 특히 15대 대선에 즈음하여서는 1997년 여성단체가 '대선 후보 초청 여성정책 토론회'를 실시하였는데, 여성단체는 각 정당의 후보들로부터 여성정책 전담기구의 설치와 국회의원, 지방의원 공천시 지역구 30퍼센트, 비례대표 50퍼센트의 여성할당 등의 공약을 받아냈다. 선거 기간 동안의 여성정책의 공론화는 당장은 실천되지 않더라도 차후 여성정책의 입안에서 수용될 수 있는 바탕을 마련한다는 점에서 중요하다.[68] 따라서 후보초청 정책토론회 등도 예비적인 국가기구의 통로 역할을 훌륭히 수행해 낸 것으로 평가할 수 있다.

제2차 관문을 넘어서: 할당제 도입을 위한 정치관계법 개정 1980년 대한YWCA연합회와 한국유권자연맹의 헌법개정안에는 국회의원비례대표제 20퍼센트와 그 절반을 여성으로 하는 조항을 헌법에 명시할 것을 제안하였다.[69] 비록 헌법에 반영되지 않았지만 여성할당을 위한 조치를 법이 아닌 헌법상 명시할 것을 표명했다는 점에서 역사적 의미가 있다. 1987년 이후 여성계는 본격적으로 사회 각 분야의 여성비율을 높이기 위해 정당과 의회에 압력을 행사하기 시작하였다.

1995년 제1차 지방동시선거를 앞두고 여성계는 국회 법제사

68 한국여성연구소 여성사연구실(1999).
69 조선일보 1980. 2. 7.

정치관련법개정 여성단체 공동기자회

일시:1993.11.2(화) 주최:정치관련법 개정을 위한 여성단체모임

정치관련법개정 청원서 확정

11개 여성단체 회견

한국 여성단체연합, 한국 여성유권자연맹, 전문직여성클럽 한국연맹, 한국 여성정치연구소, 한국 여성정치연맹, 여성민우회 등 11개 여성단체는 지난달 초부터 정치관련법개정안에 대한 모임을 갖고 국회 법사위에 제출할 개정안 청원서를 확정, 2일 오전 기자회견을 가졌다.

이들은 청원서에서 ▲여성이 과소평가되는 정치현실을 개선하기위해 「국민이 선출하는 모든 선출직에는 어느 한 性이 80%이상을 차지하지 못한다」는 조항을 신설하고 잠정적으로 여성공천할당제를 도입할 것 ▲선거시 자원봉사제 도입, 선거공영제 확대로 돈안드는 선거의 기반을 만들것 등을 제안했다. 〈李善珠기자〉

정치관련법 개정 청원서 확정(조선일보 1993. 11. 3)

법위원회에 제출할 정치관련법개정 청원서를 확정하였다. 청원서에서 여성이 과소대표되는 정치현실을 개선하기 위해 "국민이 선출하는 모든 선출직에는 어느 한 성이 80퍼센트 이상을 차지하지 못한다는 조항을 신설하고, 잠정적으로 여성공천할당제를 도입할 것"을 제안하였다.

이러한 압력에 영향을 받아 1995년 제1차 지방동시선거에서부터 부분적으로 할당제가 도입되기 시작하였다. 2000년 16대 총선을 앞두고는 국회의원 선거의 전국구 여성할당을 위한 구체적인 비율이 정당법에 삽입되었다. 2000년 2월 16일 개정된 정당법에 의해 국회의원선거와 광역의회선거의 비례대표 선거후보자 중

여성을 30퍼센트 이상 추천하도록 하는 비례대표 여성할당제가 도입되었다. 이 법은 정치개혁특별위원회에서 개정안을 내지 못하였기 때문에, 3당간 합의에 의해 최종적으로 본회의에 의원 발의한 개정안에는 여성계가 요구한 각 선거의 비례대표의원 30퍼센트 여성할당이 포함되어 있지 않았다. 이에 여성 국회의원 전원 11명을 포함한 신낙균 의원 외 48인은 정당법 중 개정법률안에 대한 수정안을 작성하여 본회의에 제출하여 통과시켰다. 신 의원은 수정안 제안 설명에서 "이미 지난 대선에서 각 정당은 여성할당제를 경쟁적으로 약속하였고 현재도 각 당은 여성비례대표 30퍼센트를 할당제로 하는 당론을 채택하였거나 인정하고 있는 상태며, 대통령도 여성비례대표 30퍼센트 할당을 이미 여러 번 천명하는 등 이제 남은 것은 법제화뿐"이라고 역설하였다. 이 비례대표 30퍼센트 강제규정에 대해 전자표결한 결과 재석 275인 중 찬성 266인으로 가결되었다 국회본회의 2000. 2. 9.

2002년 지방선거를 앞두고 정당법은 지방선거와 관련한 조항만 일부 개정되었다. 개정 내용은 광역의회의 지역구에 여성 30퍼센트 이상 할당을 권고 규정으로, 비례대표에 여성 50퍼센트 이상 할당 및 성별교차식 명부 작성을 각 정당의 의무 규정으로 하는 것이었다. 당시 개정된 정치관련법 중 '공직선거및선거부정방지법'에서는 정당이 비례대표 시도의회의원선거에 후보자 추천시 정당법의 규정대로 추천하지 않은 정당의 등록신청을 수리하지 않도록 하고, 시도의회의원선거에서 지역구와 비례대표 후보에게 각각 1표씩을 행사하는 1인1표제를 도입하였다.

마지막으로 2004년에는 17대 국회의원 총선을 겨냥하여 동년 3월에 정당법이 다시 개정되었다. 이로써 광역의회만이 아니라 국

〈표 6〉 여성후보할당제와 관련된 정당법 개정 내용

第31조(공직후보자의 추천)		2004.3.12	2002.3.7	2000.2.16
전국구	국회	50% 이상 의무	30% 이상 의무	30% 이상 의무
	지방의회	50% 이상 의무(1+1)	50% 이상 의무(1+1)	30% 이상 의무
지역구	국회	30% 이상 노력(보조금 지급)	없음	없음
	지방의회	30% 이상 노력(보조금 지급)	30% 이상 노력(보조금 지급)	없음

회의원 선거의 전국구에 여성후보 50퍼센트 이상 할당할 것을 의무규정으로 하였고 지역구 30퍼센트 할당은 인센티브를 두어 권고규정으로 하였다〈표 6〉 참조. 또한 공직선거법을 개정하여 지난 2002년 지방선거시 도입된 1인2표제를 국회의원선거에서도 지역구와 전국구에 각각 1표씩을 행사하도록 하였다.

당시 국회의 정치개혁특별위원회에서는 선거법, 정당법, 정치자금법 소위원회를 구성하여 17대 총선을 앞두고 각 정당의 입장과 각계의 의견을 반영한 정치관계법을 개정하는 작업을 하였다. 동년 2월 26일 좀 더 강화된 여성할당제의 채택을 위한 정당법의 개정은 국회정치개혁특별위원회 위원장과 각 당의 정책위원회 의장에게 "비례대표직 확대와 비례대표직의 여성의원 50퍼센트 할당"에 대한 건의문을 여성위원회 위원장 명의로 보내면서 이루어낸 성과였다.

광역여성선거구제 도입의 좌절 1947년 5월 13일 남조선과도입법의원의 법제사법위원회 보통선거법 수정안에는 당시 여성의원이었던 황신덕, 신의경 등이 주장한 '여성의석 22석의 특별편법'이 들어가 있었지만 채택되지 않았다. 그 내용은 60여 년이 지난 2003년 민주당에서 제안한 '여성전용선거구제 26석'의 제안과 유사하다. 60여 년 전 과도입법의원에서 주장한 여성의석 22석의 할당안은 서울시에서 5석과 각 도별로 2석씩 여성의석을 할당하자는 내용이었다.[70] 당시 과도입법의원에서는 이 조치가 평등 및 민주주의의 원리에 반한다며 반대하였고, 60여 년이 지난 현 국회에서도 역시 헌법에 위배된다 하여 결국 채택되지 않았다. 이는 기득권의 반대 속에서 잠정적인 조치지만 성별 균형을 회복하기 위한 할당제 도입이 채택되기 힘들다는 것을 보여주는 예다.[71]

국회정치개혁특별위원회에서는 정당법, 선거법, 정치자금법에 관한 소위원회를 구성하여 2004년 17대 총선 이전에 정치관계법을 개정하는 작업을 하였다. 여성의 대표성 증진과 관련하여 정당법 31조에서 국회의원 전국구 50퍼센트 이상 여성할당과 지역구 30퍼센트 이상 여성추천의 조항, 정치자금에관한법률 17조의2에서 지역구 30퍼센트 이상 추천한 정당에 국고보조금을 지급하는 규정과 국고보조금 중 10퍼센트는 여성정치발전기금으로 사용하는 것에 대해서는 쉽게 합의가 되고 본회의를 통과하였다. 그러나 선거법소위원회에서 논의한 여성광역선거구제의 도입은 논란 끝에 결국 도입되지 못하였다.

정치개혁특별위원회 선거법소위원회에서는 2003년 민주당이 제안한 여성광역선거구제의 도입을 다시 논의한 후 합의하여 소위원회 안으로 정치개혁특별위원회에 내놓았다. 선거법소위원회에서는 첫째, 국회의원 정수를 현행 273석에서 299석으로 늘릴 것인지의 여부, 둘째, 늘릴 경우 지역구와 전국구 혹은 여성광역선거구와의 비율을 어떻게 정할 것인지를 중심으로 논의가 전개

70 KILA Daily Report 1947. 3. 25; 조선일보 1947. 5. 14; 전경옥 외(2005), 54.

71 1998년 광역의회 의원 선거의 여성 지역구 공천에서 국민회의의 경우 여성특구를 정하여 후보경선을 여성만으로 하도록 하여 그 지역구에서는 무조건 여성후보가 나오도록 하는 방침을 세워 광주 서구에서 실시한 전례가 있다 (한국여성개발원, 2001).

〈표 7〉 여성광역선거구제 도입과 관련한 각 당의 입장

A안: 여성광역선거구	B안: 양성평등선거구	C안
-지역구(227석) -전국구(46석) -여성광역선거구(26석): 총 299석 -1인 3표	-기존의 227석의 지역구 중 분구되는 구는 남녀 1대 1로 선출	-전국구 여성의석의 할당을 상향조정

자료: 국회정치개혁위원회 회의록 및 정치개혁위원회선거법소위원회 회의록 참조 (2003.12-2004.3.2).
주: 여성만 출마하는 여성광역선거구 총 26석은 서울과 경기에 각 5개씩의 광역선거구를 만들고, 부산과 경남에는 각 2개씩, 나머지 시도는 1개씩의 광역선거구를 획정하도록 구상되었다.

되었다.

〈표 7〉에서 보는 바와 같이 우선 여성광역선거구제 26석은 기존의 지역구 227석과 전국구 46석을 그대로 유지한 채 299석의 증원을 전제로 도출된 숫자다. 여성광역선거구는 전국을 26개의 권역으로 나누어서 각 시 · 도의 인구를 기준으로 하여 200만 명당 1석씩 배정하되, 각 시 · 도에 1석씩 우선 배정하기로 하였으며, 역차별 제도인 만큼 17대와 18대에 한해 한시적으로 적용하도록 대체로 의견접근이 되었다국회정치개혁특별위원회 2004.2.18. 민주당이 제안한 여성광역선거구제는 후에 열린우리당이 당론으로 지지하였다. 한나라당은 양성평등선거구안을 제기하였으나 후에 여성광역선거구를 당론으로 채택한다고 공식 발표하였다국회선거법소위원회 2004.2.17. 이로써 선거법소위원회에서는 시민단체 등의 위헌 논의에도 불구하고 여성광역선거구제의 채택에 합의하였다. 그러나 자민련은 여성들의 정치참여의 폭을 넓혀 준다는 데 대해서는 전적으로 동의하지만 위헌적이지 않은 방법으로 채택하는 것이 좋을 것이라는 조심스러운 권고를 하였다. 아무리 권고적 역차별이고 시혜적 역차별

이라도 법적으로 남성의원 후보자의 진입을 불가능하게 하는 여성들만의 전용 선거구를 실시할 때 남녀차별의 위헌문제가 있다는 주장이었다.

결국 여성광역선거구는 선거법소위원회에서는 채택하기로 합의되었으나 다음날 2월 18일 개최된 정치개혁특별위원회에서는 다시 반대의견에 밀려 채택되지 않고 회의는 산회되고 재개되지 못하였다국회정치개혁특별위원회 2004. 2. 18.. 반대 이유는 그 동안 위헌소지가 있다 하여 처음에 조금 논의가 되다 거론되지 않던 이야기가 선거를 불과 50여 일 앞두고 갑자기 나오는 것은 무리며, 1인 2표도 아니고 1인 3표를 준다는 것이 분명 문제가 있을 것이며, 지역구에 출마하는 여성에게 오히려 역차별이 되므로, 차라리 비례대표의 의석을 조금 늘려서 여성의 참여 폭을 확대하는 것이 대안이 될 것이라는 내용이었다.

여성광역선거구제 도입을 주장하는 또 다른 의견은 현실적으로 여성의원의 증진을 위해 가장 효율적인 방안은 지역구 공천을 확대하는 것이고, 차선의 방안은 비례대표를 증원해서 한시적으로 60퍼센트까지 강제할당하도록 하는 것이며, 여성광역선거구제의 도입은 그 다음으로 고려될 수 있는 안이라는 것이다. 그러나 현실적으로 지역구 공천 확대와 비례대표 60퍼센트 할당이 합의되지 않으니까 여성광역선거구제를 도입하자는 의견도 있었다. 이에 대해 여성광역선거구제가 도입되지 않는다면 비례대표를 50퍼센트로 한 것을 70~80퍼센트, 100퍼센트까지 주어야 된다고 제안하기도 하였다.

또 다른 반대 의견은 법보다는 당 자율에 맡기자는 입장이 있었다. 각 당에서 여성에게 100퍼센트 다 주는 방법도 있으니 구태여 헌법에 문제가 되는 법을 찾지 말고, 3당 혹은 4당 간에 합의해서 이번에 한해서 여성선거구를 한번 만들어 보는 것도 방법이 될 것이라는 의견도 있었다. 결국 정족수에 미달하여 정회되었으며 그 후 개의되지 않아 이 부분은 본회의에 상정하는 개혁안에 들어가지 못하였다.

기존의 지역구는 기득권 때문에 쉽게 포기될 수 없다는 입장과, 그 대안으로 비례대표의석을 확대하거나 아니면 정당 자율에 맡겨야 한다는 견해에 밀려, 잠정적인 조치로서의 여성광역선거구제의 도입은 또 다시 실패로 돌아갔다. 비례대표 50퍼센트 이상을 여성할당으로 강제한다는 조항은 문구상으로는 여성할당 비율이 상당히 상향조정된 것 같지만, 비례대표 의석이 총 299석 중 56석에 불과하기 때문에 최대한 절반의 당선이 보장되어도 28석에 불과하다. 결국 광역선거구제의 도입의 좌절로 할당에 의한 여성의석의 보장은 28석의 배정으로 후퇴하고 말았다.

의회 내의 여성: 실질적 대표성을 향하여

성평등을 위한 헌법 및 법제개정으로 여성의 의회 내 대표성이 어느 정도 증대될 수 있다. 이는 2004년 17대 총선에서 여성의원이 16대에 비해 2배 이상 증가한 예에서도 잘 알 수 있다. 그러나 의회 내의 여성의원의 수적 대표numerical representation와 실질적 대표substantive representation는 일치하지 않는다. 의회 내에 대표된 여성이 모두 여성의 이해만을 위해 행동하는 것은 아니기 때문에[72] 여성의원이 어느 정도 증대되어도 의회 내 여성관련 이슈가 의제화되지 않을 수 있다. 여성의원의 후보공천권을 중앙당이 장악하고 있다면 여성의원은 중앙당에 종속될 수박에 없고 자율적인 여성문

72 Dobrowolsky(2001). "Intersecting Identities and Inclusive Institutions: Women and a Future Transformative Politics". *Journal of Canadian Studies*, Winter 2001, 35(4). 240~261.

제를 추진하는 데 한계가 될 수 있다. 그러나 여성문제를 의제화하고 정책결정에 영향을 미치기 위한 최소한의 수적 대표성의 확보는 실질적 대표를 위한 전제조건이다.

수적 대표성과 실질적 대표성은 별개의 문제다. 수적 대표성은 의회 내에서 여성이 대표되는 비율에 관한 것이며, 실질적 대표성은 여성의 이해와 관련 이슈가 의회 내에서 의제화되고 실제 정책이 나오는 정도를 말한다.[73] 국회 내에서 여성의원의 수적 증가는 성평등을 위한 필요조건이지 충분조건은 아니다. 지난 2004년 17대 총선에서 달성한 여성의원 13퍼센트는 여성의 정치참여에 대한 유엔의 기준인 30퍼센트를 충족시키기에는 크게 미달되는 수치다. 그러나 의회에 진출한 여성이 실질적으로 얼마나 여성관련 정책을 수립하는 데 공헌하는가에 따라 실질적 대표성은 판단될 수 있다.

그러면 실질적 대표성의 확보를 위한 최소한의 수치는 어느 정도인가? 현행 법제 하에서 여성의 국회에서의 최소한의 수적 대표는 20인 이상이다. 이 수치는 원내 교섭단체 구성이 가능한 수치며, 법률안 발의가 가능한 수치기 때문이다. 1984년 한국여성단체협의회의 주관으로 41개 여성단체가 모여 제안한 가족법 개정안은 제안의원 정족수인 20명의 서명을 받지 못하였기 때문에 국회에 상정되지 못하였다. 당시 여성의원 9명 중 한 명을 제외한 전원이 서명을 거부하였다. 그 이유는 전국구로 진출한 여성의원의 충성심이 여성이 아니라 정당의 보스에게로 향하고 있었기 때문이다.[74] 따라서 비록 여성관련법을 통과시키기 위해 소속 정당 의원의 서명을 받아 통과시킬 수 있다 하더라도 독자적인 의결정족수 20명의 확보는 최소 요건이다.

73 Brown et al.(2002), "Women and Constitutional Change in Scotland and Northern Irland", *Parliamentary Affairs*, Jan. 01, 55(1), 71~84.

74 조기숙(1998), 한국의 여성정책 결정과정 연구, 이범준 외, 『21세기 정치와 여성』, 나남.

여성이 실질적으로 의회에서 대표될 수 있는 수치는 양적으로 혹은 질적으로 다양하게 정의할 수 있다. 우선 양적인 수치로서는 30퍼센트에서 13퍼센트에 이르기까지 다양하게 주장되고 있다.[75] 30퍼센트,[76] 15~20퍼센트,[77] 13퍼센트[78] 등 양적 수치는 각 국가의 역사적 특수성과 정치상황에 따라 다르게 적용될 수 있기 때문에 하나의 수치로 정의될 수는 없다. 실질적 수치는 여성이 소수집단에서 다수집단으로의 전환되는 과정 혹은 여성의원 진출로 의회 내에서 실질적인 변화가 일어나는 단계 등으로 보는 견해가 있다.

여성의원이 수적으로 대표되는 데는 선거제도와 사회발전 수준, 정당의 이념과 경쟁의 정도, 성평등에 대한 태도 등이 결정적으로 영향을 미친다. 그러나 의회 내에서 일정한 수가 대표될 경우 여성의 대표성은 더욱 가속화되며, 여성정책의 성공가능성도 높아진다. 그러면 실제로 의회 내에서 여성의원이 증대한 만큼 여성정책의 채택도 증가하였는가?

17대 국회의 여성의원 39명은 유엔의 30퍼센트에는 미치지 못하지만 국회에서 여성관련 이슈가 의제화되고 다수의 여성관련 법제가 통과될 경우 실질적 다수로 전환될 수도 있는 수치다. 아직은 17대 의회가 구성된 지 얼마 되지 않았기 때문에 그 이전 시기와 양적인 비교 등을 할 수는 없다. 그러나 여성관련 법제 중 가장 중요한 호주제폐지가 지난 2005년 3월 2일 국회 본회의를 통과한 것은 이들이 의회 내에서 실질적 다수로서 행동할 수 있는 가능성과 역량을 보여주는 사례로 충분하다.

호주제폐지는 1958년 신민법이 제정된 이래 여성계에서 지속적으로 주장한 것이다. 60년이 넘어 드디어 폐지되었다. 17대 총선 공약으로 각 당은 호주제폐지를 내걸었다. 여기에 2005년 2월

75 실질적 다수는 1997년 UN이 제시한 30%에서부터 15~20%(St Germain 1989; Thomas 1991, 1994), 멕시코의 13%(Stevenson 1999)에 이르기까지 다양하게 제시되고 있다.

76 Dahlerup(1988); UN(1997); 손봉숙 · 김은주(2002), 지방자치와 여성의 정치참여, 안청시 외, 『한국 지방자치와 민주주의: 10년의 성과와 과제』, 나남.

77 St Germain(1989); Thomas(1991, 1994).

78 Stevenson(1999).

여성 당선자들

열린우리 한명숙(고양 일산갑) 열린우리 김선미(경기 안성) 열린우리 이미경(서울 은평갑) 열린우리 조배숙(전북 익산을) 한나라 이혜훈(서울 서초갑) 한나라 김희정(부산 연제) 한나라 전재희(경기 광명을) 한나라 김영선(고양 일산을)

열린우리 박영선 대변인 / 한나라 전여옥 대변인 / 민주 이승희 대변인

국회 '우먼파워'… 40명線 사상最多 입성

김희정, 여성 맞대결서 승리

17대 총선을 계기로 여의도 정가에서 여성 정치인 시대가 문을 활짝 열었다. 전체 의원 정수 299명 가운데 40여명의 당선자를 내 10% 이상이 여성 의원들로 채워지게 됐다. 여성비율이 6% 미만이었던 16대 총선에 비해 괄목할 만한 발전을 이룬 셈이다.

열린우리당에선 한명숙 후보가 고양일산갑에서 5선의 한나라당 홍사덕 후보를 힘겹게 물리치고 당선됐으며, 16대 때 민주당 비례대표 의원이었다가 당적을 옮긴 이미경(서울 은평갑)·조배숙(전북 익산을) 후보도 승리했다. 남편인 고(故) 신규섭 의원의 유지(遺志)를 이어 2002년 8·8재보선에서 한나라당 이해구 후보와 일합을 겨뤘다가 패한 김선미(경기 안성) 후보는 이 후보와의 리턴매치에서 이 후보를 제쳤다.

한나라당에서는 당 대표인 박근혜 후보가 대구 달성에서 열린우리당 윤용희 후보를 압도적 표차로 누르고 지역구 3선의 고지를 밟아 대표다운 위세를 과시했다.

김태호 전 의원의 며느리로 한나라당이 참신성과 전문성을 내세워 기획 공천한 이혜훈 후보는 서울 '강남벨트'의 한 축인 서초갑에서 일찌감치 당선권으로 들어섰고, 당 부대변인 출신의 김희정 후보는 부산 연제에서 열린우리당이 '여성끼리의 맞대결' 차원에서 기획 공천한 노혜경 후보를 여유있게 따돌렸다.

김영선 의원은 김두관 전 행자부 장관의 동생인 열린우리당 김두수 후보를 경기 고양일산을에서 눌렀다.

또 '빗자루 시장'으로 불리며 16대 국회 임기 중 비례대표와 지역구를 다 거친 전재희(경기 광명을) 후보는 양기대 열린우리당 후보에 승리했다. 권경복기자

3당 女대변인 모두 당선

17대 총선에서 불어닥친 '여풍(女風)'은 예상대로 비례대표 부문에서도 거셌다.

각 정당이 얻은 득표율에 따라 의석을 배분하는 56석의 비례대표 의석에서 절반 가량을 여성이 차지했기 때문이다.

각 당이 사실상 의무적으로 비례대표 홀수 순번에 여성을 공천한 결과 여성이 절반 이상을 차지한 것이다.

열린우리당에선 무학력자 장애인으로 1번을 배정받은 장향숙 여성장애인연합 대표가 무난히 당선됐다.

이 밖에 김명자 전 환경부 장관, 이경숙 여성단체연합 대표, 홍미영 전 인천시의원, 앵커 출신의 박영선 대변인, 김현미 전 청와대 정무2비서관, 김영주 전국금융노련 부위원장, 강혜숙 청주대 무용과 교수, 이은영 외국어대 교수 등이 당선을 사실상 확정지었다.

한나라당에서는 김애실 외국어대 교수, 방송인으로 한나라당 선대위 홍보위원장을 맡고 있는 박찬숙씨, 송영선 국방연구원 안보전략센터소장, 전여옥 대변인, 이계경 여성신문사 명예회장, 나경원 변호사, 김영숙 초등학교여자교장회장, 고경화 당 보건복지 수석전문위원, 진수희 여의도연구소 선임연구위원 등이 금배지를 달게 됐다.

민주노동당은 심상정 전 금속노조 사무처장, 이영순 전 울산 동구청장 등이, 민주당에선 손봉숙 한국여성정치연구소 이사장, 이승희 대변인 등이 당선권에 접어들었다.

이에 따라 뛰어난 미모에 유려한 입담으로 주목을 받는 열린우리당·한나라당·민주당 3당의 여성 대변인들은 모두 비례대표로 금배지를 달게 됐다.

권경복기자 kkb@chosun.com

17대 총선 사상최다 여성의원 입성
(조선일보 2004. 4. 16)

호주제에 관한 헌법재판소의 헌법불합치결정은 호주제폐지를 위한 민법 개정안의 통과를 위한 좋은 환경을 형성하였다. 그리고 총선 이후 당선된 17대 국회 여성의원은 '4당 여성의원 모임'을 결성하였다. 이는 국회 교섭단체의 구성요건인 20명이 넘는 수치기 때문에 사실상 기존의 정당체계와는 또 다른 차원에서의 '여성정당'이 구성된 것과 같다. 이들은 열리우리당과 한나라당에 이어 사실상 제3의 교섭단체로서 역할할 수 있는 세력이다. 이 여성의원들은 17대 국회에서 가장 먼저 해야 할 것이 호주제폐지라는 점에 의견일치를 보았다.

호주제폐지는 선거 때마다 중요 이슈가 되었다. 2000년 16대 국회가 개원하자 여성단체, 시민사회단체가 연대하여 '호주제폐지시민연대호폐연'를 구성하여 호주제폐지민법개정에 관한 청원을 하였다. 그러나 16대 국회는 청원안에 대한 심의조차 하지 않았으며, 여성의원들조차 국민 여론이 더 모아져야 하고 호주제폐지 이

후의 대안이 나와야 한다는 이유로 국회 안에서 적극 추진하지 않았다. 그후 2002년 대통령 공약에서 호주제폐지는 여성의 요구만이 아니라 시민사회가 요구하는 대표적인 공약으로 부각되었다. 이러한 국민적 합의를 바탕으로 호폐연은 호주제폐지 의원입법을 추동하여 2003년 5월 52명의 의원이 발의하여 민법개정안을 법제사법위원회에 상정하였고, 당시 정부 역시 호주제폐지민법개정안을 정부안으로 발의하는 준비를 시작하였다. 그러나 1년도 남지 않은 17대 총선을 의식한 법제사법위원회 위원들은 지역 유림의 표심을 의식해 노골적으로 호주제폐지 반대를 주장했고, 호주제폐지에 찬성하는 의원들조차 논의하는 순간에는 자리를 피하는 등의 무책임한 모습을 보이면서 호주제폐지는 더 이상 진행되지 못했다.[79]

이에 반해 2005년 17대 국회에서 호주제폐지가 통과될 수 있었던 가장 핵심적인 요인은 다음과 같다. 첫째, 호주제폐지가 상정된 시점과 선거 시점은 호주제폐지의 통과와 관련한 중요한 변수다. 호주제폐지안이 대선이나 총선에 임박하여 제안될 경우 통과될 가능성은 낮다. 호주제폐지가 2000년 16대 총선 직전 상정되었을 때는 표를 의식한 남녀 의원들이 수동적 자세를 견지하여 의회에서 논의조차 이루어지지 못하였다. 더 거슬러 올라가 1978년 총선과 대선이라는 양대 선거를 앞두고 가족법이 서둘러 집권당인 공화당의 주도로 이루어진 것에서도 잘 알 수 있다. 당시 선거에 임박하여 집권당은 여성계와 유림 세력 양 세력을 모두 만족시킬 수 있는 선에서 가족법 개정을 추진하였다.[80] 즉 선거에 임박할수록 여성계의 주장이 채택될 가능성은 낮다. 17대 총선 직후 상정된 호주제폐지안은 의원들이 선거를 보다 덜 의식할 수 있었기 때

79 2004. 4. 23. 한국여성단체연합.
80 조기숙(2001).

문에 통과되는 데 시기적으로 유리하였다.

둘째, 주요 정당인 열린우리당과 한나라당이 호주제폐지를 당론으로 정하였기 때문에 호주제폐지는 다수의 찬성으로 통과될 수 있었다. 한나라당은 정책 의총에서 호주제폐지에 찬성하기로 잠정결론을 내리고 국회에서 심의할 때 의원들에게 권고적 당론을 제시하겠다고 밝혔다2004. 9. 10.

셋째, 2004년 12월 호주제폐지를 골자로 한 민법개정안이 국가보안법 등 4대 법안에 밀려 표류할 때 여성계는 남성국회의원 152명의 호주제폐지 지지선언을 받아냄으로써 개정안이 법제사법위원회를 통과하는 데 결정적 역할을 하도록 하였다.[81]

넷째, 여성의원의 활약은 여성정책이 통과되는 데 필요조건으로 작용하였다. 여성의원은 여성계와 정기, 비정기 정책간담회 등을 통해 여성의 목소리를 공식적으로 제도권 내로 투입하는 통로 구실을 하였다. 여성단체와의 토론 등을 통해 여성의원은 여성관련 이슈를 의제화하고 정책화하고 통과를 위해 압력을 가하는 제도권 내의 핵심기구로 활동할 수 있었다.

호주제폐지에 관한 민법중일부개정법률안은 여러 가지 법안을 통합해서 만든 대안이었다. 그 내용 중 가장 중요한 것은 호주제폐지다. 호주에 관한 규정과 입적 등의 규정을 삭제하는 한편 호주와 가家의 구성원과의 관계로 정의된 가족에 관한 내용을 새롭게 규정하였다. 손봉숙 의원은 본회의에서 '호주제는 단지 일제가 당시 식민지였던 우리나라 국민을 효과적으로 통제하기 위한 수단으로 활용하기 위해 도입한 제도며, 자녀의 성과 본을 아버지의 성과 본으로만 인정하는 현행 호주제는 부계혈통을 우선하고 상대적으로 모계혈통을 무시하는 여성차별 조항의 가장 핵심적인 조

81 조선일보 2005. 1. 28.

호주제 연내 폐지촉구 남성국회의원 기자회견(인터넷 한국여성단체연합 사진자료실)

항이라는 점에서 폐지되어야 함을 주장하였고, 이경숙 의원은 호주제가 남아선호사상을 온존시키는 강력한 기제로 작용하고 있음을 지적하였다국회본회의 2005. 3. 2. 이와 같이 의회 내에서 여성의원 연대는 본회의나 상임위원회 등에서 여성관련 법제가 채택될 수 있는 촉매제 역할을 하였다. 2005년 2월 28일 법제사법위원회를 통과한 이 법률안은 3월 2일 국회 본회의에서 재석 235인 중 찬성 161인으로 통과되었다.

이상을 볼 때 의회 내의 여성의 일정 비율 진출은 실질적 다수의 확보를 위한 주요 추동력이 될 수 있다는 점에서 중요하다. 이러한 여성의원의 비율은 의회 내의 상임위원회 배정비율에도 반영되어야 한다. 17대 총선 결과 3명의 여성의원이 상임위원장직을 차지하였다. 이는 역사상 가장 많은 수치이다. 그러나 당초 여야간 약속했던 여성 상임위원장 30퍼센트 할당에는 미치지 못하였다여성신문 2004. 7. 9. 우리의 의회가 본회의보다 상임위원회 중심인 점을 고려할 때, 적어도 모든 상임위원회에 여성의원이 고르게 분포되어야 여성의원이 모든 영역에서 여성의 소리를 의제화하고 정책에 고려하는 연결고리 역할을 할 수 있을 것이다.

인구의 절반, 여성유권자와 여성표

1985년 12대 총선을 앞두고 여성계는 동년 1월 여성유권자 선언을 발표하였다. 당시 대한YWCA, 가정법률상담소 등 78개 여성단체가 서명한 '여성유권자선언'은 사회전반의 여성차별 거부, 명실상부한 여성부 신설, 가족법개정 반대후보에 투표하지 않기, 여성의식화를 위한 정치교육실시 등을 주요 골자로 하고 있다. 1995년 제1차 지방동시선거를 앞두고 한국여성유권자연맹은 6월 12일을 '여성유권자의 날'로 지정하면서, 여성유권자들이 민주사회와 생활정치의 주역으로 거듭날 것을 다짐하였다.[82]

인구의 절반인 여성유권자의 표를 인식하기 시작한 것은 민주화의 시작과 궤를 같이 한다. 민주화를 기점으로 그리고 공정한 선거가 보장될수록 선거에서 후보자는 여성표를 의식한다. 이로써 과거 여성투표는 동원가능한 표이고, 삼종지도의 투표 행태로서 독자성이 없다는 인식은 바뀌기 시작했다. 여성계 역시 선거를 계기로 여성의 권리신장과 관련한 구체적인 요구를 하기 시작하였다. 그리고 실제로 유권자의 의식 역시 발전되어 나갔다.[83]

투표는 '국민의 의무'에서 '국민의 권리'로 유권자가 투표를 '국민의 권리'로 생각하느냐 '국민의 의무'로 생각하느냐 하는 것은 정반대의 투표행태를 반영한다. 1984년과 1988년의 조사에서는 투표를 국민의 '의무'로 인식하는 비율이 각각 74.4퍼센트와 50.3퍼센트였다. 1999년의 조사에서는 투표를 국민의 '권리'로 인식한 응답이 1위로서 86.6퍼센트를 차지하였다.[84] 투표를 국민의 의무로 의

82 한국여성유권자연맹(2000), 『여성유권자운동과 정치발전』, 시공사.

83 유권자 의식 조사를 한 것은 사례마다 표본과 지역의 범위 등이 다양하기 때문에 일률적으로 비교할 수는 없다. 아울러 남녀간 성차의 존재 여부 등을 비교할 수 없는 한계가 있다. 여기서는 전반적인 유권자 의식의 변화 추이만 추적할 목적으로 대표적인 유권자 의식 조사를 인용한다. 여기서 인용하는 (여성)유권자의식 조사는 다음과 같다. 한국유권자연맹 서울지부(1984), 『한국 여성의 정치의식에 관한 논문』; 한국여성유권자연맹 서울지부(1988), 『우리나라 도시 여성의 정치의식에 관한 조사 보고서』; 전경옥 · 노혜숙 · 김영란(1999), 『여성의 정치적 권리인식과 정치참여』; 오유석(2000), 4 · 13 총선과 여성유권자의 정치 행태, 『동향과전망』 45, 71~91.

84 1984년과 1985년의 조사(한국여성유권자연맹)에서는 '국민의 의무'이기 때문에 투표한다는 문항이었지만, 1999년의 조사(전경옥 외, 1999)에서는 '국민의 권리'이기 때문에 투표한다는 문항으로 질문 자체가 다르다. 단 1974년 조사(윤영상, 1974)에서는 투표를 '국민의 의무이며 권리'이기 때문이라고 물어보았기 때

1985년 1월 25일 올바른 투표권 행사를 위한 여성대표자 간담회 광경 (이태영, 가족법 개정운동 37년사)

식할 경우는 동원도 가능한 투표이며, 준봉투표가 될 가능성도 높다. 그러나 투표를 국민의 권리로 인식할 경우 동원은 불가능하며, 정당이나 후보자는 권리를 행사하려는 유권자의 표를 얻기 위한 공약을 제시하게 된다.

투표는 국민의 권리면서 의무다. 그러나 투표를 국민의 의무로 인식하는 것에서 국민의 권리로 인식하는 것은 질적으로 발전된 투표행태를 보이는 것이다. 유권자들의 투표 동기와 실제 투표 행위에는 커다란 차이가 없다. 투표를 의무로 생각했을 때가 권리로 생각했을 때보다 훨씬 높은 투표율을 보일 수 있다. 한편 투표를 권리로 인식함에도 불구하고 상대적으로 낮은 정치적 효능감을 가질 때 투표율은 낮아질 수 있다. 따라서 이를 동기와 행위가 불일치한 것으로 해석할 수는 없다.

독자적인 판단으로 투표 과거 아내에게 투표권을 주는 것은 남편에게 표를 두 장 주는 것과 같다고 하였다. 그러나 여성유권자 의식

문에 권리와 의무가 구분되지 않고 97.4%의 높은 비율로 나온 것으로 판단된다.

조사결과에 의하면 투표할 때 이들은 독자적인 판단으로 투표한다고 응답하고 있다. 투표시 자신의 판단에 따라 독자적으로 한다는 응답이 1984, 1988, 1995, 2000년 조사에서 각각 83.2, 91.3, 90.5, 87.6퍼센트로 나타났다. 반면 배우자나 가족의 의사에 따른다는 응답은 각각 10.9, 6.5, 5.2, 5.8퍼센트로 지속적으로 줄고 있음을 볼 때, 여성유권자의 투표행태는 준봉투표가 아니라 자율적인 방향으로 발전하고 있음을 알 수 있다.[85]

성보다는 능력 여성유권자들은 후보를 선택할 때 성별보다는 능력을 보고 선택한다. 1984, 1988, 1999, 2000년 유권자 의식 조사에 의하면 같은 조건의 후보가 출마하는 경우 성과 관계없이 능력을 보고 투표한다는 응답이 각각 88.6, 87.6, 89.7, 53.6퍼센트다.[86] 같은 조건인 경우 여성 후보를 지지하겠다는 응답은 각각 2.7, 3.2, 37.1퍼센트로 나타났다. 즉 1984년과 1988년의 조사에서는 같은 조건인 경우 여성을 지지하겠다는 응답은 아주 낮았으나 2000년의 조사에서는 37.1퍼센트로서 여권주의적 투표성향이 증대되고 있음을 볼 수 있다. 실제로 1995년의 조사에서도 남녀응답자 중 여성후보를 찍었다고 응답한 비율은 27.2퍼센트로 낮았지만, 그 중 여성 31퍼센트, 남성 23.9퍼센트가 여성후보에 투표한 것으로 나타나 남성보다는 여성이 여성 후보에 더 호의적이고 많이 지지했음을 보여주고 있다.[87] 이는 여성이 여성을 안 찍는다는 통념과는 달리, 다른 조건이 동일하다면 여성이 여성후보자를 지지할 가능성이 남성보다 높음을 보여 주고 있다.[88]

여성 후보가 당선 혹은 낙선한 이유에 대해서는 1988년과 2000년의 조사를 비교해보면 1988년 조사는 사회적 여건이 1위

85 1995년 제1차지방동시선거 남녀유권자의 투표행태 조사(손봉숙, 2000)에서 배우자와 자식 및 부모 의견에 따라 결정한다고 응답한 비율은 5.2%(배우자 2.9%, 자식 1.7%, 부모 0.6%)임.

86 2000년 조선일보와 한국갤럽의 9월 전화조사에 의하면 '지지정당과 관계없이 여성후보에게 투표하겠다는 응답이 39%였고, 지지정당이 일치하면 여성후보에게 투표하겠다는 조건부 지지입장이 20%로, 같은 조건이면 여성을 지지하겠다는 응답이 59%로 1위를 차지하였다(조선일보 2000. 2. 11). 이는 성과 관계 없이 능력을 보고 투표한다는 응답이 점차 줄고 여권주의적 투표성향이 점차 발현되고 있음을 보는 단면이기도 하다.

87 한국여성정치연구소 1995년 6·27 지방선거의 남녀유권자투표행태(1995); 손봉숙(2000); 김은경(2002).

88 김현희 · 오유석(2003), 여성은 여성에게 투표하지 않는가: 16대 총선결과를 중심으로, 『동향과 전망』 57, 231~260.

〈표 8〉 역대 국회의원 선거의 성별 투표율

	11대(1981)	12대(1985)	13대(1988)	14대(1992)	15대(1996)	16대(2000)	17대(2004)
남(A)	80.6%	85.45	76.8%	72.2%	65.3%	58.7%	63.0%
여(B)	76.3%	83.8%	74.7%	70.9%	62.0%	56.5%	59.2%
A/B	1.06	1.02	1.03	1.02	1.05	1.04	1.06
성차	4.3%	1.6%	2.1%	1.3%	3.3%	2.2%	3.8%

47.9%, 여성후보자의 능력이 2위32.2%였으나 2000년 조사에서는 여성 후보의 정치적 능력이 1위26.7%고, 소속 정당이 2위19.9%로서 그 순위가 뒤바뀌었다. 즉 사회적 관행과 유권자의 성차별적 의식보다는 능력이 선거에서의 주요 판단기준으로 작용하게 되었다.

그 다음 여성유권자가 후보자를 선택할 때 가장 많이 고려하는 것은 정당보다 후보자의 능력이었다. 1984, 1988, 2000년 조사에서 후보자의 능력을 우선적으로 고려한다는 응답이 각각 34.3, 50.1, 56.6퍼센트로서 1위를 점하였고, 그 다음 순위가 소속 정당을 고려한다고 답하였다.[89]

이상 여성유권자 의식은 민주화가 진행되면서 준봉투표에서 개인의 합리적인 투표로 발전되어 왔으며, 집단적 가족 지향적 투표행태에서 개별적 투표행태로 분화되었다. 아울러 여권주의적 투표행태도 나타나고 있다. 이러한 유권자 의식의 변화는 선거를 통한 여성의 정치세력화 구축의 기본 토대가 되었다.

투표율의 성차 11대 총선부터 17대 총선에 이르기까지 투표율은 항상 남성이 조금 앞섰다. 그러나 그 차이는 근소해서 투표율에서 의

89 2000년 조사에서는 인물, 경력 36.3%와 개인의 정치적 능력 20.3%를 합하여 개인의 능력으로 계산하였다.

미있는 성차는 아니다.

〈표 8〉에서 보면 작은 차이지만 성차는 최대 4.3퍼센트에서 최저 1.3퍼센트 범위 내에서 증감을 보이고 있다. 특히 11대 선거 이후 12, 13, 14대 총선에서 성차가 현격히 줄어들었으나 15대 총선 이후 다시 약간의 상승세를 보이고 있다.

3. 여성정책의 성주류화 및 법제화 과정

1995년 베이징 세계여성회의와 여성발전기본법의 제정으로 이후 성평등과 성주류화의 관점에서 여성관련법제가 본격적으로 제·개정될 수 있었다. 모든 정책수립과정에서 성주류화 전략을 채택함으로써 국가는 여성을 정책 파트너로 고려하게 되었고, 여성과 국가는 보다 친화적인 관계로 발전할 수 있었다.

성평등을 위한 성주류화 전략의 채택

민주화 이후 민주주의의 공고화democratic consolidation 단계에서 여성운동은 '여성의 정치세력화'와 '여성정책의 법제화' 두 축을 중심으로 전개되었다. 민주주의의 공고화 단계에서 구축된 여성의 정치세력화는 여성정책의 법제화 과정에도 기여하였다. 여성정책의 법제화는 1987년 남녀고용평등법 제정에 이어 1995년 여성발전기본법 제정, 3대 여성인권법—성폭력특별법, 가정폭력방지법, 성매매방지법—의 제정 및 2005 호주제폐지로 이어졌다. 여성정책의 법제화 과정은 여성과 국가의 관계 및 여성관련 초국가적 규범의 틀 속에서 조망되어야 한다.

1995년 베이징 세계여성회의에서 성주류화gender mainstreaming 전략을 여성행동강령으로 채택한 각국은 모든 정책의 결정과정에 성을 고려하고, 여성정책을 수행하는 국가기구를 수립할 의무를 지게 되었다. 이후 세계 각국의 3분의 1이 성주류화 전략을 채택하였다. 성주류화의 채택으로 법, 정책 또는 프로그램을 포함하여 모든 부분에서 결정된 조치가 여성 및 남성에 미치는 영향을 고려해야한다. 정치, 경제, 사회 전 부문의 정책 및 프로그램 설계, 시행, 감시에 있어서 여성 및 남성이 평등하게 혜택을 누리고 남녀불평등이 영속되지 않도록 하기 위한 전략이다. 성주류화의 궁극적인 목표는 성평등이다. 따라서 성주류화는 성평등이라는 목표를 달성하기 위한 수단이다.[90]

베이징 세계여성회의의 성주류화 전략의 채택은 "여성문제가 경제개발, 인권, 정치적 상황, 문화와 밀접하게 연관되어 있으므로 그 해결을 위한 정책은 종전처럼 사회정책의 일부를 이루는 과제로서가 아니라 국가정책의 모든 분야에서 주류로 다루어야 한다는 점"을 천명한 것이다. 이는 여성정책의 주류화를 의미하므로 여성정책의 발전을 평가하는 작업에서 '주류화'가 가장 중요한 기준이 되는 것이다.[91] 성주류화 전략의 채택으로 1990년대 법제개편의 방향은 기존의 여성중심에서 성평등으로 보다 발전적으로 전환될 수 있었다.[92] 동시에 '남녀평등'은 '차별철폐'로, '정조'에 관한 담론은 '성폭력'이라는 발전적 담론과 법제로 전환될 수 있었다.

이하 여성정책의 법제화 과정은 1987년 남녀고용평등법의 제정 이래 여성에 의한 여성정책이 어떻게 실현되어 나갔으며, 동시에 국가는 성평등을 실현하기 위해 어떤 역할을 수행하였는지를 중심으로 살펴본다.

90 정현백(2004), 한국의 여성정책 10년, 평가와 전망, 한국여성단체연합, 『한국여성정책 10년 평가 심포지엄 자료집』.
91 김양희(2004), 북경세계여성회의+10년을 돌아보며, 내다보며, 한국여성단체연합, 『한국여성정책 10년 평가 심포지엄 자료집』.
92 윤정숙(2004), 여성향상을 위한 제도적 장치, 한국여성단체연합, 『한국여성정책 10년 평가 심포지엄 자료집』.

남녀고용평등법의 제정에서 호주제폐지까지

비록 1987년 헌법개정 과정에서 성평등을 지향하는 여성계의 의견이 헌법에 구체적으로 조문화되지는 않았지만, 1987년 헌법 채택 이후 하위법의 구체적인 법제화 과정에서는 추상적인 헌법의 성평등 조항에 맞추어서 충실히 제·개정 및 폐지되어 갔다. 이전의 여성관련 법률이 '가부장 중심적 사고에서 나온 부녀정책적인 법제'와 '국가에 의해 여성을 보호대상'으로 하여 작성된 것이라면, 이 시기 이후의 여성관련 법제는 '여성에 의해 여성을 주체'로 하여 성립된 '여성주의적 법'으로 발전되어 나간 것이 특징이다.

'남녀고용평등법'은 1987년 12월 16일 대선을 목전에 두고 여성유권자를 겨냥하여 10월 30일 급조되었기 때문에, 민간 여성단체의 의견이 삽입될 겨를이 없었다. 그 결과 근로조건 중 가장 핵심인 동일가치노동에 대한 동일임금규정이 빠져 있고, 남녀고용평등법 대부분의 조항에서 강제성 없는 단순 노력의무를 규정하고 있는 등 제정과 동시에 개정의 문제를 안고 있었다.[93] 그러나 이 법은 여성운동의 성과로서 순수하게 남녀평등만을 위해 제정된 우리나라 최초의 단일 법률이라는 점에서 의의가 있다. 여성의 평등한 노동권과 모성보호를 법률에 명시한 점에서 그 이전의 부녀정책적인 법 혹은 요보호대상 법률로부터 질적인 전환을 한 법으로 볼 수 있다.

1989년 1차 개정에 의해 성차별을 명시하는 규정과 혼인, 가족상의 이유 및 임신 등의 사유에 의한 차별 금지, 동일가치노동에 대한 동일임금규정이 도입되었으며, 모집, 채용을 포함한 모든 고용과정에서의 성차별 행위에 대해 벌칙이 마련되었다. 이후 법의 실효성을 보완하기 위해 두 차례의 개정을 더 거쳤는데, 1999년 3

93 조기숙(1998), 한국의 여성정책 결정과정 연구, 이범준 외, 『21세기 정치와 여성』.나남.

차 개정에서 특기할 것은 성희롱 조항이 추가된 것이다. 성희롱 조항은 1993년 서울대 신 교수의 우 조교 성희롱 사건이 발생하자 법에서 '성희롱'을 명백히 규정하고 제재할 필요성 때문에 추가되었다. 이 사건으로 성희롱이라는 용어가 정식으로 성폭력 개념으로 포괄되고 직장 내 성희롱 문제가 사회 전면에서 논의되게 되었다.[94] 개정된 법에서 '직장 내 성희롱'이라 함은 사업주, 상급자 또는 노동자가 직장 내의 지위를 이용하거나 업무와 관련하여 다른 근로자에게 성적인 언어나 행동 등으로 또는 이를 조건으로 고용상의 불이익을 주거나 또는 성적 굴욕감을 유발하게 하여 고용환경을 악화시키는 것을 말한다.

남녀고용평등법은 공적 영역에서의 성평등을 실현하기 위해 여성의 입장에서 제정된 최초의 법이었다는 점에서 의의가 크다. 헌법의 평등조항은 하위법의 제정과 개정뿐만이 아니라 폐지할 것도 요구한다. 여성계는 사적 영역에서 여성의 불평등을 지속시켜온 가족법 조항, 특히 호주제 조항의 폐지를 지속적으로 요구하였으며, 민법의 호주관련 조항은 2005년 3월 드디어 폐지되었다.

호주제는 일제 강점기의 1922년 의용 민법 도입 이래 가부장적 혈통과 가부장적 지배를 유지하기 위해 여성을 억압해 온 대표적인, 그리고 가장 상징적인 법제의 하나다. 이 법의 폐지는 성평등의 전개과정과 관련하여 새로운 시기 구분이 되는 중요한 사건이다. 1984년 가족법 개정이 국회발의에 필요한 20명의 국회의원 서명도 얻지 못한 채 난관에 봉착한 경우도 있다. 1986년 11월 여성계의 숙원인 가족법 개정안을 여야의원 61명의 이름으로 민정당의 여성정책특별위원회 위원장은 국회에 제출하였다. 이 때 일부 남성의원은 지금 나라의 운명이 걸린 헌법개정이 시급한데, 철

94 강남식(2004).

딱서니 없이 무슨 가족법 개정이냐는 핀잔도 있었다.[95] 동성동본 금혼제도가 1997년 헌법재판소의 헌법불합치결정을 받아 실효조항이 되었지만, 여전히 호주제폐지는 완강한 반대에 의해 관철될 수 없었다.

호주제폐지가 통과된 데는 국가의 변화된 역할 역시 기여하였다. 국가는 여성정책에 대한 견해와 여성정책을 수행하는 능력면에서 질적으로 변화된 모습을 보여주었다. 2005년 2월 호주제에 관한 헌법재판소의 헌법불합치결정은 국가와 여성관계의 변화된 모습을 보여주는 한 예로 볼 수 있다. 이 위헌 판결은 호주제폐지를 위한 민법 개정안의 통과를 위한 좋은 환경이 형성되었고, 민법 중 호주제관련조항의 폐지등 개정안이 결국 2005년 3월 2일 국회 본회의에서 통과되었다.

부천사건 보도지침 속에 은폐된 '성폭력' 사건 역사적 사건을 표현하는 단어, 담론 등에는 확실히 권력관계가 내포되어 있다. 부천서 사건의 보도지침은 역사 속에 여성이 어떻게 배제되고 왜곡되어 왔는지, 기존의 가부장적 이데올로기와 담론 구조 속에서 어떻게 억압되어 왔는지를 잘 보여준다.

5공화국은 1980년 11월 언론통폐합조치를 취한 데 이어 12월 말에는 언론기본법을 마련하여 언론을 철저히 장악하고 통제하였다. 당시 문화공보부의 홍보조정실은 언론통제의 구체적 실무작업을 담당하였데, 각 신문사의 편집국 간부에 계속 보도지침을 시달하였다. 1986년 부천서 성고문의 피해당사자인 권인숙이 문귀동 경장을 인천지검에 고소하고 9명의 변호인단이 문 경장과 옥봉환 서장 등 성고문 관련자 6명을 인천지검에 고발하면서 동 사건

95 『여성동아』 1986. 12.

'호주제 폐지' 개정민법 통과

이혼여성-자녀 '동거인'서 '법적 가

어머니성 따르기·새아버지성 사용 길 트여

'삼종지도' '출가외인' 법적 뒷받침은 사라져

국회에서 2일 통과된 개정민법의 시행시기인 2008년 1월부터는 이른바 '삼종지도'와 '출가외인'의 인식이 국가 공식 문건에서 사라지게 된다. 이제까지 호주가 되는 순위는 아들-딸(미혼)-처-어머니-며느리 순이었다. 무엇보다 호주제는 이혼·재혼·입양 가정의 큰 걸림돌이었다. 이혼한 여성은 법적으로 자신이 낳은 아이와 '동거인'일 뿐 친자관계가 기재되지 않았다. 법적으로 혈연관계임을 인정받지 못했던 셈이다. 재혼한 여성의 아이가 새 아버지의 성을 따를 수 없는 것은 물론이었다. 호주제 폐지로 이혼가정 및 재혼가정은 현실의 가족생활대로 법률적 가족관계를 형성하게 된다. 그렇다면 호주제가 완전히 폐지된 뒤, 가족의 관계는 어떻게 기록될까.

△호주와 호적은 어떻게?=호주와 호적이 사라진다. 개인이 태어나면서 각자 한장의 신분등록부를 갖게 된다. 아버지, 장남, 손자 순서로 이어지던 호주승계도 없어진다. 새로운 신분등록법으로 마련된 신분등록부가 호적등·초본을 대체한다.

△기록은 어디까지?=본인의 출생, 혼인, 입양 등 신분변동 기록과 배우자, 자녀의 이름, 주민등록번호 등 인적사항이 기록된다. 부모나 가족의 이혼, 재혼 등 사실 여부가 기재되지 않고 사회적 편견으로 불이익을 받지 않게 된다.

△가족의 범위는?=가족의 범위가

청구로 가정법원의 허가를 얻어야 성씨 변경이 가능하다.

△재혼가정 자녀, 새아버지의 성으로 바꿀 수 있나?=가정법원의 허가를 받아 새아버지의 성을 따를 수 있다. 개정 전 민법상 자녀는 친아버지의 성을 따르게 되어 재혼가정에서 자녀가 새아버지와 성이 달라 소외감을 느끼는 등 자녀복리의 저해요인이 되었다.

△여성이 결혼하면 시가에 들어가지 않나?='호적을 파가는' 일이 사라진다. 본인의 신분등록부에 '혼인사항' 난에 혼인사실이 새로 추가될 뿐이다. 결혼한 뒤 배우자 난에 남편 기록만을 붙인다. 남편 등록부에도 배우자 난에 부인의 기록만을 덧붙인다. 아이들은 부부 각자의 기록부에 기록된다.

△이혼사실을 알 수 있나?=본인의 혼인이력사항에 이혼 사실이 기록된다. 부모 등 가족의 신분변동사항은 기재되지 않는다. 따라서 부모의 이혼, 재혼 등 사실 여부가 기재되지 않고 사회적 편견으로 인한 불이익을 피할 수 있다.

△이혼한 여성과 자녀 관계는?=기존법에서는 어머니가 자녀의 친권과 양육권을 가지고 이혼하더라도 법적으로 어머니가 아니라 '동거인'으로 기록됐다. 새로운 법에 따르면 이혼한 여성도 자녀와 부모관계로 인정받는다.

△기혼 남성이 혼인 외 관계에서 얻은 자녀는?=호주제상 남성이 혼

"해냈다" 2일 오후 호주제 폐지 민법 개정 법률안이 국회 본회의를 통과하자 본회의장 바운데) 등 여성계 인사들이 기뻐하며 만세를 외치고 있다.

호주제 폐지의 효과

구분	호주제	새신분등록제
가족의 범위	호주의 배우자, 혈족과 그 배우자 기타 민법의 규정에 의하여 그 가에 입적한 자	배우자, 직계혈족 및 형제자매 같이하는 직계혈족의 배우자 의 직계혈족, 배우자의 형제
혼인한 여성	아버지의 가에서 남편의 가로 입적	본인의 혼인기재란에 남편
입양가정	친양자불가능/입양사실기록	친생자로 기록/입양사실 미
재혼가정과 자녀	전혼남성가에 자녀입적/전혼자녀 성씨차 발생/자녀복리 저해	재혼자녀 새아버지성 승계 자녀성 어머니성으로 수정
이혼여성과 자녀	어머니는 자녀의 '동거인'/어머니와 자녀의 법률적 혈연관계 미기재/전남편 재혼시 전남편 부인이 자녀의 법률적 어머니가 됨	자녀의 어머니 신분 유지
이혼사실 기재여부	본인 이혼사실 기재/부모 이혼사실 기재	본인 이혼사실 기재 부모 이혼사실 미기재
혼외자녀	친부의 자녀인지 후 부의 가에 입적원칙 미혼모 자녀는 미혼모 성씨승계 가능	친생부모 협의에 따라 부모 미혼모 자녀 미혼모 성씨승

호주제폐지 개정 민법 통과(조선일보 2005. 3. 3)

은 충격적인 사회문제로 떠올랐다. 이날부터 보도지침에 등장하기 시작한 성고문 사건은 철저한 통제대상이 되었다.[96] 정권은 성고문 사건을 인정하지 않기 위해 '폭행주장 관련', '부천 사건,' '성모욕 행위' 등으로 표현하도록 보도지침을 내리면서 사실을 은폐 및 왜곡시켰다.

> 부천서 형사의 여피의자 폭행추행사건은 당국에서 조사 중이고 곧 발표할 예정, 〈성폭행사건〉으로 표현하면 마치 기정사실화한 인상을 주므로 〈폭행주장관련〉으로 표현 바꾸도록(1986.7.9. 보도지침); 기사제목에서 〈성폭행사건〉 대신 〈부천사건〉이라고 표현하기 바람(1986.7.10 보도지침); 이 사건의 명칭을 〈성추행〉이라 하지 말고 〈성모욕행위〉로 할 것(1986.7.17 보도지침).[97]

공안당국은 여성에 대한 국가의 폭력이라는 사건의 성격을 좌경학생의 국가에 대한 도전으로 뒤집으려 시도하면서 '혁명을 위해 성까지 도구화한 사건'이라는 내용을 발표하였다. 시중에 나도는 반체제 측의 고소장 내용이나 NCC, 여성단체 등의 사건관련 성명은 일체 보도되지 않았다. 이에 따라 제도 언론은 진실을 보도하지 않았다. 일반 대중의 여론 역시 가부장적 정조관념 속에서 한 시민을 보호하는 문제가 아니라 보호받아야 할 '딸의 문제'로만 바라보았다.[98]

이에 대해 권인숙은 "강간이니 강제추행이니 하는 정조관념을 압박하는 고문형태에 대한 반발과 저에 대한 동정심의 해석으로 이 사건을 축소시키는데, 이보다 중요한 것은 노동운동 탄압을 위해 여성노동자에게 성적 추행을 가했다는 사실"임을 지적하였

96 『말』 1986. 9.
97 편집부, 보도지침, 『월간말지』(1986. 8).
98 『말』 1986. 9; 강준만(2003); 이상록(2001).

「富川署사건」 公安당국 分析

<요지>

"急進 세력의 투쟁전략·전술 일환
革命위해 「性」까지 도구화한 사건"

부천서 사건 공안당국의 분석에는 혁명 위해 '성'까지 도구화한 사건으로 몰았다(조선일보 1986. 7. 17)

1988년 5월 17일 부천서 성고문사건으로 기소된 문귀동의 첫 공판이 열린 날(한겨레 2001. 9. 5)

다.[99] 이렇게 노동운동 탄압에 대한 권인숙의 투쟁은 국가의 공권력만이 아니라 민중운동을 포함한 일반 대중의 가부장적 정조관념에 의해서도 왜곡되었다. 그러나 '여성단체연합 성고문대책위원회'와 '부천서 성고문 사건 공동대책위원회'라는 연대기구가 형성되어 노력한 결과 문귀동 경장은 징역 5년을 선고받았다. 이 사건을 계기로 여성운동 연대는 더욱 강화될 수 있었으며, 이후 성폭력과 성희롱이 공적 영역 내에서 논의되고 제도적으로 보호되는 단초가 되었다.

3대 여성인권법의 제정과 여성주의적 판례의 축적 여성의 성적 결정권을 침해하는 성폭력에 관한 범죄가 그 동안은 형법 등에서 '정조

99 권인숙(1987), 10.

에 관한 죄'로 다루어졌으나 1995년 동법의 명칭이 '강간과 추행의 죄'로 개칭되었다. 1993년 성폭력특별법의 제정, 1997년 가정폭력방지및피해자보호등에관한법률 및 가정폭력범죄의처벌등에관한특례법 제정, 2004년 성매매알선등의 행위에관한법률과 성매매방지및피해자보호등에 관한 법률의 제정은 여성의 입장에서 여성의 인권을 보장하기 위해서 제정된 법률이라는 점에서 그 이전의 가부장적 구조를 유지하기 위해 제정된 법과 구별된다. 이로써 사적 영역에서 일어난 성폭력과 성희롱도 국가가 공식적으로 개입할 수 있게 되었다.

가부장적 법제가 여성주의적 법으로 개정될 수 있었던 여러 계기 중의 하나가 성희롱 사건이다. 1993년 서울대 신 교수의 우조교 성희롱사건에 대해 성폭력을 무엇으로 볼 것인가에 대해 성적 보수주의자의 담론은 '정조와 순결에 관한 죄'로 논의한 반면, 성적 자유주의자는 '성적 자기결정권의 침해의 죄'로서 다루어야 함을 주장하였다. '정조의 죄'가 가계혈통의 순수성을 지키기 위해 여성을 통제할 수밖에 없었던 가부장적 사회질서의 역사적 유제라면, '성폭력'은 여성의 인격과 신체의 자율성을 출발점으로 한다는 점에서 차이가 있다.[100]

국가와 여성의 관계가 변화된 것은 사법기관의 여성주의적 판례를 통해서도 확인할 수 있다.[101] 헌법재판소가 설치된 이후 여성문제와 관련한 헌법소원이 계속 제기되었으며, 이에 헌법재판소는 1997년 동성동본간의 혼인을 금지하는 민법 890조1항에 대해 동성동본이 남계혈족 위주의 판단이므로 남녀평등의 사상에 어긋난다는 취지 하에 헌법불합치 결정을 내렸다. 여성주의에 입각한 판례로 가장 영향력이 컸던 것은 1998년 성희롱에 관한 대법원 판

100 신상숙(2004), 1990년대의 반성폭력운동과 성폭력의 법제화, 『한국현대여성사』, 한울아카데미.

101 그러나 1980년대의 판례는 전형적으로 남성화된 국가의 모습을 보여주고 있다. 1986년 미혼 여성퇴직 연령을 25세라고 판결한 사례에서, 결혼 후 주부의 가사노동을 일당 4천원으로 계산하고 있다. 정부는 각종 노동에 대한 임금을 50여 종으로 분류하고 있는데, 주부 가사노동에 대한 규정은 없고 보통 여성인부 노임의 경우만 있어 이를 적용한 것 같다. 이와 같이 사법부의 판결이나 정부의 직종 분류 모두 남성주도로 되고 있는 자연스런 현상 속에서 법과 국가기구를 바꾸어도 무의미하다(『여성동아』 1985. 6).

결이다.

"성희롱의 위법성 문제는 종전에는 법적 문제로 노출되지 아니한 채 묵인되거나 당사자 간에 해결되었던 것이나 앞으로는 빈번히 문제될 소지가 많다는 점에서 새로운 유형의 불법행위이기는 하나, 이를 논함에 있어서는 일반 불법행위의 한 유형으로 파악하여 행위의 위법성 여부에 따라 불법행위의 성부를 가리면 족한 것이지, 불법행위를 구성하는 성희롱을 고용관계에 한정하여, 조건적 성희롱과 환경적 성희롱으로 구분하여, 환경적 성희롱의 경우 그 성희롱의 태양이 중대하고 철저한 정도에 이르러야 하며 불법행위가 성립하기 위해 가해자의 언동 자체가 피해자의 업무수행을 부당히 간섭하고 적대적 · 굴욕적 근무환경을 조성함으로써 입은 정신적 고통을 피해자가 주장, 입증하여야 한다는 견해는 채택할 수 없다"고 판시하면서 피해자의 위자료 청구를 인용하였다(대판 1998.2.10, 95다39533).

이 판결은 아직 성희롱에 관한 법규정이 제정되기 이전의 것으로서 민법의 손해배상 일반이론을 적용한 판결이다. '피해자가 성적인 혐오감을 느끼면 성희롱에 해당된다'는 것이 대법원이 처음으로 내린 성희롱 개념이다. 피고가 원고의 신체를 접촉하거나 성적인 언동을 한 것은 사회통념상 허용되는 단순한 농담이나 호의적인 언동이 아닌 성적 굴욕-혐오감을 느끼게 하는 것으로, 원고의 인격권을 침해했다고 밝혔다.[102] 이 판결이 언론을 통해 국민에게 널리 알려짐으로써 성희롱에 관한 국민의식을 바꾸는 계기가 되는 등 판례가 행위규범으로 작용하는 역할을 했다는 점, 이 판결의 덕분으로 남녀고용평등법에서 성희롱을 규제하는 입법 개

102 조선일보 1998. 2. 11.

정이 수월하게 이루어졌다는 점, 대법원이 국민 대다수의 의식이 바뀌기 전에 여성주의를 선도하는 진보적 판결을 했다는 점 등에서 의의가 크다. 이후 성희롱, 성폭력에 관한 판례가 계속 나와 여성의 성적 자기결정권이 실제로 보호받게 되었다.[103] 그러나 이 판결은 피고를 고용한 서울대학교와 대한민국에 대한 사용자로서의 고용계약상 보호의무 위반을 이유로 한 손해배상책임은 없다고 소극적으로 판시한 점에서 한계를 가지고 있다.

성희롱 사건을 승소로 이끈 서울대 우 조교의 기자회견(『보도사진연감』 1995. 4)

> 민법 756조에 규정된 사용자 책임의 요건인 '사무집행에 관하여'라는 뜻은 피용자의 불법행위가 외형상 객관적으로 사용자의 사업활동 내지 사무집행행위 또는 그와 관련된 것이라고 보여져야 하는 바…성희롱의 행위는 그 직무범위 내에 속하지 아니함은 물론 외관상으로 보더라도 그의 직무 권한 내의 행위와 밀접하여 직무권한 내의 행위로 보여지는 경우로 볼 수 없고, 달리 기록상 이를 인정할 만한 증거도 찾아볼 수 없다. 따라서 피고의 성희롱 행위는 그 직무범위 내에 속하지 아니함은 물론 외관상으로 보더라도 그의 직무권한 내의 행위와 밀접하여 직무권한 내의 행위로 보여지는 경우라고 볼 수 없고, 달리 기록상 이를 인정할 만한 증거도 찾아볼 수 없다고 판시하여 피고 서울대 총장 김종운과 대한민국에 대한 상고는 기각되었다(대판 1998.2.10, 95다39533).

판결 요지는 성희롱이 직무와 관련하여 일어난 사무집행행위

103 이은영(2004), 한국 여성 관련법의 변천과 법여성학의 전개, 양선아 편, 『가지 않은 길, 법여성학을 향하여』, 사람생각.

가 아니므로 피고를 고용한 서울대와 국가의 손해배상 책임까지는 인정할 수 없다는 것이다. 성희롱이 가해자와 피해자의 직무권한 내의 행위와 밀접하게 연관되어 일어난 사건이므로 이는 직무권한 내의 행위로 볼 수 있기 때문에 사용자인 국가 역시 성희롱의 피해자에 대하여 고용계약상의 의무를 다 하지 않은 것으로 볼 수 있다. 성희롱에 대한 법률이 제정되기 이전에 민법의 일반불법행위에 의해 국가의 배상책임까지 인정되었다면 이후 구제조치와 관련한 법령 제정은 더욱 구체화될 수 있었을 것이다.

대법원이 이미 성희롱에 대한 법해석을 내린 상황에서 여성계와 국회 내의 여성특별위원회는 1999년 개정된 남녀고용평등법에 성희롱 조항을 추가로 삽입하였으며, 이로써 여성을 향하여 사적영역에서 은밀히 진행되는 각종 성폭력과 성희롱이 국가가 담당해야 할 주요 업무 중의 하나임을 국민대중이 인식하게 되었다.[104]

이상은 성폭력에 대한 새로운 담론이 제기되면서 국가 역시 기존의 가부장적 국가에서 여성주의적 국가로 전환되었고, 이로써 여성관련 법률의 제정이 용이하게 이루어질 수 있었던 사례 중의 하나다. 국가는 이미 법이 제정되기 이전에 법해석을 새롭게 함으로써 가부장적 법제의 폐기 및 여성주의적 법의 제정을 유도하였다. 이와 관련한 또 다른 예가 1999년 제대군인가산점제에 대한 헌법재판소의 위헌판결이다.

1961년 '군사원호대상자고용법'으로 상이군인과 그 가족에게 5퍼센트의 의무 고용 할당을 명시한 이래 1998년에는 '제대군인에관한법률'을 새롭게 제정하고 지금까지의 권고사항이었던 종업원 수 20인 이상의 민간기업에의 적용을 의무사항으로 바꿈으로써 군가산점제를 더욱 강화시켰다. 이에 대해 1999년 12월 '제대

104 정현백(2004).

군인지원에관한법률'에 관해 헌법재판소는 위헌판결을 하였다. 이렇게 군가산점제에 대한 헌법소원과 그에 대한 위헌결정은 국가와 여성의 관계가 변화되기 시작한 것을 보여주는 예다. 남녀분리채용시험이 폐지된 1991년부터 남녀 간에 직접경쟁이 시작되면서 여성 공무원 수가 급격하게 증가하기 시작하였다. 1994년도에 여성에 의해 시도되었던 군가산점제 폐지운동은 정부부처 간의 이견으로 실패하였다.

군가산점제도가 위헌판결을 받기까지 전개된 1990년대의 젠더 정치에는 군가산점제가 성차별적인지 혹은 비제대군인과의 차별인지 여부와, 여성채용목표제와 군가산점제가 상호보완적일 수 있는지 여부가 주요 쟁점이었다. 이에 헌법재판소는 군가산점제가 형식적으로는 제대 군인이 아닌 남성을 차별하고 있지만 실질적으로는 여성을 차별하는 제도며, 여성채용목표제와 군가산점제는 서로 보완적일 수 없다는 판단을 내렸다.[105]

'윤락여성'은 '성매매피해자'로

> —이 법은 선량한 풍속을 해치는 윤락행위를 방지하고 윤락행위를 하거나 할 우려가 있는 자를 선도함을 목적으로 한다 (1961년 윤락행위등방지법 1조).
>
> —이 법은 성매매를 방지하고 성매매피해자 및 성을 파는 행위를 한 자의 보호와 자립의 지원을 목적으로 한다 (2004년 성매매방지및피해자보호등에관한법률).

일제 강점기 때 허용하였던 공창제도는 광복 후 1947년 과도

105 조주현(2004).

입법의원에서 공창제도폐지령이 통과되면서 공식적으로 폐지되었다. 그 이후 공창은 사창으로 전환되면서 윤락여성 혹은 매춘부 등으로 불려졌다. '윤락淪落 여성' 혹은 '매춘賣春 여성'은 가부장적 성별지배관계를 그대로 표현해 주는 단어다. 1960년대는 성매매 여성을 매춘 여성 혹은 윤락 여성으로 표현하였으며, 이를 규제하는 법명도 '윤락행위등방지법'이었다. 이 법률의 명칭은 매춘買春을 통해 성적 쾌락을 즐기는 남성의 행위에 대한 규제와 비난은 찾아볼 수 없고, 여성 자신이 도덕적으로 잘못된 선택을 해서 피해를 입는 것이라는 관점에서 나온 것이다. 반면 '성매매피해자'라는 용어는 성매매 여성을 성매매를 알선하고 이득을 얻는 업주와 성을 구매하려는 남성과 구분하여, 이들이 성매매업에 종사할 수밖에 없도록 만든 사회구조에 의한 피해자로 보고 이들 여성 개인의 인권 보호에 초점이 맞추어져 있다.

여성단체는 성을 사는 자, 파는 자, 알선하는 자들에 대한 처벌을 엄중하게 하기 위해 2001년 11월 '성매매방지법' 제정 청원서를 국회에 제출했고, 조배숙 의원을 비롯한 여성의원들이 '성매매방지법'을 공동발의하였다. 이로써 1961년의 '윤락행위등방지법'은 폐지되고 '성매매알선행위에관한처벌법'과 '성매매방지및피해자보호등에관한법률'이 2004년 3월 2일 국회 본회의에서 통과되었다.

'매춘賣春'을 '매매춘賣買春'으로 표현해야 한다는 주장에 이어, '윤락여성'은 '성매매여성'으로 표현되면서 이들은 '성매매의 피해자'로 규정되었다. 용어사용의 전환에서 볼 수 있는 바와 같이 성매매 여성은 과거의 도덕적 비난의 대상에서 이제는 피해여성이라는 관점에서 국가의 보호 대상이 되었다. '윤락여성에 대한 선도'윤방법 1조에서 '성매매여성의 보호와 자립지원'성매매방지및피해자보호등에 관한 법률으로 법의 목적이 바뀐 것을 보아도 잘 알 수 있다.

이처럼 국가와 여성관계의 변화는 성과 관련된 사회의 언어 및 담론 구조의 변화, 가부장적 제도와 관행에 대한 위헌 판결로 나타나기 시작하였다. 이는 이후의 여성관련 법제가 보다 중립적으로 제 · 개정될 수 있는 기반이 되었다.

여성부, 국가여성기구의 발전과정

> 우리는 2001년을 참된 남녀평등 사회를 실현하는 원년으로 선포한다. 20세기가 남녀평등의 씨앗을 뿌린 시대였다면, 21세기는 그 결실을 맺는 시대가 될 것이다…우리는 차별이 사라진 평등한 사회, 폭력이 없는 평화로운 사회, 인권이 존중되는 민주사회를 지향한다. 이를 위해 여성들 스스로가 자기 삶의 당당한 주체가 되어 사회 발전의 주역으로 나서야 한다. 이에 남녀평등 사회로 가는 지표를 세우고자 한다(21세기 남녀평등 헌장, 여성부 2001).

1990년대는 여성차별철폐협약과 베이징 세계여성회의의 성주류화 전략이 본격적으로 가동되면서 각국의 성평등 정책이 질적으로 전환되는 시기다. 여성차별철폐협약과 베이징 세계여성회의는 1995년 여성발전기본법이 제정되는 데 결정적인 역할을 하였다. 1995년 대통령자문기구인 세계화추진위원회에서 발표한 '여성의 사회참여 확대방안'에 의해 여성발전기본법이 제정되었다.[106] 여성발전기본법의 제정은 국가와 여성관계가 친화적으로 변화되었음을 보여준다.

106 1995년 세계화추진위원회는 여성의 사회 참여 확대를 위한 10대 과제를 다음과 같이 채택하였다. ① 민간참여를 통한 보육시설의 확대 및 내실화 ② 방과 후 아동지도 제도 도입 ③ 학교 급식의 전면적 확대 ④ 여성의 공직 참여 비율 제고 목표 설정 ⑤ 공기업 신규 채용시 여성고용 인센티브 제도 도입 ⑥ 모성보호 비용의 사회적 분담 체제 확립 ⑦ 여성인력 양성 체제 확충 및 개선 ⑧ 여성 관련 정보 네트워크 구축 ⑨ 여성발전기본법(가칭) 제정 추진 ⑩ 대중 매체를 통한 성차별 의식 개선.

1995년 여성발전기본법의 제정 1995년 여성발전기본법은 헌법의 남녀평등의 이념을 구현하기 위한 국가와 지방자치단체의 책무 등에 관한 기본적인 사항을 규정함으로써 정치, 경제, 사회, 문화의 모든 영역에 있어서 남녀평등을 촉진하고 여성의 발전을 도모하기 위하여 제정되었다. 동법은 개인의 존엄을 기초로 남녀평등의 촉진, 모성의 보호, 성차별적 의식의 해소 및 여성의 능력개발을 통하여 건강한 가정의 구현과 국가 및 사회의 발전에 남녀가 공동으로 참여하고 책임을 분담할 수 있도록 함을 그 기본 이념으로 하였다.

이 법은 12월 6일 발의되어 19일 본 회의에서 의결되기까지 2주일만에 의원발의와 법안심사 및 본회의 의결이 모두 이루어짐으로써 최단기간에 제정되었다. 유엔 여성차별철폐협약의 채택을 계기로 이 협약에서 규정된 당사국의 책무를 구체적으로 실현하기 위해 서명 국가는 각기 성평등 관련법을 제정 혹은 정비해야 했다. 1995년 베이징 세계여성회의에서 채택한 행동강령 역시 여성향상을 위한 제도적 장치의 마련을 국가의 책무로 규정하고 있다. 여성발전기본법은 이러한 국제적 맥락에서 제정되었다.

이 법은 여성의 사회참여촉진과 지위향상을 위한 국가와 지방자치단체의 책무를 규정하였다는 점에서 의의가 크다. 성평등을 보다 적극적으로 실행하기 위해 국가와 지방자치단체는 적극적 조치를 취할 수 있다는 조항을 2002년 법개정시 삽입하였다. 이 법의 제정으로 각 행정기관별로 분산되어 추진되던 여성정책과 여성관련 제도가 기본법의 틀 안에서 체계화되고 일관성을 유지할 수 있게 되었다. 이로써 이후 체계적이고 종합적인 여성정책기본계획의 수립과 효율적인 국가여성기구를 설립할 수 있게 되었고, 결과적으로 국가의 여성주의적 정책수립은 보다 적극적으로 추진될 수 있었다.

국가여성기구의 발전과정, 여성부에 이르기까지 유엔은 여성지위위원회 CSW: the Commission on the status of Women를 수립하여 각국에 여성관련 기관을 수립할 것을 권고하였으며, 여성정책 이슈를 개발하는 기관을 의미하는 '여성지위개선을 위한 국가정책기구National Policy Machinery for the Advancement of Women'라는 말을 개발하였다.[107] 이로써 '국가여성기구'라는 말이 만들어졌다.

최초로 국가기관으로 여성기구를 만든 국가는 미국이다. 미국은 1920년에 노동부 산하 여성국을 수립하였다Women's Bureau of the Department of Labor. 우리나라도 광복 후 국가건설과정에서 미군정시기 도입된 보건후생부 산하 부녀국을 최초의 여성관련 국가기구로 볼 수 있다. 그러나 이 당시 부녀국의 역할은 위로부터의 여성동원과 통제에 있었기 때문에, 성평등을 위한 국가여성기구 수립의 일환으로 볼 수는 없다.

이후 1995년 여성발전기본법의 제정으로 국가는 여성의 지위와 권리를 공식적으로 강화시키고 여성기구를 수립해야 하는 의무를 지게 되었다. 국가는 여성발전기본법에 의해 성평등을 위한 여성주의적 정책을 적극적으로 수행하는 주체가 되었다. 국가가 어떠한 제도를 통해 성평등을 추구할 수 있을까? 여성학자들이 복지국가와 자유주의 국가에 대한 이론을 수립하는 30여 년 동안 여성운동은 국가구조의 실질적인 변화를 초래하는 데 기여하였다.[108] 그 동안 여성의 이익을 제도화해 나가고, 여성주의의 목적을 수행하는 국가의 능력은 점차 강화되어 왔다. 국가는 여성관련

107 Stetson and Amy(1995), *Comparative State Feminism*, Sage, California.
108 Herenes(1987).

김대중 대통령 여성부 창립1주년 기념식 참석(인터넷 국정홍보처 국가기록사진관)

국가기구가 여성주의 정책을 형성하고 여성 집단에게 적극적으로 국가로 통하는 공식적인 통로를 마련해 주기 시작하였다. 국가가 여성계의 요구를 받아서 제도화할 수 있는 능력이 있고, 동시에 사회적으로 광범위한 지지를 받는 여성운동이 연대하여 여성정책기구에 일정한 제도적인 통로를 확보하고 있을 때 국가의 여성주의적 정책수행능력은 더욱 강화될 수 있다.[109]

2001년 1월 설립된 여성부는 국가여성기구의 대표적인 기관이다. 여성부의 전신은 1983년의 여성정책심의위원회, 1988년부터 1998년에 이르는 정무장관제2실 및 1993년부터 2001년까지 활약한 대통령 직속의 여성특별위원회다.

초기 정무장관제2실은 실무를 담당할 조직과 예산이 없었다. 각 부처 간 여성관련 업무를 조정하는 정무기능에 제한되었고 법

109 Phillomina and Franceschet (2002).

제정권 및 인력과 예산상의 집행기능의 부재 등 권한과 자원에서 조정기능조차 수행하기 어려운 위상이었다.

이후 정무장관제2실의 기능은 1998년 설치된 대통령 직속의 여성특별위원회에서 담당하게 되었다. 그러나 이 기구 역시 법안을 만들거나 법안의 시행여부를 감독할 수 있는 권한이 없었다. 여성정책을 총괄, 조정하기 위해 설치된 합의제 행정기관이며, 기획조정업무 외에도 여성발전기본법상의 기본시책 시행을 위한 제반조치, 남녀평등촉진 및 여성발전을 위한 정책개발, 여성의 지위향상과 관련한 대통령 자문을 주요 기능으로 하였다. 여성특별위원회의 설치와 함께 도입된 여성정책담당관제도는 여성정책의 기획, 조정, 종합의 역할을 현실화하기 위한 한 축이면서, 동시에 일반정책에서 여성주류화를 달성하기 위한 중요한 제도적 장치였다. 그러나 담당관이 4, 5급이기 때문에 정책이 결정되는 고위직 남성에게 영향력을 행사하기 어려웠다.[110]

여성특별위원회에 이어 2001년 여성부가 수립되어 국가여성기구의 위상이 더욱 높아졌고, 여성부는 성주류화, 성평등, 남녀차별 등의 개념이 정부정책의 언어로 수용, 확산되는 데 중요한 역할을 하였다. 정부조직법상 여성부의 역할은 '정부 내 여성정책의 기획, 종합'으로 규정되어 있다. 성주류화 전략이 국가의 모든 정책의 결정과 집행과정 및 예산배정에 있어서 성을 고려하는 것이므로 여성부는 여성부 자체의 업무만이 아니라 부처 간 여성정책의 총괄 조정에도 역점을 두게 된다. 여성부가 수립됨으로써 비로소 성주류화 전략을 국가 전반의 정책에서 종합적으로 추진할 수 있는 조직과 자원이 구비될 수 있게 되었다.

여성관련기구는 정부부처뿐만이 아니라 국회에서도 이 기간

110 정현백(2004).

중 신설되었다. 1994년 설립된 국회여성특별위원회는 8년간 존속하다가 2003년 상임위원회의 하나인 여성위원회로 발전하였다. 여성특별위원회에서는 여성관련 법률을 심사하여 여성주의 관점에서 의견서를 소관위원회에 제출하는 역할만을 수행하였다. 그러나 2003년 3월 7일 국회법 개정과 함께 여성위원회가 상임위원회로 바뀌면서 보다 적극적 역할을 할 수 있었다. 여성위원회는 법률안 제안권 및 의결권, 국정감사 및 조사권, 예산 및 결산 예비심사권을 가지게 되었고 성주류화를 실행하기 위한 중요한 기구로 기능할 수 있게 되었다.

종합적인 여성정책기본계획의 추진 여성정책기본계획은 여성발전기본법에 따라 매 5년 단위로 남녀평등실현을 위한 국가청사진과 비전을 제시하는 국가계획이며, 이전에 국가장기발전구상이나 경제사회발전5개년계획의 한 부분으로 들어가 있던 여성관련 계획이 여성발전기본법에 의해 5년마다 수행되는 여성정책기본계획으로 통합되어 독자적으로 그리고 체계적으로 수행될 수 있게 되었다.

이전의 제6차 경제사회발전 5개년 계획1987~1991에서는 여성정책이 보건사회부문의 여성개발부문에서 다루어졌다. 이 계획에서의 여성정책의 목표는 인력활용, 능력개발, 복지증진 등을 통한 여성개발에 의해 궁극적으로 바람직한 여성상을 개발하는 것이었다. 여성발전을 위한 최초의 종합적인 국가기본계획은 1998년 제1차여성정책기본계획1998~2002이 수립되면서부터다. 이 계획은 여성을 보호와 복지 대상에서 사회발전의 주체로 고려하였으며, 베이징 행동강령의 과제인 '남녀평등에 대한 국가전략 및 목표촉진'의 기반이 되었다. 2003년부터 2007년까지 시행되는 2차 기본계획은 정책에 양성평등관점을 도입하는 등 10대 중점과제가 정해졌다. 이 계획에 의해 교육공무원법이 개정되어 모든 인사상의 임용계획 수립시, 대학의 교원임용시, 남녀평등 제고를 위한 대학인사위원회의 구성에 일정 비율의 여성을 포함하고 이의 추진실적의 평가에 따라 행정적, 재정적인 지원을 하도록 하였다.

지방화, 지구화 속의 여성

1. 여성, 지방화의 중심주체로 부상

1991년 지방화 시대의 개막

> 사회 각 부문의 자치와 자율은 최대한 보장되어야 합니다. 각 부문별로 자치와 자율의 확대는 다양하고, 균형 있는 사회발전을 이룩하여 국가발전의 원동력이 된다고 믿습니다. 개헌 절차에도 불구하고 지방의회 구성은 예정대로 순조롭게 진행되어야 하고 시 · 도 단위 지방의회 구성도 곧이어 구체적으로 검토 추진해야 할 것으로 생각합니다(노태우 민정당 대표 위원 직선제 개헌 선언, 조선일보 1987. 6. 29 호외).

제1공화국 헌법 8장의 자치조항에 근거하여 1949년 지방자치법이 제정되어 1952년 6·25전쟁 중 지방자치선거가 최초로 실시되었다. 그 후 제3공화국의 근대화 전략상의 이유로 지방자치를 실시하지 않음으로써 20여 년간 공백이 생겼다.[111] 1980년대 민주

111 김운태(1995), 한국의 지방정치의 좌표와 과제, 광복50년 한국정치50년 기조연설문, 제5회 한국정치 세계학술대회, 『한국정치학회보』 29(2). 15~19.

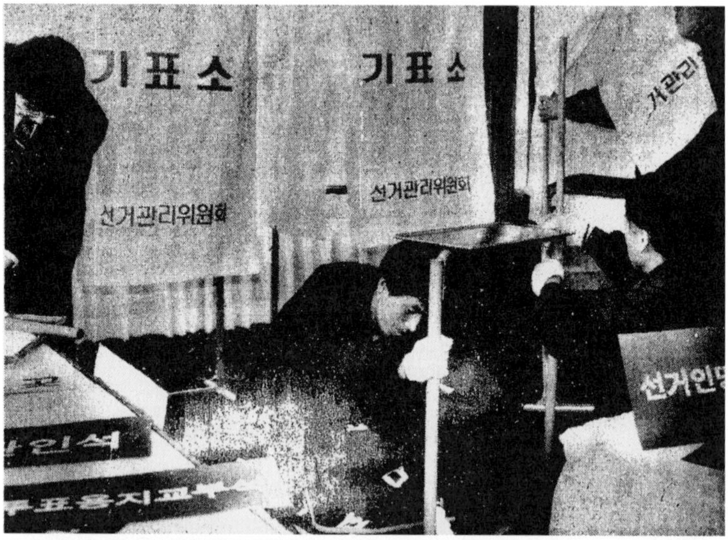

与野, 広域선거체제 돌입

내달초부터 본격 공천작업

여·야는 기초의회 의원 선거가 끝남에 따라 당[illegible] 국회의원선거를 곧바로 광역 의회 의원선거 대비체제로 전환, 조기 득표전에 돌입할 방침이다.

기초의회 당선자명단 20面

◇"당선 謝礼" 31년만에 치러진 地自制 기초의회 선거는 公明性등에서는 「水準作」이라는 평가를 받고 있다. 당선자들이 27일 동네 곳곳에 내붙인 「감사 인사」를 주민들이 쳐다보며 지나가고 있다. 〈金[illegible]기자〉

기초의회 투표, 여야 광역선거체제 돌입(조선일보 1991. 3. 26; 3. 28)

화 투쟁은 중앙정치의 영역에서는 '대통령 직선제' 개헌을, 지방 수준에서는 '지자체 부활'을 요구하는 두 가지 정치의제로 집약되었고, 1987년 6월 민주화 항쟁에 대해, 전두환 정권은 대통령 직선제와 지방자치제의 실시를 약속하였다. 그러나 노태우 정부는 1991년에 가서야 지방의회의원 선거를 그 해에 치르기로 타협을 보았으며, 지방자치단체장 선거는 1995년까지 연기하였다.[112]

1991년에 그동안 중단되었던 지방의회의 선거가 실시되고 지방의회가 구성된 후 1995년 6월 27일 다시 단체장 선거를 포함한 제1차 지방동시선거가 실시되었다. 동시선거는 광역지방자치단체장, 광역지방의회 의원, 기초자치단체장, 기초자치단체의회 의원 등 4대 지방선거를 동시에 실시한 것으로서 34년 만에 전면적인 지방자치 시대가 열리게 되었다. 이후 1998년과 2002년에 2, 3차 지방동시선거가 실시되었다.

지방의회 내의 여성 대표성의 확보과정

1991년 지방자치 단체장 선거를 제외한 부분적인 지방의회 선거가 실시되었다. 30여 년 만에 재개되는 지방선거에서 광역의회 의원선거 총 63명의 여성후보 중 8명이 당선되어 전체 의원 중 여성의 비중은 0.9퍼센트에 불과하였다. 기초의회 의원 선거에서도 총 123명의 여성후보가 입후보하여 40명의 여성의원이 당선되어 전체 의원 중 여성의원 비율은 0.9퍼센트를 차지하는 데 그쳤다.

1991년 지방의회 선거에서 여성의 저조한 참여를 계기로 여성계는 여성참여를 위한 연대를 모색할 필요성을 인식하였다. 1995년 지방자치의 전면실시를 앞두고 여연, 여협, 유권자연맹, YWCA 등 66개 단체들이 '할당제 도입을 위한 여성연대'를 결성

112 안청시 외(2002), 한국 민주주의와 지방정치 10년의 성과와 과제, 안청시 외, 『한국 지방자치와 민주주의: 10년의 성과와 과제』, 나남.

1991년 기초자치단체 의원선거에 여성 40명 당선(인터넷 한국여성사지식정보시스템)

하였다. 이들은 1995년 제1차 지방동시선거에서 20퍼센트 여성후보공천 할당을 각 정당에 요구하였다. 여성계의 압력에 영향을 받아 1995년 지방의회 선거에서부터 부분적으로 각 정당은 할당제를 실시하기 시작하였다.

1995년 제1차 지방동시선거에서 민자당, 민주당, 자민련 3당이 광역의회 비례대표 후보 189명 중 여성후보를 총 84명 할당함으로써 전체 비례대표 후보 중 여성후보비율은 44.4퍼센트를 기록하였다. 이 선거에서 광역의회의 여성의원은 지역구와 비례대표구를 합하여 총 56명이 당선되어 전체의원 중 5.8퍼센트를 차지하였으며〈표 9〉 참조, 기초의회의 여성의원은 총 71명이 당선되어 전체 기초의회의원 중 여성의원의 비율은 1.6퍼센트에 불과하였다〈표 12〉 참조.

이후 각 당은 광역의회 비례대표에 여성을 50퍼센트 이상씩 할당하겠다고 하였으나 1998년 제2차 지방동시선거에서는 이보다도 못 미치는 30퍼센트 내외의 수준에서 이루어져 주요정당의 비례대표 후보자 수는 총 180명 중 54명으로 전체 여성후보할당율은 30퍼센트를 점하여서 1995년의 주요 정당의 공천비율 44.4퍼

위 | 1995년 6·27 선거 대비 할당제도입을 위한 여성연대의 기자회견(『지방자치』 84)
아래 | 한국 최초의 여성시장으로 임명된 전재희 광명시장(『보도사진연감』 1995. 4)

센트보다 하락하였다〈표 10〉 참조.

1998년 제2차 지방동시선거를 앞두고 '할당제를 위한 여성연대'는 지역구 공천의 경우 30퍼센트 정도, 광역의회 비례대표에는 2/3를 할당할 것을 요구하였으며, 여성정치네트워크에서도 지역구 30퍼센트 이상, 광역의회 비례대표 50퍼센트 이상 여성할당을 주장하였다. 이러한 여성계의 주장에 의해 제2차 지방동시선거에서 주요 정당의 방침은 지역구 공천에서 30퍼센트, 비례대표에 50퍼센트를 여성에게 보장하려 하였으나 여성후보자 발굴에 어려움을 겪었고, 실제 각 당은 비례대표에 30퍼센트 내외의 여성할당을 하는 데 그쳤다.[113] 그 결과 여성의 광역의회 진출율은 1995년의 제1차 동시선거의 5.8퍼센트보다 0.1퍼센트 증가한 5.9퍼센트였지만, 광역의회 의원 정수가 1998년부터 줄어들었기 때문에 여성의원의 수는 1995년의 56명

113 김원홍 외(2001).

2002년 지방선거 대비 유권자 결의 대회(조선일보 2002. 2. 8)

에서 1998년에는 41명으로 오히려 더 줄었다〈표 9〉 참조. 기초의회의 경우 총 140명이 출마하여 56명이 당선됨으로써 전체 기초의회 의원 중 여성비율은 1차 동시선거시와 마찬가지로 1.6퍼센트에 불과하였다.

광역의회 비례대표 선거구에서 이미 각 당이 당론으로 비례대표에 여성 30퍼센트 할당을 채택하거나 인정하여 여성후보공천이 시작되자, 2000년 정당법은 개정되어 국회의원선거와 광역의회선거의 비례대표 선거후보자 중 여성 30퍼센트 이상 추천을 의무규정으로 하는 비례대표 여성할당제를 도입하였다. 2002년 지방선거를 앞두고 이 법은 다시 개정되어 광역의회의 지역구에 여성을

30퍼센트 이상 할당할 것을 노력규정으로, 광역의회 비례대표를 성별교차식 명부로 작성하고 50퍼센트 이상의 여성할당을 의무규정으로 할당제의 수위를 강화하였다.

〈표 9〉에서 보는 바와 같이 할당제를 법제화한 이후 2002년 지방 광역의회의 여성의원은 총 164명9.4퍼센트 출마하여 63명이 당선되어 전체 의원의 9.2 퍼센트가 여성의원이 되었다. 이 비율은 1991년 8명0.9퍼센트에서 2002년 63명9.2퍼센트으로 무려 10배 이상 증대된 것이다. 기초의회는 222명의 여성의원이 출마하여 77명2.2퍼센트이 기초의회에 진출하였다〈표 12〉 참조. 할당제의 실시에도 불구하고 경선의 장벽을 넘지 못한 여성의원의 지방의회 진출율은 여전히 10퍼센트를 넘어서지 못하고 있다. 지방정치가 생활정치와 일상의 정치를 실현하는 장이라고 하여 여성이 지방의회의 중심 주체로 부상하고 있다고 하지만 실제 여성의 지방의회 진출율은 저조하여, 2004년 국회의원 총선에서 여성의원이 차지한 비율 13퍼센트보다 훨씬 낮은 수준이다.

여성의 지방의회 진출이 저조한 가장 큰 원인은 첫째 여성의원 후보자 수가 절대적으로 적은 데 있다. 〈표 9〉에서 보면 광역의원의 전체 여성의원 후보자 비율은 1991년 2.2퍼센트에서 매 선거 때마다 약간씩 증가하였지만 할당제가 강화되고 법제화된 2002년에도 9.4퍼센트에 불과함을 볼 수 있다. 기초의회 의원선거의 경우 공식적으로는 정당이 공천할 수 없지만 실제로는 내부 공천 형식으로 각 당의 후보들이 출마하였다. 기초의회의 경우 할당제 규정을 받지 않았기 때문에 여성의원의 진출 비율은 이보다 훨씬 낮다〈표 12〉 참조. 1991년 이래 기초의회 여성후보의 비율이 1.2퍼센트에서 2002년 선거에서 2.7퍼센트로 증가하였고, 여성의원 당선자 수

〈그림 5〉 광역의회 의원선거 전체 여성후보자 및 당선자(%)

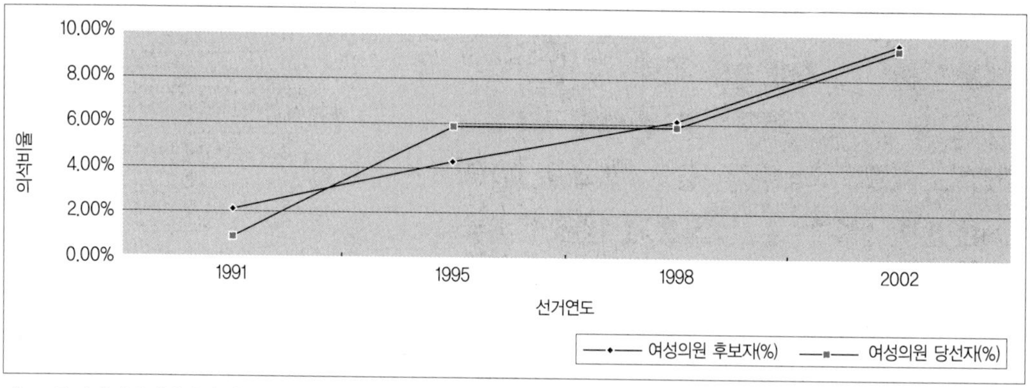

자료: 중앙선거관리위원회 역대 선거정보(www.nec.go.kr/necis/index.html) 참조.

〈표 9〉 광역의회 의원선거 전체(지역구 + 비례대표) 여성후보자 및 당선자 수

	후보자 수		당선자 수	
	전체	여성(%)	전체	여성(%)
1991	2,885	63(2.2)	866	8(0.9)
1995	2,644	123(4.5)	972	56(5.8)
1998	1,480	91(6.1)	690	41(5.9)
2002	1,740	164(9.4)	682	63(9.2)

자료: 중앙선거관리위원회 역대 선거정보(www.nec.go.kr/necis/index.html) 참조.

도 0.9퍼센트에서 2.2퍼센트까지 증대하였지만 그 증가비율이 너무 낮고 절대적인 수치 자체도 작다. 장기적으로 할당제를 적용하건 하지 않건 간에 여성의 의회 진출비율은 서서히 증가한다. 그러나 할당제를 실시할 경우 그 증가비율을 단기적으로 크게 높일 수 있다. 할당제가 적용된 광역의회가 기초의회보다는 많은 여성의원을 배출시키고 있다. 그러나 할당제가 적용되는 의석비율의 확

〈표 10〉 광역의회 비례대표 여성후보자 및 당선자 수

	후보자 수		당선자 수	
	전체	여성(%)	전체	여성(%)
1995	189	84(44.4)	97	43(44)
1998	180	54(30)	74	27(36)
2002	209	116(37.9)	73	49(67)

자료: 중앙선거관리위원회 역대 선거정보(www.nec.go.kr/necis/index.html) 참조.

〈표 11〉 광역의회 지역구 및 비례대표 의석수 중 여성의원 비율

	총의석수	지역구		비례대표	
		의석수	여성(%)	의석수	여성(%)
1995년	971	874	12(1.4)	97	43(44)
1998년	690	616	14(2.3)	74	27(36)
2002년	682	609	14(2.2)	73	49(67)

자료: 중앙선거관리위원회 역대 선거정보(www.nec.go.kr/necis/index.html) 참조.

대 등 보다 강화된 할당제가 적용되어야 실질적인 여성의원의 증대가 가능할 것이다.

〈그림 5〉와 〈그림 6〉은 지방의원의 전체 여성의원 후보율과 의회 진출율은 낮지만 당선율이 후보율에 근접하고 비례함을 보여 주고 있다. 따라서 여성의원의 지방의회 진출율을 높이기 위해 가장 중요한 것이 여성후보의 비율을 높이는 것이고, 특히 주요 정당의 여성공천은 당선에 결정적이다. 여성후보비율과 여성의원의 당선비율이 비례하고, 유권자의 투표행태에 성별 차이가 실제로 거의 없음을 고려할 때 여성의원의 의회 진출의 핵심적인 관건은 지역구에서 여성후보자의 비율을 50퍼센트 이상 늘리는 것이다.

〈그림 6〉 기초의회 의원선거 여성후보자 및 당선자(%)

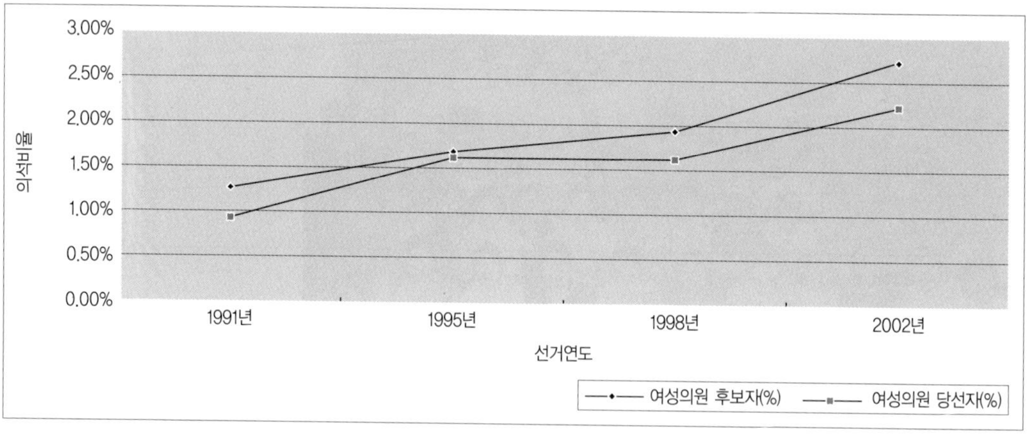

〈표 12〉 기초의회 의원선거 여성후보자 및 당선자 수

	후보자 수		당선자 수	
	전체	여성(%)	전체	여성(%)
1991	10,151	123(1.2)	4,303	40(0.9)
1995	11,970	206(1.7)	4,541	71(1.6)
1998	7,450	140(1.9)	3,490	56(1.6)
2002	8,373	222(2.7)	3,485	77(2.2)

자료: 중앙선거관리위원회 역대 선거정보(www.nec.go.kr/necis/index.html) 참조.

둘째, 여성의원의 지방의회 진출율이 저조한 또 다른 원인은 전체 의석 중 비례대표 의석비율이 10퍼센트에 불과한 데 있다. 〈표 11〉에서 보는 바와 같이 할당제 실시 이후 2002년 3차 지방선거의 비례대표에서 여성의원의 진출율은 67퍼센트를 차지하고 있다. 그러나 비례대표가 전체 의석의 10퍼센트에 불과함을 볼 때 비례대표의 여성후보 할당율을 50퍼센트로 법제화하여도 전체 여성의원의 의회진출을 증진시키는 데는 근본적인 한계가 있다.

셋째, 광역의회의 지역구 여성의원의 의회 진출율은 할당제 실시 이전과 이후에 큰 차이가 없이 2퍼센트 내외다. 2002년 정당법 개정에서 주요 정당의 지역구 여성후보 할당비율을 30퍼센트 이상으로 노력할 것을 권고사항으로 하였으나 실제 이를 지킨 정당은 없다. 정당의 존재 목적이 선거에서의 승리이므로 선거에서 승리하기 위해 여성후보보다 남성후보가 승산이 있을 경우는 당연히 국고보조금의 혜택을 포기하고 남성 후보 중심으로 공천하는 것을 매 선거마다 보아 왔다. 따라서 지역구에서 30퍼센트 여성할당을 준수하지 않은 정당에 대해서 국고 보조금 삭제와 비례대표명단의 선거관리위원회의 접수 거부 등 강화된 조치를 주장하게 되었다.

여성, 지방정치의 중심

중앙정치와는 달리 지방정치는 생활정치며 일상생활과 밀접하게 연관되어 있기 때문에 여성이 적합하다는 주장은 산업사회 시대의 중앙과 지방 간의 위계적인 서열관계와 가부장적인 공사영역의 구분이 그대로 반영된 견해다. 일반적으로 유권자가 지방정치보다 중앙정치에 관심이 많은 것은 〈표 13〉에서와 같이 역대 투표율을 보아도 잘 알 수 있다. 대통령 선거에서의 높은 투표율과는 대조적으로 지방의회 선거의 투표율은 각급 선거 중 가장 저조함을 볼 수 있다. 이는 중앙정치에 관심이 많은 반면 지방정치에는 상대적으로 관심이 없음을 보여주는 것이다. 달리 말하면 지방정치를 중앙정치보다 낮은 서열에 위치시킨 일반 유권자의 행태를 반영하는 것이기도 하다. 2002년 지방선거 투표율 48.8퍼센트는

〈표 13〉 역대 선거 투표율 추이

대통령 선거		국회의원 선거		지방의회 선거	
1987	**89.2%**	1988	**75.8%**	1991년	58.9%
1992	81.9%	1992	71.9%	1995년	**68.4%**
1997	80.7%	1996	63.9%	1998년	52.7%
2002	70.8%	2000	57.2%	2002년	48.8%

자료: 중앙선거관리위원회 역대 선거정보(www.nec.go.kr/necis/index.html) 참조.

월드컵의 열기에 눌려 역대 선거 중 가장 낮은 투표율이라고 한다. 그러나 이 지방선거의 투표율은 실제로 보면 일반적인 투표율 감소 추이에서 크게 벗어나지 않았다. 투표율은 정치사적으로 볼 때, 큰 변화의 계기가 있을 때 가장 높아지고 그 외에는 점차 낮아진다. 1987년 민주화 직후 대통령 선거와 1988년 소선거구제에 의한 국회의원 선거, 1995년 최초의 지방동시선거의 실시는 국민의 높은 관심 속에 각급 선거별로 최고의 투표율을 기록하고 있고, 그 이후는 지속적으로 감소하고 있음을 볼 수 있다.

정치, 공사의 경계를 허물며 지방정치에 대한 일반적 관심이 부족한 상황에서 지방정치가 생활정치와 밀접한 사적 영역과 관련한 것이므로 여성이 지방정치의 중심이 되어야 한다는 가부장적인 공사영역의 분리구도는 극복되어야 한다. 그보다는 지방화와 지구화의 큰 물결 속에서 국가의 권력구조와 젠더체제가 새롭게 재편되는 과정에서 여성도 그 수적 대표성에 걸맞게 모든 부문에서 균형적으로 대표되어야 한다는 이유에서 여성이 지방정치에도 적극

참여해야 한다는 주장이 타당하다.

'개인적인 것이 정치적인 것이다The personal is political'라는 슬로건처럼 정치는 공적 영역뿐만 아니라 사적 영역을 포함한다. 정치는 결국 모든 사람이 잘 살 수 있게 하기 위해 필요한 것이기 때문에 일상의 삶과 무관하지 않고, 사적 영역인 개개인의 생활과 직접적으로 연관될 수밖에 없다. 일본의 카나가와 네트워크Kanagawa Network Movement, NET는 1984년 카나가와 현의 주부들이 직접 설립한 여성정당이면서 지역정당이다. 이 정당은 생활과 밀접히 연관된 쓰레기 처리와 재활용, 무공해 비누 사용, 유기농업 지원, 노인 간호, 탁아소 운영, 학교 운영 문제에 적극적으로 관여하였다. 유사한 정당이 도쿄와 치바 현에도 설립되었다.[114]

지방정치의 주요 의제가 일상의 삶과 관련된 문제기 때문에 여성이 적합한 것이 아니라 일상의 삶 자체가 공적 영역과 관련한 문제 못지않게 중요하다는 것이 우선 전제되어야 한다. 따라서 개인적인 것과 일상적인 것을 정치에 포함시키도록 정치가 재정의 되어야 한다. 1990년대 이후 생활정치와 관련한 지방정치의 장에서 주요 의제와 담론은 무엇이었으며, 여성은 지방정치의 장에서 주요 정책이 결정되고 집행되는 데 어떤 역할을 하였는지를 지역 시민단체의 활동, 특히 조례 제정 과정을 중심으로 보면 다음과 같다.

부천시 담배자판기 설치 금지 조례 제정 1991년은 한정적이긴 하지만 30여 년 만에 지방자치제가 다시 부활한 의미있는 해다. 1991년 구성된 기초의회를 통해 지역 여성들은 무엇을 추구하였으며 어떤 활동을 할 수 있었을까? 지방화 시대 지방정치의 중심 행위자

114 김지윤(1995), 지방자치와 여성의 역할, 『여성과 사회』(6), 87~100.

로서 부상한 시민단체의 구성원은 대부분 여성단체였다. 실제 부천시 YMCA 생활협동조합을 중심으로 한 '담배자판기 추방운동' 역시 여성이 지방정치의 중심이 되어 성공한 생활정치의 대표적 사례다. 이 운동은 1991년 지방선거가 끝난 후 부천 YMCA 산하 조직으로 결성된 의정감시단의 활동결과다. 이 의정감시단은 여성단체는 아니지만 부천에서 기초의회에 입후보한 최순영 후보의 선거자원봉사자와 YMCA 생협 분과 위원들 가운데 핵심 주부회원들이 주축이 되어 '참여와 자치를 위한 시민연대회의의 의정지기단'이란 이름으로 활동하였다.[115]

담배자판기는 미성년자의 흡연을 통제할 수 없으므로 학부모 등이 중심이 된 부천시 YMCA 생협 회원들은 1992년 5월 '담배자판기 설치 금지조례 제정 운동'을 전개하였다. 부천시 산하 '청소년의 고민과 아픔의 디딤돌 어머니모임' 총무 고원철 씨 등 YMCA 회원 112명은 담배자판기 설치금지에 관한 조례 제정을 건의하는 청원서를 시의회에 제출하였다. 청원의 내용은 앞으로 부천 지역에 담배자판기 설치를 할 수 없도록 하는 한편, 이미 설치된 자판기도 철거토록 하는 내용의 조례를 제정해 줄 것과 청소년보호육성조례를 제정해 줄 것에 관한 것이었다.[116]

이 요구에 대해 조례가 상위법과 상치해서 제정할 수 없다는 자치단체의 입장을 접하자 이 단체는 이틀 만에 3만여 명의 가두서명을 받아 공청회를 개최하고 재무부로 하여금 '담배사업시행규칙개정안'을 공표하게 하였다. 바로 그 다음날 부천시 의회는 '담배자판기 설치금지 조례'를 만장일치로 제정하게 되었다. 이어서 서울시 강남구 의회는 10월에 서울에서는 처음으로 지역 내 담배 자판기 설치를 금지하는 구의회 조례를 제정하였는데, 금지 구

115 김경애(2001), 여성의 정치세력화와 지방자치』, 풀빛.
116 조선일보 1992. 5. 1.

지방議政 감시 주부가 나섰다

富川市YMCA「의정지기단」

공약이행·利權개입 여부등 조사

의원별 평가도 임기끝나면 공표

교육위원 선출과정에서의 금품수수 각종 이권개입등 지방의회 의원들의 처신이 물의를 빚고있는가운데 30~50대 주부20명이 지방의원들의 의정활동감시에 나서고있다。경기도부천시 YMCA 산하「의정지기단」。의정을 지키는 사람들이란 뜻을 가진 이 모임의 회원들은 의원들의 선거공약에서부터 원내외 발언, 의원개인사업과 관련한 이권개입, 의회활동의 참여도와 성실성등을 감시하고 시민생활의 불편한 점등을 자체분석해 시의회에 정책대안으로 제시하는등의 활동을 하고 있다。

이들은 제4회 부천시의회 임시회의가 열린 24일 오전에도 다른 시민들은 보이지 않는 부천시의회본회의장 방청석에 10여명이 나와 의원들의 발언과 활동내용을 지켜보았다。「통·반설치 조례개정안」등 4개 안건을 다룬 이날 회의는 20여분만에 간단히 끝났지만 의정지기단원들은 의원들의 말을 한마디도 놓치지 않으려고 발언내용을 노트에 열심히 메모하고 있었다。의원들의 질의·답변 내용과 이를 평가한 자료를 회보인「의정지기단소식」지에 싣기 위해서였다。

이날 회의를 지켜본 이 모임 서기 高元喆씨(43·부천시 남부 송내동)는『인구가 많은 동을 나누는 것이 행정적으로 쉬운 일일지 모르지만 시의원들이 좀더 시간을 갖고 동의 역사나 내력, 동네에 대한 상징성등을 고려해 예쁜 우리말로 이름을 짓는 노력이 아쉬웠다』고 나름대로 평가했다。高씨는 또『지난번회의때는 1시간씩 자리를 무단이탈한 의원과 조는 의원들도 있었고 어떤의원은 그린벨트지역에 음식점을 개업해 물의를 빚었다』며『이런내용을 의원개인별 카드에 정리, 임기가 끝날때 공표할 예정』이라고 말했다。

의정지기단이 발족한 것은 기초의회가 출범한 직후인 지난 4월15일。이들은 의회개원식이 열리는날 시청앞마당에 나가 의원들에게 난초 한송이씩을 꽂아주며『풀뿌리 민주주의를 이 꽃처럼 피워 줄 것을 부탁했다。

의정지기단은 첫사업으로 45명 시의원들의 선거공약을 수집해 개인별로 카드를 만들었다。「실천도」를 평가하기위해서였다。

단장인 洪은정씨 (55·남구범박동)는『우리가 의원만 뽑아놓았지 의회에서무엇을 하는지잘몰라 이들을 옆에서 견제하고 비판하기위해 상대적으로 시간이많은 우리주부들이 나섰다』며『그러나 상정되는 안건들이 대부분 전문성을 필요로 하는것이 많아 감시가 어렵다』고 고충을 털어놓았다。

의정지기단원들은 이같은 어려움을 극복하기위해 매주 목요일 YMCA에모여 지방자치에 관한 책으로 지방의회를 연구하고 토론하고 있다。

이들은 또 지난6월25일부터 일주일간 의정지기학교를 개설해 변호사, 시청예산계장등으로 감사진을 구성「지방의회의 구조와 기능」「시재정의 마련과예산편성」등의 공부를 하기도했다。

이들은 주요사업으로 의정지기소식지를 4면짜리 타블로이드 판으로 만들어 지난6월10일 5만부를 발간, 시민들에게 배포해 인기를 끌기도했다。

최근 잇따른 기초의회의원들의 물의도 주민들의 비판의 눈이 없었다는것이 큰 이유라고 말하는 총무朴慶子씨(33)는『우리는 단순한 감시의 차원에서 벗어나 쓰레기수거문제등 주부들이 실생활에서 부딪히는 문제들을 집중연구, 시의회 의정활동에 반영시킬 계획』이라고 말했다。

부천시의원金東善씨(46·남부소사동)는『의정지기라는 주부들의 눈초리가 의원들에게는 얼마간 부담스러운것도 사실이지만 시의원들에게 시정에대한 연구와 비판활동을 채찍질하는 효과가있다』고 말했다。 【富川=金東夏기자】

◇부천시「의정지기단」주부들이 부천시의회 방청석에서 임시회의를 지켜본뒤 의원들과 함께 회의내용에 대한 의견교환을 하고있다. <鄭夏宗기자>

부천시 〈의정지기단〉 주부들이 부천시의회 임시회의 방청 후 의원들과 토론하고 있다(조선일보 1991. 8. 25)

「담배自販機 금지」 청원서

富川Y "청소년흡연 조장" 철거건의

【富川=柳錫虎기자】 흡연의 유해성에 대한 경각심이 고조되고 있는 가운데 국내에서는 처음으로 담배자동판매기 설치금지에 관한 조례제정 움직임이 일고 있다.

경기도부천 YMCA(총무黃柱錫)산하「청소년의고민과 아픔의디딤돌 어머니모임」 총무高源哲씨(45·남구 송내동 우성아파트)등 Y회원 1백12명은 30일 담배자판기 설치금지에 관한 조례제정을 건의하는 청원서를 시의회에 제출했다.

부천Y는 이청원서에서 담배자판기 설치가 늘어나면서 구매의 용이성과 익명성으로 인해 청소년의 흡연율이 갈수록 높아지고있다고 지적, 건강한 청소년 교육환경을 조성하기 위해 이같은 조례제정이 필요하다고 말했다.

실제 부천Y청소년상담실이 최근 부천시내 남녀고교생 5백84명을 대상으로 흡연실태를 조사한결과 51%인 2백98명이 흡연경험이 있는 것으로 나타났다.

또 지난해 11월15일 오후4시부터 24시간동안 부천시내에 설치된 45개 담배자판기중 남구송내동 현대아파트앞등 4개소의 자판기를 대상으로 이용자조사를 실시한 결과 전체이용자 2백75명중 23·6%인 65명이 청소년으로 조사됐다.

이밖에 부천시내 도심지 초·중·고 42개교중 17%인 7개교인근에 전체의 22%인 10개의 자판기가 설치돼 있는것으로 밝혀졌다.

부천Y는 이에따라 시의회가 앞으로 부천지역에 담배자판기 설치를 할수없도록 하는한편 기존 자판기를 철거토록하는 내용의 조례를 제정해 줄것과 청소년보호 육성조례를 제정해 줄것을 아울러 청원했다.

부천 YMCA 산하 어머니모임 112명은 담배자판기 금지에 관한 조례제정을 건의하는 청원서를 시의회에 제출하였다(조선일보 1992. 5. 1).

역은 성인출입업소를 제외한 전 구역을 대상으로 하고 있는 실효성이 큰 조례다.[117] 이어서 10여 개의 다른 자치단체들에서도 이와 유사한 조례를 만들었다.[118]

이렇게 당시 부천시가 주민자치행정의 선구적 사례를 만들어 낼 수 있었던 것은 생협을 기반으로 의회에 진출한 주민대표로서의 기초의원과 생협 회원들이 하나가 되어 일을 했기 때문이다.[119] 즉 주민과 동떨어진 기존의 지방자치단체의 활동과는 질적으로 다른 행태가 1991년 이후 전개되기 시작하였다. 지역 여성과 기초의회 의원의 밀접한 연계 역시 가장 기초적인 국가기구로의 접근통로라는 점에서 의미가 크다. 이 기초적인 형태의 접근통로에 의해 생활정치와 관련한 주요 조례들이 제정될 수 있었다.

학교급식 실현을 통해 본 여성과 지방정치 학교급식의 실현은 지역정치의 중심 의제 중의 하나다. 아동뿐만이 아니라 일하는 여성을 위

117 조선일보 1992. 10. 24. 이 조례에 대하여 1992년 담배판매업자들은 부천시와 강남구 담배자동판매기설치금지조례 4조 등의 위헌확인을 위한 헌법소원심판을 청구하였다. 헌법재판소는 "조례의 제정권자인 지방의회는 선거를 통해서 그 지역의 민주적 정당성을 지니고 있는 주민의 대표기관이고 헌법이 지방자치단체에 포괄적인 자치권을 보장하고 있는 취지로 볼 때, 조례에 대한 법률의 위임은 법규명령에 대한 법률의 위임과 같이 반드시 구체적으로 범위를 정하여 할 필요가 없으며 포괄적인 것으로 족하다"며 청구인들의 심판청구 모두를 기각하였다(전원재판부 1995.4.20. 92헌마264.279).

해서도 학교급식의 실현은 긴박한 과제 중의 하나였다. 1991년 6월 정부는 1992년부터 1996년까지 연차적으로 학교급식을 확충하여 1997년까지는 전체 초등학교를 대상으로 학교급식을 실시하겠다고 밝혔다. 정부가 1997년부터 초등학교 급식을 전면 실시하겠다고 약속해 놓고 1995년도 교육부 예산에 급식 시설지원금을 한 푼도 배정하지 않자 여성단체와 학부모 유관단체들이 항의하기 시작하였다. 급식비는 학부모가 낸다 해도 한 학교당 1억5천에서 2억 원씩 들어가는 급식시설비는 학교나 지방자치단체가 부담해야 한다고 주장하면서 '학교급식의 실태와 문제점 해결방안'을 주제로 공개토론회를 마련하고 이 문제를 1995년도 6·27지방선거의 선거공약으로 요구하는 운동을 전개하였다.

지방화 시대 본격적인 지방정치가 전개되면서 학교급식의 확대 실시는 1995년 6·27지방동시선거에서의 중요한 공약 중의 하나가 되었다. 지방동시선거에 출마하는 단체장 후보자 중 제주도지사 민자당 우근민 후보, 무소속 신구범 후보는 전국 최초로 연내 제주도 내 초등학교에 학교급식 실시에 이어 중·고교에도 학교급식을 확대 실시하여 주부의 도시락 부담을 해제하도록 할 것을 선거공약의 하나로 제시하였다. 민주당 대전 시장 후보 역시 초등학교에서 고등학교까지 학교급식을 전면적으로 실시하여 주부의 도시락 부담을 해방할 것을 선거공약으로 제시하였다.[120] 민주당은 초등학교에서 학교급식을 전면적으로 실시하는 것을 지방선거 공약의 하나로 확정 발표하였다.[121] 동시에 1995년 10월 세계화추진위원회에서 제시한 여성의 사회참여 증진을 위한 10대 과제 안에도 학교급식의 전면실시가 포함되어 있었다. 이처럼 학교급식의 실현은 지방화 시대 여성의 표를 인식한 지역 후보자들이 지방선

118 최순영(1998); 김정희(2002), 도시 지역 여성운동 사례연구: 수도권의 소비자 생활협동조합을 중심으로, 한국여성연구원 편, 『지구화와 여성 시민권』, 213~268, 이화여자대학교 출판부.
119 김정희(2002).
120 조선일보 1995. 6. 20.
121 조선일보 1995. 5. 20.

거에서 공약으로 제시하면서 쉽게 추진될 수 있었으며, 학교급식을 지방선거와 연계시킨 지역 여성운동의 노력의 결실이기도 하다. 학교급식은 여성의 사회참여를 증진시키기 위해서뿐만 아니라 일상의 부담에서 여성을 해방시키기 위한 주부의 이해와 일치하였기 때문에 지역정치의 주요 이슈의 하나로 등장할 수 있었다.

학교급식이 전면 실시된 이후의 주요 쟁점은 친환경 우리 농산물 사용에 관한 조례제정과 관련한 것으로 바뀌었다. 이 단계에서는 학교급식관련 조례제정안의 제안형태도 '주민청원'에서 '주민발의' 형식으로 보다 적극적으로 전환되었다. 충청북도 교육위원회가 시민단체의 '학교급식지원조례'의 제정 청원안을 부결시킨 데 이어 청원을 주도한 교육위원의 비난발언을 문제삼아 징계하기로 하자 학교급식조례제정운동 충북본부는 도교육청 앞에서 조례 부결 교육위원회 규탄 및 주민발의 선포식을 가졌다. 교육위원회는 "학교급식 시설비 및 식재료비 지원 등은 상위법에 저촉되고 도와 도지사 역할에 관한 내용이 많아 교육위원회에서 조례로 제정하기에 부적절하다"면서 청원안을 부결시켰다. 이에 학교급식 운동본부는 "도민의 여망을 담은 학교급식 조례가 교육위원회의 무성의하고 무책임한 처사로 부결됐다"며 이에 대한 규탄집회를 열고 조례제정 운동을 도민과 직접 만나는 '주민 발의' 형식으로 전환하겠다고 밝혔다.[122] 주민의 발의로 학교급식 조례를 최초로 제정한 곳은 제주도이다. 제주도민 1만1,600여 명의 서명을 받아 주민발의로 제정된 이 조례는 친환경 우리 농산물을 우선으로 하는 국내산 농산물의 사용과 이에 대한 급식비용을 지원하고 실질적인 유통과 품질관리를 책임지게 될 '친환경 우리 농산물 급식지원단'을 설치하는 것 등을 주요 내용으로 하고 있다.[123] 연이어

122 조선일보 2003. 11. 14.
123 조선일보 2004. 5. 26.

각 지방자치단체에서는 학교급식조례 제정과 관련한 주민운동단체가 결성되어 주민발의 형식의 조례제정운동이 전개되어 나갔다.

이상과 같이 지역의 시민단체와 학부모, 사실상 여성이 중심이 되어 담배자판기 설치 금지조례를 통과시킨 것이나 학교급식조례안을 주민발의로 제정한 것 등은 성공적인 주민자치운동 실현의 한 모습을 보여주는 것이다.[124] 조례의 제정이 상위법에 저촉된다는 이유로 반대하는 자치단체에 대항하여, 지역 주민은 상위법 자체를 개정하거나 주민청원과 주민발의 등에 의해 적극적으로 해결해 나갔다. 그 결과 지역주민의 생활협동조합을 기반으로 하는 운동은 지역사회의 정책에서 더 나아가 국가 정책이나 법까지 영향력을 발휘하기도 하였다. 지방자치법이 상위법의 제약을 받지만 특정 지역 주민들의 요구가 상위법을 바꾸는 영향력을 발휘하고, 바뀐 상위법에 의하여 다시 관련 자치단체법이 개정되거나 신설됨으로써 주민들의 요구가 관철되고 있다.[125] 그리고 조례 제정을 한 지역 주민의 대부분은 주부, 학부모 등 생활과 관련한 주요 현안을 직접적으로 체험하고 이슈화한 여성이었다. 이와 같이 여성은 지방화 시대 지방정치의 중심으로 부상하면서 지방의 생활정치를 실현해 나갔다.

또 하나의 움직임, 일상의 정치

민주주의의 완성을 위한 여성단체의 목소리와는 또 다른 움직임이 진행되었다. 정치란 집단의 이해를 정책결정과정에 반영시켜 주요 결정과 이에 따른 자원배분이 일어나게 하는 과정이라고 정의할 때 일상생활에서 가장 빈번하게 나타날 수 있다.

억압되었던 시민사회가 민주화되면서 1980년대는 아파트에

124 이 외에도 시민단체의 투쟁으로 고양시는 러브호텔 조례를 폐지시켰으며, 2000년 10월 부천시와 용인시 역시 러브호텔을 규제 중지명령을 내렸다. 2002년 김해시는 러브호텔 규제 조례안을 전국에서 처음으로 제정하였다 (한겨레 2002. 1. 22, 김정희 2002).

125 김정희(2002).

거주하는 주부들이 주축이 되어 자신의 이해와 집적적인 관련이 있을 경우 고도로 정치화된 의사표명을 하는 예가 두드러지기 시작했다. 주부의 이해는 내 가족의 이해를 대변했다. 이들은 특히 주거환경 문제라든지, 자녀교육 문제 등에 민감하게 반응하면서 결집력을 과시하기 시작했다. 이들은 새로운 압력단체로 등장하여 집단민원이나 결의문 등을 건의하는 방식으로 그들의 집단적 의사를 표시하고 있다.

이들은 86아시안게임과 88올림픽 개 · 폐회식 행사를 위한 고교생의 매스게임 동원 결정이 있게 되자 적극적으로 반대 입장을 표명하면서 결정을 취소해 줄 것을 요구하며 농성하였다. 자녀를 둔 어머니에게는 86, 88이데올로기보다는 내 자녀의 대입 합격이 가장 우선적인 이해로 다가왔다.[126]

대회조직위원회측은 아시안 게임이 범국가적 행사임을 들어 학생들의 자발적인 참여를 촉구하고 있으나, 해당 학생들과 학부모들은 현재 우리나라의 교육여건상 막대한 수업손실을 감내하면서까지 협조할 수 없다는 입장 아래 학생동원의 전면철회를 요구하였다.[127] 이에 시교육위원회는 동원대상 학생들이 고등학교를 졸업할 때까지 무제한 보충수업을 지원해 주기로 하면서 설득하였으나, 학부모측은 일방적으로 선정해 놓고 보충수업으로 흥정하려는 것에 대한 불쾌감과 이것 자체가 학생에게 이중의 부담이 될 수 있음을 주장하며 반대하였다.[128] 특히 9월부터 대회가 시작되는 다음 해까지 1년간을 연습하도록 일방적으로 통고한 것에 대해 학부모들은 "체력 소모로 인한 건강관리에도 문제가 있다"는 등의 이유를 내세우면서 아예 학생들을 자퇴시켜 검정고시를 치르게 하겠다는 등의 반발을 보였다. 학부모들은 무조건 동원대상

126 일반적으로 자녀교육과 관련한 학부모의 투쟁은 사실상 대부분이 어머니를 중심으로 이루어졌지만, 학부모로 기술되어 마치 여성의 역할이 없는 것처럼 표현하고 있다. 마찬가지로 지역주민의 정치활동 역시 그 중심축은 주부이었음을 볼 수 있다. 언어를 통해 여성의 역할이 숨어있거나 희석된 부분을 찾아내는 것도 여성사 쓰기의 주요 부분이다.

127 조선일보 1985. 7. 6.

128 당시 아시안게임의 조직위원회가 아무런 상의도 없이 일방적으로 행사요원으로 서울시 19개 남녀고교와 4개 초등학생 1만2천42명을 확정한 사실이 알려지면서 학부모들사이에 저항이 일기 시작하였다.

「86」매스게임 19개 高校生 동원

"大人 지장많다" 학부모 반발

86년아시안게임의 개·폐막식 행사와 매스게임에 남녀고교생을 동원하는 문제를 놓고 학부모들의 반발이 근 한달째 계속되고 있다.

대회조직위원회측은 아시안게임이 범국가적 행사임을 들어 학생들의 자발적인 참여를 촉구하고 있으나, 해당학생들과 학부모들은 현재 우리나라의 교육여건상 막대한 수업손실을 감내하면서까지 협조할수 없다는 입장아래, 학생동원의 전면철회를 요구하고 있는 것이다.

서울시교위는 이에따라 5일오후 대상23개교 교장회의를 소집, 대책을 논의했으나 뚜렷한 대안을 찾지못한것으로 알려졌다. 시교위는 이날회의에서 학부모들을 설득하기위해 ▲동원대상 고교생들이 졸업할때까지 방학중 보충수업을 무제한허용

◇숙명여고1학년생 학부모 30여명이 학교로 鄭忠良교장(앞줄 왼쪽)을찾아가 수업에 엄청난 지장을 초래할 매스게임에 동원케된 경위등을 묻고 있다. 〈6월20일 숙명여고에서 閔庚燦기자〉

86매스게임 19개 고교생 동원 학부모 반발(조선일보 1985. 7. 6)

에서 제외시켜 줄 것을 요구하면서 아래와 같은 결의문을 서울시교육위원회에 전달하였다.

●어떠한 압력에도 굴하지 않고 학생동원 반대 ●동원이 강행될 경우 등교거부 및 자진퇴교 불사 ●학생동원계획 철회

당시 동원대상 고교 3백여 명 학부모의 학교강당 농성이나, 시교위에의 대표단 파견, 또 다른 50여 명 학부모의 시교위-아시안게임조직위원회 등에 대한 항의는 지극히 당연하고 합리적인

행동으로 볼 수 있다.[129] 그러나 이에 대한 교육행정당국의 대응은 주동자를 가리는 등 학생-학부모 위에 군림하는 식의 지시와 같은 절차를 반복하는 모습에서 사회의 말단까지 체화된 가부장적 국가의 일면을 볼 수 있다. 그리고 예정대로 86고교매스게임은 강행되었다.

또 다른 예는 아파트 거주 주부들이 그들의 주거환경과 사생활, 교육환경을 보호하기 위해 집단적인 행동을 하는 경우다. 1986년 11월 서울 강남구 방이동 임광1차 아파트 부근 아파트 신축부지에서 부녀자 50여 명이 길을 막아섰다. 이들은 자신이 거주하고 있는 아파트 맞은편 고지대에 고층 아파트 신축을 일조권 및 사생활의 침해 등의 이유로 제지하기 위해 신축공사를 반대하는 집단 항의를 하여 결국 요구를 관철시켰다.[130] 중산층 주부를 중심으로 한 아파트 지역의 집단행동 이외에도 다수의 여성이 참여한 목동 철거반대투쟁의 예를 들 수 있다. 빈민에 대한 아무런 대책 없이 이루어진 서울시의 목동 공영개발로 인해 1984년 이후 2년간 1백 여 차례의 크고 작은 주민시위가 일어났다. 이 반대투쟁은 빈민 여성운동의 가능성과 잠재력을 보여 주었다.[131]

여성의 목소리는 생활의 장에서도 강력하게 제기되면서 정치화하기 시작하였다. 단 이러한 집단은 평소에는 극도로 원자화되었다가 공동의 이해가 침해되었을 경우에만 가시적인 집단으로 응집하여 단일의 목소리를 내는 특성을 보이고 있다. 정치가 공적인 관계에서만 일어나는 현상이 아니라고 볼 때, 여성은 사적인 영역에서 이미 정치적으로 활성화되어 있었다. 즉 자녀의 교육관련 문제와 관련한 부모의 목소리는 여성의 목소리였으며, 아파트 주민의 일조권과 사생활보호 등 주거환경관련 투쟁은 사실상 주부

129 조선일보 1985. 7. 7.
130 동아일보 1987. 1. 31.
131 이승희(1990), 한국인의 정치적 태도와 행태의 성차연구, 『한국정치학회보』26(3), 195~230.

인 여성의 투쟁이었다.

이렇게 볼 때 여성의 민주화 투쟁은 포용의 민주주의를 위한 투쟁과 사적 영역에서의 민주화를 위한 투쟁까지를 포함하는 광범위한 것이었다. 그리고 사적 영역에서 일어나는 일상의 정치 영역에는 통치 이데올로기의 헤게모니적인 지배가 침투하지 못하는 특징을 보인다. 이들의 판단 기준은 오직 자신의 이해, 가족의 이해를 위한 합리적인 행동을 하는 행위자일 뿐이다. 주부를 중심으로 하는 일상의 정치활동은 1990년대 지방자치제가 본격적으로 실시되면서 보다 적극적으로 전개되어 나갔다. 아울러 일상의 정치는 기존의 공사 영역의 경계를 허무는 단초가 되었다는 점에서 의미가 크다.

2. 지구화, 또 다른 여성의 목소리

이주의 여성화

지구화는 자본, 물자, 인간의 이동을 전 지구적으로 가속화시키고 있다. 20세기 후반 지구화의 특징은 인간의 이동인 이주가 전 지구적으로 확산되고 있다는 점이다. 특히 '이주의 아시아화', '이주의 여성화'가 지구화의 뚜렷한 한 현상으로 부각되고 있다.

근대 이주의 역사는 19세기 후반 극심한 가뭄에 의한 중국과 러시아 연해주 및 하와이 등으로의 이주, 일제 강점기의 만주와 일본 등지로의 이주, 8·15광복 후 유럽과 남북미를 향한 서구 문화권으로의 이주, 1980년대 이후 동남아시아를 향한 남부로의 이주로 요약할 수 있다.[132] 근대사에서 일어난 이주는 빈곤에 의해 혹은 정치적 · 군사적 요인에 의해 비롯되었으며, 주로 전 가족이 이

132 이광규(2000), 『재외동포』, 서울대학교 출판부; 윤인진(2003), 『코리안 디아스포라』, 고려대학교 출판부.

주하거나 남성 부양자가 이주하고 여성은 집에 남아 있는 형태가 일반적이었다. 그러나 20세기 후반 지구화에 의해 진행되는 이주의 모습은 이와는 다른 몇 가지 특징을 보여주고 있다. 첫째, 이주의 원인이 경제적 요인만이 아니라 새로운 삶과 자유 등 기회를 포착하기 위한 원인에 의해서 이루어지고 있다는 점이다. 둘째, 여성 단신 이주 등 '이주의 여성화'가 본격적으로 일어나고 있는 점이다. 셋째, 이주의 형태가 여러 국가에 걸쳐 발생하는 '다국가 간 이주'라는 점이다.[133]

2003년 현재 국제 이주자 총수는 약 1억7천5백만 명으로 세계 총인구의 약 2.9퍼센트에 해당한다. 이 통계수치에 의해 여성 이주 비율을 추산하면 2000년 현재 약 46.6퍼센트이며 이 비율은 지난 40여 년 간 큰 변화 없이 유지된 비율이다.[134] 그런데 아시아 일부 국가에서는 여성 이주자의 수가 남성 이주자의 수를 능가하고 있다.

이주의 결정적 원인은 빈곤이며, 국가 간의 임금 격차이다. 이주의 원인을 신고전주의 입장처럼 소득의 차이에 대한 개인의 합리적 선택으로 혹은 마르크시스트의 세계경제의 구조적 조건으로 설명할 수도 있다. 그러나 이러한 경제적 원인의 설명만으로는 국가 간 전개되는 성별 이주의 다양한 양태, 특히 '이주의 여성화'를 설명해 내지는 못한다. 여기에는 경제적 요인 이외의 또 다른 사회문화적 · 정치적 요인의 개입이 있다.

그런데 전 지구적으로 진행되는 이주의 물결과는 달리 각 국가의 이주자에 대한 규제는 더욱 강화되는 방향으로 나가고 있다. 이는 근대 민족국가가 단일 민족을 토대로 형성되었기 때문이기도 하다. 이주가 본격화되면서 민족과 이민족, 즉 이주자에 대한

133 유연숙(2003), 한국인 여성의 국제이동 성격에 관한 일고찰, 『재외한인연구』 13(2).
134 Zlotnik(2003); 이선주 외(2005).

〈표 14〉 1960~2000년 전체 국제 이주자 수 중 여성이주자 비율

(단위 : %)

	1960	1970	1980	1990	2000
전 세계	46.6	47.2	47.4	47.9	48.8
동남아시아	46.1	47.6	47.0	48.5	50.1

출처: 이선주 외(2005), 『세계화와 아시아에서의 여성 이주에 관한 연구』, 여성정책개발원 연구보고서에서 부부 재인용(원자료 출처: Zlotnik(2003), The Global Dimension of Female Migration).

차이와 갈등은 국가 내에서 더욱 심화되기 시작하였다. 이에 각 국가는 이주자에 대한 관리를 이주 관련법, 비자 정책, 이주자 고용 정책 등에 의해 적극적으로 개입하고 있다.

국가의 이주정책과 관련 법제는 합법적 이주자와 불법 이주자를 만들어 낸다. 대부분의 이주자는 이주국에 일자리를 찾으러 들어오는 이주 노동자이다. 이주 노동자는 비록 들어올 때는 합법적인 신분으로 들어오더라도 목적국 내에서 대부분 불법 이주 노동자로 신분이 전락하게 된다. 불법 노동자가 되는 대부분의 이유는 지정된 작업장을 이탈하거나 혹은 체류기간을 초과하였기 때문이다. 이주 노동자가 불법 이주 노동자로 신분이 바뀌면서 이들은 합법적인 이주 노동자 신분일 때보다 훨씬 더 쉽게 인권의 사각지대에 놓이게 된다. 고용주의 학대, 체불 임금 등에도 이들은 목적국의 보호를 받을 수 없게 되고, 신고 위험 때문에 이동의 자유도 제한받게 된다.

특히 여성 이주자의 경우 더욱 극심한 인권의 사각지대에 처한다. 여성 이주자는 대부분이 인신매매 조직과 연결되어 성산업으로 유입되는 경우가 많기 때문에 이주 노동자로서의 권리를 보

이주여성인권연대와 한국여성의전화연합 주최로 개최된 이주여성 도우미 전문상담원 교육(여성신문 2004. 7. 19)

호받기 어렵다. 특히 성매매를 불법으로 단속하는 국가의 경우 이들은 불법 이주 노동자의 신분만이 아니라 범죄자로 처벌될 수 있기 때문에, 고용주에 의한 학대에도 거의 항거불능의 상태가 되는 경우가 많다.

지구화에 의한 이주의 여성화는 목적국 내에서 여성 간의 다름을 더욱 촉진시켰다. 그간 여성운동은 여성이라는 하나의 통합된 집단의 이해를 위해 전개되어 왔었다. 그러나 여성 단일의 집단을 위한 법제가 어느 정도 마련되어 여성의 세력화가 구축되기 시작하자, 이제 여성 간의 다름이 노정되고 있다. 여성 간의 다름 속에 여성 이주자는 또 다른 균열의 축을 형성하면서 동일한 계급 내의 갈등을 더욱 복잡하게 만들고 있다. 이러한 여성 간의 다름의 현재화는 지구화시대 민족국가가 해결해야 할 또 다른 과제이다.

들어오는 여성

어느 이주 여성노동자의 외침

공장장이 몸을 더듬는다며 울먹이는 미얀마 아가씨,
한국어를 몰라 벤졸을 감기약인 줄 알고 마신 방글라데시 아줌마,
장시간 힘들게 일해 아기가 유산되었다는 태국 친구,
아이가 아프다는 전화에 눈물 흘리는 네팔 친구,
사장이 월급을 몇 달 째 안 준다며 걱정하는 자취집 친구,
허리를 다치고도 일을 해 디스크가 되고,
병원비가 없어 치료도 못하는 우즈베키스탄 아주머니.
남의 이야기가 아니었습니다.
이를 악물고 일을 했습니다.(한국염 2005)

지구화에 따른 이주의 물결은 한국에서도 예외 없이 일어났다. 외국인 입국자 수는 1990년대 이후 지속적으로 증가하고 있다. 특히 1998년 이후 증가 비율은 급격히 증가하였다. 한국에 입국하는 여자 입국자 총 수는 1994년 949,451명에서 2004년 2,033,279명으로 10년 사이에 2.1배 증가하였다. 동 기간 중 남자 입국자 총 수는 1,826,022명에서 2,896,238명으로 1.6배 증가하였다. 입국자 총 수는 남자보다 적지만, 여성 입국자의 증가비율은 남성보다 훨씬 높음을 알 수 있다.〈그림 6〉, 〈표 15〉 참조

한국에 들어오는 이주 여성은 다양한 목적을 가지고 들어오지만, 크게 외국인 여성노동자, 예술 흥행 비자로 입국해 유흥업과 성매매업에 유입된 외국인, 한국인 남성과 결혼해 사는 외국인 여성으로 나누어 볼 수 있다.[135]

135 이주노동자 방송국 2005. 12. 28.

〈그림 6〉 연도별 외국인 입국자

(단위 : 명)

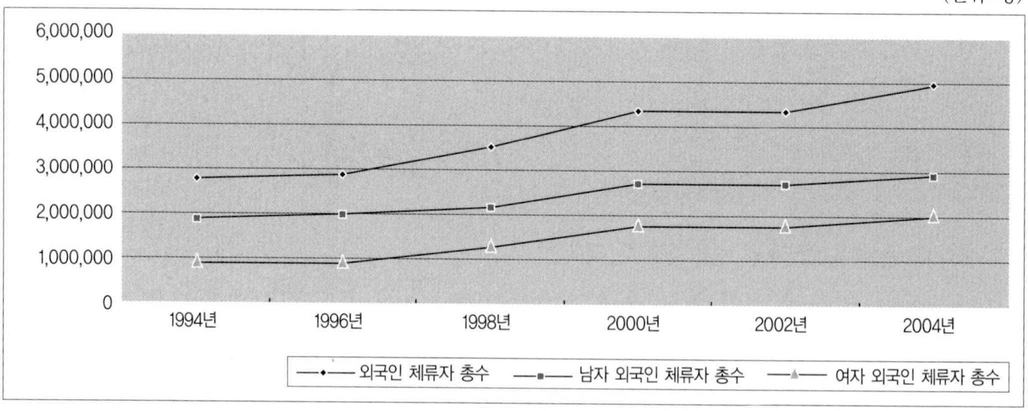

자료: 통계청, 〈국적 및 체류자격별 외국인 입국자 1994~2004〉에서 작성 .

〈표 15〉 연도별 입국자 총 수(비율)

연도	총수(%)	남자(%)	여자(%)
1994	2,775,473(100)	1,826,022(65.8)	949,451(34.2)
1995	2,923,642(100)	2,018.118(69.0)	905,524(31.0)
1996	2,880,332(100)	1,980,068(68.7)	900,264(31.3)
1997	3,088,889(100)	2,053,868(66.5)	1,035,021(33.5)
1998	3,506,154(100)	2,174,517(62.0)	1,331,637(38.0)
1999	3,920,909(100)	2,412,783(61.5)	1,508,126(38.5)
2000	4,370,596(100)	2,655,445(61.0)	1,705,151(39.0)
2001	4,275,696(100)	2,608,805(61.0)	1,666,891(39.0)
2002	4,392,725(100)	2,702,367(61.5)	1,690,358(38.5)
2003	3,849,950(100)	2,403,280(62.4)	1,446,670(37.6)
2004	4,929,517(100)	2,896,238(58.8)	2,033,279(41.2)

출처: 통계청, 〈국적 및 체류자격별 외국인 입국자 1994~2004〉.

이주 여성 노동자 이주 노동자는 주로 생산직 노동자산업연수와 연수취업 및 비전문취업 비자 혹은 예술흥행 목적 비자 혹은 서비스업 등에 종사할 수 있는 재외동포 취업비자를 통해 들어온다. 〈표 16〉은 국내로 들어온 이주 노동자를 체류목적별 입국자 중 산업연수와 연수취업 및 비전문취업 비자와 예술 흥행 비자로 들어온 자만을 이주여성노

〈표 16〉 연도별 생산직 및 예술흥행목적 입국자 총 수

	(산업 +흥행업) 입국 노동자			산업연수생(D-3) 연수취업(E-8) 비전문취업(E-9)		예술 흥행(E-6)	
	총수	남자	여자	남자	여자	남자	여자
1994	32,479	22,622	9,857	22,208	9,622	414	235
1995	41,714	27,746	13,968	27,082	13,353	664	345
1996	51,864	37,175	14,689	36,413	13,901	762	788
1997	49,761	33,992	15,769	33,009	14,541	983	1,228
1998	27,676	17,986	9,690	17,226	8,345	760	1,345
1999	51,300	33,257	18,043	32,163	14,651	1,094	3,392
2000	52,887	33,824	19,063	32,358	13,485	1,466	5,578
2001	37,863	22,281	15,582	20,666	8,611	1,615	6,971
2002	41,389	28,314	13,075	26,924	8,013	1,390	5,062
2003	91,733	68,107	23,626	66,845	20,248	1,262	3,378
2004	102,130	78,292	23,838	76,847	21,340	1,445	2,498

출처: 통계청, 〈국적 및 체류자격별 외국인 입국자 1994~2004〉,에서 재작성.
주: 대부분의 국내 이주 노동자는 산업연수생(D-3) 연수취업 (E-8), 그리고 2004년 고용허가제 실시 이후에는 비전문취업(E-9) 비자로 들어오는 그룹과, 예술흥행(E-6) 비자로 들어오기 때문에 이 그룹 중심으로 이주 노동자를 계산하였음. 서비스업종 등에 종사하기 위해 F1-4를 가지고 체류하는 외국국적 동포(주로 중국인)는 생산직 노동자 계산에 포함되지 않았음.

동자로 계산한 결과다.[136] 실제의 국내 이주 노동자 수는 서비스업, 건설업 종사자와 불법체류자 및 기타 관광 비자 등으로 들어와서 취업을 한 입국자 수 등을 포함하면 이 수치보다 훨씬 높다. 생산직에 취업 혹은 유흥업에 종사하기 위한 외국인 입국자의 수 역시 지속적으로 증가하였다. 생산직 혹은 유흥업에 취업하기 위해 들어온 입국자 총 수는 1994년 32,479명에서 2004년 102,130명으로 10여 년 사이에 무려 3.1배 증가하였다. 이를 성별로 분리해서 보면 여성 입국자는 동 기간 중 9,857명에서 23,838명으로 2.4배, 남성 입국자는 22,622명에서 78,292명으로 약 3.5배 증가하여 입국자 총 수와 증가 비율은 남성이 앞서고 있다. 이 비율은 생산직 노동자의 증가 비율에서도 유사한 추이로 나타난다. 그러나 대부분이 유흥업이나 성매매업으로 투입되는 예술흥행 비자로 입국하는 자는 여성이 남성을 능가하고 있다. 예술 흥행비자로 입국하는 외국인 여성은 1994년 235명에서 20004년 2,498명으로 약 10.6배 증가하였다. 그러나 동 기간 중 남성 입국자 수는 414명에서 1,445명으로 약 3.5배 증가함에 그치고 있다. 예술 흥행 목적의 입국자는 남성보다 여성이 훨씬 많으며, 그 증가 비율도 훨씬 큼을 알 수 있다.

2004년 법무부 통계에 의하면 422,000명의 이주노동자가 한국에 체류하고 있으며 이는 전체 인구의 1퍼센트에 해당된다. 이 중 188,000명이 불법체류자이며, 이는 전체 이주노동자의 44.7퍼센트이다. 물론 불법체류자의 비율이 2002년의 78.9퍼센트보다는 많이 낮아졌지만, 여전히 세계에서 가장 높은 편이다.[137]

2003년 법무부 출입국 통계에 의하면, 소위 합법 체류 여성노동자는 총 87,684명이며, 이는 전체 이주 노동자의 31.4퍼센트이

136 1991년 산업기술생 연수제도와 2000년 연수취업제도에 의해 외국인 노동자가 국내 들어오기 시작하였다. 생산직 노동자인 경우 산업연수생(D-3)으로 입국하며, 1년 동안 장소를 이탈하지 않고 연수한 사람은 연수취업(E-8)으로 체류자격을 변경하여 2년간 취업할 수 있다. 외국인 고용허가제로 취업할 경우 비전문취업비자(E-9)로 들어와 3년간 취업할 수 있다. 이들은 재외동포처럼 서비스업에 종사할 수 없다. 재외동포는 취업관리제도를 통해 국내 입국할 수 있는데 이들은 새로운 취업비자(F1-4)를 가지고 6개의 서비스분야와 건설업에 3년 간 취업할 수 있다(이선주 외 2005; 동아일보 2004. 7. 12).

137 이렇게 불법체류자의 비율이 격감한 이유는 정부가 자발적 신고기간을 주어서 이 기간 내에 신고를 하고 본국으로 돌아간 자에게는 다시 노동허가증을 부여하여 합법적 이주노동자의 신분으로 한국으로 돌아올 수 있게 하였기 때문이다(Rye, 2005).

다.[138] 여기에 불법체류자 55,567명을 합하면 14~15만 명 정도의 이주 여성노동자들이 한국에 살고 있다. 이 가운데 한국계 중국인이 45퍼센트, 중국인이 23퍼센트이고 필리핀, 인도네시아, 베트남, 태국 등 동남아시아에서 온 이주 여성노동자가 32퍼센트 정도이다.[139] 즉 대부분이 아시아에서 빈곤에 의해 들어온 여성들이다. 이들은 주로 가사도우미, 서비스업, 유흥업 및 성매매업 등에 종사함으로써 '이주 여성의 주변화' 현상을 가속화시키고 있다.

유흥업 등에 투입되는 이주 여성 한국에 들어온 이주 여성이 종사하는 분야는 국적별로 다음과 같은 특성이 나타난다. 예술 흥행 비자(E-6)로 들어오는 러시아와 필리핀 이주 여성은 대부분 유흥업소에 취업하고 있다. 필리핀계는 주로 기지촌 클럽의 미군 병사를 대상으로 하고 있으며, 러시아계 여성은 한국의 신중산층 남성들을 대상으로 일하고 있다.[140] 외국인 성매매업에는 러시아 및 필리핀 출신 이주 여성이 가장 많고, 그 다음으로 중국조선족, 베트남, 태국, 스리랑카, 네팔, 인도네시아 출신 여성의 순이다.[141] 반면 생산직에 유입된 여성들은 대부분 동남아 출신이다. 식당, 여관, 다방의 종업원이나 가정부, 파출부 등 서비스업과 비공식 부문은 거의 대부분 중국 조선족 여성이다.[142] 이와 같이 이주 여성들이 주로 비공식 부문에서 가사노동자로 종사하거나 유흥산업에서 종사하기 때문에 노동권과 사회권이 보장되지 않으며, 차별과 인권의 사각지대에 놓이게 된다.[143] 이는 2002년 국가인권위원회의 설문조사 결과에서도 잘 드러난다. 동 조사에 의하면 불법 이주 여성노동자의 87.1퍼센트, 여성산업연수생의 100퍼센트가 언어에 의한 성희롱을 경험하였으며, 전체 이주 여성 노동자의 12.2퍼센트가 강간

138 2005년 법무부 통계에 의하면 총 이주자의 수는 2005년 5월 현재 695,634명이다. 이 중 체류기간이 지난 자가 199,183명을 차지하여, 전체의 28.6퍼센트를 차지하고 있다(Kim, Pan-Joon, 2005). 불법 이주 노동자는 체류기간이 지났거나, 혹은 작업장을 이탈한 이주 노동자 및 불법으로 들어온 이주자를 포함하므로 이 수치보다는 약간 많을 것이다.

139 한국염(2005), 지구화와 이주의 여성화, 『한국이주여성의 실태와 과제』.

140 김현미(2004), '친밀성'의 전지구적 상업화: 한국의 이주여성 엔티이너의 경험, 『여/성이론』 11.

141 설동훈 외(2004), 한국의 외국인 여성 성매매 실태조사 결과보고, 한국사회학회, 『외구여성 성매매 실태조사 결과 발표회 자료집』.

142 이수자(2004), 지구화와 테크놀러지 시대의 여성노동, 『여/성이론』, 11.

143 이선주 외(2005).

러시아 성매매 여성들이 자신들의 상황을 경찰과 인권단체에 설명하고 있다(문화일보 2006. 1. 20).

을 경험하였다고 응답하였다.[144] 불법이라는 신분은 이들에게 성적 학대를 감내하게 만든다.

또한 2004년 제정된 한국의 성매매방지법에 의해 성매매행위는 1961년 제정된 윤락행위등방지법에서와 같이 여전히 불법으로 처벌된다. 동 법은 성구매자만이 아니라 자발적인 성매매자 역시 처벌하는 법제이기 때문에 국내 유흥업에 투입되는 이주 여성의 입지는 더욱 취약해졌다.

국제결혼과 가정의 지구화 국제결혼을 하는 이주 여성도 지구화에 의해 해마다 급증하고 있다. 〈표 17〉의 경우 한국인 남자와 외국인 여자가 결혼하는 사례는 대부분 국내로 들어온 이주여성과 사는 경우에 해당된다. 한국인 여자가 외국인 남자와 혼인하는 경우는 국외로 나간 비율이 한국인 남자와 외국인 여자가 혼인하여 국외로 나간 비율보다는 높다.[145] 한국인 남자와 외국인 여자의 혼인은 1992년 2,057건에서 2004년 25,594건으로 약 12.4배 증가한 반면,

144 Ryu(2005), Migrant Workers Policy of Korea.

145 2004년 한 해의 예를 들어보면 한국인 여자가 외국인 남자와 국외에서 혼인한 비율은 17.9퍼센트인데 비해, 한국인 남자가 외국인 여자와 국외에서 혼인한 비율은 2.9퍼센트에 불과하다.

〈표 17〉 연도별 외국인과의 혼인자 총 수

연도	한국 남자 + 외국 여자					한국 여자 + 외국 남자				
	계 총수(%)	일본(%)	일본(%)	일본(%)	일본(%)	계 총수(%)	일본(%)	일본(%)	일본(%)	일본(%)
1992	2,057(100)	59.5	20.9	12.1	7.6	3,477(100)	50.2	3.9	38.4	7.4
1993	3,109(100)	26.6	59.5	7.4	6.5	3,436(100)	52.9	5.4	32.8	8.9
1994	3,072(100)	18.3	66.5	7.4	7.8	3,5449100)	55.8	4.0	31.3	8.9
1995	10,365(100)	13.6	81.5	1.8	3.0	3,219(100)	56.0	6.6	28.5	8.9
1996	12,647(100)	18.7	73.3	1.8	6.2	3,299(100)	54.2	5.8	293.	10.7
1997	9,266(100)	11.6	79.5	2.3	6.6	3,182(100)	52.5	4.7	28.3	14.4
1998	8,054(100)	12.5	58.2	18.8	10.5	4,134(100)	44.0	12.4	23.7	19.9
1999	5,775(100)	21.6	49.9	4.8	23.6	4,795(100)	55.2	4.9	24.8	15.1
2000	7,304(100)	15.5	49.1	3.2	32.2	5,015(100)	58.6	4.3	21.8	15.2
2001	10,006(100)	9.8	70.0	2.6	17.6	5,228(100)	57.6	4.2	21.7	16.5
2002	11,017(100)	8.7	63.9	2.4	25.0	4,896(100)	48.5	5.6	24.7	21.2
2003	19,214(100)	6.5	69.6	1.7	22.2	6,444(100)	40.5	18.6	9.2	21.7
2004	25,594(100)	4.8	72.4	1.3	21.5	9,853(100)	34.3	36.8	13.7	15.3

자료: 통계청, 〈외국인과의 혼인 1990~2000; 외국인 처의 국적별 혼인〉. 2001~2004; 〈외국인 남편의 국적별 혼인〉,2001~2004; 통계청042-481-2259-60.

한국인 여자와 외국인 남자의 혼인은 동 기간 중 3,477명에서 9,853명으로 약 2.8배 증가하는 데 그쳤다. 한국 남자와 결혼하는 외국 여자는 〈표 17〉에서 보는 바와 같이 중국 여성과의 혼인 비율이 13년간 평균 58퍼센트로 가장 높다. 반면에 한국 여자가 외국인 남자와 결혼한 비율은 일본 남자와의 혼인 비율이 13년 간 평균 50.8퍼센트로서 가장 높다.[146] 〈표 17〉의 기타 국가와의 혼인 건수 역시 지속적으로 증가하고 있음을 볼 수 있다. 이는 최근 베트남이나 필리핀 등지의 여자가 한국 남자와 결혼하는 건수가 늘어났기 때문이다.

그런데 한국인 남편과 살기 위해 들어와 결혼한 이주 여성이 국적을 획득하려면 국적법의 규제를 받게 된다. 국제결혼으로 들어온 이주 여성은 결혼 후 2년이 지나야 국적을 취득할 수 있는 국적법 조항 때문에 남편과 시댁 식구의 학대 등으로부터 자유롭지 못하다.[147] 2년 동안 6개월에서 1년씩 체류를 연장해 주는데, 남편의 동의가 있어야 가능하기 때문이다. 만약 그 기간 중 이혼을 하면 남편에게 이혼의 귀책사유가 있다는 것을 증명하지 않는 이상, 한국에 체류할 수 없다. 이주여성이 목적국에서 남편의 귀책사유를 밝히기란 거의 불가능하다. 이들 여성은 대부분 집안 살림을 책임져야 하는 입장이기 때문에 쉽게 본국으로 돌아갈 수도 없는 처지이다.[148]

이주 노동자가 들어오면서 노동자 계급 내부의 분화와 서열화가 인종과 민족, 성별이라는 또 다른 균열축에 의해 더욱 심화되었다. 목적국의 본국 여성이 제조업 등의 영역에서 남성 노동자에게 밀려나서 가정주부가 되기는 하지만, 이들은 가정 내에서 가사도우미로 들어온 이주 여성과 새로운 지배복종관계에 서게 된다. 가사도우미로 들어간 이주 여성은 가정 내에서 목적국 여성의 지배를 경험하면서 여성 간의 차이에 인종, 민족 간의 차별이 착종된 중층적 억압구조 속으로 들어가 고 여성 내부의 주변집단이 된다.

결국 이주 여성은 목적국의 이주자에 대한 규제 정책 속에서

146 위장 결혼 등에 의해 통계치가 실제 혼인 건수보다는 높게 나타난 것으로 추측된다.

147 국적법 6조에 의하면 국민의 배우자가 된 남녀는 모두 결혼 이후 2년 이상을 국내에 거주하거나 결혼 기간 3년 동안에 1년 이상 국내 거주를 하였을 때 한국 국적을 신청할 자격이 부여된다.

148 주현숙(2005), 국제결혼 여성, 가난은 더 깊어진다, 일다기획 8, 2005. 8. 15.

불법 이주 여성이 되고 있으며, 이러한 불법 신분 때문에 더욱 쉽게 인권침해에 노출되며, 해결 방법도 전무한 가장 취약한 신분으로 전락하면서 성산업 등으로 내몰리고 있다.

나가는 여성들 동남아시아와 저개발국에서 자신의 국가보다 조금 나은 곳으로 기회를 잡기 위해 이주해 오는 것과 마찬가지로 한국 여성은 한국보다 조금 더 발전된 선진국으로 이주해 나가고 있다.

1980년대 이후 여성 이주는 돈을 벌기 위해서 그리고 새로운 삶을 개척하기 위한 단신이주의 특성을 보이고 있다. 2003년 한국인의 성별 국제이동 통계에 의하면 여성 출국자와 남성 출국자의 비율은 각각 50.3퍼센트와 49.7퍼센트로 여성 출국자의 비율이 남성 출국자의 비율을 앞서고 있다. 이러한 수치를 국가별로 보아도 일본의 경우 여성과 남성 출국자가 각각 58.3퍼센트와 41.7퍼센트로 여성 출국자가 남성 출국자를 앞서고 있다.[149] 이러한 통계는 전통적인 이주 형태인 남편을 따라 혹은 전 가족이 함께 동반 이주하는 모습과 다름을 보여 주는 것이다. 일본으로의 여성 출국자가 급속히 증가하고 있는 것은 과거 일제 강점기 때 강제 이주와는 달리 취업 혹은 국제결혼을 목적으로 이루어지고 있기 때문이다.

1980년대 일본의 국적법 개정과 한국의 해외여행자유화조치로 인해 많은 한국인이 일본 사회 내에 취업을 위한 단순 이주 혹은 국제결혼을 위해 '뉴커머'[150]로 들어가면서 여성의 일본 이주는 더욱 급증하기 시작하였다.[151] 1985년 부계혈통주의에서 양계혈통주의로 일본의 국적법이 개정되자 한국인 여성과 일본인 남성간의 혼인이 증가되었고 이들 자녀는 일본 국적을 취득할 수 있게 되

149 2000년 성별 국제이동 통계에 의하면 내국인 출국자 총수 305,447명 중 여성 출국자와 남성 출국자는 각각 153,563명과 151,684명이다. 일본으로의 출국자는 여성이 22,457명, 남성이 16,090명이다(주재선 외(2005), 『2005 여성통계연보』, 한국여성개발원).

150 '뉴커머'는 과거 일제 강점기 때 만주나 연해주, 사할린 등지에서 일본으로 건너갔다가 광복 후 귀환하지 못한 '재일교포'와 달리 1980년대 이후 새롭게 일본으로 들어오는 이주자를 지칭하기 위한 개념이다.

151 윤인진(2003).

었다〈표 17〉 참조. 아울러 1989년 한국의 해외여행자유화 조치는 여성의 단신 이주를 더욱 쉽게 하였다.

일본에 취업하기 위해 이주한 여성은 대부분 성산업에 유입되고 있다. 일본은 대부분의 이주 여성이 성매매라는 단일의 목적을 위해 충원되고 있는 유일한 국가라는 점이 특징적이다. 빈곤과 임금 격차라는 경제적 요인과 새 삶의 희망을 가지고 많은 여성이 일본으로 들어간다. 그러나 일본으로 간 이주 여성은 일본 내의 가부장적 특성 탓에 존재하는 거대한 성산업에 대부분 투입되고 만다.[152]

일본에서는 1990년 이래 매년 약 10만 내지 20만 명의 여성이 범죄조직 등과 연계되어 성산업에 종사하고 있다. 현재 아시아 지역에서 온 여성은 다른 서비스 부문에도 약간 고용되어 있지만 대부분이 성산업에 충원되고 있다. 돌이켜 보면 일본 정부는 1931년 상해사변시 나이 어린 조선인 여성을 일본군 위안부로 끌어간 이래 태평양전쟁이 종료되기까지 약 20만 명의 일본군 위안부를 동원한 역사가 있으며, 현재는 성산업의 형태로 아시아 여성의 일본 이주를 유발시키고 있다.

일본에서는 이주 여성이 성산업에 종사하고 있는 반면, 해외에 일본의 직접투자에 의해 세워진 섬유공업 등에서는 다수의 토착 여성이 저임금으로 고용되어 혹사당하고 있다. 이렇게 일본의 거대한 경제력은 세계체제의 중심이 되면서 일본 국내외의 외국인 여성을 그들의 노동분업 체제의 최하위층으로 밀어내고 있다. 일본으로의 이주 여성은 성불평등구조 속에서 주로 성산업에 종사하면서 일본 국내 여성과는 또 다른 입장에 위치지워지게 된다.

일본의 사례에서도 볼 수 있는 것과 같이 이주 여성은 목적국

152 Douglass, Mike. The Singularities of international migration of women to Japan." Douglas, Mike and Glenda S, Roberts, eds, Japan and Global Migration, 91-119, Honolulu: University of Hawai'i Press, 2000.

에서의 성산업 등에 주로 종사하고, 목적국의 여성과의 관계에서도 주변집단화한다. 이로써 이주의 여성화는 인종과 민족적 차이, 여성 노동자 내부의 차이만이 아니라 여성 간의 차이인 성 내부의 차이도 심화시키고 있다.

한국 여성이 가장 많이 불법 송출되는 도쿄 유흥가(조선일보 2005. 7. 3)

이주의 여성화와 젠더체제의 재편 이주의 여성화는 특히 1990년대 국제금융기구들이 주도한 구조조정 프로그램으로 더욱 가속화되었다. 구조조정으로 노동시장의 유연화를 강조한 결과 파트타임, 임시직, 비공식 부문의 고용형태가 증대되어, 이 분야에 여성이 과도하게 충원되기 시작하였다. 아울러 구조조정과정에서 발생한 농촌의 피폐화는 가구의 빈곤을 야기하고, 이로 인해 여성이 생존을 위하여 적극적으로 임금노동자화되고 해외로 일자리를 찾아나가게 되었다.[153]

이와 같은 이주의 여성화는 기존의 가부장적 젠더체제를 변화시키기 시작하였다. 이주 여성이 가족의 생계를 위해 해외로 취업하러 나가면서 이들은 가족의 생계부양자가 되고 있다. 이들 이주 여성은 경제적인 입지가 강화되면서 실질적인 가장의 역할을 담당하게 되었다. 이로써 전통적인 성별 분업과 가부장적 지배구조는 이주의 여성화와 함께 극복되기 시작하였다. 여성이 실질적인 생계부양자가 되면서 기존의 성별 분업과 모성 및 남성성과 여성성 등의 규정도 조심스럽게 재정의되는 지점에 왔다.[154]

153 이선주 외(2005).
154 Weiner(2000); Mike(2000); Chanasai(2003); 이선주(2005)

한국 남성과 결혼한 이주 여성의 이야기

한국 땅에 와보니 듣던 것과 달랐지요.
직업 튼튼하단 남편, 일자리 없어 반은 놀고요,
농사일은 기계가 다 한다더니, 내가 기계이네요.
착하다던 남자는 허구한 날 날 때려요.
돈 주고 사왔으니 시키는 대로 해야 한다며,
남편은 몸종 취급, 시어머니는 가정부 취급,
툭 하면 '너희 나라', '너희 백성' 들먹이며 모욕을 주네요.
자기는 우리나라 말 한 마디도 못하면서.
한국말 못한다고 돌대가리라네요.
―중략―
양육권, 면접권, 하늘의 별이지요.
집을 나와도 갈 곳이 없네요.
외국인이라 복지대상 안 된다니,
이혼 수속 중에는 일해서는 안 된다니.
도대체, 무얼 먹고 어떻게 살아야 하나요?
―중략―
우리 민족 제일이다?
예, 당신 민족 제일입니다. (한국염, 2005).

지구화의 물결은 이주여성 노동자와 국제결혼 등에 의해 가정과 가족에도 영향을 미치고 있다. 이제 가정 내에서도 다인종 다문화를 경험하게 된다. 국제결혼으로 들어와 한국인 가정에서 사는 이주 여성은 민족, 인종, 문화적 차이와 여성 내부의 차이에 의한 복합적인 차별과 배제를 경험하고 있다. 수천 년 간 유지되어 온 단일 민족의 역사와 문화는 항상 '우리'라는 용어를 사용하면서 '우리'와 다른 것을 수용하지 못하게 한다. 또한 단일 민족을 중심으로 형성된 근대 민족 국가의 법제 역시 다민족 사회를 전제로 한 법제가 아니기 때문에 이들을 사회 내에 수용하기보다는 배제하는 기제로 작용한다. 성평등 법제가 어느 정도 완성되었다 하더라도 이는 자국민에게만 해당되는 법인 경우가 많다. 복지대상도 자국민을 위한 것이다. 이렇게 근대 국가의 자국민의 인권 보호에는 자국민이 아닌 이주자의 인권보호는 포함되지 않는다.

근대 국가는 인간의 이동이 제한적이었기 때문에 영토를 기반으로 하여 단일 민족 중심으로 성립되었다. 그러나 인간의 이동이 거의 무제한으로 가능한 현 지구화의 시기는 영토를 기반으로 성립된 전통적 국가의 법제로는 국경을 초월하여 형성된 다민족 다인종, 다문화 사회에서 초래되는 구성원 간의 복합적인 문제를 해결하는 데 한계가 있다. 구성원 간의 이동이 많아질수록 인종, 민족, 문화의 차이는 더욱 뚜렷이 부각되어 '단일성'과 '다양성' 간의 갈등이 심화된다. 이러한 긴장관계를 해결하고 다양성을 수용하는 '통합' 방안이 지구화 시대의 주요 과제로 대두되고 있다. 이러한 '통합'은 '배제'를 전제로 하며 자국민 혹은 시민을 구성원으로 하는 국가가 유지되는 것을 전제로 하는 방안이다.

그러나 국가의 통합을 위한 법률은 새로운 배제 수단이 될 위험성도 있다. 통합을 위한 법제를 실행하면서 국가는 재량권을 발휘할 수 있기 때문이다.[155] 현재 이주 노동자는 이주국의 고용관련 법제 등에 의해 이주국 사회에 통합되기보다는 배제되는 경우가

155 Oger, Helene, Integration in Tension in Immigration Law: Mirror and Catalyst of the Inherent Paradox of Nation-State, EUI Working Paper RSCAS No, 2005/01.

이주노동자와 한국인 여성의 결혼(인터넷 다문화가족센터, 2005. 9. 21)

전남 무안군의 이주여성학교에서 한국어와 예절을 배운 외국인 이주여성의 수료식(전남일보 2005. 12. 27)

많다. 여기서 배제의 의미는 불법 노동자가 되는 경우를 말한다. 이주 노동자는 다른 나라에서 보수를 받는 활동에 종사하려 하거나, 현재 종사하고 있거나 아니면 종사해온 자를 포함한다.[156] 이 정의에 의하면 이주 노동자가 되려고 목적국으로 들어오는 자도 이주 노동자며, 실직 상태 혹은 불법 체류에 의해 추방의 위험에

156 UN(2003), International Convention on the Protection of the Rights of all Migrant Workers and Members of their Families.

이주여성 김장 담그기(인터넷 다문화 가족센터 2005. 12. 17)

직면한 이주자 역시 이주 노동자이다. 따라서 합법만이 아니라 불법 상태의 이주자 역시 이주 노동자로서 법의 보호를 받아야 한다. 그런데 이주 노동자를 보호하기 위한 법은 대부분의 이주 노동자를 불법 이주 노동자로 만들고 있다. 2004년 현재 외국인 고용 허가제가 도입되었지만 아직도 대다수의 이주 노동자가 불법 노동자이다. 이들 불법 이주 노동자들을 실질적으로 법의 보호망 안에 포함할 수 있는 사회통합을 위한 노력을 기울어야 할 것이다.[157] 통합방안은 이주자의 민족정체성을 해하지 않고 자국민과 공존할 수 방안이 되어야 할 것이다.

이러한 국가의 통합방안은 지역적 · 국제적 협력을 통해 일치되는 규범체계를 만들어나갈 때 훨씬 실효성이 클 것이다. 국경을

157 이수자(2004).

초월하여 전 지구적으로 일어나고 있는 인신매매문제 역시 단일 국가 수준에서는 해결할 수 없다. 현재 이주문제를 해결하는 국제기구는 유엔, OECD, 국제이주정책개발센터the International Centre for Migration Policy Development, ICMPD, 국제이주기구International Organization for Migration, IOM등이 있다. 그러나 이주와 관련 한 종합적이고 체계적인 국제규범은 없다. 이주자 수가 전 세계 인구의 3퍼센트를 차지하고 있는데도 이주에 대한 각국의 정책은 아직도 규제적인 방향으로 나가고 있다. 이제 이주는 국가 수준을 넘어서 국제적 수준에서 협조적으로 해결되고 정책이 수립되어야 할 단계에 왔다.[158]

3. 여성, 국가를 파트너로 지구를 무대로

20세기 후반 지구화는 자유무역, 자본의 자유로운 이동, 정부의 규제완화라는 신자유주의 이념과 민주화에 의해 급속하게 전개되고 있다. 이러한 지구화의 물결과 안으로는 지방화의 물결로 인해 국가의 주권은 위아래로 도전을 받으면서 근대 민족국가의 절대적 주권은 축소되고 있다. 지구사회의 주요 행위자로서 근대적 의미의 국가 이외에 지방자치단체, NGOs, 초국가적 기구UN, WTO 등, 초국적 기업, 지역공동체EU, ASEAN, APEC 등 등이 부상하면서 모두 지구 시민사회의 동등한 구성원으로 참여하고 있다. 여성단체 역시 지구사회의 한 구성원으로 부상하면서 성평등을 향한 운동의 지평을 지방적 차원만이 아니라 지역적, 국가적, 지구적 수준으로 확대해 나가고 있다. 이 과정에서 과거와는 달리 여성은 국가를 통해서가 아니라 국가를 협상의 파트너로 하여, 혹은 국가를 거치지 않고 바로 지구 시민사회를 무대로 하여 주요활동을 전개해 나가고

158 Becerro, Ana, The External Aspect of Migration Policy, EUI Working Papers RSCAS No, 2004/05.

있다.

이러한 지구화의 흐름에 의해 한 국가 내의 여성과 지방자치단체, 여성과 국가의 관계는 근대 가부장적 국가의 수직적인 관계에서 수평적인 관계로 변화되고 있다. 이제 여성은 국가를 협상의 파트너로 삼아 성평등을 위한 구체적인 주장을 할 수 있게 되었으며, 국가는 성평등을 실현하기 위해 자발적으로 국가 여성주의 정책을 수행하는 등 탈가부장적 모습을 보이고 있다. 이로써 과거의 국가와 여성의 관계가 갈등과 긴장의 관계였다면, 현재의 관계는 협상과 화해의 관계로 변화하고 있다.

여성, 지구 사회의 주요 행위자로

근대 국가는 철저한 중앙집권체제다. 모든 것은 국가를 통해서 이루어졌다. 그러나 지구화 시대 국가는 지구적인 문제를 해결하기에는 너무 작고, 사적인 문제를 해결하기에는 너무 큰 실체가 되어가고 있다. 반면 여성단체와 여성 개인은 지방적, 민족적, 국가적, 지역적, 지구적으로 행동할 수 있는 주체로 그 역량이 발전되고 있다.

일본군 위안부 문제해결을 위한 여성의 지구적인 움직임 지구화 시대 여성은 스스로의 문제를 국가를 통하지 않고 지구적 차원에서 직접 실행하는 새로운 흐름을 보이고 있다. 일제 강점기에 자행되었던 조선인의 일본군 위안부 문제는 패전 이후에도 강요되는 침묵에 의해 50여 년 동안 의제화되지 않았다. 일본 정부가 위안부에 가한 전쟁 범죄에 대한 자료의 소각과 국가적 책임을 인정하지 않는 태도는 옛 식민지 국민의 전후 보상문제가 군인연금과 유족연금,

전시우체저금 등에 국한되고 일본군 위안부 문제는 한번도 보상된 적이 없는 것에서도 잘 알 수 있다.[159] 한국의 가부장적 민족주의 역시 피해 여성들을 패전 후에도 줄곧 침묵하도록 만드는 구조적 압박으로 작용했다. 1965년 한일국교정상화를 위한 한일협정에서도 일본군 위안부 배상문제는 제외되었다.[160] 이후 일본 정부는 전후 보상을 1965년 한일조약으로 해결했다고 주장하고 있다. 즉 일본 정부는 가부장적 국가의 논리 하에 국가한국정부가 개인을 대신해서 포괄적 보상을 받았으므로 다 끝났다고 주장하지만, 국가가 개인보상 청구권을 대신할 수는 없다.[161]

이와 같이 국가를 통한 일본군 위안부 문제의 해결에는 근본적인 한계가 있었다. 일본 정부는 국가 차원의 사죄와 배상 대신 민간 차원의 보상만을 하려 한다. 한국의 가부장적 민족주의는 위안부 문제를 피해 여성 개인의 인권침해보다는 민족적인 유린으로 보려 하고, 가해자인 일본 국가는 일본군 위안부가 자발적으로 선택한 것이고 공창으로 돈을 받고 성행위를 한 것이기에 죄가 되지 않으며, 따라서 국가 차원에서 조직적으로 위안부에 행해진 성폭력을 인정하지 않는다는 입장이다.

이와 같이 일본군 위안부 문제가 가부장적 구도 속에서의 남성재산권에 대한 침해, 혹은 민족주의적 입장에서 민족적 유린, 성매매 등의 문제로 간주되면서 피해 여성 개개인의 인권침해 등은 문제시되지 않았다. 일본군 위안부 문제가 국제사회에서 이슈화되고 민간 차원에서 국경을 넘어선 연대를 통해 해결의 실마리를 찾기 시작한 것은 1980년대 이후 여성운동의 장이 지구 사회 속에서 펼쳐지면서부터다. 2차 대전 직후부터 1980년대까지만 해도 민간 혹은 개인 차원에서 국제사회에 호소해서 한 국가의 사죄와 배

159 우에노(1999), 『내셔널리즘과 젠저』, 박종철출판사.

160 한일협정은 식민지배를 청산하고 새로운 관계를 정립하기 위한 초석을 놓는 것이라 하였지만 실은 박정희 정권이 선거에 대비하고 경제개발을 위한 차관도입을 하기 위해 서둘러 진행시키는 과정에서 굴욕적으로 체결되었다. 청구권 문제는 개인의 개별 청구권을 인정하지 않고 국가 차원에서 일본이 한국에 대해 무상 3억 달러, 정부 차관 2억 달러, 상업 차관 1억 달러를 제공하는 것으로 합의되었다. 이에 대해 야당과 시민사회는 '대일굴욕외교반대범국민투쟁위원회'를 결성하고 저항하였으나, 교섭을 시작한 이래 14년 만인 1965년 체결되었다. 그 과정에서 탈냉전 이후 제기되고 있는 독도 영유권 분쟁과 일본군 '위안부' 보상문제는 한일협정 본래의 취지에서 벗어나 졸속적으로 체결되었다.

161 일본 정부의 한일조약으로 보상이 끝났다는 주장에 대해 야마사키 히로미는 개인 보상 청구권의 논리를 주장하면서 다음과 같이 반박하고 있다. "만약 지금 어떤 여성이 강간을 당해 그 범인으로부터 남편이나 부친하고 합의가 끝났기 때문에 이미 해결했다고 한다면 납득할 수 있겠습니까? 아닙니다." (우에노 치즈코(1999), 107).

한국대표단, 위안부문제 관심촉구

95 베이징 세계여성회의

【화이로우=특별취재반】 4일 화이로우 NGO 포럼장에서 있을 「일본군 위안부 국제 심포지엄」을 앞두고 1일 우리나라 대표단의 미니 공연과 시위가 세계 여러 나라에서 모여든 여성들의 눈길을 모았다.

1일 화이로우에 하루 종일 비가 내리는 가운데서도 우리 대표단은 꽹과리와 북, 피리로 작은 공연을 벌이며 종군위안부 문제

꽹과리치며 미니공연-시위
4일 국제토론회 각국호응 높아

에 대한 관심을 촉구했다. 오전 9시30분 행사장 「글로벌 텐트」 앞에서 시작된 시위에서 우리 대표단은 『일본정부가 공식 사과하고 배상하라』는 등의 구호를 한글과 영어로 써 들고 행사장을 돌았다.

이자리에는 申惠秀 여성의전화 회장, 권희순 정대협 아시아연대 회장, 朴英惠 여협 부회장 등이 참여했고, 미국 NGO대표로 중국에 온 레이니 주한 미국대사 부인도 합세했다.

4일 열리는 심포지엄의 핵심은 「전쟁 중 여성에게 가해지는 폭력의 범죄성」. 심포지엄을 준비하고 있는 한국 정신대문제대책위원회는 따로 전시부스를 마련, 일본군 위안부의 종군 당시 참상을 보여주는 영상물을 하루 종일 틀어주는 한편, 일본정부가 국가 차원의 배상을 거부하고 민간 모금을 통해 위로금을 주는 것에 반대하는 「민간 모금 반대」 전단을 돌리고 있다. 전쟁 중 여성에 대한 범죄행위의 책임을 묻는 4일 국제토론회에는 아시아 관련국뿐 아니라 미국 네덜란드 프랑스 독일 등 서구국가 여성들도 적극 관심을 보여 벌써 참가등록이 시작됐다.

◇위안부 문제고발 미니공연
쏟아지는 빗속에서 일본군 위안부문제를 고발하는 미니 공연을 가진 한국대표단. 북과 꽹과리소리에 외국대표들이 몰려들었다. 【화이로우=특별취재반】

베이징 세계여성회의의 한국대표단, 위안부문제 세계적 관심 촉구(조선일보 1995. 9. 2)

상을 받아내는 일을 생각하고 실행하기란 쉽지 않았다. 실제 국제법도 대부분이 국가를 통해 할 수 있는 것이었다. 1990년 11월 16일 한국정신대문제대책협의회이하 정대협가 발족하여 이후 일본군 위안부 문제에 대한 민간차원의 체계적이고 조직적인 활동이 전개될 수 있었다. 그 결과 1991년 12월 김학순 외 두 명의 일본군 위안부가 일본 정부에 사죄와 개인보상을 요구하는 소송을 도쿄 지방재판소에 제소하면서부터, 일본군 위안부 문제가 50여 년 간의 침묵을 깨고 피해여성 개인의 인권회복 차원에서 논의될 수 있었다. 개인 차원에서 국가에 소송을 제기한 것은 여성의 이해가 국가에 의해 대변되지 않으며, 여성의 신체나 권리가 국가에 속하지 않음을 의미[162]하기도 하지만, 여성이 국가와 대등한 행위자로서 국가와 갈등관계에 들어가기도 하며, 자신의 주장을 관철시키기 위해 직접 지구적 연대를 구축할 수 있는 핵심적 행위자로 부상하였다는 의미기도 하다.

1995년 7월 일본 정부는 국가의 직접 배상을 거부하고 그 대

162 우에노(1998).

신 '여성을 위한 아시아평화 국민기금'이라는 민간기구를 결성하여 민간차원에서 위로하려 하였다. 정대협과 피해여성들은 법적 배상이 아닌 '위로금'으로 또 한번 인권유린을 당할 수 없다는 입장을 견지했으며, 1998년 한국 정부 역시 일본의 국민기금을 반대하면서 피해 여성에게 일본의 국민기금을 받지 않는다는 조건으로 한국 정부의 보조금을 피해 여성에게 지급하였다.

1990년대 이후 한국과 일본의 여성단체들은 UN과 ILO에 전시 하의 일본군 위안부의 인권침해를 고발하기 시작하였다. 특히 1998년 UN의 인권소위원회에서 '전시하 체계적 강간, 성노예제 및 유사성노예제'의 특별보고관인 게이 맥두갈Gay McDougall이 일본군 위안부 문제에 대해 제출한 보고서를 계기로 여성단체의 국제적 연대는 더욱 강화되었다.[163] 또한 ILO에의 문제제기는 1995년 한국노총과 일본의 오사카 부 특수영어교사노조가 시도하기 시작했으며, 이에 대해 1996년 ILO전문가위원회는 일본군 위안부 문제가 강제노동조약을 위반한 범죄라는 판단을 내리게 되었다.[164] 뿐만 아니라 1995년 베이징 세계여성회의에 참여한 한국의 여성 NGO위원회는 서울대 조교 성희롱사건과 일본군 위안부 문제의 국제적인 여론화 및 여성연대를 이끌어내는 성과를 거두었다.[165]

이후 일본군 위안부 문제는 보다 더 지구적인 이슈가 되었다. 아시아 국가의 여성단체들과 개인은 협력하여 '2000년 일본군성노예전범 국제법정Women's International War Crimes Tribunal for the Trial of Japan's Military Sexual Slavery in 2000'을 개정하였다. '2000년 국제법정'은 1998년 4월 서울에서 열린 제5차 아시아연대회의에서 일본운동단체가 과거 베트남의 전범법정과 같은 민간법정을 열 것을 제안하여 결성되었다. 이후 일본의 전쟁시 여성폭력 네트워크 일본지부VAWW-

163 일본군 위안부 문제를 보는 시각을 우에노는 민족의 치욕이라는 가부장제 패러다임, 전시강간 패러다임, 매춘 패러다임, 성 노예제 패러다임 등으로 정리하고 있다(우에노 치즈코, 1999). 민족의 치욕, 전시 강간, 매춘 등으로 설명하는 시각은 모두 여성을 객체화시키는 가부장적 패러다임 안에 있다는 점에서 유사하다. 이와 대조적으로 성폭력의 시각은 여성을 주체로 여성의 성적 자기 결정권을 인정한 개념이며, 맥두갈 보고서 이후 일본군 위안부를 국제사회에서는 성노예제로 표현하기 시작하였다.

164 정진성(2004).

165 한국여성유권자연맹(2000).

2005년 7월 6일 일본여성과 함께 하는 664차 수요시위(인터넷 한국여성단체연합)

Net Japan, the Violence Against Women in War-Net Japan와 한국의 정대협은 법정개정을 위한 본격적인 준비에 들어갔다.[166] 초국적인 이해에 대하여 개별 국가를 통하지 않고 민간단체가 직접 국제사회에서 그들의 이해를 호소하면서 연대활동을 전개해 나간 의미 있는 사건 중의 하나다.

이후 한국과 일본의 여성단체는 상호방문하며 의견을 교환했으며, 1999년 12월 일본, 필리핀, 대만의 시민단체가 서울을 방문하여 국제준비모임의 틀을 잡아 나갔다. 법정 준비과정에서 남북은 연대하여 공동기소장을 제출하는 등 남과 북 그리고 재일교포는 하나가 되어 협력하였다.

평화, 평등사회 건설을 위한 여성의 지역적 연대 지구화 시대 환경문제는 한 국가의 운동만으로는 해결될 수 없다. 전 지구적 연대가 필요한 분야 중의 하나가 환경문제다. 또한 환경문제는 가장 작은 지역 현안문제와 연결해서 지구적 연대를 할 수 있는 것이 특성이기

166 정진성(2004).

도 하다. 일상생활에서 매일 쏟아져 나오는 쓰레기와 산업 폐기물을 재활용하는 것뿐만 아니라 생산단계에서 친환경상품을 만들도록 하는 것에 이르기까지 규제하기 위해서는 자발적인 지구적인 연대가 필요하다. 이미 먹을 거리를 비롯하여 환경문제의 심각성을 인식한 주부들은 지역 현안을 지방의회에 청원하는 단계만이 아니라 지역적 · 지구적인 연대활동을 추진하고 있다.

아시아생협여성네트워크는 1999년 한국여성민우회, 대만주부연맹 환경보호기금회, 일본생활클럽 생협커뮤니티 등 세 단체가 모여 구성된 연대다. 이 단체는 지역 기반의 작은 현안을 하나하나 해결해 나가기 위한 여성운동을 목적으로 구성되었다. 2001년 3차 회의에서 '지속가능하고 평화로운 평등사회를 향한 아시아자매 공동성명'을 발표했다. 성명서에서 "환경, 건강, 노동권을 위협하는 신자유주의 세계화 반대, 생태적 농업을 위해 생산자와 소비자의 협력 강화, 유전자변형 식품에 대한 소비자 교육 강화, 유전자변형 위협에 대항하는 아시아지역 네트워크 구성, 가난과 분쟁 없는 사회, 생활 속 풀뿌리 민주주의 실현"을 위해 아시아 여성들이 연대하겠다고 다짐했다.[167]

전쟁을 반대하는 여성의 지구적 연대 역사에서 전쟁의 서술은 주로 전투 중심으로 기술된다. 과거 전쟁의 양상은 국가 간의 투쟁으로 끝났지만, 지구화 시대의 전쟁의 영향은 전 지구적으로 나타난다. 전쟁에서 여성과 소수자가 경험하는 전쟁의 폭력성은 역사 기술에서 거의 보이지 않았다. 지구화 시대 국가의 안보는 국가적 차원에서 이루어질 수 없다. 전쟁을 방지하고 평화를 지키기 위해서는 국가를 넘어선 새로운 안보개념이 등장하고 있으며, 그 중심에

167 여성신문 2001. 10. 25.

2004년 2월 27일 반전 여성캠프(인터넷 한국여성연합)

여성이 있다. 여성은 국가를 초월하여 반전과 평화를 주장하며 이를 위한 여성 연대를 구축해 나가고 있다.

2001년 9·11테러에 대한 미국의 이라크 공격에 여성단체가 반대하고 나섰다. 전쟁을 반대하는 새로운 '젊은' 여성 평화운동은 '여성의 입장에서, 여성의 이름으로, 여성의 관점에서' 전쟁을 반대하는 움직임으로 이어졌다.[168] 전쟁에서도 여성은 항상 국가나 승전국에 의한 동원 대상이었으며, 동등한 구성원으로 취급되지 않았다.

이제 강간과 성폭력 등 전쟁과 더불어 여성에게 가해지는 비극을 막기 위해 여성단체, 그리고 여성 개인은 바로 지구적으로 행동하기 시작했다. 평화를 원하는 여성주의자들의 모임은 2001년 WAWWomen Against War를 결성하였다. WAW는 한국에서 여성과 사회적 약자의 시선으로 전쟁반대 메시지를 전달하기 위해 여성들이 모였다는 의의 외에도 여성단체와 여성주의 인터넷 사이트, 여성

168 김애령(2005), 여성주의적 관점에서 본 한국사회 반지구화 담론: 한국여성평화운동, 한국여성연구원 편, 『지구화 시대 여성주의 대안가치』, 푸른사상.

언론, 그리고 뜻을 같이 하는 개인이 자발적으로 모여 활동하는 '새로운 여성연대체'의 가능성을 보여주고 있다. 즉 기존의 주류 시민사회 단체들의 연대방식과는 달리 단체와 개인이 서로 대등한 위치에서 자신이 원하는 방식으로 결합해서 활동하는 형태다. 10월 10일에는 전국 765개 사회단체가 공동주최한 평화대행진이 이어졌으며, 전쟁을 반대하는 여성연대는 10일 '1010건널목 시위'를 벌였으며 백여 명의 여성들이 아프간 여성들의 고통을 상징하는 검은 천을 두르고 집회에 참석했다.[169]

이와 같이 국가를 초월하여 연대할 수 있는 위안부 문제, 환경문제, 반전 평화운동 등을 중심으로 동아시아 지역의 여성운동은 상호 교류가 증대되어 여성운동의 장은 남북 간 여성연대의 장뿐만 아니라 지역적 · 지구적으로 확장되었다. 이제 여성 네트워크는 국가와 동등한 행위자로서 지구사회에 참여하고 목소리를 낼 수 있게 되었다. 여성은 단체를 통해서만이 아니라 개인 차원에서도 지구적인 영향력을 행사할 수 있는 단계에까지 왔다.

지구화의 패러독스, 더욱 강력해지는 국가

지구화는 거대한 통합과정이지만 통합의 이면에는 분화가 동시에 이루어지는 양상을 보여주고 있다. 아울러 국가 이외의 주요 행위자가 지구사회의 행위자로 동등하게 참여하지만, 그 속에서 국가는 여전히 강력하게 실재하고 있는 패러독스를 볼 수 있다.

지구화 시대 국가는 젠더체제와 관련하여 어떤 모습을 취해가고 있는가? 과연 국가의 주권이 약화되고 국가가 소멸되는 과정의 도상에 우리는 있는 것인가? 지구화 시대 개별 국가의 주권은 위로부터는 초국가적 조직과 국제규범 등 주요협약에 의해서 도전

169 여성신문 2001. 10. 4; 2001. 10. 11.

을 받고 있으며, 아래로는 국경을 넘어선 사회운동과 국가의 패권적 지배를 거부하는 개인과 집단의 고양된 능력에 의해 위협받고 있다.[170]

그러나 국가는 과거와 같은 절대적인 주권이 보장되지는 않지만 여전히 지구사회의 핵심적인 행위자로 강력히 존속하고 있다. 즉 국가쇠퇴설[171]보다는, 국가는 여전히 존재하면서 기업, 국제 조직, 다양한 시민 집단 NGO와 주권을 공유해[172] 나간다고 볼 수 있다. 국가는 지구화를 촉진시키거나 통제하는 과정에서 지구화의 핵심적 역할을 수행한다. 이러한 국가의 변화된 모습은 특히 여성과의 관계에서 두드러지게 나타난다.

베이징 세계여성회의의 행동강령은 관련 국가가 성주류화 정책을 채택하면서 젠더체제의 재편과정에서 강력한 역할을 하는 국가로 부상하는 결정적인 계기를 만들어 주었다. 예를 들어 일본의 경우 1987년 남녀고용평등법에 이어 1999년 성평등기본법을 제정하였다. 이는 성평등을 향한 국가적 · 지구적인 상호노력과 국가, 학자, 여성주의 관료femocrat 및 여성운동의 노력의 결실로 볼 수 있다. 특히 일본의 여성주의 네트워크와 기존의 여성단체들이 베이징 선언의 행동강령에 의해 베이징-일본책무회의Beijing Japan Accountability Caucus, Beijing JAC를 결성하여 정부에 압력을 행사한 결과다.

한국의 경우도 여성단체의 성평등을 위한 지속적인 노력으로 변모된 국가의 모습은 1995년 제4차 세계여성회의 이후부터 나타나기 시작했다. 베이징 행동강령을 채택한 직후 1995년 여성발전기본법이 제정되고, 이 법에 의해 국가와 지방자치단체는 남녀평등의 촉진, 여성의 사회참여확대 및 복지증진을 위하여 필요한 법적 · 제도적 장치의 마련과 이에 필요한 재원을 조달할 책무를 지

170 J. Rosenau(1990); Scholte(2000).
171 Ohmae(1995); Strange(1996).
172 Tololyan(1991); Krasner(2001).

게 되었다여성발전기본법 5조. 이로써 성평등의 책무를 진 국가는 여성정책을 실현하고 추진하는 강력한 행위자로서, 그런 점에서 더욱 강력한 실체가 되었다. 1998년부터 실시된 여성정책기본계획 역시 국가가 여성정책을 특별한 한 부문의 정책이 아니라 종합적인 정책으로 추진하겠다는 의지와 책무를 표명한 것으로 볼 수 있다.

이후 국가는 여성단체의 요구에 보다 더 응답적인 국가가 되면서 성주류화 정책을 채택하고 성평등을 위한 다양한 입법을 제정하고 관련 국가기구를 설립하기 시작하였다. 특히 2001년 수립된 여성부와 2003년 국회법의 개정에 의해 설립된 국회여성위원회는 국가와 여성 관계가 더욱 발전적으로 변모된 모습을 보여준다. 여성발전기본법 10조에 명시된 정책의 성별영향분석평가 역시 정부가 시행하는 모든 정책의 효과가 남성과 여성에게 동일하게 나타나도록 하여 남녀평등을 추진하려는 국가의 의지가 제도적으로 표현된 것으로 볼 수 있다. 아울러 아직 정부예산의 성인지적 편성을 위한 직접적인 법적 근거는 없지만 2002년 11월 8일 국회 본회의에서 정부의 '성인지적 예산편성 및 자료제출촉구결의문'을 채택하고, 2003년 들어 여성부가 '양성평등예산제도의 도입을 모색'하기 시작한 것도 성평등을 실현하려는 강력한 국가의 모습을 보여주는 것으로 볼 수 있다.

지구화의 진행으로 여성은 다층적인 공간 속에 놓였다. 다층적인 공간 자체가 지구화의 특성이기도 하다. 여성은 이제 국가의 규제를 받기도 하지만, 국가와 협상할 수도 있는 강력한 행위자로 부상하였다. 특히 지구화에 의해 전통적인 성별분리, 공사영역의 경계가 허물어지면서, 사적 영역에서 주변적 위치에 머물렀던 여성의 지위는 극복되고 있으며, 가부장적 젠더체제는 성별균형적인 제체로 재편되고 있다.

국가 역시 지구화의 물결 속에서 주권이 대내외적으로 침해받고 있고, 시민사회가 강화되고 국가와 대등한 다양한 행위자가 참여하여 주요 결정이 이루어지는 거버넌스가 통치원리로 작용하는 측면에서 볼때 국가는 상대적으로 약화되고 있다. 그러나 또 다른 한편으로 지구화의 재편과정 속에서 성평등한 젠더체제를 구축하기 위해 국가가 각종 상위규범인 국제협약의 지배를 받고, 국내적으로 성평등을 추구하기 위한 여성주의적 법제화와 정책을 실천해야 할 책무를 진 추진체라는 점에서 국가는 여전히 강력하게 존속할 것이다.

3장

여성과 사회

민주화를 위한 변혁의 대열에

1. 역사와의 화해, 상생의 역사로

역사는 진보하고 발전한다. 지난 20세기 역사는 남성과 여성이라는 성차에 근거하여 여성에게 고정된 성역할을 강요해 왔다. 케이트 밀레트Kate Millett가 성을 정치적 권력관계의 범주로서 언급한 바처럼 권력관계에서 '내부 식민지화'의 교묘한 형태가 유지되어 왔다. 지난 세기 이분법적 담론구도 속에서 남성과 여성, 국가와 사회는 갈등과 질곡, 분열과 차별의 역사를 만들어 왔다. 그러나 이제 우리 역사의 수레바퀴는 화해와 자율, 상생과 공유, 평등의 방향을 향해 굴러가고 있다. 이러한 역사의 흐름을 되돌릴 수는 없다. 21세기는 가정과 사회에서 여성도 남성과 동등한 권리를 갖고, 평등하게 대화하고 주도적으로 참여하는 새로운 시대여야 할 것이다.

20세기의 역사가 이성, 혁명, 권력, 지배, 독점, 경쟁, 소유로 상징되는 남성적 가치를 중시한 결과 약자에 대한 강자의 지배, 자연에 대한 인간의 지배로 점철되었다면, 21세기는 감성, 나눔, 보살핌, 소통, 배려, 섬김이라는 여성적 가치가 부각되고 있다. 이제 우리 사회도 '관계'를 중시하는 여성성을 회복시키는 작업이 필요하다. 사회경제 구조는 제조업에서 서비스업이 주도하는 형태로 바뀜에 따라 육체적 노동력이나 자본 대신 창의성과 감성이 차지하는 몫이 커졌고 여성의 비교우위가 점차 높아지고 있는 상황이다. 여성의 활동 폭이 넓어지고 대안세력으로 부상하면서 여성성의 가치가 새롭게 인식되고 있다. 이른바 3F Feminine, Feeling, Fiction로 상징되는 시대가 도래한 것이다.

21세기는 전통적으로 인식되어 온 남성과 여성의 경계보다는 개인의 정체성과 개성, 다양한 개인의 행위가 역사를 움직이는 결정적인 변수가 될 것이다. 이는 지난 100년 동안 우리 여성이 곳곳에서 끊임없이 노력해 온 결과이자 궁극적인 목표였다. 과거 여성의 존재는 주변화 되어 있어 겉으로 드러나지 않았다. 특히 전통적인 역사 서술에서 중요한 영역으로 간주된 정치사회사의 경우 여성들의 활동은 더더욱 주목받지 못했다. 사회 인식의 주체는 남성이고, 여성은 단지 남성의 대상으로서만 여겨졌기 때문이다.

> 역사에서 누락된 여성의 과거를 복원하고자 할 때, 먼저 관심의 대상이 되는 것은 과거의 여성들이 어떻게 살아왔으며, 오늘날의 불평등이 어디서 비롯되었는가다. 그러나 이런 과정에서 우리가 자칫 범하기 쉬운 오류는 여성이 역사 속에서 억압받는 위치에 있었다는 사실만 부각하는 것이다. 다시 말해서 여성사가 여성이 역사 속에서 수동적인 피해자로 머물렀다는 사실만 지나치게 강조한다면, 여성

사는 여성을 더욱 의기소침하게 만드는 데 기여할 따름이다. 그렇기 때문에 우리는 여성이 역사 속에서 행한 주체적이고 적극적인 역할을 발굴하여 알릴 필요가 있다. … 이제 우리가 할 과제는 역사 속에서 묻혀진 '주인으로서의 여성의 모습'을 혼신을 다해 찾아내는 일이다.[1]

한국정치사회사에서 여성들의 의견과 주장, 활동, 운동이 이제 하나씩 부활되고 있다. 제3장은 1980년대 이후부터 현재에 이르기까지 민주화와 통일을 위해 노력해 온 여성의 참여, 보다 평등한 세상을 위해 인권과 정의를 주장한 여성의 목소리, 그리고 평화와 소통의 디딤돌을 놓으려는 여성단체의 활동을 살펴 보았다.

민주화와 통일, 그리고 여성

1980년대 우리 사회를 관통한 키워드는 '민주화'와 '통일'이다. 전두환 정권 출범 이후부터 2005년 노무현 정권에 이르기까지 우리 사회의 본질적인 문제의식은 개인의 인권을 보장하는 실질적 민주주의의 완성이었다. 민주화란 권위주의의 기만, 허위 등 부정의 측면을 거부하고 정치 · 경제 · 사회적인 모순을 극복하기 위한 실천적 차원의 운동을 의미하였다. 그리고 사실상 완전하고 포괄적인 민주화는 성차별 문제와 불가분의 관계에 있다. 즉 군부독재를 타도하고 민주주의를 구현하는 데 남녀의 구분이 있을 수 없다는 점에서 민주주의는 모든 국민이 실질적인 주인이 되는 체제의 수립이며, 동시에 우리 사회의 뿌리 깊은 성적 편견과 차별로부터 여성을 해방시키는 일을 포함하는 것이었다.

한국 여성이 가정과 사회에서 경험하는 다양한 형태의 억압과

1 정현백(1993), 역사의 주인으로 서는 여성, 『베틀』 70, 2.

폭력은 남북분단이라는 사회구조적 상황과 그로 인한 군사문화의 잔존에도 그 배경이 있다. 사실상 한국 경제의 급속한 번영과 성장은 여성의 빈곤과 희생을 토대로 가능하였다. 여성을 가정이라는 울타리에 가두거나 언제든 쫓아낼 수 있는 소모품과 같은 값싼 예비 노동력으로 인식하였다. 또한 여성은 가정과 사회의 꽃으로 성적 대상물이 되거나 성희롱과 성폭력의 희생자가 되었다. 이러한 비민주적인 사회구조와 문화에 대해 여성은 저항하고 투쟁하였다. 특히 1980년대 들어 여성운동단체들이 지속적으로 제기해 온 성차별 문제는 가부장제 문화와 비민주적인 군사문화에 바탕하고 있어, 이를 극복하기 위해서는 무엇보다도 우리 사회의 민주화가 선행되어야 했다.

결과적으로 민주화와 통일을 위한 대장정에 여성운동도 민주운동과 민족운동의 일환으로서 자신의 위치를 정립해가기 시작하였다. 나아가 남성과 동등한 여성의 권리를 쟁취하기 위한 투쟁에 일부 엘리트 여성운동의 한계를 극복하고, 사회모순으로 고통당하는 여성 대중을 포함하고 그들의 진정한 해방을 위한 방향 속에서 운동의 정체성을 수립하였다. 또한 여성 스스로 자신에 대한 억압, 차별, 착취에 저항하여 주체적인 인간으로 바로 설 때 비로소 평등한 남녀관계가 이루어질 수 있으며, 여성운동이 실질적으로 발전해야 민족, 민주운동이 성공할 수 있다고 보았다.[2]

즉 진정한 의미의 민주화란 여성의 차원에서 보면 남성에게 종속된 것이 아니라 독립적인 인간이라는 점을 법적 · 제도적 차원에서 보장받는 것을 의미하며, 성과 관련한 모든 편견과 차별적인 담론들로부터 자유롭게 해방되는 것을 말한다. 따라서 성차별 문제를 배제한 사회개혁과 문제해결은 이런 의미에서 절반의 해

2 『베틀』 33, 1988. 12. 4

결책이며 미완성의 민주화일 뿐이다. 1990년대를 전후하여 여성운동은 여성의 일상적 삶에 자리 잡은 보다 구체적인 이슈들에 접근하면서 우리 사회의 실질적인 민주화를 구현하고자 하는 것이었다. 민주화와 더불어 시민사회가 확대되고 소수자의 인권이 존중되면서 그동안 묻혀 있던 여성 관련 쟁점들이 중요하게 부각되었다. 그 과정에서 여성운동은 다양화되었고 질적 변화를 이루었다. 사회적 현안에 대한 여성의 관심과 참여는 민주주의가 자리 잡는 데 기여하였고, 동시에 여성의 삶에도 실질적인 민주화가 구현되는 방식으로 진전되었다.

한편 이 시기를 통해 주목해야 할 측면은 분단과 통일에 대해 여성 스스로 역사의 고리를 풀어보려고 노력하기 시작하였다는 점이다. 탈냉전 이후 급속히 증가한 탈북자들과 베를린 장벽이 무너지고 동서독이 통일에 이르는 과정을 지켜보면서, 여성은 분단과 통일의 문제를 보다 진지하게 성찰하기 시작하였고, 그를 위한 구체적인 행보에 들어가게 되었다. 민주화가 진행되면서 국가가 보다 연성화 되고 상대적으로 시민사회가 점차 파워를 갖게 되면서, 여성운동도 정치사회문제에 대해 시민단체들과 함께 목소리를 낼 수 있었다.

평등 · 인권 · 정의를 향한 목소리

> 성감별과 여자아이 낙태, 성폭력 범죄율 세계 2위, 직장 내 성희롱 만연, 가부장제 악습을 유지 · 재생산하고 있는 호주제도, 성차별적인 여성 우선해고, 여성의 비정규직 확대 등 이것이 우리나라 여성 인권의 현주소다. 국내 여성의 인권문제는 세계적 이슈가 될 정도로

기본적인 것들조차 해결되지 않고 있다. 따라서 한국에서도 인권분야에 성인지적 측면을 통합해 정책을 수립, 실행해야 한다.[3]

"한 사회의 문화 척도를 측정하는 가장 좋은 방법 중의 하나는 그 사회의 여성인격에 대한 사회적 인식의 정도에 달려 있다."[4] 그 동안 문화와 관습이라는 이름 하에 불합리한 점들이 합법적으로 유통되는 가운데 우리 여성의 인권과 평등의 문제를 논하는 것은 사실상 불가능하였다. 남성과 여성이 독자적인 개인으로서 정체성을 인정받기보다는, 남성우위의 의식이 팽배하고 여성에 대한 편견과 차별은 가정과 사회생활에서 여성을 끊임없이 옭아매었다. 가족법개정운동을 비롯하여 그 동안 전개해 온 여성운동의 핵심은 사실상 헌법에 명시된 평등과 인권, 정의를 실제 현실에서 구현하라는 당연한 요구였다.

일제 강점기 이후 한국전쟁과 민족분단, 냉전 이데올로기에 기초하여 세워진 군사통치체제와 국가 주도 하에 진행된 수출위주의 경제개발정책 등으로 인해 일반적으로 우리 사회의 인권에 대한 인식은 척박하기 그지없었다. 더구나 여성 인권의 문제는 거의 주목받지 못했다. 그러나 우리 사회에 존재하는 다양한 차별을 타파하려는 민주화 운동이 진행되면서 성편견과 차별을 허물기 위한 노력으로 여성이 제기한 인권과 평등의 문제에 힘이 실리기 시작하였다. 특히 가부장제 하에서 암묵적으로 참고 견뎌야 했던 성희롱과 성폭력, 가정폭력과 같은 문제들이 사회의제화 된 점은 그 의의가 크다. 더구나 호주제폐지를 관철시키기 위해 50여 년 동안 줄기차게 노력해 온 여성계의 노력이 2005년 드디어 결실을 맺었다.

3 남인순, 갈 길 먼 여성인권, 중앙일보 2000. 8. 18.
4 정우식(1983), 12.

광복 이후부터 가족법개정운동은 성평등의 측면에서 계속하여 목소리를 높여 왔다. 또한 여성에게 가해졌던 성희롱과 성폭력 문제는 인간다운 삶을 파괴하는 것으로 인권과 정의라는 이름으로 극복되어 왔다. 보다 정의로운 사회문화를 형성하기 위한 시민들의 관심과 지원을 받으면서 이러한 문제들은 하나씩 해결되어 갔다. 이 시기에 들어와 비로소 여성운동은 법과 제도적 차별에 대한 문제제기를 넘어서 의식과 문화의 벽에 도전하였다.

유엔 여성인권보고회의 때마다 한국은 늘 단기간에 비약적으로 여성인권을 향상시킨 나라로 주목받곤 한다. 사실상 국내의 어떤 사회운동보다 여성운동은 역사가 깊고 관련 여성단체만 해도 4천여 개가 넘을 정도로 많다. 그러나 여성단체가 양적으로 확대되고 남녀평등과 관련한 법이 제정되고 제도가 도입되는 것만으로 저절로 여성의 인권과 남녀평등이 확보될 수 있는 문제는 아니었다. 여성운동은 여성이 남성과 대등한 존재라고 인정하는 깨어 있는 의식을 확산시키고, 우리 사회에 내면화된 문화적 장벽을 무너뜨리는 것에서 다시 출발할 필요가 있다.

평화와 소통을 위해

"마지막 해방은 노동해방도 아니고, 민족해방도 아니며 결국 여성해방이 될 것이다"라는 말처럼, 아마도 21세기 사회운동의 최대 이슈는 여성운동이 될 것이다. 20세기 역사 속에 가려진 여성문제에 주목하고 천착할 때 21세기를 발전적으로 지향하기 위해 선결해야 할 문제들을 발견하게 된다. 그 중의 하나가 일제 강점기의 희생양이었던 일본군 위안부 문제, 또 하나가 남북분단의 그늘로 이질화 되면서 우리 사회와 깊은 간극을 보이고 있는 북한 여성의 문제다. 1990년대 들어 여성단체는 이러한 문제가 해결되지 않고서는 우리 사회의 진정한 평화와 소통이 불가능하다는 공감대를 형성하고 관심을 갖기 시작하였다.

한국정신대문제대책협의회가 발족되고 '아시아의 평화와 여성의 역할'이라는 이름으로 남북한 여성 대표들이 만나고 질곡과 갈등의 역사를 극복하고 화해하고 소통하고자 하는 노력이 다양하게 전개되었다. 일본군 위안부 문제는 한국의 여성운동과 민주화운동의 성장 속에서 최대 이슈가 되었다. 여성의 성적 침해는 인권침해라는 여성운동의 접근이 일본군 위안부 문제에 대한 국내외의 여론을 움직였고, 이 문제의 사회화를 가능하게 하였다. 비로소 한국 사회가 뒤늦은 관심을 표명하게 되었고 정신대 할머니, 탈북 여성, 북한 여성의 문제를 풀기 위한 단체를 조직하고 적극적으로 외부세계에도 이 문제들을 알리면서 국제사회와 실질적인 연대를 구축해갔다. 일제 강점기와 남북한 분단 상황이 가져온 불행했던 지난 역사에서 이들 소수 주변화 된 여성 인권을 확보하고 삶을 복원하기 위한 여성단체의 노력은, 그 동안 우리 사회가 이 문제에 무관심했던 것들에 대한 반성과 성찰의 계기를 제공해 주었다.

이에 1980년대를 지나 현재에 이르기까지 20여 년의 세월 동안 한국사회에서 과연 여성은 무엇을 지향하며 노력해 왔는가를 여성단체의 중심 활동을 통해 조명해 보고자 한다. 민주화와 통일이라는 시대적 과제에서 여성이 무엇을 고민하고 어떻게 참여해 왔으며, 결과적으로 우리 사회의 평화와 소통을 위해 어떠한 노력을 전개해 왔는지 살펴볼 것이다. 또한 21세기 지식정보화 사회, 인터넷 시대를 맞이하여 여성이 온라인으로 운동 영역을 확장하면서 사이버 상에 새로운 여성 활동 거점을 마련한 것에 주목하고

자 한다. 여성운동은 이제 평화와 소통을 위한 중장기적 목표와 방향에서 움직이고 있다. 국내외의 경계를 허물며, 남성과 여성의 화해와 소통을 추구하며 남북한 간, 한일 간 여성이 그늘진 역사를 벗어나 평화와 연대를 구축하고 있다는 사실은 21세기를 향한 중요한 진전이다.

2. 억압과 착취의 종식, 변혁적 사회운동에의 참여

1980년대는 신 군부정권의 등장에 대한 반동으로 민주주의와 변혁을 꿈꾸는 진보적인 운동세력에 의해 급진적인 이데올로기가 유입되었다. 민주화를 외치면서도 사실상 민주적인 수단이나 방법이 아닌 화염병과 최루탄이 난무하면서 급진적인 구호가 거리를 뒤덮었다. 유신체제에 항거하는 사회운동이 1980년대 들어 제도정치 대신에 운동정치로 나아가면서 압축성장으로 인한 급속한 경제발전의 모순이 지적되었고, 보수 세력에 대결하는 대립적인 형태로 민중운동이 활성화되면서 장외투쟁이 일상화되었다. 특히 5·18민주화운동으로 사회운동은 노동자, 농민 등이 주체가 되는 민중운동의 형태로 정립되었다. 또한 1980년대 중반부터 각 부문별 운동이 활성화되고 성장하였다. 한국경제가 권위주의적인 고도성장을 경험했다면, 이 시기를 기점으로 사회운동도 반독재 민주화운동의 과정에서 압축형 성장을 경험하였다. 거역할 수 없는 시대정신이 된 민주화를 신군부의 이름으로 되돌리려 했던 그 시기 우리의 사회운동은 더욱 혁명화 되고 이념적으로 급진화 되었다.[5]

1980년대는 변혁적 사회운동 측면만이 아니라 여성운동사에

5 조희연(1998), 대한민국 50년, 1948년 8월 그리고 50년: 사회운동—길고 긴 투쟁, 민주화 토대 마련, 중앙일보 1998. 8. 27.

이천만 여성, 억압하는 군부독재 타도(『베틀』 24, 1987. 12)

있어서도 중요한 전환점이 되었다. 여성 대중의 이해와 직접적인 연관이 없이 여성의 일상과 유리된 소수 명망가 차원의 여성운동을 지양하고, 여성 대중이 주체가 되는 운동으로 물줄기를 바꿨던 시기다.

> 해방 이후 여성운동은 중상류층 여성 중심의 여가선용적, 봉사적 차원의 운동이 정부에 의해 장려되었고, 그 결과 여성운동은 자체의 이념이나 운동론은 부재한 채 청원형식의 운동에 매몰되어 있었다. 반면 70년대에 들어 경제성장의 그늘 아래 고통 받아오던 여성노동

자, 농민의 문제가 제기되었고 기존의 여성운동에 비판적 인식을 가지는 여성들이 출현하였다.[6]

일반적으로 사회운동은 '무엇이 무엇을 억압하고 궁극적인 억압의 원인이 어디에 있는가'에 대한 권력의 문제를 파악하고 구체적인 행동방법과 전략을 통해 그 성격을 드러내는 것이다. 사회운동의 정점인 1987년 6월 민주항쟁은 군부정권의 본질을 지적하면서 시민의 힘으로 민주주의로의 본격적인 이행을 쟁취했다는 데 그 의의가 있다. 시민의식이 고양되면서 사회운동은 선도적인 민주화 투쟁으로, 대중적인 방식으로 발전되면서 비로소 국가에 의미 있는 변화들이 나타났다.

민주사회로의 본 궤도에 접어들면서 그동안 상대적으로 별반 논의되지 않은 약체 의제였던 환경 · 교통 · 부패 · 지방자치의 문제가 제기되었고, 여성 · 노인 등 소수자의 인권 문제가 우선순위로 떠오르면서 재조명되기 시작하였다. 특히 1990년대 전후에 출현한 많은 시민단체는 합법적인 방법을 활용하여 그 동안 반독재라는 시대적 과제에 가려져 있던 문제들을 쟁점화 함으로써 국민의 주목을 받았다. 여성운동도 민중 여성을 의식화하고 하나로 묶어내는 일의 중요성을 인식하면서 변혁운동의 한 부분으로서 자신의 위치를 정립하고자 노력하였다. 우리 사회의 민주화 물결과 맞물려 민중여성의 생존권과 노동권을 확보하기 위해 여성단체도 변혁적인 여성운동의 방향을 잡아나갔다.

이천만 여성 단결하여 군부독재 끝장내자

1980년대 변혁운동의 좌표가 민족민주운동으로 설정되고 각 부문

6 1980년대 여성운동의 전개 과정—이념적 기초의 확립과 연대운동으로의 발전, 『민주여성』 5, 1988. 6. 30.

별 운동역량이 성장하면서 여성운동은 실질적인 민주화의 문제에 주목하였고, 이를 '성'과 '계급'의 측면과 결합시키고자 하였다. '군사독재 타도'라는 단일 투쟁의 목표를 설정하되, 각 여성단체의 과제보다는 이를 초월하여 연대투쟁의 형태로 힘을 쏟았다. 이러한 특징은 당시 긴박했던 사회상황이 낳은 결과였다.

> 지난 6월 우리는 '호헌철폐, 독재타도'라는 간명한 구호 아래 모인 광범위한 대중과 더불어 가열찬 투쟁을 경험했다. 그 결과로서 헌법은 개정되었다. 물론 개헌 내용은 그 치열한 투쟁의 결과물로서는 미흡하기 짝이 없지만, 그나마도 압축되었던 두 가지 요구 중 한 가지, 즉 '호헌철폐'만을 획득했을 뿐이다. '독재타도'라는 보다 큰 요구는 아직 미해결의 과제로서 앞으로 있을 선거과정을 통해 쟁취되어야만 한다.[7]

5·18민주화운동의 과정에 여성들 역시 대거 참여하였다. 새로운 진보적 여성단체가 결성되기 시작하면서 여성운동과 전체 사회운동과의 관계를 어떻게 설정해야 할 것인가의 문제가 제기되었다. 1980년 여신학자협의회, 1983년 여성평우회, 여성의전화, 1984년 또하나의문화, 1986년 기독여민회 등 지식인 중심의 여성단체가 여성해방을 강조하는 동시에 민주화와 통일, 노동자와 농민 여성의 생존권과 인권을 주장하기 시작하였다. 이어 1987년 특정 계급이나 계층을 넘어서는 운동단체로 여성민우회가 등장하면서 직장에서의 성차별과 부당한 대우에 대해 적극적으로 문제를 제기하고 직장 여성을 위한 모성보호 운동과 사무직 여성노동, 주부운동에 이르기까지 활동영역을 넓혀갔다.

7 『베틀』 24, 1987. 12. 3.

위 | 폭력테러, 공권력 투입을 규탄한다(『베틀』 38, 1989. 5)

옆 | 여성해방 대동굿: 평등한 삶의 새날을 향해(『베틀』 42, 1989. 10)

이들은 여성운동의 주체를 민중여성에게 두고 여성운동이 "전 여성의 인간화 운동으로, 우리가 속한 사회의 비인간적 요소를 타파하려는 총체적 운동"으로 자리매김할 것과 "통일을 향한 민주의지를 토대로 여성으로서의 정치적 · 사회적 · 경제적 불평등을 타파"하기 위해 여성운동을 전개할 것임을 천명하였다. 또한 여성문제의 본질을 '여성이라는 생물학적 차이를 이용하여 지배계급이 여성의 노동력을 착취하는 것'으로 규정하고, 독재정치 집단과 독점 재벌이 민중을 착취하는 수단으로서 여성에 대한 차별을 강화하는 것으로 인식하였다. 즉 "자본과 외세의 요구를 반영하여 독재정치 집단은 한편으로는 현모양처 이데올로기를 유포시키고, 또 다른 한편으로는 여성의 지위향상을 운운하며 여성을 정치적 보수 세력으로 묶어 놓고 있다"고 비판적으로 인식하였다. 따라서 여성운동의 적대세력은 독점자본과 독재정치 집단 등 지배세력으로서, 이들을 타파하고 진정한 민주화를 가져오는 여성운동의 주체는 결국 민중여성이 될 수밖에 없다고 보았다.

그 결과 1985년 3월 8일 서울YWCA에서 열린 '세계 여성의 날' 기념행사 및 제1회 한국여성대회에서 이른바 민족 · 민주 · 민중과 함께 하는 여성운동이라는 진보적 여성운동의 방향이 천명되었다. 다음은 선언문의 일부다.

- 민족분단의 고착화와 한반도의 핵전략 기지화를 반대하며 대외종속적 정치, 경제, 군사정책을 시정해야 한다.
- 사회 전반의 민주화와 여성들의 정치의식이 고양되어 군부통치의 장기화를 종식시키고 대통령 직선제, 언론기본법, 집회 및 시위에 관한 법률을 개정해야 한다.

● 여성에게 불리한 가족법이 개정되고, 취업, 승진, 정년의 불평등이 시정되며, 이러한 불평등을 정당화시키는 가부장적 차별의식이 종식되어야 한다.[8]

우리 사회 민주화 활동을 추진하기 위해 여성단체를 새롭게 조직하고, 앞으로 여성운동의 과제가 제도적 · 문화적 · 의식적 성차별을 제거하고 여성의 복지와 생존권 보장에 나설 것임이 강조되었다.

특히 1985년 여성노동자생존권대책위원회가 구성되어 여성노동자에게 가해지는 폭력, 해고의 문제점을 일반 시민에게 알리고, 청년활동가와 여성노동자들이 주축이 되어 여성사회운동에의 관심을 촉구하며 함께 투쟁을 전개해 나갔다. 이러한 상황에서 1986년 발생한 부천경찰서 성고문 사건은 여성운동의 커다란 전환점이 되었다. 여성의 성을 고문의 수단으로 삼은 군사독재정권의 반인륜적인 폭압에 맞서, 여성대중에게 군부 독재정권의 실상과 본질을 적나라하게 보여주면서 자연스럽게 정권타도를 소리높여 외치게 하였다. 여성단체는 부천서 성고문 대책위원회를 종교단체와 민주사회단체들과 함께 구성하고, 주도적으로 이 대책위원회를 이끌어 가면서 반군사 독재 투쟁을 시작하였다.

또한 한국교회여성연합회는 민주화 시위 과정에서 숨진 이한열의 죽음을 애도하며 1987년 '최루탄추방기도회' 등을 개최하는 등 최루탄 추방운동을 전개하였다. 그들은 독재체제가 최루탄의 사용빈도와 정비례한다고 주장하며, 국민의 민주화 열기를 수렴하지 못하는 당시 정부의 한계와 평화적 시위가 보장되지 않는 사회의 구조적인 문제점을 지적하였다. 또한 최루탄 성분 가운데 여

8 『베틀』 8, 1985. 3. 11.

주요 여성운동 단체

한국여성단체협의회 02-794-4560 (모두 42개 단체임)

단체명	전화	단체명	전화
대한간호협회	02-2279-3618	대한민국재향군인여성회	02-417-1383
한국여학사협회	02-993-2378	한국자수문화협의회	02-3445-5366
가톨릭여성연합회	02-778-7543	한·일여성친선협회	02-2273-7645
전문직여성클럽한국연맹	02-704-2284	한·중여성교류협회	02-452-9277
한국여성항공협회	02-563-4800	한국여성불교연합회중앙본부	02-738-5586
대한미용사회중앙회	02-585-3351	천도교여성회본부	02-732-6867
한국우먼스클럽	02-928-4634	한국여성정보인협회	02-3662-9417
국제존타한국연합회	02-461-9018	대한여성과학기술인회	042-860-7663
대한약사회여약사회	02-581-1201	한국여성세무사회	02-522-8313
한국식생활개발연구회	02-833-1623	한국여성발명협회	02-476-4600
대한영양사회	02-842-2466	한미몬테소리협회	02-646-3305
대한치과위생사협회	02-332-0914	한국여성농업인중앙연합회	02-3401-9204

한국여성단체연합 02-2273-9535 (모두 28개 단체임)

한국여성민우회	02-737-5763	성폭력예방치료센타	0652-283-9647
한국여성의전화연합	02-2269-2962	여성사회교육원	02-2278-7705
한국성폭력상담소	02-576-5513	전국여성농민회총연합	02-529-6349
평화를만드는여성회	02-2264-8649	충북여성민우회	0431-263-8124
참교육을위한 전국학부모회	02-790-3153	한국보육교사회	02-2275-8505
경남여성회	0551-282-9605	한국여성노동자협의회	02-708-4620
기독여민회	02-2265-7957	한국여성연구소	02-887-8198
부산성폭력상담소	051-513-2476	한국여신학자협의회	02-2275-7754
새세상을여는천주교여성공동체	02-747-2442	함께하는주부의모임	063-425-7701
새움터	0351-867-4655	경기여성단체연합	0343-383-6808

대한YWCA연합회 02-774-9702~6 (54개 지부)

한국가정법률상담소 02-780-5688~9 (26개 지부)

가족법·성폭력특별법·남녀차별 금지법…

'평등사회' 만들기 견인차

NGO 지도 ④ 여성운동단체

박순천·이태영·이우정씨등 한국 '우먼파워'의 산실

유엔 여성인권보고회의 때마다 한국은 주목을 받는다. 단기간에 비약적으로 여성인권을 향상시킨 나라로 꼽히기 때문. 국내 어떤 운동보다 역사가 깊고 관련단체도 많은(4천여개 추정) 여성단체들의 헌신적 활동이 이끌어낸 결실이다.

해방과 동시에 여성들은 건국부녀동맹·애국부인회 등을 결성해 정치에 참여했다. 1959년에는 여성계 최대 단체의 하나인 한국여성단체협의회(여협)가 설립됐다. 해방 직후에는 여성계몽운동·사창가 폐지운동 등을, 60년대 말까지는 전쟁재해민 구호·축첩자 추방운동 등을 폈다.

직능단체 주축의 활동을 하는 한국여성단체협의회와 별도로 87년엔 사회 '운동'을 강조하는 진보적 성향의 한국여성단체연합(여성연합)이 탄생, 여성계는 양대산맥 구도가 됐다. 이효재(李效再)·이우정(李愚貞)·박영숙(朴英淑)씨 등이 여성연합의 회장·부회장을 거치며 여성운동의 전기를 만들었다.

또하나 한국의 여성운동을 말하면서 빠뜨릴 수 없는 것이 한국가정법률상담소. 이태영(李兌榮)이라는 독보적 인물에 의해 뿌리내린 이 상담소는 해방 후 여성계 최대 성과로 꼽히는 가족법 개정을 이뤄냈다. 李박사는 평생을 가족법 개정운동에 쏟아부었다. 마침내 89년에는 호주상속제를 호주승계제로 바꾸고, 이혼한 여성도 친권을 가질 수 있으며, 이혼 배우자가 재산분할청구를 할 수 있게 하는 등 남녀차별 조항을 대폭 개선한 가족법의 국회 통과를 이뤄냈다. 그 연장선상에서 올해 여성단체들은 '호주제 폐지'를 최대 목표로 공동 활동을 펴고 있다.

최근 여성계가 이뤄낸 성과는 크다. 대통령직속 여성특위가 올해 초 '남녀차별 금지법'을 통과시키고 노동부에서 성희롱 지침을 만들기까지에는 여성계의 막강 파워가 자리하고 있다. 성폭력특별법(93년)·가정폭력방지법(97년)도 그런 성과다.

이제 여성운동계는 '여성의 주류화'를 목표로 힘을 모으고 있다. 여성이 남성과 같이 주류의 대열에 서는 사회를 이루겠다는 것이다.

이경선 기자 <kyoung@joongang.co.kr>

주요 여성운동단체(중앙일보 1999. 5. 8)

성의 건강을 해칠 수 있는 성분이 있다는 점을 들어, 특히 산모와 태아에 미칠 수 있는 부정적인 영향과 후유증 발발의 가능성을 지적하였다. 즉 정부가 최루탄 피해자의 무료치료를 해줄 것을 촉구하며 최루탄 발사가 중지될 때까지 계속 최루탄추방운동을 전개할 것임을 결의하였다.

그 때까지 관변단체적이고 봉사활동이 주요사업이었던 여성단체의 활동이 1980년대를 기점으로 사회문제에 목소리를 높이고, 이와 연관된 여성 문제를 주요 이슈로 부각시키면서 여성운동은 새로운 장을 열어나갔다. 또한 1970년대 반독재 투쟁에 참여했던 진보적인 지식인 여성과 여성노동자, 농민이 1980년대 여성운동조직의 출범과 확산에 주요한 원동력이 되었다.[9] 그 동안 직능

9 이상화(1998), 군 위안부 문제의 사회문제화 배경과 그 의미, 고대 대학원 신문 1998. 5. 4.

단체가 주축이 되어 활동해 온 '한국여성단체협의회'와 별도로 1987년 사회 '운동'을 강조하는 진보적인 성향의 '한국여성단체연합'이 탄생하면서 여성운동은 양대 산맥 구도가 형성되었다.

민주여성, 전국을 묶다

1987년 전국 21개 단체가 연합하여 여러 지역에 지부를 둔 거대한 여성조직인 한국여성단체연합이 출범하면서 여성운동의 새로운 지평을 열었다. 이전 4년 동안 '여대생추행사건대책위원회', '성도섬유 불매운동', '25세 여성조기정년제 철폐를 위한 여성단체연합', '성고문 대책위원회' 등과 같은 여성단체의 연합 활동이 토대가 되어 민주화와 여성운동을 동시에 발전시키기 위한 새로운 연대의 틀로서 '한국여성단체연합'이 발족되었다. 한국여성단체연합의 회칙에 명시된 목표를 보면 이들은 "여성운동 세력 간의 조직적 연대를 이루어 나가며, 사회의 민주화와 자주화, 여성해방을 쟁취함을 목적으로 한다"고 강조하고 있다. 즉 올바른 여성운동은 남성과 동등한 권리를 획득하는 것만이 아니고, 오히려 제반 여성의 억압 현실을 만들어내는 사회구조 자체의 변혁을 목적으로 해야 한다고 본 것이다. 당시 우리 정치사회 현실을 타파하기 위해 한국여성단체연합에서 추진하는 여성운동은 민족의 자주화를 이룩하기 위한 반외세 투쟁과 정치적 억압으로부터 민주주의와 남녀평등을 쟁취하기 위한 민주화 투쟁, 그리고 인간답게 살 권리를 쟁취하려는 생존권 확보투쟁이었다.

이에 한국여성단체연합은 특히 민족민주운동에서 여성운동의 구심체로서 여성의 정치의식을 고양하고 여성노동자와 여성농민의 생존권 투쟁을 지원함으로써 기층민중의 운동력을 강화하는

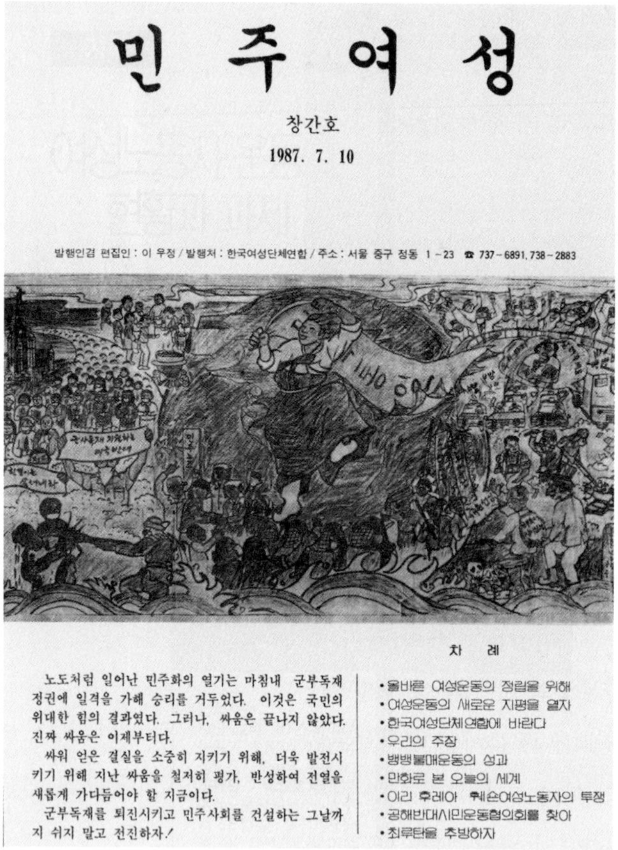

민 주 여 성

창간호

1987. 7. 10

발행인겸 편집인 : 이 우정 / 발행처 : 한국여성단체연합 / 주소 : 서울 중구 정동 1-23 ☎ 737-6891, 738-2883

노도처럼 일어난 민주화의 열기는 마침내 군부독재 정권에 일격을 가해 승리를 거두었다. 이것은 국민의 위대한 힘의 결과였다. 그러나, 싸움은 끝나지 않았다. 진짜 싸움은 이제부터다.

싸워 얻은 결실을 소중히 지키기 위해, 더욱 발전시키기 위해 지난 싸움을 철저히 평가, 반성하여 전열을 새롭게 가다듬어야 할 지금이다.

군부독재를 퇴진시키고 민주사회를 건설하는 그날까지 쉬지 말고 전진하자!

차 례

『민주여성』 창간호 표지(1987. 7)

작업에 중점을 두었다. 이를 위해 군부종식을 위한 여성유권자대회와 민주시민 대동제를 개최하고 최루탄추방운동과 같은 반정부 민주화 투쟁에도 적극적으로 참여하였다. 또한 평화위원회를 신설하고 인신매매 및 매매춘문제특별위원회를 구성하여 여성의 인권을 수호하기 위한 노력을 체계적으로 진행해 나갔다.

특히 1987년 6월 민주화투쟁의 결과로 맞이한 선거정국에 즈음하여 한국여성단체연합은 새로 개정되는 헌법에 여성의 권익을 보장해야 할 필요성을 느껴 '민주헌법을 위한 여성정책협의회'를 열었다. 양성평등의 헌법적 보장을 위해 새로운 조항을 신설할 것과 차별 조항의 변경을 요구하고, 그 외에도 언론기본법의 폐지, 매춘금지조항, 노동삼권의 완전한 보장, 노동재판소 설치 등을 주장하였다. 한국여성단체연합은 국민운동본부가 준비하고 있는 헌법개정안에 이를 반영하면서 하위법 관련 토론회를 통해 일반 법률에서 여성의 권익을 보장할 수 있도록 명문화하는 노력을 전개하였다.

민주화 요구와 더불어 창립된 한국여성단체연합은 여성문제의 근원이 우리 사회의 총체적인 모순구조가 빚은 억압과 종속에 기인하기 때문에 궁극적으로 지배 구도가 타파되지 않으면 진정한 여성해방이 이루어질 수 없음을 지적하였다.

> 여성문제란 한 사회구조 내에서 그 사회의 기본 모순이 '성'을 매개로 하여 발현되는 문제인데, 종종 이를 '성'의 문제로만 혹은 '계급'의 문제로만 인식하는 경향이 있었다. 어느 입장인가에 따라 운동의 내용과 방향은 판이하게 달라진다. 대체로 계급모순을 인식하지 못하거나 무시하는 계층의 여성들은 여성문제를 제도, 관습, 편견 등 가부장제 이데올로기에 의한 성차별의 문제로만 파악하여, 체제 내의 개량을 위해 노력한다. 전체 사회구조의 분석에 입각해 여성운동을 위치 지우려는 시각이 결여된 이 시각은 여성의 특수한 이슈에 실천을 집중하며 따라서 전체 민중운동의 방향과 실천에의 참여는 여성운동이 아닌 것으로 규정한다. 노동운동이나 농민운동에서 여성노동자, 농민이 자체의 계급운동에 입각해 여성으로서의 요구를 제기해 나가고 있음에도, 이 흐름은 이를 애써 무시한다.[10]

이처럼 당시 진보적인 여성운동은 남성에 대한 투쟁이거나 여권확장운동이 아니라 우리 사회의 모순구조를 해결하려는 변혁운동의 차원에서 접근하고 있었음을 볼 수 있다. 이러한 맥락에서 여성운동은 당시 사회운동의 과제였던 자주, 민주, 통일을 실현하기 위한 문제와 맞물려 있었으며, 여성문제의 해결을 위해 여성대중을 변혁주체로 형성한다는 과제를 안고 있었다. 이러한 문제의식에 따라 여성단체도 역시 '반외세 자주화', '반파쇼 민주화'를 주창했다.

10 『민주여성』 5, 1988. 6. 31.

3. 민주화, 대중과 더불어

여성운동의 통일과 분산

1980년대 진보적인 여성단체가 조직되면서 여성운동은 보다 다양한 이념적 스펙트럼을 보였다. 진보적인 여성운동은 특히 민중여성을 차별하고 착취하는 우리 사회의 총체적인 모순 구조를 타파하면서 자주화와 민주화, 통일의 시대를 열어 진정한 여성해방을 쟁취하겠다는 방향성을 명확히 하였다. 동시에 여성의 특수한 이해와 권리를 관철시키기 위해 다양한 계층의 여성을 의식화, 조직화하고자 하였다.

여성운동은 1987년을 기점으로 통일과 분산의 양상을 보였다. 예컨대 여성노동자, 여성농민, 가정주부 등 여성운동의 주체가 광범위하게 형성되었고, 그 과정에서 각 계급, 계층 내에 여성문제가 현실로 노출되었다. 전체 사회운동에서도 여성의 움직임이 활성화되면서 노동운동에서 여성노동자운동이, 농민운동에서 여성농민운동이 분화되어 갔고 시민운동 차원에서 주부운동이 활발해졌다.

1987년 7, 8월의 투쟁을 거치면서 자발적인 여성노동자의 투쟁이 생산직, 사무직 모든 영역에서 활발히 전개되었고, 이것을 목적의식적으로 발전시켜 나가려는 여성단체의 지원도 적극적이었다. 기독여민회1986. 7, 한국여성노동자회1987. 3, 여성민우회1987. 9, 인천 나눔의 집1987. 1 등이 그 핵심적인 역할을 담당하였다. 여성농민 역시 수세거부운동, 쌀생산비보장운동, 공정선거감시운동, 의료보험거부운동, 부정선거고발대회, 농협민주화운동 등에 적극적으로 참여하면서 농민으로서의 주체성을 높여 갔다. 주부운동 역시 시민운동으로서의 발전가능성을 보여주었고 교육운동, 환경운동, 소비자운동 등과 연결되면서 그 활동이 두드러졌다.[11]

또한 이제는 여성운동이 중앙에서만 진행되는 것이 아니라 지방과의 긴밀한 연계를 갖고 움직여 나갔다. 서울뿐 아니라 각 지방에도 단체가 결성됨에 따라 여성운동의 전국화가 가능해졌다. 1980년대 결성된 지방 여성운동단체의 구성배경은 민주화운동의 확산과 학생운동에서 배출된 핵심역량의 축적을 통해서 가능했다. 그들은 지역 여성문제를 상담하고, 교육하며 생존권 차원의 문제를 적극 지원하는 등의 활동을 전개하면서 사회운동단체와 밀접하게 연대하였다.

여성의전화 첫 지부로 개원하는 인천여성의전화(『베틀』 77, 1994. 2)

> 인천지역에도 여성운동의 구심체가 굳건히 서서 여성운동을 힘있게 이끌어 나가야 할 중요한 시기라고 생각합니다. '여성의전화'도 적극적이고 강한 참여자세와 추진력을 바탕으로 지역 내 여성단체와 연대해서 여성운동의 공감대를 형성해 나가야 하며, 계층적인 연대보다 이념적 연대를 먼저 이루어 진보적인 여성단체로서의 여성의전화 모습과 역할을 담당해야만 합니다.[12]

마지막으로 여성운동의 통합이라는 측면에서 여성운동 세력의 정치적 요구를 통일적으로 관철시켜 나가는 구심체로서 한국여성단체연합이 결성되었다. 이처럼 여성 대중조직이 확산되면서 여성운동의 대중화, 전국화, 연대화가 이루어졌다. 또한 각 단체의

11 이승희(1988), 88년 한국여성운동의 동향, 『베틀』 통권 33, 1988. 12. 4~5.
12 『베틀』 79, 1994. 4. 3.

전문화가 추진된 것은 연대활동의 질을 높이고 각 사안에 따라 구체적인 연결고리를 갖고 공동으로 추진하는 등 운동역량을 확대해 갔다는 점에서도 그 의미가 크다. 거시적인 연대활동 속에서 각 부문별로 전문적이고 체계적인 내부활동의 과제를 수행해 나가는 방식으로 운동을 전개해 나갔다. 정신대문제, 반전반핵, 통일, 성폭력 문제 등에 있어 여성운동은 단일세력을 형성하여 연대운동을 전개해 나갔다.

시민단체와 손을 잡다

1980년대 공동의 투쟁목표인 군사독재가 사라지고 사회가 보다 다원화되면서 여성운동은 새로운 형태로 발전해 나갔다. 운동 형태가 보다 유연하고 온건한 형태로, 대중친화적인 방식으로, 운동의 이슈도 대중의 필요성과 생활과제 중심으로 바뀌어 갔다. 각 여성단체는 백화점식 운동방식에서 탈피하여 보다 특화된 전문성을 전제로 고유한 활동을 전개하였다. 동시에 필요에 따라 시민단체와 손을 잡아 운동의 반경을 넓히거나 온라인 영역으로 진출하여 단체의 목적을 구현하기 위한 다양한 사이버 활동을 펼치기 시작하였다. 이처럼 1980년대 후반부터는 여성단체도 분야별 전문화가 두드러지고 동시에 연합체의 형태로 연대를 확립해가는 것을 볼 수 있다. 특히 소외된 여성 인권에 대한 전반적인 문제제기가 이루어지기 시작했다는 점에서 그 의의가 있다.

1990년대 우리 사회는 교육받은 건전한 시민이 주축이 된 시민단체들이 주요 행위자로 등장하기 시작하였다. NGO는 정부, 기업과 함께 우리 사회의 제3섹터로서 한 축을 담당하며 민주화의 실현에 중요한 역할을 담당하였다. 시민단체는 그 동안 권력과 자본의 논리 속에서 정부의 관심이 미치지 못하거나 시장에서 배제되고 소외된 영역에 대해 열린 관심을 갖고 활동을 전개해 왔다. 이들은 기본적인 사회 정의를 주장하며 주변부의 인권과 권익이 정책에 반영되도록 촉구하였다. 특히 장애인, 여성, 노인, 청소년, 환경, 복지문제 등에 관심을 두고 우리 사회에 개혁적인 변화를 이끌어 내는 핵심세력으로 참여민주주의를 실현하는 기반을 형성하였다. 이처럼 시민사회의 확대는 사회 전체의 공동 이익이나 사회적 약자의 이익을 대변하면서 자원봉사 활동을 중심으로 우리 사회의 실질적이고 구조적인 변화에 중요한 역할을 담당하였다.

시민의 자발적인 참여 속에 자신의 권리를 행사하고 시민 스스로 사회와 국가의 진정한 주인이 되는 '시민권력의 시대'가 열린 것이다. 이 시기를 기점으로 시민단체를 빼놓고는 국가의 주요 정책 의제설정에서 결정, 집행, 평가에 이르기까지 그 어떠한 과정도 얘기할 수 없게 되었다. '국민은 국가의 다수 소액주주'라는 평범한 진리가 빛을 발하기 시작하였다.[13] 이 과정에서 시민단체를 통해 각 개인은 정부정책에 참여하고 공동체의 문제를 인식하면서 비판적인 시각을 키우게 되었다. 또한 일상에서 빚어지는 무의식적인 차별기제를 발견하고 개선방안을 제기하면서 사실상 풀뿌리 민주주의의 소통구조를 만들어 나갔다. 여성단체가 광복 이후부터 지속적으로 주장해 온 호주제 폐지라는 가시적인 결과를 이끌어낸 배경 역시 1980년대 중반 이래로 우리 사회에 광범위하게 조직된 시민단체와 여성운동의 상호연대와 소통이 그 기반이 된 것이다. 여성단체는 남녀평등을 실현하고 여성의 사회참여를 확대하며 복리를 증진시키려는 목적으로 결성된 조직의 형태이다. 여성단체들은 여타의 시민단체와 마찬가지로 우리 사회에 존재하는 무수한

13 중앙일보 1999. 1. 1.

불평등 문제를 시정하기 위해 다양한 노력들을 전개하였다.

다양화된 여성 문제의 의제화

1990년대 들어와 여성운동은 직장문화, 가족문화 등 각 부분에서 다양하게 내재된 이슈를 사회에 던져 놓았다. 다양하고 새로운 여성단체가 조직된 배경에는 1970년대 후반 크리스찬 아카데미를 기반으로 형성된 진보적인 여성세력이 사회 전면에 등장함으로써 가능해졌다. 이들은 한국여성운동의 새로운 진로를 개척했다는 점에서 중요한 의미를 갖는다. 여성운동의 목표를 여성 억압적인 정치, 경제, 사회, 문화구조 전반을 시정하는 것에 두었다. 그동안 금기시 되어 온 여성 구타와 성폭행 문제, 여성 농민, 노동자, 빈민 문제를 사회운동의 쟁점으로 제기하고 나왔다는 점에서 한국여성운동을 진일보 시켰다. 진보적 여성운동의 단일구심체로서 여성단체연합이 명백한 정치적 영향력을 행사하면서 여성관련 법을 개정하거나 제정하는 것은 물론 우리 사회의 민주화를 성취해내는 데 견인차 역할을 담당하였다. 나아가 1990년대에 들어와서는 남북통일운동, 정신대 문제 대책활동 등에 이르기까지 여성운동의 지평을 확장시켰다.[14]

이는 1988년 10월 여성의 문제를 여성의 시각에서 다룬 〈여성신문〉이 탄생하면서 더욱 박차를 가할 수 있었다. 여성신문은 여성의 척박한 현실에 대해 고발하고 정치경제사회 영역에서의 불평등한 측면을 지적하면서 여성 엘리트만이 아니라 여성 대중을 향한 신문으로서 일상생활에서 제기되는 구체적인 성차별 문제에 대한 사회적 관심을 불러일으키는 중요한 채널이 되었다.

이처럼 1990년대 들어 시민단체가 양적으로 팽창하고 성숙해

14 이현숙(1993), 고유의 전문성을 확보한 단체만이 대중으로부터 신뢰받는 여성단체로 자리매김할 것이다, 『베틀』 74, 1993. 10. 2.

계몽→폭로→생활밀착형 변천

창간10돌 '여성신문'

1면 기사로 되짚어본 사회·여성운동의 위상

위로부터 각각 88년·94년·97년의 '여성신문' 1면 형태. 의식화·상업화·생활화로의 변천이 감지된다.

88년 10월 28일자 '여성신문' 창간 준비호 1면. '여성정치 역량과 13대 국회'가 특집기사로 실렸다. 그리고 중앙에는 윤석남 화백의 그림이 큼지막하게 보인다.

같은 해 12월 2일 창간호 표지. '한국경제현실과 여성문제'가 특집이다. 마치 바사논문 같은 인상. '한국여성운동의 깊이와 넓이'(6호), '여성정치진출 무대, 지방자치제'(8호) 등 학구적 분위기가 역력하다.

그로부터 10년 후. 10월 2일자(4백94호) 1면 톱 제목은 "내일 죽더라도 난 오늘 이혼하고 싶다". 90세 할아버지를 상대로 낸 이혼소송에서 기각당한 70세 할머니를 다루고 있다. 12월 18일자(5백5호) 제목은 '영계 찾는 매매춘문화 썩 물러가라'. 남성이 변해야 저질 성문화가 없어진다고 주장한다.

얼굴이 한 개인의 인생역정을 보여주듯 신문 1면은 한 사회의 자화상을 웅변으로 드러낸다. 최근 창간 10년, 지령 5백호를 돌파한 주간지 '여성신문'의 1면은 특히 그렇다. 87년 민주화 투쟁 이후 격동의 10년을 여성의 시각으로 보여주기 때문. 여성이라는 잣대로 우리 사회의 변천을 훑어본다는 의미가 있다.

창간 초기에는 '계몽적' '전투적' 내용이 주류를 이뤘다. 척박한 여성현실의 타개가 주목적이었다. 기사의 축도 정치·경제 등의 성차별 문제. 고상하고 품위있는 구성으로 여성의 이성에 호소했다.

하지만 그것도 잠시. '뜻'이 높은 만큼 '장벽'도 높았다. 판매·영업에서 '적신호'가 켜진 것이다. 커져만 가는 적자에 과감한 '변신'을 시도했다. 다소 선정적인 제목으로 독자들의 시선을 잡으려는 고달픈 행보였다. '노예시장 같은 미인대회를 차버리자'(22호), '강간경찰 증거조작 속속 드러나'(25호) 등 폭로·고발 기사가 자주 실렸다.

편집 변화도 두드러졌다. 초반의 차분한 활자 제목 대신 원색으로 치장한 컷이 유행했다. 과장하면 스포츠신문을 보는 듯한 느낌. 얼룩덜룩한 제목이 가로·세로로 어지럽게 춤을 췄다. 대략 90년대 중반까지 상황이다. "생존을 위한 몸부림이었지요." 김효선 편집부장의 말이다.

다시 안정되기 시작한 것은 96년부터다. 광고가 늘고 경영이 제자리를 찾으며 생활 밀착형 신문으로 변모했다. 엘리트 대상 신문에서 대중을 향한 신문으로 탈바꿈한 것이다. 취업·인권·환경·보건·문화 등이 주로 올랐다. 기사 접근방식도 거대한 이론보다 일상의 구체적 문제로 옮아갔다. 1면 하단을 가로지르는 광고가 처음 게재된 때도 지난해 초. 그만큼 여성을 바라보는 우리의 관심이 커졌다는 증거다.

현재 독자는 10만명선. 이계경 대표는 "일반 사회문제를 두루 포괄하겠다"고 말한다. **박정호 기자**

<jhlogos@joongang.co.kr>

창간10돌 여성신문(중앙일보 1998. 12. 18)

지면서 여성운동도 보다 다양한 갈래로 분화되었다. 일상영역의 주제들이 부각되면서 이익집단으로서의 성격도 강화되었다. 또한 한국여성단체연합과 여성단체협의회 중심의 연대가 공고해지고 여성의 세력화를 도모하는 가운데 여성관련 이슈들이 우리 사회에 중심 의제로서 인식되어 나갔다.

뿐만 아니라 지역사회를 중심으로 생활자치운동이 확대되면서 과거에는 전혀 노출되지 않았던 소수 여성의 경험을 이해하고 이들과 함께 하려는 노력이 전개되었다. 종전에는 여성권리에 대한 계몽적인 차원에서 행해지던 운동이 여성의 구체적인 권리를 찾는 방향으로 실천적인 측면이 강화되었다. 실질적인 문제에 주력하여 해결방안을 모색하는 적극적인 자세 덕분에 여성의 관심은 폭이 넓어지고 구체적인 성과를 획득해 나갈 수 있었다.

특히 과거와는 달리 여성단체들의 이데올로기나 가치, 지향의 차이, 세대 간의 차이가 운동의 성격이나 방향을 규정지어 갔다.

여성 간의 다름과 차이를 인정하는 방향에서 다양한 운동이 전개되었다. 예컨대 저소득층 여성, 중산층 여성의 문제, 사랑과 성, 성희롱과 성폭력, 여성과 몸, 소비자 문제, 에코페미니즘 등 생활 전반에 걸쳐 관심영역들이 다양해졌다. 동시에 전 계층의 여성을 운동대상으로 하여 여성의 권리를 모든 영역에 연결시켜 발전시키려는 방향도 자리잡아 갔다. 이러한 여성운동의 방향은 결과적으로 성 불평등한 한국 사회의 개혁과 동시에 시민사회의 활성화를 가져오는 데 기여하였다. 일반 여성단체와 사회운동 간의 연대로서 여성운동의 폭은 점점 더 넓어져 갔다.

4. 평등한 세상을 위한 연대와 저항: 여성노동운동

여성노동운동의 새로운 지평을

> 가난하다 못 배웠다 서러워라 굴종과 수모 / 피멍든 노동 잔업과 철야 그 언제나 사람답게 살아볼까/ 움트는 반도 민중의 땅에 딸로 태어나 / 아 더 이상 참을 수 없다/ 여성차별 노동착취 / 아 끝내 해내리라. 여성해방 노동해방 / 아이 업고 떨쳐 일어나 / 죽을 수는 있어도 질 수는 없다 / 피어린 투쟁 동지와 함께 / 가시밭길 어두움도 뚫고서 가자 / 허리 잘린 반도 분단의 땅에 / 어미가 되어 / 기필코 이기기라 춤추는 민중 / 여성해방 노동해방 / 우리 손으로 민족통일 / 여성 노동자 만세[15]

우리 여성 노동자들은 8시간 일하고도 인간다운 생활이 보장되는, 노동조합활동이 자유로운, 파업과 결사의 자유가 보장되는, 더 나아

15 여성노동해방가, 『민주여성』 6, 1988. 12. 20, 49.

여성노동해방가(『민주여성』 6, 1988. 12. 20)

가 노동자의 모든 정치적, 사상적 자유가 보장되는 진정한 민주주의의 쟁취를 위해 모든 노동자, 여성 등 제반 민주화 세력과 연대해 투쟁해야 한다. 그리고 여성 노동자의 조직화에 매진해야 한다. 여성노동자들이 떨쳐 일어날 때만이 해방의 그 날은 앞당겨 질 것을 확신하면서![16]

16 민주노조 건설! 노동 삼권 쟁취!, 『민주여성』 2, 1987. 8. 10, 6.

한국의 산업화 과정의 이면에는 고도의 경제성장에 기여한 여

기층여성들의 투쟁

민주노조 건설! 노동삼권 쟁취!

수많은 여성노동자들이 가혹한 노동조건과 부당한 차별에 항거하면서 진정한 민주주의 쟁취를 위해 투쟁하고 있다. 동료에게 단결된 힘을 주기 위해 스스로 동맥을 끊은 이리 후레아훼숀 부인노동자, 태백 한보탄광에서 남편보다 앞장서 임금인상과 근로조건개선, 민주노조건설을 외치며 가두로 나섰던 광부아내들의 투쟁에서, 우리 여성노동자들의 해방을 향한 진군의 대열이 굳건해지고 있음을, 그리고 그러할 때만이 진정한 민주주의와 민족해방을 앞당길 수 있음을 다시 한번 확신하게 된다.

기만적 6·29선언의 본질을 꿰뚫고

6·29선언 이후, 다른 어느 계층보다도 노동자들의 투쟁은 가속화되고 있다. 6월투쟁의 주역을 담당했던 일반시민들의 열기는 상대적으로 가라앉았음을 비해 노동자들의 투쟁은 오히려 활발해지고 있다. 이것은 6·29선언으로 해서 노동자의 고통스러운 현실은 달라진 것이 없다는 점, 그리고 바로 이 점으로부터 현 정권의 기만적인 6·29선언의 본질을 꿰뚫고 있기 때문이다.

한달 평균 노사분규가 10여건이던 6·29이전과 달리 요즘은 매일 10여건에 이르고 있다. 그것도 '내 눈에 흙이 들어가기 전에는 절대 노조는 허용할 수 없다'고 망언을 일삼던 정 주영회장을 모시고(?) 있는 현대그룹에서, 회사측의 결사적인 탄압에도 불구하고 현대엔진, 미포조선 등 대규모 사업장에서 속속 노조를 결성하고 있다.

이는 앞서 언급했듯이, 노동자의 비참한 현실과 노동자에 대한 독재정권의 탄압은 전혀 달라진 것이 없다는 점에서 6·29선언은 군부독재가 살아남기 위해 일시적으로 후퇴한 기만책에 불과함을, 그리고 노동자의 인간다운 삶은 그 누가 베풀어주는 것이 아니라 스스로 싸워 쟁취해야만 한다는 계급적 자각의 발로이다.

상대적으로 넓어진 투쟁공간을 다음 투쟁의 디딤돌로

상대적으로 넓어진 투쟁공간을 적극 활용, 다음 투쟁의 디딤돌로 삼는 노동자의 지혜와 단결된 투쟁이 무엇보다 필요한 시기이다.

이를 위한 과제로서 첫째, 모든 어용노조를 민주화하고, 노조가 없는 현장에서는 자주적이고 민주적인 노조를 결성해야 한다.

노동조합은 항상적으로 노동자의 권리를 보호하기 위한 일차적 조직이다. 노동자들이 조합을 중심으로 똘똘 뭉칠 때, 임금인상, 복지시설, 유급휴가 등 근로조건의 개선을 이룰 수 있으며, 이를 쟁취하기 위한 노동자의 단결과 투쟁이 보장될 수 있다. 또한 노동조합은 구로연대투쟁에서 보여졌듯이 단위공장을 넘어 지역노동자, 나아가서 전체노동자의 사회적, 정치적 지위개선을 위한 단결을 가능케하는 진지이다. 그리고 무엇보다 중요한 것은 노동조합활동을 통해 노동자들이 진정한 주인으로 서게 된다는 점이다.

둘째, 노동기본권쟁취를 위한 투쟁을 조직해야 한다. 노동삼권은 노동자계급의 무기이다. 자주적이고도 민주적인 노동조합의 건설이라는 중요하고 시급한 과제에서 노동삼권쟁취투쟁은 매우 중요한 몫을 담당한다. 그것은 온갖 물리력을 장악하고 노동자를 탄압해 자신의 배를 불리는 기업주와 독재정권에 대항할 수 있는 노동자의 유일한 무기는 단결, 강철같은 단결뿐이기 때문이다.

노동자의 단결권, 단체교섭권, 단체행동권을 요리조리 봉쇄해 껍데기 뿐인, 아니 오히려 노동자를 탄압하는 도구로 이용되는 현재의 노동악법을 철폐시켜야 하며, 노동자가 스스로 자신의 기본적 권리를 지켜나가기 위한 제반활동을 보장하는 노동삼권을 쟁취해야 한다.

각 현장의 민주노조건설투쟁을 더욱 과감히 벌여나가고 노동기본권쟁취를 위한 집회 등 제반 투쟁을 힘껏 조직해 나가자!

차별임금철폐! 모성보호쟁취!

여성노동자들은 가장 적은 임금으로, 가장 긴 노동시간으로 착취당해 왔다. 여성과 남성의 임금을 차별해 이윤을 보는 것은 남성노동자가 아니라 기업주뿐이다. 그것은 여성노동자의 저임금으로 전체노동자의 임금인상을 저지, 이윤을 보다 많이 획득하려는 기업가들의 술책이기 때문이다.

따라서, 차별임금이 철폐되도록, 나아가 8시간 일하고도 인간다운 생활이 보장되도록 여성노동자들은 모든 노동자와 연대해 투쟁해야 한다.

또한, 보호되어야 할 모성을 빌미로 여성노동자를 차별하고, 여성노동자의 심신을 갉아먹는 모든 노동조건을 철폐하고 모성보호를 위한 제반 시설과 제도를 쟁취해야 한다.

우리 여성노동자들은 8시간 일하고도 인간다운 생활이 보장되는, 노동조합활동이 자유로운, 파업과 결사의 자유가 보장되는, 더 나아가 노동자의 모든 정치적, 사상적 자유가 보장되는 진정한 민주주의의 쟁취를 위해 모든 노동자, 여성 등 제반 민주화세력과 연대해 투쟁해야 한다. 그리고 여성노동자의 조직화에 매진해야 한다. 여성노동자들이 떨쳐 일어날 때만이 해방의 그 날은 앞당겨질 것을 확신하면서! *

-여성노동자대동제를 보고-

솟아오르는 해방의 열기로

7월 12일 오후 3시부터 열린 여성노동자대동제는 여성노동자들이 이 사회의 변혁 주체로 우뚝 서기 위해, 여성으로서의 문제와 노동자로서의 문제를 실천적으로 결합, 문제제기를 한 장이었다는 점이 가장 돋보였다.

한국여성노동자회(회장 : 이 영순)가 주최한 이번 행사는 숨막힐듯한 더위에도 불구, 여러 동지들이 입추의 여지없이 성문밖교회를 꽉 메운 가운데 진행되었다. 주제강연, 주장, 슬라이드, 연극 모두 그 생생한 현실성으로 모두들 진한 감동과 연대감을 확인, 투쟁과제에 대한 공감대를 형성할 수 있었다.

자주·민주사회 건설의 주체여야 할 여성노동자의 결집에 한국여성노동자회가 더욱 분투하기를 기대한다. *

민주노조 건설! 노동삼권 쟁취!(『민주여성』 2, 1987. 8. 10)

성 노동자의 상대적 빈곤화가 자리 잡고 있었다. 여성 노동자들은 장시간의 노동과 남성 노동자의 절반에도 미치지 못하는 저임금을 받고 공장 안팎에서 '공순이'라는 모욕을 받으면서 인권의 측면에서도 매우 열악한 상황에 놓여 있었다. 앞서 제시된 바처럼 한

노동여성운동의 새로운 지평을!(『민주여성』 4, 1987. 11. 5)

국사회의 진정한 민주주의를 구현하기 위해서라도 여성 노동자가 적극적으로 억압과 착취의 고리를 끊고 해방을 위한 투쟁의 길에 전면 나서야 함을 선언하고 있다. 여성운동의 궁극적인 목적이 여성에 대한 차별과 착취에 대항하여 남녀간의 평등하고 민주적인 관계를 회복하는 것이라는 점에서, 여성 노동자들의 현실모순이 첨예화 되던 이시기에 들어 여성노동운동이 더욱 사회적으로 중요한 함의를 가지게 되었다.

한국경제는 1980년대를 기점으로 값싼 여성노동력에 기반한 경공업 구조에서 중화학 공업으로의 구조적인 변화가 진행되었다. 5·18민주화운동 이후 학생운동권 출신이 노동현장으로 투입되면서 곳곳에서 발생한 노동쟁의를 억제하기 위해 당시 군부정권은 공권력을 동원하여 민주노조를 파괴하기 위한 다양한 압력을 행사하였다. 노동관계법을 개정하여 노조설립의 가능성을 봉쇄하고 적극적인 조합원을 해고하도록 강제했으며 노조간부들은 순화교육의 일차적인 대상자가 되었다. 이러한 상황에서 민주적

구사대 폭력 반대 시위(『민주여성』 5, 1988. 6. 1; 『민주여성』 6, 1988. 12. 20)

인 노동운동의 조직 기반은 서서히 붕괴되어 갔다.

> 85년이었나. 불순분자로 몰려 11명이 해고당했는데, 그 때는 날마다 회사에 출근투쟁하러 가서 매맞는 것밖에 몰랐어요.… 회사에 출근하면 남자들 몇 명이 달려 들어 달랑 들어서 아무도 없는 곳에 가둬 놓고, 제 발로 나가라고 하면서 주로 머리만 때리는 거예요. … 그러다가 사람들 퇴근하면 떼거지로 달려들어 두들겨 패고, 차에 태워 먼 쓰레기 장에 내다 버리고… [17]

많은 사업장에서 여성 노동자들이 노동투쟁에 참여하였지만, 중소기업 등 여성중심의 사업장에서는 지속적인 투쟁으로 발전하지 못한 채 폭력적인 구사대에 의해 강제해산된 경우가 많았다. 인간답게 살기 위한 여성 노동자들의 움직임은 이른바 노동주모자들을 블랙리스트에 올리고 무차별적으로 운동을 탄압하면서 스러져 갔다. 예컨대 1981년에 청계피복노조가 강제해산 되었으며, 1982

17 전국여성노동조합 조직국장 박남희의 인터뷰, 하종강의 휴먼 포엠, 『한겨레21』 2002. 12. 26, 115.

년에는 원풍노조가 해산되는 등 여성 노동자가 중심이 된 상당부분의 민주노조가 구사대 등의 폭력에 의해 파괴되었다. 1980년대 전반기에 걸쳐 여성 노동운동은 전체적으로 침체된 분위기에 놓여 있었다.

조기퇴직제와의 투쟁

그러나 그런 가운데에도 의미 있는 노동투쟁이 전개되었다. 이른바 여성에게만 해당되는 조기정년 및 결혼퇴직에 대한 철폐투쟁이 시작된 것이 그것이다. 여성이 기본적으로 있어야 할 곳은 가정이며 임신과 출산, 양육을 매개로 한 가사노동이 여성의 본업이라는 인식은 당시 한국 사회를 지배하고 있었던 묵계와도 같은 관습법이었다. 여성은 결혼 전에 사회경험을 위해 잠깐 동안 직장생활을 하고, 결혼과 동시에 현모양처로서의 역할이 부여되고 가정주부로 정착하는 것을 이상적인 여성의 길로 여겼던 당시 사회풍조로서, 결혼퇴직은 크게 이상할 것이 없는 관행이었다.

그러나 여성들의 사회의식이 고양되면서 이것은 엄연한 성차별임을 인식하기 시작하였고 이것을 사회적인 이슈로 부상시켰다. 대표적인 예로 1983년 한국전력통신공사 전화교환원이었던 김영희의 차별정년 철폐투쟁을 들 수 있다. 김영희[18]는 22년간 다니던 직장에서 43세에 정년퇴직 조치를 받고 6년간 법정 투쟁을 벌인 끝에, 1989년에 이르러 '남녀 정년차별은 위법'이라는 대법원 판결을 받아내 승소하였다. 그동안의 제도적 · 관행적인 성차별에 적극적으로 문제를 제기하여 남성들과 동등하게 55세 정년을 획득하는 계기를 만들었다. 김영희의 노동투쟁 사건은 그 해결이 처음에는 순조롭지 않았다. 1983년 서울지방법원과 1985년 고

18 김영희는 1961년부터 서울여상을 졸업하고 서울중앙전화국에서 근무하던 중에 전기통신공사가 체신부로부터 분리되는 과정에서 모든 직종의 정년이 55세로 연장되었으나 대부분 여성으로 이루어져 있던 교환원과 타자수만은 정년을 43세로 한다는 조항으로 인해 1982년 12월 31일자로 퇴직당했다. 이러한 조기정년퇴직에 반발해 소송을 제기했고, 대법원으로부터 무효판결을 받은 결과 여성 직원들도 전기통신공사의 다른 남성 직원과 마찬가지로 55세까지 일할 수 있게 되었다.

등법원에서 1, 2심 모두 패소하였다. 그러나 각 분야의 노조 여성 간부들이 김영희 후원회를 결성하여 서명활동을 적극적으로 전개하고, 진정서와 편지 보내기, 재정을 지원하고 외국에서도 후원금을 보내오면서 힘을 받기 시작하였다. 이러한 여성단체들의 뒤에서의 노력과 단체교섭 및 항의, 각계의 여성인사들의 협조를 기반으로 결과적으로 대법원에서 승소할 수 있었다.

이처럼 1980년대를 기점으로 여성노동운동은 그동안 노동운동의 일반과제를 놓고 동참해 왔던 여성 노동자들이 자신들의 고유한 특수문제들을 조직과 사회에 제기하면서 시작되었다. 기업의 입장에서는 임신, 출산 등 모성보호 비용을 추가비용으로 생각하는 경향이 짙었고, 여성의 사회적 노동에 대한 편견과 성별분업적인 사고방식은 여성경제활동에 심각한 걸림돌이 되었다. 이러한 상황에서 여성차별임금을 해소하고 노동조건을 개선하며 여성 노동자에 대한 부당노동행위를 근절할 것을 주장하면서 평등한 노동문화를 만들어가기 위한 투쟁이 전개되었다. 이러한 일들을 뒷받침 하는 여러 여성노동단체들이 건설되면서 조직적인 차원에서도 결집된 힘을 보여줄 수 있게 되었다. 금융계 노동조합을 기점으로 사무직 여성 노동자들이 노동조합을 결성하였다. 결혼과 임신퇴직, 차별정년의 폐지, 직급조정 등 여성 노동자들의 생존권과 노동권을 확보하기 위한 가열찬 투쟁노력이 진행되기 시작하였다.

이러한 배경에는 무엇보다 한국사회의 민주화운동과 여성운동의 성장이 크게 자리잡고 있다. 1987년 6월 민주화항쟁 이후 7~9월의 노동자 대투쟁 과정에서 이전 10년간 만들어진 노동조합 숫자보다 더 많은 노조가 건설되었다. 지난한 파업투쟁을 거치며 민주노조가 실질적으로 늘어나면서 그동안의 어용노조에 대한 민주화 투쟁이 동시에 전개되었다. 이러한 현상은 중소기업에까지 확산되었으며 제조업 중심에서 사무직, 전문직, 서비스직에 이르기까지 급속히 증가하였다.

일본 원정투쟁

1980년대 여성노동운동사에서 주목할 만한 사건은 일본까지 원정투쟁을 감행한 마산 · 창원 수출자유지역의 생산직 여성 노동자들의 활동이다. 1989년 마산수출자유지역에서는 만여 명의 실업자가 발생하였다. 이는 1962년 외자도입법이 실시됨에 따라 한국의 저임금 노동자를 겨냥하여 설립되었던 1,700여 개의 외자기업들이 면세기간이 종료되면서 노사분규와 임금인상, 원화절상 등에 따른 이익감소를 이유로 보다 값싼 노동력을 찾아 중국을 비롯한 동남아 지역으로 이전해 가는 과정에서 발생한 문제였다. 이들 외국기업들은 대부분 전문기술을 필요로 하지 않는 단순 조립업체들로서 투자 규모도 영세하고 조립라인도 손쉽게 철거할 수 있는 형태의 기업들이 대부분이었다.

주로 이런 기업들에서 일하던 여성 노동자들은 위장폐업 내지 집단해고 등으로 하루 아침에 일자리를 잃게 되었다. 이에 여성 노동자들은 부당한 처사에 대항하여 농성을 벌이고 문제해결을 촉구하였다. 그럼에도 불구하고 외국인 기업주는 끄떡도 하지 않았고, 정부 역시 강 건너 불구경하듯 하여 이에 분노한 여성 노동자들이 직접 일본 현지로 건너가 사장과의 면담과 협상을 요구하였다. 사실상 수출자유지역에는 외자기업임시특례법에 의하여 노조를 결성할 수 없었기 때문에, 이 지역내 여성 노동자들은 노동자로서 기본권조차도 법적으로 보호받지 못한 채 생활하였다.[19] 그럼

19 강인순(2001), 『한국여성노동자운동사 2』, 한울아카데미, 131.

기획

여성노동자 운동의 현황과 과제

편집자주 : 지난 호의 '80년대 여성운동의 흐름'에 이어 '여성노동자운동의 현황과 과제를 기획으로 싣는다. 여성노동자운동의 범주와 그 현황, 실천과제들을 정리해봄으로써 여성운동의 핵심세력으로, 그리고 노동운동의 주체로 여성노동자가 자리잡아 나가고 있음을 확인함과 동시에 여성노동자 대중운동으로서의 전망을 밝혀 보고자 한다.

1. 여성노동자운동의 이념과 여성해방의 이념

한강의 기적이라 일컬어지는 한국경제의 비약적인 성장은 무엇보다도 양질의 저렴한 노동력과 대외의존에 기반하고 있다. 그러나 고도의 경제성장에도 불구하고 노동자의 생활은 나아지기는 커녕 상대적 빈곤화는 더 가속화되고 있다. 노동자의 40% 이상을 차지하고 있는 여성노동자는 그 중에서도 최하위의 노동현실에 처해 있다.

여성노동자들은 세계에서 제일 길다는 노동시간보다 더 긴 노동, 기아임금 수준에도 못미치는 남성노동자 임금의 49.1%에 달하는 저임금을 받고 있다. 기타 노동조건의 문제, 주택문제, 모성보호문제, 인권문제 등에서도 여성노동자는 매우 열악한 상태에 처해 있다.

여성노동자들이 처해있는 이런 현실은 바로 노동운동의 중요과제이다. 그러나 그동안 노동운동에서 여성노동자들이 처해 있는 현실은 제대로 폭로되지도 해결과제로 설정되지도 않았다. 그리하여 여성노동자 대중이 방기되고, 그 결과 현재도 노동운동 활성화에 장애요인이 되고 있기도 하다. 이는 여성노동자운동에 대한 잘못된 인식에서 기인하였다 판단된다.

이제 그 오류들을 지적함으로써 여성노동자운동의 이념과 필요성을 살펴보겠다.

우선, 여성노동자 문제를 제기하는 것은 노동운동을 분열시킬 것이라는 주장이 있었다. 이는 여성노동자문제가 남성노동자와의 문제가 아니라 자본가와의 문제라는 것을 바로보지 못한 데서 생긴 오류이다.

여성노동자에 대한 차별적 착취는 전체노동자를 효과적으로 통제하고 저임금체계를 유지하기 위해 사용하는 차별화 정책의 하나이다. 따라서 여성노동자문제의 제기는 자본의 다양한 착취전략에 대한 정확한 대응이며 노동운동 역량 전체

여성노동자운동의 현황과 과제(『민주여성』 6, 1988. 12. 20)

에도 불구하고 1987년 1월 한국수미다 노동자들은 회사측의 감시와 탄압에도 노동조합을 결성하였다. 그러나 회사측의 방해로 설립 신고에 실패하여 노조 집행부가 해고되었다.

이러한 상황 속에서 동일한 입장에 놓여 있던 통일노조, 수미다, TC, 피코, 유에스마그네틱스, 에프코아코리아, 금산, 동경아세아스와니, TND 등 9개 노조가 모여 연대투쟁을 전개하였다.[20] 특히 한국 수미다 여성 노동자의 투쟁은 주목할 만했다. 특히 마산수출자유지역에서 최대 기업이었던 한국 수미다 전기주식회사의 일본인 사장은 계속되는 태업, 대량의 불량품으로 인한 클레임, 원가 상승 등을 이유로 경영이 불가능하다며 생산 라인을 중국 등지로 옮기고 인원 감축을 단행하였다. 1989년 10월 팩스로 회사폐업과 노동자 450명에 대한 집단해고를 통지하는 상황에 이르렀다.

이에 수미다 전기 노조는 폐업철회와 일본인 사장과의 협상을 요구하며 농성에 들어갔다. 이런 상황에서 한국정부는 아무런 공식적인 입장을 취하지 않았고, 일본정부 역시 수미다가 민간기업 출자회사라는 것을 이유로 외교문제로 비화되지 않도록 방관하는 입장을 보였다.[21]

> 수미다 본사는 18년간 한국의 저임금을 이용하여 성장해 왔습니다. 또 1989년 상반기 경상이익은 3억6천5백만 엔, 전년 같은 기간과 비교해 보면 51% 증가라는 좋은 업적을 거두었습니다. 피땀으로 일해 온 한국노동자를 그렇게 간단히 해고할 수가 있는 겁니까? … 저희들은 어떠한 어려움과 탄압이 있어도 한 치의 물러섬이 없이 죽을 수는 있어도 질 수는 없다는 각오아래 끝까지 투쟁할 것입니다.

20 1989년 11월 21일 6개 노조가 외자공동투쟁위원회를 결성하여 평민당 중앙당사에서 무기한 점거 농성을 벌였고, 일본 대사관에 진정서를 제출하고 대사 면담을 요청하며 항의농성을 하였으며, 일본 상공회의소를 점거하는 농성을 전개하였다.

21 뉴스레이다: 한국 수미다 전기 담판 백서, 『월간 노사』 3(2), 한국사법행정학회, 1990, 33. 한국 수미다 노조는 일본 현지 투쟁과정에서 정부에 대한 불신 때문에 한국 대사관을 방문하지 않았고, 대사관의 노무관 역시 농성 현장을 찾아가지 않았다. 일본 정부는 수미다 문제가 노사문제이며 국가 간의 문제가 아니기 때문에 기업에게 OECD 행동지침 준수를 부탁할 따름이라고 밝혔다.

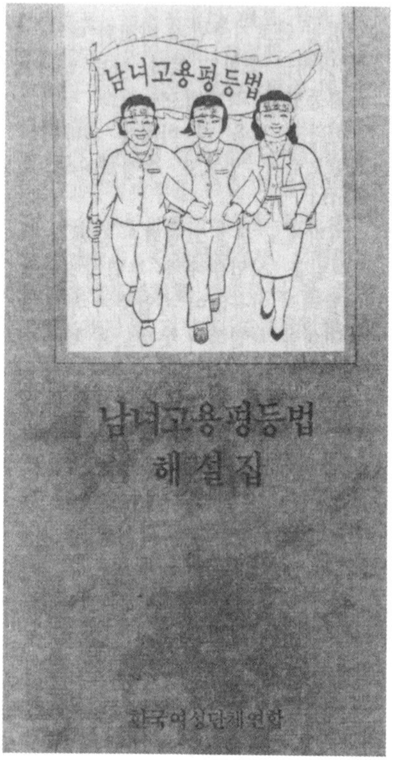

남녀고용평등법 해설집(『민주여성』 7, 1989. 5. 20)

한국 수미다 노조대표 정현숙 등 4명은 1989년 11월 일본으로 건너가 2개월 간 생존권 투쟁을 벌이면서 '불법부당 집단해고 철회와 공장 재가동'을 요구하였다. 수미다의 여성 노동자들의 해외원정을 지원하기 위해 일본 현지에서도 '한국 수미다 노조와 연대하는 회'와 '진출기업 문제를 생각하는 모임' 등 일본의 양심적 시민과 노조대표들이 한국 수미다의 노동투쟁을 측면 지원하였다. 결과적으로 한국과 일본 내에서 국민 여론의 비판이 거세지자 일본 수미다는 한국으로 변호사를 파견하여 법적인 폐업 절차를 진행시키게 되었다.

한국여성노동운동의 역사를 돌이켜볼때 1970~1980년대 전반기까지 운동의 중심세력은 미혼여성들이었다. 그러나 1980년대 후반에 들어서면서 기혼여성과 노동자 부인들을 중심으로 한 가족들이 공동으로 노동투쟁에 참여하기 시작하였다. 초기에 산발적이고 자연발생적인 형태로 노동운동에 지원하였던 것이, 가족투쟁위원회 형태로 조직적인 활동을 전개해 나가는 새로운 운동형태가 발생하였다. 나아가 사회운동단체와의 연대를 도모하고 국제적인 차원에서 다각도의 노동투쟁이 진행되었다. 특히 1988년 한국여성단체연합 내에 노동위원회가 상설위원회로 조직되면서 보다 적극적으로 여성 노동자의 생존권 확보를 위한 투쟁노력이 가속화 되었다. 그러한 노력의 결과로 1987년 12월 '남녀고용평등법'이 제정되기에 이르렀다.

남녀고용평등법 쟁취

1987년 10월 '남녀고용평등법'이 민정당 김영정, 김정숙 외 44인의 공동발의를 거쳐 국회를 통과하여 확정되었다. 이 법은 "헌법의 평등이념에 따라 고용에 있어 남녀의 평등한 기회 및 대우를 보장하는 한편, 모성을 보호하고 직업 능력을 개발하여 근로여성의 지위 향상과 복지 증진에 기여"할 것을 목적으로 만들어졌다. 이러한 남녀고용평등법이 제정된 것은 여성 노동자들의 상황을 개선하려는 여성운동 세력이 성장했기 때문에 가능한 것이었다.[22]

1980년대 들어 한국의 산업화가 단순기능에 의존하던 노동집약적인 산업분야가 위축되고 제조업의 소프트화와 정보산업화로 구조적인 변화가 진행되면서 노동운동의 중심 축도 이동되었다. 섬유 · 의복 · 가발 등 경공업 중심에서 석유 · 화학 · 자동차 중심의 중화학 공업화로의 전환은 상대적으로 남성 노동자들의 대거 참여를 이끌어냈고, 여성의 경제활동 참가율과 여성취업자의 산업별 · 직업별 구조에 큰 변화를 초래하였다. 특히 1980년대 들어 전문기술직과 사무직 분야에서 여성노동력의 성장이 두드러졌다. 여성노동시장에 화이트칼라로 표현되는 고학력화와 사무직화 현상이 자리하면서, 병원, 항공사, 제2금융권, 출판, 언론 등의 노조에서 여성노조원들의 적극적인 참여로 사무직 여성노동운동의 발전 가능성을 보여주었다.

남녀고용평등법이 제정되었지만, 궁극적인 핵심인 남녀 동일노동에 대한 동일임금 규정이 빠져 있어 사실상 유명무실한 법이었다. 또한 법 실행을 강제하는 규정이 근로기준법에도 미치지 못한 관계로, 이 법이 대통령 선거를 앞두고 여성유권자들을 겨냥한 선심공세에 지나지 않았다는 비판을 받았다. 이에 한국여성민우

22 『민주여성』 6, 1988. 12. 20, 32~34.

여연활동평가

아직 끝나지 않은 남녀고용 평등법 개정운동, 그 성과와 한계

1987년말 느닷없이 제정된 남녀고용평등법을 그 '느닷없음'만큼이나 졸속한 작품이었다.

민정당 국회의원 김영정, 김정숙외 44인의 공동발의를 거쳐 10월30일 최종적으로 국회를 통과, 확정된 남녀고용평등법(이하 고평법)은 남녀고용평등의 핵심인 차별임금개선에 관한 규정이 일체 빠져 있을 뿐만 아니라, 그나마의 법실행을 강제하는 규정이 근로기준법에도 못미쳐, 대통령선거를 앞두고 여성유권자들을 겨냥한 민정당의 선심공세라는 비난을 면할 길이 없었다. 이는 여성노동자의 생존권 보장에 앞장서오기는 커녕, 정당한 요구조차 탄압을 일삼아온 정부와 민정당이 법제정의 주체였다는 점에서 더욱그러하다.

고평법의 의의가 고용기회, 근로조건에 있어서 남녀평등을 실현하는 것임을 생각할 때, 현 고평법의 굵다란 문제를 추려보면 다음과 같다.

첫째, 남녀동일노동·동일임금의 규정이 빠져있다.

현재 여성은 남성임금의 48%정도 밖에 못받고 있다. 여성의 저임금은 열악한 근로조건으로 여성노동자를 몰아넣고 있으며 전체노동자의 임금을 낮추는 기제로 사용된다는 점에서 동일노동동일임금은 남녀고용평등의 핵심조항이며, 따라서 법에 반드시 삽입되어야 한다.

둘째, 성차별행위에 대한 정의가 되어있지 않다.

어떠한 행위가 성차별행위이며 남녀평등의 의미는 무엇인가에 대한 정의규정이 빠져있음으로 인해 귀에 걸면 귀걸이, 코에 걸면 코걸이식으로 논란의 여지가 많은 것이 현행법이다. 또한 합리적인 성차별행위에 대한 법의 예외규정 또한 부재하다. 따라서 구체적이고 현실적인 법적용을 위해서는 위 정의가 명문화되어야 한다.

세째, 분쟁의 조정 및 고용문제조정위원회의 운영이 확대, 강화되어야 한다.

법의 실효성보장을 위한 행정기관인 고용문제조정위원회의 운영에는 신속성과 공정성이 확보되어야 한다. 따라서, 조정신청자격을 당사자에서 여성노동자권익옹호단체까지로 확대해야하며, 조정기간의 명시 등 조정의 효력이 강화되어야 한다.

네째, 법의 실효성이 확보되어야 한다.

현행법에는 제8조(해고, 정년차별, 결혼임신퇴직금지)위반시에만 250만원의 벌금을 사업주에게 부과하고 있는데, 이를 모집과 채용, 교육, 배치 및 승진, 임금, 정년과 모성보호의 조항에도 벌칙이 부과되어야 한다. 또한 이 법과 관련한 분쟁을 해결할 때, 사용자가 취한 조치가 성을 이유로 한 차별이 아니었다는 합리적 근거를 제출할 의무를 사용자에게 부과함으로써 사용자의 교묘한 차별행위를 막아야 한다.

그러나 위와 같은 기본적 문제를 안고 있음에도 불구하고 고평법이 제정된것은 여성노동자를 위시, 여성운동력이 성장했기 때문에 가능한 일이었음을 생각할 때, 그 제정의의를 살려 최대한 여성노동자의 노동권과 모성을 보호하도록 법을 개정하는 것이 중요하다 하겠다. 이와 같은 취지로 남녀고용평등법개정운동이 출발되었다.

한국여성민우회, 여성한국사회연구회가 공동으로 남녀고용평등법공개토론회를 열면서 시작된 고평법개정운동은 이 토론회를 통해 현 법안의 기본적 문제점과 개정의 방향을 추려내었다. 이후, 고평법안이 갖는 중요성에 비추어 법안개정운동이 몇 단체차원이 아니라 전 여성

아직 끝나지 않은 남녀고용평등법 개정운동(『민주여성』 6, 1988. 12. 20; 『민주여성』 7, 1989. 5. 20)

회, 여성한국사회연구회 등이 공동으로 남녀고용평등법 공개토론회를 개최하는 등 남녀고용평등법 개정운동을 전개하였다. 이러한 법안개정운동을 진행하면서 전 여성단체와 여성 노동자들은 모두 함께 힘을 합쳐야 한다는 인식을 갖고 여성단체연합을 중심으로 개정시안을 확정하고 개정촉구대회를 개최하였다. 법개정운동의 초점은 성 평등한 노동권의 확보를 법적, 제도적으로 쟁취하려는 것이었다. 여성단체들은 "여성근로는 인간으로서의 중요한 권리"하고 주장하면서 공청회 또는 세미나 등의 집회를 통해 여성노동권을 확보하고자 조직적으로 노력하였다.[23] 여성의 근로는 헌법과 노동관계법상 존중되어야 하는 것이고, 이는 국제적인 측면에서도 ILO헌장이나 UN헌장, 세계 인권선언 등에 명시되어 있는 기본적인 사항임을 끊임없이 상기시켰다.[24]

한국여성단체연합을 중심으로 각 여성단체들은 1988년 7월 직접 법 개정시안을 작성하여 국회에 제출하였고, 법개정 촉구대회, 서명운동, 전단배포 등을 통해 남녀고용평등법을 개정하려는 당위성과 필요성을 여론화하였다. 또한 1989년에는 '고용평등법 개정을 위한 특별위원회'를 구성하여 구체적인 계획을 수립하였으며, 정당초청 토론회를 개최하는 등 국회의원을 설득하고 국민의 여론을 모아 압력을 넣는 일들을 추진하였다. 이 결과 1989년 3월 임시국회에서 개정안이 통과되었다.[25] 이처럼 한국여성단체연합은 창립 이후부터 여성문제의 핵심 고리를 여성노동문제에 두고 활동의 상당부분을 여성노동자운동의 지원에 두었다. 기층 여성노동력의 강화와 여성노동자운동단체간의 연대를 중요한 과제로 설정하여, 1990년을 '모성보호의 해'로, 1991년을 '평생평등 노동의 해'로 선정하는 등 주력사업으로서 여성 노동자 중심의 다양한

23 강기원(1987), 여성근로는 인간으로서의 권리, 『여성』 4, 33~36.
24 윤성천(1987), 결혼퇴직제와 성차별 문제, 『여성』 4, 29~32.
25 남녀고용평등법 개정운동의 성과와 한계, 『민주여성』 7, 1989. 5. 20, 10.

활동을 지속적으로 추진하였다.

평등한 일터를 만들기 위한 조직화

1980년대 조직된 대부분의 여성단체들은 여성해방이라는 여성운동과 사회변혁을 꿈꾸는 사회운동체로서의 성격을 뚜렷이 지향하며 민중중심의 정치적인 지향점을 분명히 하였다. 진보적인 청년세력이 단체의 지도부를 주도하면서 여성 노동자, 여성농민 등 여성대중을 목적의식적으로 조직하려는 여성운동의 질적인 전환이 이루어졌다. 여성운동의 주체를 여성대중에게 두어 그들의 이해와 요구를 적극 반영하고 대변하는 조직으로 나아가고자 했다. 즉 여성운동이 노동, 학생, 청년과 연대하면서 동등한 선도성을 갖고 전체적인 사회운동에 동참하면서 전향적으로 발전해 나가야 한다는 입장이었다. 이에 1980년대 이후 만들어진 비등록 여성단체들은 1987년에 창립된 한국여성단체연합으로 결집되었다.

기존의 정부등록 단체들을 회원으로 하는 한국여성단체협의회는 "여성단체간의 협력과 친선을 도모하고 여성단체의 발전과 복지사회 건설에 여성의 적극 참여를 권장하며 여성단체 의견을 정부 및 사회단체에 반영함을 목적"[26]으로 설립된 이익단체의 성격을 보여준다. 반면에 한국여성단체연합은 "민족·민중과 함께하는 여성운동의 방향성을 갖고 여성운동 세력간의 조직적인 연대를 이루어 나가며 사회의 민주화, 자주화, 여성해방의 쟁취를 위해 노력할 것임"[27]을 내세우며 운동단체로서의 성격을 명확히 하였다.

진보적인 여성운동을 이끌어 간 민주 여성세력은 생산직, 사무직에서 자연발생적으로 터져 나오는 여성 노동자들의 투쟁을

26 한국여성단체협의회 홈페이지(http://iwomen.or.kr/index.htm) 참조

27 한국여성단체연합 홈페이지(http://www.women21.or.kr/news/default.asp) 참조

조직적인 여성운동으로 전환시키려는 노력에 박차를 가하였다. 그러한 산물로서 여성노동자운동을 최초로 표방하고 나선 것이 1987년 '한국여성노동자회', '일하는 여성의 나눔의 집', '한국여성민우회' 등이다.

여성 노동자를 해방의 주체로—한국여성노동자회

'한국여성노동자회'는 노동운동 내에 생산직 여성 노동자가 처한 저임금 상황과 성폭력 등 억압적인 현실 문제를 해결하고 지속적으로 운동을 전개하기 위해 1987년 3월에 지역조직으로 출범하였다. 이는 1970년대 민주노조운동의 중심이었던 콘트롤데이타, YH, 세진전자 등의 여성 노동자들과 여성평우회 활동가들이 주축이 되어 구성되었으며 여성노동자운동단체라는 점을 표방하였다. 창립선언문에서도 "여성 노동자 대중, 미 · 기혼 여성 노동자와 부인을 노동운동의 주체, 여성운동의 주체로 세우기 위해 외곽단체로서 현장 활동의 강화를 위한 제반 지원활동을 수행할 것"임을 분명히 밝히고 있다.

이들은 노조에 대한 다각적인 지원활동과 여성 노동자들의 의식화를 위한 교육사업에 초점을 두고 전력하였다. 나아가 올바른 여성 노동자 상을 정립하기 위해 여성 노동자 대동제를 개최하면서 '여성문화마당'과 같은 놀이마당을 통해 여성 노동자들의 대중적인 호응과 동참을 이끌어내고자 노력하였다. 예컨대 '순영이의 사랑이야기', '진짜 노동자의 삶과 결혼' 등의 슬라이드를 제작하고 여성 노동자들의 투쟁을 극화하는 연극을 만들어 노동자로서의 투쟁의지와 연대의식을 고취하고자 하였다. 이처럼 다양한 문화 매체를 통해 여성 노동자의 현실을 고발하였다.[28] 이러한 선

28 여성 노동자를 해방의 주체로!, 『민주여성』 4, 1987. 11. 5, 6.

전국노동조합 여성지도자 세미나

◉ 세미나의 의의

89년 임금인상투쟁을 마무리하면서 그간 전국적으로 전개되어온 여성노동자투쟁의 성과를 상호 교류하고, 하반기 노동조합활동을 발전적으로 전개하기 위한 자리가 열렸다. 여성노동자운동을 위해 그동안 실천을 함께 해온 한국여성노동자회, 인천여성노동자회, 성남여성노동자회, 부천여성노동자회, 부산여성노동자의 집에서는 지난 6월 29일 부터 7월 1일까지 2박 3일로 '전국노동조합 여성지도자세미나'를 개최하였다.

그동안 가정, 직장, 사회에서 순종적으로 길들여졌던 여성들은 노조운동속에서 단련되고 성장해오면서 잘못된 여성상에 대한 극복의 과정을 밟아왔다. 그러기에 더욱 더 여성간부들이 여성노동자문제—그 현상과 본질—를 정확히 인식하여 실천할 수 있는 주체로 서는 것이 필요하다.

따라서 노조간부들이 여성으로서 겪는 어려움을 극복하여 평생노동자의식을 갖게 하고 여성간부로서 겪는 어려움을 공동으로 해결해 나가기 위한 계기를 마련한다는 취지로 열린 '전국노동조합 여성지도자세미나'는 현단계 여성노동자운동의 중요한 과제인 여성간부들의 지도력향상의 과정이기도 했다.

◉ 내용

전국세미나에서는 각 지역 여성노동자, 노동조합의 현황과 과제가 함께 공유되었고, '한국사회와 여성해방' '여성노동자 투쟁의 역사' '한국사회인식과 현정세' 등의 강의와 선전·선동훈련, 공동과제작업, 공동체놀이 등의 프로그램으로 마련되었다.

강의와 열띤 토론을 통해 참석자들은 그간 막연했던 여성해방의 의미에 대해 구체적으로 정리할 수 있게 되었고, 노동현장 속에서 드러난 여성문제—남녀차별 뿐만 아니라 때론 여성을 적극적인 투쟁에서 빼버리는 등—를 구체적으로

전국노동조합 여성지도자 세미나(『민주여성』 8, 1989. 9. 20)

전 작업의 일환으로 「여성문제의 본질은 무엇일까요?」, 「노동조합 여성부활동지침」, 「한국여성노동의 현장」 등의 자료집을 발간하여 여성 노동자의 현실을 드러내고 여성을 적극적으로 교육 · 계몽하는 데 앞장섰다.

특히 노동현장의 소리를 담아내고 여성 노동자들의 요구를 받아들여 노동운동의 실천 방향을 제시하고자 노력하였다. 한국여성 노동자회는 각 지역에서 생산직 여성들의 생존권 투쟁을 위한 노력에 적극 참여하였다. 여성 노동자의 특수문제를 제기하면서 동시에 민주노조 쟁취라는 노동운동의 일반과제를 위해 투쟁하였다. 남녀 차별임금 철폐 투쟁, 남녀휴식시간 차별철폐 요구 투쟁, 여사원 장기근속수당 지급요구 투쟁, 상여금 남녀차별지급 합의에 대한 반대투쟁, 가족수당 남녀 동일지급 요구 투쟁 등이 노동운

동의 과정에서 표출되기 시작하였다. 이처럼 한국여성노동자회는 여성 노동자에 대한 교육, 선전, 투쟁 지원을 활발히 전개하면서, 노동자 부인이 운동세력으로 성장하는 데 큰 역할을 담당하였다.

한국여성민우회의 역할

이러한 움직임의 배경에는 1987년 9월 특정계급이나 계층에 집중하지 않은 다양한 범주를 아우르는 '한국여성민우회'의 결성이 중요한 몫을 담당하였다. 해당 지역의 여성문제를 상담하고 여성교육과 생존권 투쟁을 지원하는 다양한 활동 속에서 사회운동 단체들과 밀접한 관계를 구축하면서 본격적인 여성노동운동이 전개되었다.

> 우리 여성들은 사회적 노동과 가사노동의 현장에서 여자라는 이유로 가장 참담한 피해자가 되어 왔다. 여성은 생존권위협, 임금차별, 고용차별, 불완전취업, 가사노동, 비인간적인 자녀교육환경의 굴레에 허덕여왔고, 나아가 성폭력, 성차별 문화의 공세 앞에서 여성의 본원적인 건강한 인간성은 크게 훼손되었다. … 여성이 겪고 있는 고통의 뿌리는 이 사회의 반민주적, 반민중적 구조에 있다. 여성이 해방되기 위해서는 가정을 포함한 이 사회가 인간의 존엄을 구현하는 진정한 민주주의 사회로 바뀌어야만 한다. … 지금이야말로 여성들이 이제껏 억눌려온 자신의 권익을 되찾고 거대한 정치세력으로 부상하고 다가올 미래를 책임져야 할 시점이기 때문이다.[29]

여성 대중이 함께 나갈 수 있는 새로운 조직을 만들고자 하는 움직임 가운데 가장 주목할만한 단체로 한국여성민우회를 들 수

29 한국여성민우회 창립선언문(http://www.womenlink.or.kr) 참조

있다. 1980년대 들어 여성문제가 실질적으로 해결되기 위해서는 무엇보다 사회구조의 근본적인 변화가 있어야 한다는 문제의식이 공유되면서, 주변부 노동자로서 가장 소외받고 있는 민중여성의 생존권 문제를 여성운동 차원에서 적극 흡수해야 한다는 인식이 높아지기 시작하였다. 이에 여성의 특수한 문제와 한국사회의 민주화 문제를 통일적으로 인식하고 이의 변혁적인 해결을 위한 정치적 성격이 명확한 단체로서 한국여성민우회가 떠오르게 되었다.

한국여성민우회는 여성 노동자 생존권투쟁에 가장 큰 장애인 구사대 폭력을 폭로하면서 적극적으로 사회여론을 환기시키는 활동을 전개하였다. 여성의 지위향상과 권익을 확보하기 위한 중요한 운동으로서 남녀고용평등법 개정운동에도 중심적인 역할을 수행하였다. 공개토론회와 법개정촉구대회, 서명운동, 전단배포 등의 활동을 통해 남녀고용평등법을 개정해야 할 필요성을 홍보하면서 정부에 압력을 가해 법개정의 성과를 거두는 데 견인차 역할을 담당하였다.

'남성사원, 대리급 선정기준 40세 보다 현격히 낮은 30세를 기준으로 여성근로자를 해고하는 것은 성차별 금지조항에 저촉된다'는 결정이 내려졌다. 서울지방 노동위원회는 대우건설 여성해고 근로자 18명이 제출한 해고 피해구제 신청에 대해 (1999년 1월) 28일 이 같은 결정을 내렸다. 대우건설 여성해고 근로자 18명은 상사의 반복적인 사직 압력에 따라 사표를 제출하게 되자 한국여성민우회 고용평등추진본부의 도움을 받아 서울지방노동위원회에 피해구제 신청을 하는 한편으로 노동부에 남녀고용평등법 위반으로 고발했다.[30]

30 중앙일보 1999. 2. 11.

결혼, 임신퇴직 및 조기정년 철폐를 위해(『민주여성』 11, 1991. 6. 1)

위의 사례에서 보듯이 무엇보다 한국여성민우회는 여성노동 문제를 조직적인 차원에서 지원하기 위해 고용평등추진본부, 여성노동센터 등을 설치하여 체계적으로 활동을 전개하였다. "여성의 평등한 노동권 확보와 여성의 경제세력화를 통해 평등한 세상을 만들어" 가는 데 있어 성 평등한 직장문화를 만드는 것이 무엇보다 중요하다고 인식하였다. 일하는 여성에 대한 차별적인 의식과 관행을 개선하는 일이 급선무라고 보아, 『평등다지기』 등의 소식지를 발간하여 모집에서부터 채용, 승진, 퇴직에 이르기까지 고용의 전 과정에서 여성 노동자들이 당하고 있는 구체적인 차별행위에 대해 주도적으로 대응해 나갔다. 또한 직장내에 은밀히 자리잡고 있는 성희롱 및 성폭력의 문제를 해결하고자 노력하였으며, 산전후 휴가 등 임신과 출산을 보호하고 육아휴직을 사용하는 문제와 관련하여 여성 노동자들이 기본적으로 가정과 직장생활을

모성보호 쟁취하여 평생노동 확보하자(『민주여성』 10, 1990. 11. 5)

양립할 수 있도록 하기 위한 투쟁을 지속적으로 전개하였다. 그리고 여성노동관련 법과 제도, 정책들이 여성 노동자들에게 보다 실효성 있게 적용될 수 있도록 법개정운동과 여성노동정책 분석에도 적극적인 관심을 기울였다.

나아가 한국여성민우회는 한국여성단체연합의 후원 아래 사무직 여성 노동자들을 연합하기 위한 노력을 아끼지 않았다. '민주노조 깃발 아래 함께 가는 여성 노동자'를 외치며 1989년 '여성 노동자 문화대동제'를 개최하는 등 여성노동운동의 핵심세력으로 부상한 사무직 여성들의 권리를 대변하고자 하였다. 1960~70년대와 비교해 볼 때 무려 17배 정도나 증가한 사무직 여성 노동자들의 양적인 비중에도 불구하고, 고용 기회에서부터 임금, 결혼 및 임신, 승진, 승급상의 측면에서 여전한 차별이 존재하였음에 주목하였다. 이러한 불합리한 관행과 차별이 일상화된 노동현실에 대해 문제의식을 표명하면서 여성 노동자의 문제를 실천적으로 해결하고, 나아가 여성들의 노동자로서의 의식과 주체적인 여성의식을 고취시키고자 노력하였다. 중산층이라는 허위의식에 빠져 있는 사무직 노동자들이 노조를 결성하고 투쟁을 통해 건강한 노동자 의식을 되찾게 되는 내용을 담은 '딸들아 일어나라!' 라는 제목의 연극을 진행하여 여성 대중의 뜨거운 호응을 이끌어 내고자 하였다.[31]

1980년대 후반 들어 이러한 여성 노동자운동을 적극 지원하

31 한국여성민우회—여성 노동자 문화 대동제 개최, 『민주여성』 8, 1989. 9. 20, 49~50.

는 단체의 출현은 그동안 노동운동에 참여했던 여성 노동자들의 의식적인 전환의 한 표현이었으며 여성노동운동의 발전에 있어 의미 있는 서곡이었다. 1970년대 조직적인 여성노동자운동단체가 없었기 때문에 투쟁의 주체로 참여했던 여성 노동자들의 노력이 수렴되지 못한 채 경험이 단절되었고, 대부분의 여성 노동자들이 노동자이기 이전에 여성으로서의 문제인식이 부족했다는 측면에서 여성노동운동의 한계가 있었다.

그러나 1980년대 후반 민주화 과정을 통해 이러한 여성노동운동 단체가 출범하면서 여성 노동자들의 주체성이 고양될 수 있도록 조직적인 뒷받침이 진행되었고, 우리 사회 전반에 걸쳐 여성해방 이념에 대해 눈을 뜨기 시작하였다.

한국여성노동자회협의회 결성

1987년에 이미 한국여성노동자회가 창립되었으나 전국적으로 구심적 역할을 담당할 수 있는 '한국여성노동자회협의회'가 1992년 7월 결성되었다. 이는 서울, 인천, 부천, 부산, 광주, 마산 · 창원 등 전국 6개의 여성 노동자회가 여성노동자운동의 지역간 통일성을 높이고 적극적인 공동 활동을 수행하기 위해 외연을 확대하여 조직된 것이다.[32] 한국여성노동자협의회는 "일하는 여성의 손과 지혜가 미치는 곳에 무한한 생명력이, 일하는 여성의 힘찬 함성이 있는 곳에 눈부신 사회의 발전이 이루어진다"[33]는 기치를 내걸고 공단과 저소득층 지역을 중심으로 활동기반을 넓혀 나갔다. 주요 활동영역으로 조직활성화 사업, 탁아운동, 여성노동정책개발, 여성관련 이슈에 대한 적극적인 대응과, 노조 내의 여성부문의 강화와 대중운동으로 확대하기 위한 지원 사업 등을 표방하였다. 즉 여

32 한국여성 노동자회협의회 대표 이영순 회장을 찾아서, 『민주여성』 13, 1992. 10. 23, 38~39.

33 한국여성노동자협의회 홈페이지(http://www.kwwnet.org) 참조

한국여성단체연합 노동자 생존권 확보 시위(『민주여성』 11, 1991. 6. 1)

성들의 '평생평등노동권'을 확보하기 위해 당면과제로서 탁아와 모성보호, 고용안정을 위한 지속적인 노력에 역점을 둔 활동을 강조하였다.

또한 국내 유일의 여성노동 전문잡지를 표방하는 『일하는 여성』 소식지를 통해 그동안의 활동의 성과를 각 지역에서 전파하기 위한 여러 사업들을 추진해 나갔다. 전국조직으로서 그 면모를 갖추면서 '여성노동정책과 근로기준법 여성관계 조항 개정' 등 법적 · 제도적인 투쟁을 통해 임시직 노동과 가내하청에 대한 규제와 법적 보호를 강화하기 위한 대응을 추진하였다. 또한 직장 단위만이 아니라 지역에 분산되어 있는 미혼, 기혼 여성의 특성과 작업 형태에 따라 조직의 다양화를 모색하였다. 나아가 여성 노동자들의 능력을 향상시키기 위한 여성학교, 직업훈련기관을 운영하였다. 또한 3·8 세계 여성의 날 기념행사 등 다양한 교육 · 문화활동을 전개하였다. 그 밖에도 직장 여성들이 겪는 고용불안과 직업병, 성희롱과 성차별 등의 사안들에 대한 구체적인 노동 상담을 통해 공동으로 문제를 풀어갈 수 있도록 측면지원하였다.

무엇보다도 여성 노동자들을 위한 정책과제를 개발하고 권익을 확보하기 위한 차원에서 정부정책을 지속적으로 모니터링하였으며, 올바른 여성노동 정책을 수립하도록 촉구하는 활동을 전개하였다. 명실상부 여성 노동자들의 정치적 · 경제적 · 사회적 지위 향상을 위한 여성노동운동단체로 성장하였다.

비정규직 여성 노동자들의 희망—전국여성노동조합연맹

> 우리 여성 노동자들은 일제 하에서부터, 70년 군부독재의 가혹한 탄압 속에서도 굴하지 않고 민주노조 사수의 선봉에서 가열 차게 투쟁하였다. 그러나 이러한 피 어린 투쟁의 역사에도 불구하고 여성 노동자는 IMF신탁통치 하에서 비정규직, 임시직, 계약직을 전전긍긍하며 더 소외당하고 고통당해 왔다. 우리는 이제 이 모순을 거부한다. 그리고 우리 스스로의 힘으로 이 모순을 깨뜨리고 모든 인간이 인간답게 사는 참 세상을 여는 노동운동을 하고자 한다. 이를 위해 우리는 전국여성노동조합연맹의 깃발 아래 굳게 뭉쳐 여성 노동자들의 경제적, 정치적 권리 향상과 사회적, 정치적 지위를 개선 향상시킨다. 전국의 모든 노동자와 단결하여 신자유주의 반대, 사회의 민주화와 민족의 자주, 평화통일에 앞장 설 것이다.[34]

위에서 언급된 바처럼, 외환 위기와 신자유주의 물결로 급속도로 증가하고 있는 저임금 주변부 일자리에서 직접적인 모순을 경험하는 비정규직 여성 노동자들의 '희망'이 되고자 1999년 7월 '전국여성노동조합연맹'이 전국민주노동조합총연맹에 가입하면서 출범하였다. 전국여성노동조합연맹은 여성 노동자들의 열악한 처지를 어느 누구도 대변해주지 않는 상황에서 여성 노동자가 주체가 되어 부당한 현실을 바꿔나가기 위한 실천 조직으로서 여성 노동조합의 출범 필요성을 강조하였다.

34 전국여성노동조합연맹 홈페이지(http://www.womanunion.org) 참조

〈전국여성노조연맹 강령〉[35]

1. 자주적이고 민주적인 노동조합운동의 역사와 전통을 계승하고 노동3권을 비롯한 노동기본권 확보를 위하여 투쟁한다.
2. 노동시간단축, 생활임금확보, 고용안전보장, 산업재해추방 등 노동조건을 개선하기 위해 투쟁한다.
3. 여성차별철폐와 모성보호제도 확립 등 여성 노동자의 사회 · 정치 · 경제적 지위향상과 사회적 평등을 실현한다.
4. 일제하부터 70년대 온몸으로 투신해 온 여성 노동자의 투쟁정신을 이어받아 비정규 · 미조직 여성 노동자의 조직화로 조직역량을 확대강화 한다.
5. 노동조합의 통일단결을 위해 앞장서며 이 땅의 모든 노동자와 연대하여, 노동자의 정치세력화를 실현한다.
6. 제 민주세력들과 연대하여 민주적 권리를 쟁취, 민주사회 건설과 분단된 조국의 자주적 · 평화적 통일을 위해 앞장선다.
7. 전 세계 노동자와 연대하여 국제 노동운동역량을 강화하고 세계평화에 기여한다.

이에 전국여성노조연맹은 여성들의 노동기본권 확립과 여성차별철폐 및 모성보호제도의 확립, 조합원의 실질임금 향상과 노동조건 개선, 노동시간 단축과 조합원의 문화 복지 향상 및 산업안전과 건강 확보 등의 관련 사업을 실시할 것을 천명하였다. 궁극적으로 여성 노동자들의 성평등한 노동조건을 확보하고 경제적 · 사회적 정치적인 지위를 향상시키는 것을 목적으로 구체적인 실천

35 전국여성노동조합연맹 홈페이지(http://www.womanunion.org) 참조

강령을 통해 그들의 입장을 표방하였다.

여성 노동자 당당하여라—전국여성노동조합

> 여성 노동자 4명 가운데 3명이 비정규직이고, 종업원 10명 미만 회사에서 일하는 사람들이 70%예요. 이런 상황에서 여성노조는 필연이예요. 여성들의 고용조건과 현실에 가장 걸맞은 형태의 조직으로 만들어졌어요. 학교에서 일하는 도서관 사서, 영양사, 조리사, 과학조교, 호텔 룸메이드, 학원강사, 미화원, 파견직 여사무원, 공부방 교사, 우리 구성원들은 정말 다양해요. 누구든지 가입만 하면 함께 활동할 수 있어요.[36]

1999년 8월에는 400여 명의 여성 노동자들이 모여 '여성 노동자 당당하여라—살 맛 나는 일터 만들기'를 제창하며 전국여성노동조합을 결성하였다. 한국사회에서 노동자로 살아가는 것보다 여성으로 살아가는 것이 더 힘들다는 전제에서 전국여성노동조합은 일하는 여성이면 누구나 업종과 나이, 성별 모든 것을 가리지 않고 참여할 수 있는 여성 노동자들의 조직체임을 표방하면서 출범하였다.

"여성 노동자의 기본권을 보장하고, 여성 노동자들이 직장과 가정생활을 양립할 수 있도록 사회적인 지원조치를 확대"할 것을 목표로 비정규직 여성 노동자의 차별철폐와 고용불안 문제를 해결하고, 영세사업장에서 일하고 있는 여성 노동자들의 권리를 확보하기 위한 제반 노력들을 전개하였다. 모성보호 확대와 여성 노동자의 노동3권을 확보하기 위한 여러 차원의 조직적인 연대활동

36 전국여성노동조합 조직국장 박남희 인터뷰 기사, 하종강의 휴먼 포엠, 『한겨레21』 2002. 12. 26, 115.

을 추진하였다. 단지 노동자로서 열악한 노동문제만을 거론하는 것이 아니라, 여성 노동자의 특수한 권리를 중심으로 여성문제를 집중적으로 다루면서 여성들의 조직적인 세력화에 노력하고 있음을 보여 주었다.

1. 성차별적인 사회구조와 법제도, 관행과 관념들이 없어지는 평등사회 실현을 위해 앞장선다.
2. 지속적인 노동권과 모성보호가 보장되며, 직장과 가정을 양립하는 사회적 지원 조치의 확대를 위해 앞장선다.
3. 불안정한 취업상태에 있는 여성 노동자들의 조직화와 권리 확보를 위해 앞장선다.
4. 지위, 연령, 직업, 지역의 차이를 뛰어 넘어 평등과 평화, 사회정의 실현에 앞장서는 제 사회단체와 연대한다.
5. 국제연대운동을 통해 여성 노동자를 억압하는 상황을 개선하기 위해 노력하며, 전 세계 여성 노동자의 인권과 평등권을 실현하는데 앞장선다.[37]

특히 전국여성노동조합은 1970년대 여성들의 민주노조운동과 그 맥을 계승하면서 직장과 업종을 불문하고 미조직 여성 노동자들의 노동3권을 보장하기 위한 노력을 전개하였다. 비정규직 여성 노동자들의 투쟁과 여성 노동자의 현실과 권리 찾기를 강조하며 2000년 '3·8 세계 여성의 날' 기념대회에서는 '비정규직 여성권리찾기운동본부'를 설립하였다. 또한 '법을 알면 권리가 보인다' 라는 제목 하에 여성 노동자들을 위한 권리 찾기 안내서를 만들어 배포하기도 하였다. 이러한 투쟁 노력으로 2004년

37 전국여성노동조합 홈페이지(http://www.kwunion.or.kr) 참조

3 · 8 세계여성의날 기념 여성 노동자 전진대회(『민주여성』 12, 1992)

한국여성대회에서 전국여성노동조합은 '여성권익신장 디딤돌'로 선정되었다.

여성의 경제세력화를 꿈꾸며

맥킨지는 "한국이 선진국으로 진입하기 위해서는 여성인력의 취업률을 2010년까지 90퍼센트로 끌어올려야 한다"고 지적하였다. 일반적으로 국민의 사회경제적 수준이 높아지고 교육기회가 증가할수록 여성의 경제활동 참가율은 비례적으로 상승하고 남성과의 사회적 격차도 줄어드는 것이 상례이다. 그러나 우리나라의 경우 대졸 이상 고학력 여성의 경제활동 참가율은 중졸 이하 여성보다 오히려 낮은 편이며 남성경제활동 참가율과의 차이도 여전히 크다. 교육수준별 여성인력 활용분포를 보더라도 무학, 초등학교 및 중학교 등의 학력계층에서는 취업여성 비율이 높게 나타나고 있지만 고등학교 이상의 학력 계층에서는 비취업 비율이 상대적으로 높다. 이는 고학력 여성인력이 노동시장에서 제대로 활용되지 못하고 사장되고 있음을 의미하는 것이다.

엥겔스는 "여성해방의 첫 번째 전제는 모든 여성을 사회적 노동에 참여시키는 일"이라고 하였다. 그러나 한국사회의 경우 '가족친화적인 노동'[38]은 말뿐 대다수의 여성 노동자들은 공적인 노동시장에서의 성별분업과 사적인 공간에서의 가족부양 및 가사노동으로부터 자유롭지 못한 실정이며, 주체적인 사회적 노동 참여가 현실적으로 쉽지 않은 상황이다.

여성 자신의 긍정적인 자기 정체성이 확대되고, 양성평등에 대한 사회적 의식이 고양되면서 국가 정부 차원에서도 여성인적자원의 개발을 강조하고 있지만, 노동현장에서의 채용과 임금, 승진과 관련한 여성차별은 여전히 존재하고 있다. 특히 전문직이나 관리직에 진출하지 못한 채 빈곤한 가족의 생계를 위해 돈벌이를 해야하는 중하위층 여성들의 경우 노동시간이나 노동량은 남성과 비교해 뒤지지 않는데도 노동인권의 사각지대에 놓인 비공식 노동자로서 존재하고 있는 실정이다. UN 세계여성대회에서 제시되었던 것과 마찬가지로 여성의 경제활동 유형은 주로 무보수노동과 노동통계로는 잡히지 않는 하위직 또는 비정규직, 비공식 부문에 집중되어 있다.

2000년 현재 비정규직 노동력의 규모를 살펴보면, 남성의 경우 48.5퍼센트인 반면, 여성의 경우 73.3퍼센트로서 여성노동력의 2/3가 비정규직인 실정이다.[39] 서구의 파트타임이나 임시직 노동

38 '가족친화적(family-friendly) 노동'은 일과 가족의 양립을 지향하는 정책으로, 예컨대 노동시간 단축 주 5일 근무제, 육아휴직제, 탄력적 근무제 등이 그것이다. "조계완의 노동시대—초강력 울트라 슈퍼 한국우먼", 『한겨레21』 582, 2005. 11. 1, 73.

39 김유선(2001).

비정규직 철폐시위(『한겨레21』 2005. 8. 30)

에 비해 한국 여성 노동자의 비정규직화는 1990년대 이후 급속한 속도로 진행되었다. 특히 신자유주의 물결 속에서 여성노동을 단기적인 저임금 노동력으로 활용하려는 기업의 이윤추구 욕구에 의해 더욱 가속화 되었다. 1996년 한국이 OECD에 가입하면서 자본 · 노동 · 금융 시장 및 무역 등 경제 전 분야에 걸쳐 선진국 수준의 전면개방을 받아들이면서, 결과적으로 노동시장 유연화 조치는 여성노동의 저임금 취업과 시간제 취업의 보편화를 가져온 것이다. 노동을 중심과 주변으로 구분하여 주변부 노동에 대해서는 정리해고와 비정규직화, 변형시간 근로제, 하청화, 외주화를 통해 임금 비용을 최소화하면서 생산량의 변화에 따라 노동자의 수를 용이하게 조정할 수 있도록 하고 있는 현실의 모순에 기반한 것이다.

여성인적자원을 활용하기 위해 남녀고용평등법이 시행되었고, 모성보호제도 및 보육투자가 확대되는 등 각종 여성차별을 금지하는 정책이 추진되어 모양새를 갖추고 있지만, 실질적으로 경쟁이 격화될수록 대부분의 여성들이 주변 노동자로 위치되고 있는 실정이다. 주로 공식부문보다는 비공식 부문에, 정규직보다는 임시, 일용직에 종사하는 여성들의 비율이 높아 주변부 노동력으로 기능하면서, 사실상 공식적인 통계수치에서는 그 현실이 제대로 반영되지 않고 있다. 나아가 전통적인 성역할에 대한 고정관념 때문에 여성의 경제활동은 의례적으로 남성에 비해 무시되거나 왜곡 집계되고 있는 실정이다.[40] 결국 세계적인 경쟁력 강화라는 명분 속에서 또 다른 형태로 여성 노동자들의 희생을 강요하고 있어 경제적 양성평등의 구현은 요원한 과제로 남겨져 있다.

평등여성노동권을 주장한다

> 여성 노동자에 대한 관점은 민주노조의 이념을 굳건히 지키는가를 가름하는 중요한 기준이며, 또한 여성 노동자들의 조직화 없이 민주노총 조직율의 제고가 불가능하다는 현실적인 중요성을 포함하여 여성노동운동에 대한 인식을 제고한다. … 직장 내에서 모집, 채용, 임금, 교육훈련, 배치, 승진, 정년퇴직은 물론 직장내 성폭력 등 고용전반에 걸친 불평등한 구조와 관행을 해결해 나가는 데에 노동조합이 주체가 되어야 하며, 특히 IMF와 관련하여 불가피한 고용조정이 발생할 경우 여성들을 그 대상에서 우선시 하는 경향에 대해서도 노동조합은 단호히 대처한다.[41]

외환위기 이후 여성의 임시 일용직 비중이 증가하면서 여성 노동자의 70퍼센트가 비정규직에 종사하고 전체 여성 노동자의 평균임금은 남성의 절반을 겨우 넘는 수준에 머물러 있는 것이 현

40 김양희 외(2001).
41 전국민주노동조합총연맹 여성위원회 홈페이지 (http://women.nodong.org) 참조

실이다. 이렇듯 빈곤의 절대 다수가 여성이 되어가는 '빈곤의 여성화'[42] 추세가 나타나고 있다. 여성 비정규직에 대한 차별, 성차별적인 고용 등 노동시장에서의 성차별 문제가 이러한 여성빈곤을 가속화 하는 원인이 되고 있다. 이러한 상황에 대한 절박한 문제의식을 갖고 1998년 전국민주노동조합총연맹 여성위원회는 '평등여성노동권'에 대한 권고안을 공식적으로 채택하였다.

여성의 사회경제적인 활동비율이 늘어남에도 불구하고 현실적으로 여성 노동자들의 사회경제적인 지위가 이에 미치지 못하고 있다는 점과 특히 여성 노동자의 조직율이 급격히 하락하고 있는 변화추이에 주목하여 조직적인 차원에서 노력을 전개하였다. 한국경제가 위기에 처해 있을 때마다 늘 산업예비군으로서 존재했던 여성 노동자들의 위상을 제고시키면서 한국사회의 실질적인 성평등에 기반한 민주화를 구현하기 위해서는 민주노총의 확대와 더불어 여성 노동자들의 조직화 및 지위향상이 절실하다는 점을 인식하였다. 이에 민주노총 내의 주요한 의사결정기구에 여성의 참여비율을 확대하는 이른바 여성간부할당제가 필요하다는 점을 역설하였다.

2001년에 개정된 남녀고용평등법에서 강조하고 있는 "헌법의 평등이념에 따라 고용에 있어서 남녀의 평등한 기회 및 대우를 보장하는 한편, 모성을 보호하고 직장과 가정생활의 양립과 여성의 직업능력개발 및 고용촉진을 지원함으로써 남녀고용평등"을 구체적으로 어떻게 구현할 것인가를 고민하였다. 특히 관계자의 책무조항을 통해 남녀노동자가 동등하게 존중받는 문화를 형성할 것을 명시한 제4조의 규정을 현실 속에서 구현하고자 노력하였다.

42 '빈곤의 여성화' 이슈는 1976년 미국의 다이애나 피어스(Diana Pearce)의 조사결과로 제기되었다. 미국의 성인 빈민의 70% 이상이 여성이라는 사실이 드러나, 1980년대 미국 정부의 '빈곤과의 전쟁'에서 성을 고려하는 정책이 활용되게 된 배경이다. 정현백, "빈곤의 여성화 심각하다"(중앙일보 2006. 2. 9).

1. 근로자는 상호 이해를 바탕으로 남녀가 동등하게 존중받는 직장 문화를 조성하기 위하여 노력하여야 한다.

2. 사업주는 당해 사업장의 남녀고용평등 실현을 저해하는 제반 관행 및 제도를 개선하여 남녀근로자가 동등한 여건에서 자신의 능력을 발휘할 수 있는 근로환경을 조성하기 위하여 노력하여야 한다.

3. 국가와 지방자치단체는 이 법의 목적을 실현하기 위하여 국민의 관심과 이해를 증진시키고 여성의 직업능력개발 및 고용촉진을 지원하여야 하며, 남녀고용평등의 실현을 저해하는 모든 요인을 해소하기 위하여 필요한 노력을 하여야 한다.[43]

새로운 세기에 선 여성들

1990년대 들어 여성계의 커다란 변화가 있다면 공적 영역에서 남성의 성벽에 도전하는 여성이 늘고 있다는 점이다. 물론 기업의 관리자급이나 고위직 공무원으로 진출한 여성의 질적 · 양적인 현황을 다른 나라와 비교해 본다면 여전히 저조한 편이다. 그러나 지식정보화 사회로의 구조적인 변화와 맞물려 여성의 경제참여 활동은 증가하고 있다. 대부분의 여성은 직장을 결혼으로 이어가기 위해 잠시 거쳐 가는 과정이 아니라 평생직업의 차원에서 인식하고 있다. 또한 성공한 전문직 여성은 고학력 여성들에게 닮고 싶은 이상적인 모델로서 인식되고 있다. 다양한 영역에서 과거 금녀영역의 금기를 깨는 선구적인 여성들이 등장하고 있다.

예컨대, 행정고시를 통해 공직의 길로 나아간 전재희는 1994년 최초의 관선 · 민선 광명 시장을 지냈으며, 2001년 김송자는 일반 부처에서는 처음으로 첫 여성 차관으로 임명되어 전문 관료 출신으로 입성하였다. 외교 분야는 김경임이 외무고시에 합격한 외

43 '남녀고용평등법' 전문, http://www.kwwu.or.kr/technote/read.cgi?board=db1&y_number=17&nnew

(왼쪽부터)첫 여성 헌법재판관 전효숙, 첫 여성 법무부장관 강금실, 첫 여성 대법관 김영란, 첫 여성 장성 양승숙

교관 출신으로는 처음으로 2003년 여성대사로 임명되어 튀니지로 발령받았고, 이인호는 1996년 핀란드 대사로 부임하여 활동하였다. 2003년 노무현 참여정부에 들어와 강금실이 법무부 장관으로서 임명된 것 역시 이러한 변화의 단면을 보여준 것이다. 법조계에도 2003년 8월 첫 여성 헌법재판관으로 전효숙이 임명되었고, 2004년에는 김영란 첫 여성 대법관이 탄생하였다. 또한 전형적인 남성영역으로 인식되었던 군인이라는 직업에도 여성들의 진출이 늘어났다. 한국공군사관학교는 제49기 사관생도 모집에서 창군 이래 처음으로 여자생도를 선발하였고 1998년 한국육군사관학교도 여자생도를 입학시켰다. 2002년에는 양승숙이 첫 여군 장성으로 임명되었고, 해군 함정에 여군 소위가 배치되는 등 '배에는 여자를 태우지 않는다'는 또 하나의 금기를 깨뜨렸다.

이처럼 1980년대 이후 지금까지 여성의 사회적 노동의 참여 비율은 다양한 영역에서 증가하고 있는 추세이며 공적영역에서의 질적인 변화 역시 주목할 만하다. 여성인력의 사회적 활용 여부가 국가 경쟁력의 척도라고 하는 요즈음 이전의 여성들의 사회경제 활동과 비교해 볼 때 한국 사회는 전반적으로 양성평등 분위기가 확산되는 환경변화가 진행되고 있다. 이제는 여성이 '보이지 않는 노동자'로서가 아니라 국가의 경쟁력을 결정짓는 중요한 변수로서 부상하면서 역량을 최대한 발휘할 수 있도록 유도하기 위한 여성 인적자원의 개발과 활용이 중대한 시대적 과제로 부각되고 있는 것이다.

이른바 지식정보사회로의 변환은 지금까지의 여성 인적자원 활용에 대한 패러다임의 수정을 요구하고 있다. 부차적이고 종속적인 노동자로서의 여성이 아니라 바야흐로 여성의 감성과 창의력이 높은 부가가치를 창출하는 핑크칼라 시대로 진입하고 있는 것이다. 즉 여성인력의 활용이 선택이 아니라 필수가 되고 있다. 21세기 한국사회의 질적인 발전은 여성인적자원의 효과적인 활용 여부에 달려 있다는 점에 주목하면서, 여성 노동자의 경제활동의 당위성과 필요성이 강조되고 있다. 이에 무엇보다 선행되어야 할 과제로서 여성 모두가 노동시장에서의 성 평등을 실현하고 여성 노동자의 인권을 확보하기 위해 우리 사회의 여성문제를 적극적으로 인식하고 나아가 문제를 해결할 수 있는 정치적인 세력화를 구축하는 일이다.

성평등을 위한 진일보

1. 호주제 철폐를 위한 노력

사회 전반에 고착된 불평등한 성의식과 문화를 변화시키는 것은 쉽지 않은 일이다. 여성단체는 1980년대 들어 대내외의 정치상황을 적극 활용하여 여성이 당면한 문제를 풀어가려는 구체적인 노력을 전개하였다. 1980년대 들어 주목할 만한 여성운동의 변화는 우리 사회의 구조적인 민주화 방향의 흐름을 읽으면서 보다 전략적으로 대응해갔다는 점이다. 결과적으로 여성단체의 주장을 획기적으로 받아들여 남녀고용평등법, 모자복지법이 제정된 것 역시 선거와 직접, 간접적으로 관련된 정치적 흐름을 읽고 여성계가 적극 요구한 것에 기반한 것이다. 1988년 여성정책의 총괄부서인 정무 제2장관실이 여성정책을 담당하고 1989년 3차 가족법개정을 비롯하여 여성정책을 종합적으로 추진하는 기틀이 마련된 배경도 여성지위 향상을 언급했던 선거 공약을 지키라는 여성단체의 직접적인 압력에 연유한 것이었다.

뿐만 아니라 여성단체들은 국제적 차원의 요인을 적극적으로 여성권리 향상에 활용하고자 시도하였다. 유엔의 여성차별철폐협약과 '세계 여성 10년', '여성의 지위향상을 위한 나이로비 미래전략1985', 1995년 제4차 세계여성회의의 '베이징 선언'을 통해 여성계는 여성지위에 대해 관심을 갖는 외부 환경요인을 활용하여 가정에서의 불평등한 여성의 위치를 지적하면서 실제적인 향상을 위한 대정부 압력활동을 전개해갔다.

가족법개정을 위한 여성연합회

1984년 정부가 유엔 여성차별철폐협약을 비준할 당시, 여성단체들은 우리나라 가족법과 국적법이 유엔 여성차별철폐협약과 상충하기 때문에 협약을 비준하기 전에 남녀차별 규정을 개정할 필요성을 촉구하였다.

〈건의문〉

오늘 가족법개정 촉진대회 참가자 일동은 여성이 하나의 인간으로 태어나 딸로서 딸답게, 아내로서 아내답게, 어머니로서 어머니답게 살기 위하여 인류 역사 이래 끊임없이 추구해 온 인간존엄의 이념과 남녀평등의 원칙에 입각하여 인간을 차별하고 있는 가족법을 개정하기 위하여 모든 노력을 계속할 것을 다짐하며 다음과 같이 건의한다.

1. 123회 정기국회는 유엔 여성차별철폐 협약의 비준과 동시에 가족법개정을 실현시킬 것을 촉구한다.
2. 정부는 가족법개정을 연내에 실현시키기로 한 공약을 성실히 지킬 것을 촉구한다.[44]

그러나 결과적으로 우리 정부는 국적취득과 변경에 있어 남녀평등을 규정한 제9조와 혼인과 가족관계에 있어서 남녀평등을 규정한 제16조를 유보한 채 이를 비준하였다. 가족법개정을 위한 우호적인 대외 환경이 제공되었음에도 불구하고 정부의 결정적 의지가 부족하여 여성단체의 요구는 관철되지 못했다.

이러한 배경 하에서 전국 78개 여성단체가 연대하여 이태영을 회장으로 하는 '가족법개정을 위한 여성연합회'를 결성하였다. 이는 한국여성단체협의회를 후원단체로 하여 대한YMCA연맹, 국제인권옹호한국연맹, 생명의전화, 사랑의전화, 대한가족계획협회, 한국가족법학회, 흥사단, 크리스찬 아카데미, 청주변호사회 등 9개의 일반사회단체가 적극적으로 동참 후원하여 만들어진 기

개정되어야 할 가족법의 주요내용

1. 친권행사는 부모가 동등하게

2. 친족범위는 남녀 똑같게

3. 이혼시 재산분할 청구권 인정해야

4. 서자입적은 아내의 동의 얻게

5. 불합리한 호주제도 폐지돼야

6. 동성동본 불혼제도 고쳐져야

7. 재산상속은 남녀차별 없어야

개정되어야 할 가족법의 주요 내용
(『베틀』 42, 1989. 10)

구였다. '가족법개정을 위한 여성연합회'는 상시적으로 토론회를 개최하면서 개정 항목으로 민법에서 불평등한 부분인 호주제와 동성동본금혼제도 폐지, 친족범위의 수정, 이혼시 재산분할청구권, 부모친권 공동행사, 적모서자관계 및 계모자 관계의 시정, 상속제도의 남녀평등 및 입양제도의 개정, 아내의 상속세 면제 등의 개혁을 내세우며 법안 작성과 서명운동을 전개하였다. '가족법개정을 위한 여성연합회'가 결성된 이래 전국 규모의 대강연회가 수차례 개최되었으며, 국회에 청원서를 제출하고 국회의원에게 편지 보내기 등과 같은 활동이 지속적으로 진행되었다.

그러나 이러한 노력에도 불구하고 11대 국회에서 가족법개정안은 황산성민한당 등 제안 서명의원이 20명에 미달하면서, 더구나 집권당인 민정당 소속 여성의원이었던 김현자, 김모임 의원이 사실상 서명을 철회함으로써 국회 제출이 좌절되었다. 그 이후 12대 총선에 즈음하여 1985년 1월 올바른 투표권 행사를 위한 여성대표자 간담회를 개최하여 "인간평등을 위한 가족법개정에 반대하는 후보자에게는 투표하지 않는다"는 이른바 여성유권자선언을 공포하였다. 또한 '가족법개정을 위한 여성연합회' 발족 1주년을 기념하여 가족법개정을 촉구하는 성명서를 채택하는 등 선거를 가족법개정을 위한 호기로 적극 활용하고자 하였다.

〈결의문〉

오늘 가족법개정 촉진대회 참가자 일동은 세계인권선언과 제5공화국 헌법이 선언한 인간평등의 이념에 충실하고 새로운 가치관에 입각한 민주적 가족제도의 정립을 위하여 남녀차별적이고 반역사적이고 시대착오적인 현행 가족법의 개정을 실현시키고자 다음과 같이

44 『베틀』 7, 1985. 1. 11.

결의한다.

1. 우리는 할 수 있는 모든 방법을 총동원하여 가족법개정운동을 계속할 것을 결의한다.
2. 우리는 지난 9월 18일 전국여성대회의 결의를 다시 한번 확인하며 제12대 국회의원 선거에서는 우리의 의사를 대변할 수 있는 후보자에게 투표할 것을 결의한다.[45]

1986년 가정법률상담소 30주년을 기념하는 대회에서 가족법개정을 위한 건의문과 결의문을 채택하여 가족법개정을 위한 여성연합회는 3만 명이 서명한 청원서를 국회에 제출하였다.[46] 한국여성유권자연맹도 1988년 가족법개정을 비롯하여 당시 여성문제를 해결하기 위해 우선적으로 실천해야 할 것들을 정부에 건의하면서 이를 적극적으로 실천하려는 의지를 가진 후보자를 지지할 것임을 공식적으로 표명하였다. 그리고 가족법개정을 위한 여성연합회는 1988년 4월 총선을 앞두고 국회의원 입후보자들을 대상으로 하는 설문조사를 실시하여 응답자의 98퍼센트로부터 국회에 진출하면 가족법개정에 적극 찬성하겠다는 답을 얻어내기도 하였다.

그러나 유림을 비롯한 가족법개정운동에 반대하는 이들은 '가족법 개악 절대반대'를 외치며 궐기대회를 개최하는 등 보수세력을 결집해 나갔다. 이들은 전통과 미풍양속의 수호를 강조하며 대통령에게 보내는 공개 건의문을 채택하였고, 1981년 '동성동본금혼법수호 국민협의회' 발기총회를 개최하였다. 또한 '여성유림회'의 주최로 모든 여성이 가족법개정을 원하는 것은 아니라는 점을 강도 높게 역설하였다. 이렇게 유림과 여성계의 대립 구도에서 민정당, 평민당, 민주당, 공화당 4당 의원 153명의 제안 서명으

45 『베틀』 7, 1985. 1.
46 김엘림(1991)

로 당시 국회법사위원회에 계류 중이었던 가족법개정의 일부 조항을 유보한다는 논의가 각 당마다 제기되면서 일부 서명의원들이 서명을 철회하는 일이 발생하였다. 또한 여성계, 유림, 법조계 인사가 참여하는 법사위원회의 공청회가 연기에 연기를 거듭하면서 계속 지연되었고 의견차이를 조율하기가 쉽지 않았다. 결국 정무 제2장관실 주관으로 여성정책 세미나가 개최되면서 유림 측과 가족법개정 추진 측, 경제단체연구원과 여성운동가 등 입장이 다른 관계 전문가들이 모여 논의할 수 있는 장을 마련하였으나 합의점을 도출하지 못하였다.

> 민정당 정책조정실장은 "이번 개정안은 재산 상속시 남녀차별을 철폐하고 이혼 때 재산배분도 남녀의 기여도에 따라 결정토록 하는 등 남녀평등을 기초로 했고 여성단체의 주장도 대폭 수용한 것"이라고 말하고, "그러나 우리 사회의 전통적 가치관과 특수성 때문에 사회적으로 큰 논란을 불러일으키고 있는 호주제폐지와 동성동본 혼인 허용조항은 이번 개정에서 일단 유보시키기로 했다"고 밝혔다.[47]

이 신문 기사에서 보듯이, 당시 집권 여당은 국회 심의과정에서 보수적인 사회세력을 고려하여 일종의 절충안을 받아들임으로써 가족법 전면 개정을 요구하는 여성단체들로부터 거센 반발을 받았다. 결국 1988년 11월 김장숙, 박영숙, 이윤자 의원 등이 의원입법의 형태로 제13대 국회에 제출한 가족법개정안이 수정 없이 통과되기에는 어려운 형편이었다. 그 과정에서 가족법개정을 위한 여성연합회는 가족법개정 촉구대회와 시민 설문조사 및 대토론회를 개최하였고, 정부와 국회에 건의문과 청원서를 제출하였

47 조선일보 1989. 12. 1.

으며, 정당 대표를 면담하면서 48만 명의 서명을 전달하였다. 또한 한국여성단체연합과 교회여성연합회가 함께 '가족법개정여성대회'를 개최하여 국회까지 가족법개정촉구 평화행진을 진행하기도 하였다. 1989년 11월 한국여성단체연합은 노태우 대통령에게 '가족법 공개질의서'를 제출하여 가족법개정이 1987년 대통령 선거 당시 약속했던 여성지위 향상에 대한 공약이므로, 현재 의원입법으로 국회에 제출되어 있는 개정안의 통과에 민정당 총재 자격으로 적극적으로 노력해 줄 것을 다시 한번 촉구하였다.

> 노태우 대통령은 당시 선거 공약으로 "민법 등 가족관계 법을 개정하고 호주제폐지와 동성동본 금혼의 범위 축소를 계속 검토할 것"이라고 공약했었다. 또 공개질의서는 정부가 국회에 상정한 UN 국제인권규약 가입을 위한 안 중 '친족 범위'와 '이혼시 친권행사' 등을 국내법에 어긋난다는 이유로 유보조항으로 둔 데 대해 국제인권규약 가입 이전에 민법의 성차별 조항 개정에 먼저 노력할 것을 요구했다.[48]

이러한 상황에서 가족법개정을 위한 여성연합회는 가족법개정안이 유보조항 없이 통과되도록 끝까지 노력할 것이며, 개정안 통과가 좌절될 경우 헌법재판소에 제소할 계획이라고 강도 높게 요구하였다. 이렇듯 가족법개정의 전면 통과를 요구하는 학계, 법조계, 여성계, 종교계 등 '유명인사 3백인 서명운동'이 실시되었고 이는 국회의장과 법사위원장, 가족법소위원회의장 앞으로 전달되었다. 결과적으로 1989년 12월 가족법 3차 개정이 이루어져 1991년 1월부터 시행되었으나 그 내용은 여성단체의 입장에서 흡족하지 못한 것이었다. 왜냐하면 1989년 가족법의 경우 호

48 조선일보 1989. 11. 11.

주상속을 호주승계로 개정하여 호주의 권리 의무를 대폭 삭제하고 호주권을 축소한 상태로 상당부분 여성계의 의견을 수렴한 듯이 보였지만, 본질적인 측면에서는 동성동본불혼 규정이나 호주제도를 근간으로 하는 '호주와 가족'의 장은 그대로 존속하였기 때문이다.

1989년 가족법개정, 미완의 작품

1989년 3차 개정된 가족법은 친족범위의 규정이나 이혼시 재산분할 청구권과 어머니의 친권이 확보되어 양육권이 신설되었고, 가문을 잇기 위한 양자제의 폐지와 같은 실질적으로 여성의 권리를 확보할 수 있는 변화를 보여주었다. 또한 종전처럼 친가와 외가를 구별하지 않고 8촌까지의 혈족을 모두 친족으로 규정하여, 그동안은 친족의 범위에 포함되지 못했던 처제, 처남, 동서, 처삼촌, 처사촌 동서까지도 친족으로 인정함에 따라 남편 중심의 가족제도를 일정 부분 바꾸어 놓았다. 그리고 앞서 언급했듯이 호주권을 일부 삭제하여 호주 상속제를 호주 승계제로 바꾸고 직계비속간의 상속 지분을 통일시키는 등 핵가족화 되고 있는 우리 사회의 현실을 대폭 수용하는 상징적인 조치들이 담겨 있었다.[49]

또한 헌법재판소의 위헌결정으로 사문화된 동성동본금혼 규정을 삭제하고 혼인의 제한 범위를 '8촌 이내의 부계 혈족과 모계 혈족, 6촌 이내 혈족의 배우자와 배우자의 6촌 이내 혈족 등'으로 조정하는 등 근친혼 금지제도를 신설했다. 그밖에 이혼한 여성이 곧바로 재혼해 아이를 낳으면 아버지가 누구인지 모른다는 이유로 이혼 후 6개월 이내에 재혼하지 못하도록 한 조항을 삭제하였으며, 6세 미만의 아동을 양자로 입양하면 친부모나 그 혈족과의

49 신희선(2005), '젠더의 민주적 소통구조－여성인권을 위한 호주제폐지운동', 『가족과 문화』 17(2), 42~43.

친족관계를 소멸시키고 양부모와의 친족관계만 성립하도록 친양자 제도를 신설하였다.[50]

1989년 3차 가족법개정에서 주목할 만한 변화는 "호주가 될 당사자가 호주 승계권을 포기할 수 있고, 호주의 가족에 대한 거소 지정권과 부양의무가 없고, 또한 호주의 직계비속 장남이 따로 사는 것을 금지하던 조항도 없어졌으며, 처의 뜻에 상관없이 혼인 외 자子를 일방적으로 입적하던 적모서자관계나 재혼시의 계모자 관계도 폐지하여 다만 이들 사이를 '인척'으로 규정하는 등 이제 가문 대신에 가족이라는 개념이 우선하였음을 보여주었다." 이와 같이 1989년 3차 개정의 경우 법적인 측면에서 가족 내 성차별적인 관습이 상당부분 시정된 측면이 있었지만, 아직은 미완의 작품이었다.

> 여성계는 "현실적으로 있으나마나한 조항들만 정리했을 뿐, 호주 승계 순위가 남녀차별적인 기존의 호주 상속 순서와 똑같은 점 등 본질적으로 성차별적 요소는 그대로 남았다"고 지적한다. 부부의 동등한 지위와 관련, 결혼하면 아내가 남편의 집안家에 입적토록 한 기존 조항도 그대로 남아있다.[51]

이 지적에서도 알 수 있듯이 여성계는 현대사회에 맞지 않는 불합리한 남녀차별의 요소가 남아 있음을 지적하고 이의 철폐를 요구하였다. 즉 호주제, 처의 입적제, 동성동본금혼 제도 등이 삭제되지 않는 한 성평등의 실현은 요원하다는 점을 강조하면서 많은 아쉬움을 표하였다. 이처럼 1989년에 개정된 가족법이 진정한 민주적인 소통을 전제로 한 가족 규범이 아니라 여전히 불평등한

50 동아일보 1998. 7. 28.
51 조선일보 1989. 12. 21.

측면이 남아 있다는 점에서 개정운동이 지속적으로 전개될 필요성이 다시 대두되었다. 그리고 개정된 가족법의 실효성을 제고하기 위한 관련 법규의 제정과 개정이 요구되었다. 특히 후속 작업 가운데 주요 쟁점으로 불거진 것은 이혼시 재산분할 청구권을 인정하는 문제와 관련하여 가사노동의 경제적 가치를 측정하는 기준을 어떻게 정립할 것인지의 문제와 상속세법상의 과세조항 및 증여세의 개편문제가 대두되었다.[52]

이러한 필요성 때문에 1990년 8월 한국가정법률상담소 주최로 '여성과 세법 개정' 세미나가 개최되기도 하였다. 또한 그 해 12월 한국여성민우회는 '가사노동의 가치와 세법'에 대한 의식조사 결과를 공포하였고, 1991년 5월에는 재산분할 청구권의 실질적인 확보를 위한 여성단체 간담회를 개최하였다. 또한 15개 여성단체가 '재산분할청구권의 실질적 확보를 위한 대책위원회'를 결성하고 20명의 공동변호인단을 선임하여 법정투쟁을 전면 지원하기로 하였다. 그리고 1990년 1월 한국가정법률상담소는 동성동본 피해자 신고센터를 개설하여 직접적인 피해자들을 중심으로 동성동본 금혼 규정에 대한 위헌소송을 제기하는 차원으로 가족법개정운동의 새로운 방향을 잡아 나갔다. 이러한 노력의 결과 1997년 동성동본금혼 규정이 헌법에 보장된 혼인의 자유와 남녀평등원칙에 반한다는 헌법재판소의 헌법불합치 결정을 이끌어냈다.

호주제폐지

2004년 말 국회 법제사법위원회는 호주제폐지를 골자로 하는 민법개정안을 여야합의로 제안하여 이를 2005년 3월 제252회 임시국회에서 통과시켰다. 광복 60년 만에 우리 사회를 얽어매고 있던

52 박은숙(1999).

남성 중심의 가족법으로부터 여성을 해방시키는 커다란 전환점이 마련되었다. 호주제는 남성이 가족을 대표하고 아내가 남편에 속하는 존재라는 인식을 심어주는 성차별적인 부계중심의 가족제도였다. 이는 우리 사회에 오랫동안 자리 잡고 있던 무의식적인 기제인 '사내애를 출산해야 대가 끊이지 않는다'는 남아선호사상의 중추적인 역할을 담당하여 왔다. 이러한 호주제는 사실상 가족 내의 차별적인 주종관계를 제도적으로 인정한 것이며, 동시에 여성만이 아니라 연장자와 연소자 간에 직계와 방계 간에 잠재적인 불평등을 전제로 하는 비민주적인 봉건적 소통구조를 내포한 것이었다.

호주제폐지는 가족 구조 내에서 남성과 여성의 위상이 동등하게 자리매김 되었다는 의미를 넘어서 이러한 변화를 이끌어 낸 우리 사회의 전반적인 의식의 민주화와 평등한 관계에서의 소통 가능성을 시사하는 측면에서 그 의의가 크다. 그동안 가족법개정운동의 역사는 봉건적인 가부장제의 두 개의 버팀목이었던 호주제와 동성동본금혼의 폐지에 초점을 두어 전개되어 왔다. 1990년대 이후 여성계는 가족법개정운동의 방향을 호주제폐지로 잡아 운동의 초점을 보다 명확하게 제시하였다. 이러한 호주제폐지운동은 가족의 민주화를 실현하고 평등한 성에 기반한 자유로운 소통과 여성인권을 신장시켜야 한다는 주장 속에서 여성계의 의제를 넘어 범 시민사회단체의 공동목표로 확산되었다.

이러한 분위기 속에서 상징적인 시도가 있었다. 1997년 '3·8 세계여성의 날'을 기념하는 제13회 한국여성대회에서 여성단체 지도자 170여 명은 '부모 성 함께 쓰기'를 선언한 것이다. 이는 "호주제폐지라는 본론을 꺼냈을 때 오는 문화적 충격을 줄이기 위한 것"으로, 우리 사회에 뿌리 깊게 박혀 있는 남계혈통사상에 균

호주제로 인한 여성피해사례(중앙일보 2000. 8. 24)

열을 내보려는 의도였다. 아버지의 성을 대물림하는 것을 당연시하였던 우리 사회에 이러한 시도는 커다란 반향을 불러일으켰다. 진보적인 여성운동가들은 의식적으로 부모의 성을 나란히 쓰고 언론매체를 통해 직접적으로 이를 알림으로써 궁극적으로 남녀평등을 지향하는 메시지를 전달하고자 하였다. 물론 이들이 호적에서까지 성을 바꿀 수는 없었다. 아직 민법 781조에서 "자녀의 성은 아버지의 성을 따른다"고 규정하고 있었기 때문이다. 하지만 이들의 궁극적인 목표는 바로 부계 중심의 가족법을 바꾸자는 차원에서 시작한 것이기에 '부모 성 함께 쓰기'를 의식적으로 전개하였다.

1999년에는 한국가정법률상담소를 주축으로 한국여성단체연합, 대한여의사회, 호주제폐지를 위한 시민의 모임 등은 '현행 호주제도의 문제점과 대안 마련을 위한 공청회'를 개최하고 전국적인 국민의식 조사를 하였다. 우선적인 주요 사업과제로서 호주제 폐지를 선정하여 다양한 운동을 전개해 나갔다. 이러한 방향성에 기초하여 한국가정법률상담소, 한국여성단체연합, 한국여성단체협의회, 호주제폐지를 위한 시민의 모임 등을 비롯한 22개의 여성

한국가정법률상담소의 〈호주제 바로알기〉 브로슈어

시민단체들이 시민연대를 결성하여 국회에 호주제폐지를 위한 청원서를 제출하고 호주제에 관한 위헌소송을 제기하였다. 이런 가운데 2000년 131개 시민단체가 참가한 '호주제폐지를 위한 시민연대'가 발족되었다. '호주제폐지를 위한 시민연대'는 2001년 8월 한국여성유권자연맹이 네티즌 대상으로 실시한 투표에서 '2001여성' 단체 · 기관 부문에 선정되기도 하였다. 또한 여성신문사와 호주제폐지운동을 공동으로 추진하기 시작했으며, 불교 · 천주교 · 개신교 · 원불교 · 유교 · 천도교 등 6대 종교 20여 개 단체와도 연대하여 '호주제폐지를 위한 종교 여성연대'를 구성하여 운동을 확대해 나갔다. 2001년 10월 '호주제폐지를 위한 시민연대'는 여성신문사와 공동으로 국회의원의 호주제에 관한 설문조사를 실시하였고 건의서를 직접 제출하였다. 그 밖에도 2002년 7월 호주제폐지 홍보영화인 〈우리 평등하게 살래?〉를 제작하고 연극공연을 하는 등 대중 속으로 파고드는 저인망 전략을 동시에 전개하였다.

2002년 12월 대통령 선거 당시에 각 후보자에게 호주제폐지를 최우선 과제로 설정할 것을 요구하며 각 당 대통령 후보들이 이를 공약으로 제시하도록 압력을 가해 호주제폐지 약속을 받아내기도 하였다. 여성부의 입지가 강화되고 호주제폐지를 위한 특별위원회가 정부 내에 구성되어 적극적인 개정 의지를 드러내는 가운데, 2003년 5월 '호주제폐지를 위한 특별기획단'이 구성되었다.

한편 '호주제폐지를 위한 시민연대'는 '호주제폐지 272'를 발족하였으며, 여성부의 후원을 받은 한국가정법률상담소는 '호주제폐지, 우리는 평등이라 말한다—더 나은 가족제도가 기다리고 있다'는 주제를 내걸고 호주제폐지에 대한 대안을 내용으로 하는 심포지엄을 개최하였다. 또한 한국가정법률상담소 등 여성단체 대표들이 법제사법위원회 위원장과 소속의원들을 면담하고 민법 개정안의 통과를 촉구하는 한편, 국회의원을 대상으로 '의원1:1면담' 릴레이를 하는 등 발빠른 움직임을 보여 주었다. 이처럼 법안이 통과되기 이전까지 여성단체들은 법제사법위원회 의원을 대상으로 목요일마다 호주제로 인한 피해 상담사례 및 호주제폐지 촉구 공문을 발송하였다. 한국여성단체연합, 한국여성단체협의회, 호주제폐지시민모임, 한국가정법률상담소 등 4개 여성단체는 민주노동당, 열린우리당 등 정당이 주최한 법률개정 관련 간담회에 참석하고 설득 작업을 전개하는 등, 우리 사회의 진정한 민주적 소통구조를 실현시키기 위해 호주제를 폐지해야 한다는 점을 줄기차게 강조한 결과, 2005년 호주제폐지를 전제로 한 민법개정안이 통과된 것이다.

여론을 등에 업고

1990년대를 기점으로 여성단체는 양적으로 팽창되고 동시에 질적으로 의미 있는 변화를 보여주었다. 즉 각각의 여성단체가 여성문제의 다양한 영역 가운데 특정 분야에 대한 관심을 중심으로 활동 방향을 구체화하고 전문화하였다. 또한 호주제폐지운동의 대중화 전략의 측면에서 뜻을 같이 하는 시민단체와 폭넓은 연대활동을 전개하여 갔다. 무엇보다 호주제폐지의 결정적인 역할은 여성 인권의 측면에 주목하여 노력한 진보적인 시민운동과의 결합이었다. 특히 민주화와 통일, 여성해방을 앞당기기 위한 한국여성단체연합이 1987년에 결성되면서 기존의 한국여성단체협의회와 구별되는 방식으로 가족법개정운동을 추진하였다. 이제까지는 가급적 유림을 자극하지 않는 차원에서 조용히 국회의원과 법조계, 정부를 상대로 로비활동을 전개하거나 청원 형식과 같은 설득전략을 활용하였다면, 한국여성단체연합은 무엇보다 먼저 여성대중의 운동역량을 결집하고자 노력하였고 여성을 정치세력화 하여 집단의 힘을 보여주고 여론의 변화를 이끌어 내어 법개정을 쟁취하려고 하였다. 즉 소수의 여성지도자만 소리를 높이는 활동이 아니라 여성단체 간의 연대활동을 통해 여성 대중이 가족법개정의 필요성과 문제의 본질을 깨닫고 동시에 적극적인 시민의식을 발휘하여 운동의 주도세력으로 참여하는 보다 현실적이고 구체적인 운동방식을 선택하였다.

여성운동의 전략과 방법에 관한 여성계 내부의 의견 차이는 여성단체연합이 '가족법개정특별위원회'를 신설하면서 나타났다. 기존의 가족법개정연합회와 별도로 여성계는 두 개의 조직으로 분화되어 가족법개정운동을 전개해 나갔다. 예컨대 가족법개정연합회는 호주제와 동성동본금혼 제도가 가부장적 가족법의 기본틀이므로 반드시 폐지되어야 한다고 보았던 반면에, 가족법개정특별위원회는 가족법이 조속히 개정되기 위해서 보다 실질적인 측면인 재산분할청구권을 관철하는 것이 더 긴요하다는 점을 지적하였다. 이처럼 1980년대 이후 여성운동은 국내 민주화 운동이 성장하는 과정에서 이념분화가 진행되었고 실천방법에 있어 차이가 존재하였다.

그러나 결정적인 국면에서는 역시 가족법개정을 위해서는 여성단체들이 연대하는 것이 불가피하다는 점을 인식하고 있었다.[53] 가족법의 개정범위 및 제도의 개혁자체를 보는 입장에 상당부분 차이가 있었음에도 불구하고 다양한 각도에서 가족법개정에 힘을 모으는 실천적인 노력을 보였다는 점은 한국여성운동 발전에 큰 의미를 갖는다. 가족의 민주화가 이루어질 수 없는 불평등한 구조로 가족사회가 방치될 경우, 사회의 모든 영역에서 민주화와 평등이 제고될 수 없다는 점을 한 목소리로 강조하였다. 이러한 측면에서 가족법개정운동은 우리 사회의 민주화와 개인 인권의 맥락에서 시민단체와 또 다른 연대를 도모할 수 있었다.

헌법불합치 결정

1990년대 들어 여성단체들은 제2정무장관실과 함께 개정가족법의 실효성을 제고하기 위한 관련법 제정 및 개정 활동에 초점을 두고 운동을 전개하였다. 그 결과 1997년 7월 동성동본금혼을 규정한 민법 제809조 1항에 대해서 헌법재판소가 '인간의 평등권과 행복추구권을 보장한 헌법정신에 위배된다'는 내용 하에 '1998년 12월까지 개정되지 않을 경우 법률 조항의 효력을 중지해야 한다'는 헌법불합치 결정을 내리게 되었다. 이것을 가능하게 했던 '민주사회를 위한 변호사 모임'은 동성동본금혼의 위헌결정과 같이 호주제 문제에 있어서도 일종의 위헌소송의 필요성을 제기하였다. 즉 하위법이 근본적으로 헌법정신에 저촉되는지 여부를 헌법재판소에 위헌법률 심사를 제청하도록 법원에 신청하는 전략을 채택하

53 여성사연구회 편(1989).

호주제 헌법불합치 결정 이끌어낸 '민변 호주제 위헌소송변호인단 – 이석태, 강금실, 진선미, 이정희, 조숙헌, 김수정, 이지선'

민주사회를위한변호사모임(회장 이석태, 이하 민변)의 호주제 위헌소송변호인단(이하 변호인단)은 2005년 2월 3일 '헌법이 정하고 있는 개인의 존엄과 양성평등 실현에 장애를 초래하는 전통은 용납할 수 없다'는 헌법재판소의 호주제 헌법불합치 결정을 이끌어내는 데 주도적 역할을 해왔다. 변호인단은 지난 2000년, 보수적인 국회의원들에게 민법개정을 맡기기 보다는 국회 의결과 관계없이 호주제를 무효화시킬 수 있는 전략으로 '호주제 위헌소송'을 제기할 것을 처음으로 제안하였으며, 5년간 5차례 걸친 뜨거운 공방을 거쳐 '호주제 헌법불합치' 결정을 받아냈다. 또한 변호인단은 수년에 걸친 호주제 폐지운동사에서 법적 지원이 필요할 때마다 법률전문가로서의 지원과 헌신을 아끼지 않았다.

였다. 이러한 과정에서 민주사회를 위한 변호사 모임의 호주제 위헌소송변호인단은 핵심적인 역할을 담당하였다. 그들은 대체적으로 보수적인 성향이 강한 국회의원들에게 민법개정을 맡기고 마냥 기다리기보다는, 오히려 국회의결과 관계없이 호주제를 무효화시킬 수 있는 방법으로서 호주제 위헌소송을 제기하였다. 또한 '민주사회를 위한 변호사 모임'은 여성단체가 법적인 지원이 필요할 때마다 법률 전문가로서 적극적인 자문과 지원을 제공하였다.

1998년 11월 '호주제폐지를 위한 시민의 모임' 창립토론회에서 호주제가 폐지되어야 하는 이유로 "결혼 후 무조건적으로 남편의 호적에 편입되어야 하는 비인권적 제도인 호주제가 법적으로 존재하는 것은 엄연한 성적 차별이다"는 점이 강조되었다. 즉 여성의 행동범위를 축소시키고, 남성과 여성을 주종관계로 위치시키는 등 여성의 지위를 하락시키는 측면이 있음을 지적하였다.

특히 호주제 위헌심판은 1999년 여성단체연합이 호주제폐지운동본부를 발족하면서부터 본격화되었다. 2000년 11월 '호주제폐지를 위한 시민연대'가 제1차 호주제 위헌소송을 내면서 특히 대중의 관심과 주목을 받았다. 즉 가족법이 헌법 이념을 실현하는 데 장애를 초래하고 헌법 규범과 현실과의 괴리를 더욱 고착시킨다면 가족법은 수정되어야 한다는 논리를 제공하였다. 이러한 결실의 밑바탕은 '가족법개정을 위한 여성연합회'가 위헌론이 관철되어야 가족법개정이 가능하다는 점을 염두에 두고 이미 1987년 헌법개정시 호주제가 위헌이라는 법적 근거를 마련하기 위해 노력했다는 점이다. 결국 호주제 위헌 판결은 한국가정법률상담소 등 137개 시민단체로 구성된 '호주제폐지를 위한 시민연대'의 적극적인 노력이 모아졌기에 가능하였던 것이다.

2000년 이후 본격적으로 여성단체는 시민단체와 함께 호주제폐지운동을 전개하여 국회의 변화를 이끌어냈고, 호주제폐지를 공약으로 내세운 참여정부가 조속히 민법개정안을 추진하도록 지원과 압력을 행사하였다. 2003년 3월 국가인권위원회는 호주제 위헌 의견서를 헌법재판소에 제출하였으며, 여성부 장관은 헌법재판소 재판정에 나와 호주제폐지의 정당성을 공개적으로 호소하였다. 이처럼 헌법불합치 결정은 결국 그 동안의 여성단체, 시민단체, 민주사회를 위한 변호사 모임 및 관련 학자의 활동이 초석이 되어 자연스럽게 여론을 형성하면서 이루어진 결과물이었다. 여성신문은 다음과 같이 그 의의를 높이 평가하였다.

All images are from yonhapnews.co.kr

(출처: 연합뉴스)

> 이번 판결은 성별 등에 의해 차별 받지 않을 권리헌법 제11조와 혼인과 가족생활에서의 양성평등헌법 제36조에서 명시적으로 보장하고 있는 성평등 가치가 그 어떤 관습과 전통, 이념 등에 의해서도 침해받을 수

> 없는 천부의 가치임을 다시 한번 인정한 것이다. 양성 간의 진정한 공존이 가능해질 수 있는 시대로 나아가는 중요한 열쇠를 얻었다.[54]

호주제폐지를 위한 여성운동의 노력이 인권을 향한 NGO의 자발적인 협조와 지원을 받아 '호주제의 종언'을 알리는 헌법불합치 결정과 같은 의미 있는 변화가 만들어졌다. 이는 궁극적으로 여성문제는 여성만 협력해서 해결할 수 있는 것이 아니라, '인권'과 같은 호소력 있는 의제설정을 통해 우리 사회 구성원 모두의 관심을 모으는 것이 중요하다는 점을 보여주었다.

여성인권을 위한 중요한 진전

> 호주를 중심으로 가家를 구성하는 호주제도가, 헌법이 보장하고 있는 남녀평등과 개인의 존엄과 가치를 충족시키지 못하고 시대적 변화에 따른 다양한 가족형태에 부합하지 아니하고 있으므로 가家의 개념과 호주제를 전면 폐지하여 헌법이념에 충실하고 현실의 가족생활에 부합하는 가족제도를 마련하고, 자녀의 성姓과 본本에 관하여는 아버지의 성과 본을 따르는 것을 원칙으로 하되, 부모의 협의에 따라 어머니의 성을 따를 수 있도록 하고, 자녀의 복리를 위하여 필요한 경우에는 법원의 허가를 받아 자녀의 성과 본을 변경할 수 있도록 하여 성姓 불변의 원칙으로 인하여 불합리한 피해를 보는 일이 없도록 함.[55]

국회 법사위원회에서 여야가 호주제폐지에 전격 합의했다는 사실은 여성의 인간화를 위한 중요한 진전을 의미하였다. 한국가

54 여성신문 2005. 2. 11.
55 민법개정안(법제처 제출) 호주제 제안 이유, 2004. 5. 31.

온&오프 토론방 호주제 폐지 추진 어떻게 보나

존폐 공방이 성(性) 대결로 비화하며 치열했다. 폐지하자는 측은 다양한 형태의 가정이 늘어나는 사회에 맞게 법도 바꿔야 한다고 했다. 반면 유지하자는 쪽은 가정의 근간을 흔들어 사회가 혼란스러워질 것이라고 우려했다. 한편 호주 승계순위 등 일부 문제는 대체로 수정하자는 데 의견이 모아졌다.

김동선 기자 kdenis@joongang.co.kr

곽 배 희
한국가정법률상담 소장

가족 붕괴는 기우다

兩性·부부 평등해야

여러 차례의 가족법 개정을 통해 호주제는 그 취지가 퇴색한 지 오래이며 내용적으로 '아들-딸-처-어머니-며느리'라는 승계 순위만 남아 있다. 호주라는 이름 자체, 그리고 아들을 무조건 승계 1순위로 해 어머니·딸인 여성을 2차적 존재로 규정해 양성평등과 부부평등의 걸림돌이 되고 있다.

호주제 존치론자들은 그것이 우리의 아름다운 전통이며 이를 폐지하면 곧 가족이 붕괴된다는 논리를 내세우고 있으나 현재 가족법상의 호주제는 이름만 조선시대에서 비롯된 것일 뿐 내용적으로는 일제가 식민통치를 원활하게 하기 위해 도입한 제도다.

근본적인 문제는 호주제가 오늘날의 사회적·문화적 상황에 전혀 맞지 않는 '옷'이라는 점이다. 우리 사회는 농경사회를 근간으로 하는 대가족제도가 급속하게 붕괴돼 부모와 미혼 자녀로 구성된 핵가족이 가족제도의 핵심이 되었다. 이는 당연히 가족 가치관의 변화를 수반했으며 양성평등과 부부평등이 주요한 이념으로 부상했다. 가족들은 가정 안에서 서로 역할을 분담할 뿐 그 지위를 따지는 것은 시대에 맞지 않는 일이 되었다.

호주제를 고집하는 것은 아무런 의미도 없고 가족 구성원 간에 갈등을 유발하며, 사회 변화에 따라 필연적으로 발생하는 새로운 형태의 가족들에게 '비정상'이라는 낙인을 찍으며, 그들에게 불필요한 부담만 가중시키는 일이다.

이 덕 희
성균관 가족법 대책위원장

위험한 발상이다

人倫 급속히 무너져

호주제 폐지 주장은 국가의 존망에 관한 문제며, 역사에 큰 오점을 남기는 위험한 발상이다. 그러면 안되는 이유는 이렇다.

첫째, 호주제도가 폐지되면 부모 쌍방에 입적이 가능하게 된다. 그러면 같은 자식, 같은 형제자매지만 어떤 자녀는 아버지 성을, 어떤 자녀는 어머니 성을 따르게 된다. 오늘날 동성동본도 팔촌 이상이면 결혼하자는 것이 정부측 법안인데 이 시점에서 아무리 남매간이라고 하지만 성이 다르면 남남인데 사랑하고 결혼한들 법적으로 무슨 하자가 있겠는가. 친아버지가 시아버지가 되고 친어머니가 시어머니가 될 것은 자명하다. 이것이 가정파괴가 아니고 무엇인가.

둘째, 이혼한 자녀의 의부 성 따르기다. 물론 이혼 여성의 불편은 이해한다. 그러나 인간의 성은 어머니 뱃속에서 정해졌기 때문에 영원히 바꿀 수가 없는 것이다. 어떻게 어머니가 자기 행복을 추구하기 위해 타고난 자식의 성까지 바꾸면서까지 행복을 찾으려 한단 말인가. 만의 하나 세번 네번 결혼한다면 자식의 성도 세번 네번 바꿔야 하는데 이것이 과연 부모로서 할 짓인가.

셋째, 호주제가 폐지되면 어느 가정을 막론하고 가계가 단절되고 대가 끊긴다. 영원히 뿌리까지 없어져 자기가 태어난 흔적조차 찾을 길이 없다. 부자·형제도 남남이 되고 조상·족보·일가 친척도 다 없어진다. 가정이 무너지는데 국가인들 안전하겠는가.

온오프 토론방: 호주제폐지 추진 어떻게 보나(중앙일보 2003. 5. 16)

정법률상담소의 호주제폐지 기념 특집호 뉴스레터를 보면 여성의원과 여성단체장이 "축, 호주제폐지!!"를 내세우면서 환호하는 사진을 앞에 싣고 있다. 이는 그 동안 줄기차게 전개해 온 가족법개정운동이 형식적인 측면에서는 완결되었음을 보여주는 것이다. 다음은 호주제폐지에 관한 한국가정법률상담소 곽배희 소장의 평가다.

> 호주제의 폐지는 평등한 개인과 개인이 사랑과 신뢰로 이루어진 가족구성원이 된다는 의미녀, 부적절하게 정상 가족과 비정상 가족을

구분하는 사회적 통념이 바로잡아지게 된다는 뜻입니다. 즉 '혼인과 가정생활은 개인의 존엄과 양성의 평등을 기초로 성립되고 유지되어야 하며, 국가는 이를 보장한다'는 헌법 제36조 제1항이 비로소 민법을 통해 구체성을 획득하게 된 것입니다.[56]

이처럼 가족법개정운동은 결국 가정과 사회에서 여성의 동등한 권리를 확보하고 여성의 인간화를 구현하는 운동이다. 남아선호사상, 부계혈통 중심의 뿌리 깊은 가부장적인 의식과 관습, 관행 속에서 여성의 인권이 유린되어 왔던 점들을 시정하고 궁극적으로 21세기에 새롭게 정착되어야 할 양성평등한 가족구조의 측면을 강조한 것이다. 즉 호주제가 폐지되면서 가족관계가 평등해진다면 그 가운데 민주적인 시민의식이 성장하고 수평적인 소통구조 속에서 개인과 사회의 삶의 질은 자연스럽게 향상될 수 있기 때문이다.

여야가 민법개정안에 합의한 사항은 크게 호주제폐지로 집약될 수 있지만, 이와 더불어 여러 차원에서 의미 있는 변화가 뒤따른다는 것을 의미한다. 예컨대, 생계를 함께 하면 처의 부모도 민법상 가족으로 인정되고, 또한 부모가 협의할 경우 자녀가 어머니 성을 따를 수도 있으며, 동성동본 결혼도 8촌 이내만 금지하는 등의 변화가 그것이다. 또한 양자를 친자로 인정하여 계부의 성을 따를 수 있도록 하였고, 기존의 부계혈족 중심에서 양계혈족으로 범위를 확대한 것 역시 큰 변화였다. 이는 양성평등의 원칙과 개인의 존엄성을 중시하는 민주화된 사회의 흐름을 반영하여, 그 동안 법적인 약자이자 희생자였던 여성의 인권을 보호하는 차원의 함의를 갖는 것이다. 즉 호주제로 인해 법적, 사회적으로 부차적인 존재에 머물렀던 어머니, 아내, 딸인 여성들의 인권이 형식적인 측면

56 곽배희(2005), 진정한 의미의 21세기가 시작되었습니다, 『가정상담』 호주제폐지 기념 특집호, 한국가정법률상담소, 4.

에서는 거의 회복되었다는 점을 말해 준다. 또한 추상적인 개념의 '가家'를 전제로 한 분가, 폐가, 복적 등과 같은 복잡한 관련 규정이 폐지되면서 현실에 부합한 적정 범위의 가족사항이 기록, 관리되는 보다 합리적인 신분등록제를 마련하는 계기를 제공해 주었다.

물론 가족제도는 법과 정책의 변화만으로 쉽게 변화할 수 있는 영역이 아니다. 2004년 세계경제포럼WEF이 발표한 『여성의 권리: 글로벌 남녀 불평등 조사』 보고서에 의하면 한국의 남녀평등 성취도는 7점 만점에 3.18을 차지하여 세계 58개국 가운데 54위 수준으로 나타났다. 세계경제포럼은 58개국을 대상으로 국제기구의 자료와 자체 설문조사로 얻은 정보를 유엔여성발전기금UNIFEM이 마련한 5개 항목에 따라 다양한 지표를 통해 평가하였다. 이 결과를 보면 한국사회에서 여성들의 경제활동 참여도는 34위, 경제활동 기회는 55위, 정치적 권리는 56위, 교육성취도는 48위, 보건 및 복지는 27위 등으로 나타났다. 가정 내에서의 여성의 권한 척도를 규명한 지표는 없지만, 사회에서의 여성 위상이 그렇게 나타났다는 점은 가정의 경우 성평등 지표가 더욱 열악할 수 있음을 추론하게 한다.

> 지난 3월 이루어진 호주제폐지는 우리 사회 성평등의 새로운 지평을 열었습니다. 그러나 이러한 법 제도나 정책의 변화보다 더욱 중요한 것은 우리 사회 평등문화의 확산이며, 이에 따른 시민의식의 변화입니다. 또한 새로운 신분등록제도가 시행될 때까지 우리 주변에서 도사리고 있을 성불평등과 인권유린에 대응하면서 평등가족에 대한 이해를 넓히고 새로운 가족모델을 정착시키는 데 성공해야만 진정한 호주제폐지를 이루었다고 말할 수 있을 것입니다.[57]

57 차경애(2005), YWCA 포럼을 개최하며, 『호주제폐지를 통해 본 50/50사회 만들기』, 대한YWCA연합회, 2005. 3. 17.

개인별 신분등록부와 가족부의 장단점을 비교하는 토론회(여성신문 2003. 5. 2)

따라서 호주제폐지로 인한 가시적인 변화 속에 가정에서의 민주화와 성평등이 구현된다면 이는 사회에서의 여성의 위상변화와 맞물려 급속한 파급효과를 가져올 것이다. 호주제는 여성인권을 근본적으로 침해했던 핵심 고리였기 때문이다. 따라서 호주제가 폐지된 이제부터가 본격적인 남녀평등과 여성인권을 실현하기 위한 진정한 출발일 수 있다. 즉 가족법개정안은 남성중심의 수직적인 가족관계를 폐지하고 이혼·재혼가정에 대한 차별적인 요소를 개선함에 따라 양성이 평등한 보다 민주화된 가족구조와 가정 내의 여성지위를 향상시키는 차원에서 패러다임의 전환과 같은 의미를 지닌다. 광복 이후 지금까지 전개해 왔던 대표적인 여성운동으로서 가족법개정운동은 2005년 그 동안 여성의 억압된 삶을 유지시켜 왔던 호주제를 철폐함으로써 여성운동의 중요한 한 획을 그었다. 결과적으로 가족 간의 권리와 의무, 역할과 책임을 다루는 가족법 내에 여성과 남성이 평등한 소통이 가능하게 되었다.

2. 성의 인격화를 위한 전진

근절되어야 할 은밀한 권력, '성희롱'을 이슈화하다

> 조교를 성희롱한 서울대 교수가 피해 조교 우양과 총학생회 간부를 명예훼손과 협박죄로 각각 고소했다. 이런걸 보고 '자기 무덤 자기가 판다'고 해야 하나? (1993년) 10월중에 그동안 준비해 온 우양과 박원순, 이종걸, 최은순 공동변호인단은 신교수를 고소하기로 했다. 이로써 국내에서 처음으로 성희롱에 대한 법정싸움이 시작된 것이다. 흔히들 '그 정도 같고 뭘 그러느냐, 당한 것도 아닌데'라는 식의 말을 많이 한다. 물론 이번 사건도 이런 반응이 많았다. 그러나 경미한 성폭행을 성폭행으로 인식하지 않는 의식은 아주 심각하다고 여기는 성폭행, 이를테면 윤간, 근친상간, 어린이강간 등을 보며 분노하여 사회문제로 긴급히 대처해야 한다는 의식으로 절대 나아가지 못한다. 이번 사건은 매우 중요하다. 성폭력에 대한 의식과 태도가 변하지 않는 이상 우리나라가 성폭력 세계 3위의 불명예를 어떻게 씻을 수 있겠는가![58]

1993년 '서울대 조교 성희롱 사건'은 법정으로까지 비화되면서 우리 사회에 처음으로 성희롱 문제를 제기하였다. 1990년대에 들어서 한국사회는 오랫동안 누적되고 잠재된 일상화된 성희롱 문제를 고발하고 이를 시정하기 위한 여성운동이 전개되기 시작하였다. '성희롱sexual harassment'은 업무상 권위를 이용하여 상대방의 의사에 반한 성적 접근을 의미하는 말이다. 따라서 성희롱은 궁극적으로 권력의 문제로 귀착된다. '여성의전화' 등을 통해 여성대

58 『베틀』 74, 1993. 10. 13.

위 | 서울대 조교 성희롱사건 공대위는 공정한 재판 촉구와 성희롱 추방을 위한 거리 캠페인을 벌였다(『베틀』 86, 1995. 5)
오른쪽 | 성희롱 배상 6년 만에 승리(중앙일보 1999. 6. 26)

"성희롱 賠償" 6년만에 승리

"禹조교에 500만원 줘라" 판결

서울대교수 추행사건

지난 93년 성희롱의 법적 책임을 놓고 사회적 논쟁을 불러일으키며 시작됐던 '서울대 우(禹)조교 성희롱 사건'의 법정공방에서 6년 만에 禹씨측이 사실상 승리를 거뒀다.

서울고법 민사18부(재판장 洪日杓부장판사)는 25일 서울대 전 조교 禹모(30·여)씨가 서울대 교수 申모(57)씨 등을 상대로 낸 5천만원의 손해배상 청구소송 재항소심에서 "申씨는 원고 禹씨에게 5백만원을 지급하라"는 원고 일부 승소판결을 내렸다.

이번 판결은 국내 최초로 제기됐던 직장내 성희롱 소송에 대해 법원이 직장 상사에게 손해배상 책임을 물은 것이어서 향후 이를 둘러싼 다툼에 기준이 될 것으로 보인다.

이 사건이 외부에 알려진 것은 93년 8월. 92년 조교였던 禹씨가 申교수로부터 함께 입방식을 하자는 제의를 받는 등 성희롱을 당했다는 내용의 대자보가 대학 구내에 나붙었다. 申교수는 명예훼손으로 禹씨를 고소했고 禹씨도 소송을 내 법정공방이 시작됐다.

94년 4월 세간의 관심이 집중된 가운데 1심인 서울지법은 "직장내 근로자의 지휘·인사권을 갖고 있는 상사가 성과 관련된 언동으로 불쾌한 성적 굴욕감을 느끼게 한다면 법률상 책임을 져야 한다"며 3천만원을 지급하라고 판결했다. 그동안 우리 사회에서 묵인돼 왔던 성희롱 관행에 대해 처음으로 법적 책임을 물은 것이다.

우조교 사건 진행 과정

- 93년 8월 — 우조교, "신교수가 성희롱했다" 폭로후 소송 제기
- 94년 4월 — 서울지법, "신교수, 3천만원 배상하라" 판결
- 95년 7월 26일 — 서울고법, "고의적 성희롱 아니다" 우조교에 패소 판결
- 98년 2월 10일 — 대법원, "혐오감 느끼게 했으면 성희롱" 원고 승소취지 파기환송
- 99년 6월 25일 — 서울고법, "우조교에 5백만원 배상하라" 판결

그러나 95년 7월 서울고법에서 판결이 뒤집히며 논란이 다시 시작됐다.

당시 항소심 재판부는 성희롱의 범위를 엄격히 봐야 한다며 申씨의 행동에 법적 책임을 묻기 어렵다고 밝혔다. 여성단체들은 즉각 시대착오적 판결이라며 강력 반발했고 사건은 대법원으로 이어졌다.

대법원은 지난해 2월 성희롱의 개념을 재정의, "상대방의 인격권과 존엄성을 훼손하고 정신적 고통을 주는 정도라면 위법"이라며 사건을 서울고법으로 되돌려 보냈다.

그 사이 정부는 직장내 성희롱 방지지침까지 내놓는 등 사회적 분위기도 바뀌었다.

결국 25일 서울고법은 禹씨의 주장 중 "申씨가 뒤에서 껴안는 자세를 취했다거나 禹씨를 보복해고했다는 주장은 인정할 수 없으나 申씨 언동중 일부가 사회통념상 허용되는 단순한 농담 등의 수준을 넘어섰다"며, 성희롱 책임을 인정했다.

대법원의 재상고심을 남겨놓고 있지만 이번 판결이 대법원 판결 취지를 따른 것이어서 禹씨는 사실상 최종 승리를 거둔 셈이다.

여성단체협의회 오순옥(吳順玉)출판홍보부장은 "배상 액수가 적은 감이 있지만 법원이 우리 사회에 만연된 성희롱 문제의 심각성을 판결로 인정했다는 점에서 긍정 평가한다"고 밝혔다.

채병건 기자
<mfemc@joongang.co.kr>

중이 고발해 온 일련의 사건을 보면 남녀 간의 사적인 관계가 곧 정치적인 문제임을 알 수 있다. 결국 개개인의 접근을 통한 문제해결이 아니라 남녀 간의 구조적 관계와 의식문화가 개선되어야 한다는 점에서, 여성 인권을 위한 중요한 일보이자 우리 사회의 민주화를 위한 의미있는 시작인 것이다.

성희롱 문제가 중심의제로 부각되었던 1999년 『월간중앙』의 성의식 조사에 의하면 우리나라 성인 남성 가운데 87퍼센트가 성희롱[59]을 한 경험이 있으며, 여성 중 92.7퍼센트가 성희롱을 당한 적이 있는 것으로 나타났다. 성희롱을 법적으로 제재하는 것에 대해서 73.4퍼센트가 찬성했으며, 67퍼센트는 이로 인해 직장 근무 분위기에 긍정적인 영향을 미칠 것으로 전망하였다. 성희롱을 법적으로 제재하는 것에 찬성하는 쪽은 남성58.1% 보다 여성89.1%이 압도적이었다.[60]

남 87% "性희롱 해봤다" 여 93% "당한적 있다"

'월간중앙' 성의식조사

음담패설·눈빛 가장많아
법적제재엔 73%가 찬성

우리나라 성인 남성 가운데 87%가 성희롱을 한 경험이 있으며 여성 중 92.7%가 성희롱당한 적이 있는 것으로 나타났다.

성희롱을 법적으로 제재하는 것에 대해서는 73.4%가 찬성했으며 67%는 이로 인해 직장 근무 분위기에 긍정적 영향을 미칠 것으로 전망했다.

이는 '월간중앙'이 재창간 특집(99년 3월호)으로 글로벌리서치와 함께 서울 및 수도권 도시에 살고 있는 20세 이상 남녀 5백명을 대상으로 실시한 성의식 조사결과에서 밝혀졌다.

남성들의 성희롱 행위(복수응답)는 '음담패설'(51.8%)과 '음란한 눈빛'(51.4%)이 가장 많았다. 다음이 '외모에 대한 성적 비유'(35.2%), '술따르기 강요'(16.6%), '입맞추기나 포옹'(7.9%), '특정 신체부위 강제접촉'(7.9%), '외설물 보여주기'(6.3%)등의 순. 이런 성희롱 '가해' 행태들은 여성들의 성희롱 '피해' 유형과 대체로 일치하는 것으로 나타났다.

성희롱을 법적으로 제재하는 것에 찬성하는 쪽은 남성(58.1%)보다 여성(89.1%)이 압도적. 대체로 직장 근무 분위기에 긍정적일 것으로 여기고 있었지만 '근무분위기가 어색해 질 것'이라며 부정적인 전망을 한 응답자도 전체의 33%나 됐다.

한편 우리나라 성인 남녀의 성관계 횟수는 주당 평균 2.1회로 밝혀졌다. 전희시간을 포함한 1회 성관계 소요시간은 19분. 남성은 '여자의 알몸'과 '야한 옷차림'에서, 여성은 '남성의 알몸'과 '부드러운 말씨'에서 가장 강한 성적 자극을 받는 것으로 응답했다. 유지상 기자

<yjsang@joongang.co.kr>

『월간중앙』의 성의식 조사(중앙일보 1999. 2. 21)

앞에서 보듯이 성희롱은 직장에서 지배 권력을 이용한 폭력의 한 형태라고 할 수 있다. 특히 사회의 경우 유교적 가부장제와 여성 경시 풍조로 인해 성 문제에 있어 이중적인 잣대와 남성 중심적인 권력의 측면이 작용하고 있다. 그 동안 성희롱 문제는 공개적인 논의의 장에 오르지 못한 채 남성은 직장생활의 활력소로 본 반면, 여성은 순결만 잃지 않는 정도라면 모욕을 참아내야 하는 것으로 여겼다. 이러한 문화적 특수성으로 인해 성희롱은 사회생활의 일

59 남성의 성희롱 행위는 음담패설(51.8%), 음란한 눈빛(51.4%), 외모에 대한 성적 비유(35.2%), 술 따르기 강요(16.6%), 입맞추기나 포옹(7.9%), 특정 신체부위 강제접촉(7.9%), 외설물 보여주기(6.3%) 등으로 나타났다. (중앙일보 1999. 2. 21)

상적인 부분으로 취급되곤 하였다.[61]

> 한 여성의 용기로 그동안 묻혀 있던 성희롱 문제가 사회문제화 되고 이를 계기로 한국 여성의 인권회복의 계기가 되기를 바라며 재판부의 공정한 판결을 기대해 왔는데, 이번 재판 결과를 통해 우리나라 재판부가 사회적 약자의 편에 서서 인권회복을 위한 정의로운 판결을 내리는 것이 아니라 기득권 남성 계층의 이익을 대변하고 있음을 만천하에 알리게 된 것이다. 특히 성희롱을 사소한 문제로 치부하던 사회인식을 변화시키고 여성의 인권회복을 위해 노력해 온 여성계 여론을 무시하고 가해자의 항소내용을 받아들인 재판부를 여성계는 강력히 규탄한다.[62]

우리 사회에 처음으로 성희롱 문제를 제기한 서울대학교 우조교는 당시 한국여성의전화에 찾아와 자신의 법적 대처 방안에 대해 상담을 하였고, 이어 '성폭력 특별법 제정 추진 특별위원회'와 서울대학교 총학생회, 대학원 자치회 등이 움직이면서 '서울대학교 조교 성희롱 사건 공동대책위원회'가 구성되었다. 동시에 성희롱 범죄에 관한 민사상 손해배상청구소송이 진행되면서, 우리나라에서 성희롱에 관한 법률 소송 제1호가 탄생했던 것이다. 이 사건을 계기로 성희롱은 우조교 개인의 문제가 아니라 우리나라 직장 여성의 80퍼센트가 일상의 관계에서 경험하는 사회 문제라는 공감대를 형성하였다. 결과적으로 각 대학에서는 학내 성희롱 문제가 활발히 제기되었고 1997년 '학내 성폭력 근절과 여성권 확보를 위한 여성연대회의'가 결성되었다.

60 중앙일보 1999. 2. 21.
61 최은순(1994), 근절되어야 할 폭력－성희롱, 『민주여성』 16, 1994. 4. 37~40.
62 서울대 조교 성희롱 사건 항소심 결과에 분노하며, 한국여성단체연합, 『민주여성』 19, 1995. 10. 43.

성폭력의 유형에 들어가는지조차도 모르던 남학생들이 성폭력의 중요성을 인식하기 시작한 것과 일부 대학에 성폭력상담소가 설치된 것은 연대회의가 일궈낸 성과이다. 매주 일요일 대학가 성폭력 추방을 위한 다양한 방안이 논의된다. 연대회의는 '성폭력 사례백서'를 발간하여 가해자와 피해자의 유형별 사례제시, 성폭력 사건의 해결과정, 사건해결정보 등 성폭력에 관한 전반사항이 게재된다. 연대회의는 이 백서를 각 대학 당국에 전달하는 한편, 성폭력 공동학칙 제정을 촉구할 예정이다.[63]

이처럼 이 사건은 성 인식의 전환을 가져온 중요한 의미를 제공하였다. 공동대책위원회는 직장 내 성희롱에 관한 설문조사, 토론회, 공청회 등 다양한 활동을 벌였으며, 1994년 10월 더 많은 지지와 참여를 이끌어내기 위해 '성희롱 문제를 걱정하는 시민의 모임'을 만들었다.[64] 1998년 2월 5년을 끌어온 서울대학교 우조교 성희롱 사건이 우조교의 승소로 끝나면서 성희롱 사건의 법적 판단기준이 제시되었다. 성희롱을 "업무능력을 저해했다는 것 등과는 상관없이 상대방에게 성적 굴욕감이나 혐오감을 느끼게 한 행위"로 정의했다는 점에서 중요한 의의가 있었다.

한국여성민우회는 직장 내 성희롱 예방을 위한 지침서를 발간하였고 남녀 직장인이 지켜야 할 10계명을 발표하였다.[65]

1. 음담패설을 삼갈 것 2. 평소 동료 간에 존칭을 쓸 것 3.성희롱으로 인한 불쾌감은 분명히 표현할 것 4. 상대방이 싫다는 표현은 진지하게 받아들일 것 5. 회식 중 술시중이나 블루스를 강요하지 말 것 6. 직장에서 인터넷 음란사이트를 보지 말 것 7. 동료의 신체에 대해 성

63 장임다혜(1999), 여성연대회의—성폭력은 더 이상 개인 문제가 아니다, 한국대학신문 1999. 6. 16.
64 남충지(1995), 성희롱 사건 항소심 결심재판을 앞두고, 『베틀』 84, 1995. 3.
65 중앙일보 1999. 1. 21.

육체적 행위	언어적 행위	시각적 행위	기 타
■입맞춤이나 포옹, 뒤에서 껴안기 등의 신체적 접촉 ■가슴·엉덩이 등 특정 신체부위를 만지는 행위 ■안마나 애무를 강요하는 행위	■음란한 농담이나 음담패설 ■외모에 대한 성적인 비유나 평가 ■성적 사실을 묻거나 성적인 내용의 정보를 의도적으로 유포하는 행위 ■회식자리 등에서 무리하게 옆에 앉혀 술을 따르도록 강요하는 행위	■특정 신체부위를 음란한 눈빛으로 반복적으로 쳐다보는 행위 ■자신의 성기 등 특정 신체부위를 고의적으로 노출하거나 만지는 행위 ■외설적인 사진·그림·낙서·음란출판물 등을 게시하거나 보여주는 행위 ■직접 또는 팩스나 컴퓨터 등을 통해 음란한 편지·사진·그림을 보내는 행위	■사회통념상 성적 굴욕감을 유발하는 것으로 인정되는 언어나 행동

"섹시한데… 풍만해" 입조심

男직원에 여자도 야한 농담 못해…'응큼한 눈빛' 규정 모호

성희롱예방 지침案 내용

"미스 김, 섹시한 몸매야."

지금까지 우리 사회 통념상 '야한 농담' 정도로 통용돼온 언행들을 앞으로는 자제해야 한다.

'섹시하다' '야하다' '풍만하다' 등의 말들을 아무 생각없이 내뱉었다가는 큰 곤욕을 치러야 한다. 여자가 남자에게 같은 언행을 해도 마찬가지다.

22일 노동부가 마련한 '직장내 성희롱' 예방 지침안은 그동안 남성위주의 사회문화에 커다란 변화를 몰고 올 내용들이 담겨 있다. <표 참조>

이 안에 따르면 음담패설, '미스 박은 처녀가 아니더라'는 식의 개인에 대한 성적 사실을 유포하거나 회식 자리에서 술을 따르도록 강요하는 행위가 성희롱에 포함된다. 인터넷 등에 떠있는 포르노 그림을 보여주는 짓도 그 대가를 치러야 한다.

성희롱이 성립되기 위해서는 가해자가 같은 직장내 고용과 근로조건에 관한 결정권한을 가진 사업주·상사·동료·부하이어야 한다. 직장 안이나 밖에 상관없이 적용되지만 다른 직장인끼리는 해당되지 않는다는 것이다.

그러나 성희롱에는 피해 당사자가 '성적 모욕감을 느낄 때'라는 단서가 붙는다. '섹시하다'는 말을 듣는 사람이 칭찬으로 받아들인다면 문제되지 않는다.

이번 안은 논란의 소지도 다분히 포함하고 있다. '특정 신체부위를 음란한 눈빛으로 반복적으로 쳐다보는' 행위 등에 대한 기준이 너무 모호하기 때문이다. 본인이 '그런 눈빛이 아니었다'고 항변할 경우 갖다 댈 잣대가 사실상 없다. Ⓔ 고대훈 기자

<cochon@joongang.co.kr>

성희롱예방지침안(중앙일보 1999. 1. 23)

적 평가를 삼갈 것 8.불필요한 신체접촉은 피할 것 9. 고정된 성역할을 강조하지 말 것 10.주위의 피해자를 적극 도울 것

1999년 1월 성희롱 금지가 '남녀차별금지 및 구제에 관한 법률'과 개정된 '남녀고용평등법'에 각각 명문화되고 아울러 구체적으로 예방지침까지 마련되면서 우리 사회에 일종의 가이드라인이 설정되었다. 노동부가 발표한 '직장 내 성희롱 예방 지침안'은 그동안 남성위주의 성문화에 경종을 가하였다. 이 지침은 남녀 구분없이 육체적, 언어적, 시각적 행위 및 사회통념상 성적 굴욕감을 유발하는 언어나 행동을 성희롱으로 명시하였다.

성희롱을 당했다고 생각하는 직장인은 가해자에게 중단을 요구하고, 이러한 것들이 받아들여지지 않을 경우 사업주에게 가해

성희롱 예방 '신사교육' 붐

커버 스토리

"회식 자리에서 동료 여직원에게 술 한잔 따라달라고 해도 안되나요." "상대방이 호의적으로 받아들이면 관계 없어요. 중요한 것은 마음이니까요."

4일 오전 9시30분 롯데백화점 21층 '성희롱 예방' 교육장. "눈빛에서 추행까지 여직원으로 하여금 성적 굴욕감을 유발시키

상담센터·신문고 운영

10계명 채택등

기업들 잇단 비상대책

는 모든 행위가 성희롱"이라는 여성민우회 정강자(鄭康子)대표의 설명에 2백여명의 남자 직원들은 대부분 수긍하면서도 "직장이 너무 삭막해지지 않겠느냐"는 반응을 보였다. 또 "여자 직원들이 지나치게 야한 옷차림으로 출근하는 것은 남자 직원에 대한 성희롱 아니냐"는 반문도 나왔다. 반면 여직원들은 한결같이 "오히려 때늦은 감이 있다"는 반응.

이달중 시행 예정인 개정 남녀고용평등법에 직장내 성희롱을 처벌하는 조항이 마련됨에 따라 기업체마다 전문강사를 초빙해 예방교육을 실시하는 등 비상이 걸렸다.

특히 백화점·전자·증권사 등 여성 직원 비율이 상대적으로 높은 기업체들은 앞다퉈 성희롱 예방교육을 실시하고 있으며 노동부와 여성민우회 등 여성단체엔 성희롱 지침과 이에 대한 교육요청이 쇄도하고 있다. 아예 '성희롱 예방 십계명'을 만들어 사원들에게 주지시키는 곳도 있다.

◇성희롱 예방교육=대부분의 회사들은 남녀 직원을 함께 교육에 참석시켜 서로 허심탄회하게 얘기하고 상호 질문을 유도하는 방식으로 교육을 진행하고 있다. 교육효과를 높이기 위해 성·직급·연령별로 나눠 특화교육을 실시하기도 한다.

롯데백화점은 지난달 30일부터 1일까지 사흘간 협력 업체를 포함한 전 매장사원 2만4천명을 대상으로 피해자 입장에서 예방교육을 실시했다.

김진원·표재용 기자
<jwonkim@joongang.co.kr>

롯데백화점 남녀 직원들이 3일 외부 강사의 지도에 따라 '성희롱 예방교육' 프로그램에 참가하고 있다. 김형수 기자

26면에 '커버' 기사 계속됩니다⇨

「性희롱」 예방교육 안하면 과태료

5인이상 사업장 가해자 징계안해도 300만원이하

국회環勞委、고용평등법안 의결

앞으로 5인이상 사업장에서 직장내 성희롱을 예방하기 위해 교육을 실시하지 않거나、성희롱 가해자에게 징계조치를 취하지 않는 사업주에게는 3백만원 이하의 과태료가 부과된다。국회 환경노동위원회(위원장 김범명·金範明)는 23일 성희롱 예방교육 의무화를 골자로 하는「남녀고용평등법 개정안」을 의결하고、법안을 법사위에 넘겼다。기업체 책임자에게 성희롱 예방 책임을 지운 법안이 마련된 것은 이번이 처음이다。

법안은 피해를 당하고 문제를 제기한 근로자에게 고용주가 불이익을 줄 경우、고용주에게 5백만원 이하의 벌금을 부과하는 벌칙조항도 담고 있다。법안은 또 노동부장관이 기업체 별로 성희롱 예방교육 등에 관한 실태조사를 벌이고 결과를 공개할 수 있도록 했다。고용주가 예방교육을 하지않을 경우 근로자가 노동부 지방사무소에 신고할 수 있고、문제제기 근로자가 불이익을 당하면 노동부 지방사무소가 고용주를 검찰에 고발한다。

법안은 직장내 성희롱을「사업주 상급자 또는 근로자가 직장내의 지위를 이용하거나 업무와 관련하여 다른 근로자에게 성적인 언어나 행동 등으로 성적 굴욕감을 유발케 하여 고용환경을 악화시키는 행위」로 광범위하게 규정했다。

법안을 제안한 한나라당 이미경(李美卿) 의원은「이 법안 실시로 직장내 문화가 경직될 것이란 우려도 있지만 법안이 성희롱 예방에 중점이 두어져 있어 걱정할 필요가 없다」면서「앞으로 기업체 뿐 아니라 이 법의 적용을 받지 않는 관공서 등에서도 이에 준해서 성희롱 예방 노력을 해야할 것」이라고 말했다。

〈金演光기자·yeonkwang@chosun.com〉

왼쪽 | 성희롱 예방, 신사교육 붐(중앙일보 1999. 2. 5)
오른쪽 | 성희롱 예방교육 안 하면 과태료(조선일보 1998. 12. 24)

자에 대한 부서 전환과 징계 등의 조치를 취해줄 것을 요구할 수 있도록 하였다. 그러나 사업주 차원에서 해결되지 않을 경우 노동부나 여성특별위원회에 진정하여 성희롱 여부를 판정 받을 수 있고 민사상 손해배상도 별도로 청구할 수 있도록 하였다. 사업주가 노동부 조치를 이행하지 않을 경우 3백만 원 이하의 과태료를 물리고, 이를 문제 삼아 피해자에게 고용상 불이익을 주었을 경우에는 5백만 원 이하의 벌금을 가하도록 하였다.[66] 1999년 남녀고용평등법 시행령이 공포되면서 직장 내 성희롱을 예방하고 규제하는 것을 골자로 하는 성희롱 예방교육을 연 1회 이상 반드시 실

66 중앙일보 1999. 1. 23.

시하도록 한 것 역시 큰 진전이었다. 교육내용은 직장 내 성희롱 관련 법령, 사업주의 처벌 방침, 성희롱 발생시 처리절차 및 조치기준, 피해 근로자의 고충상담 및 구제절차 등을 기본으로 하였다.[67]

당시 노동부와 여성계 사이에는 성희롱 행위 중의 하나로 규정되었던 '음란한 눈빛'의 해석을 둘러싸고 논란이 있기도 하였다. 노동부는 "음란한 눈빛에 대한 판단이 객관적으로 어려운데다 이 조항이 직장 내 분위기를 경직시킬 우려가 있어 이 조항을 빼기로 했다"고 하였다. 이에 대해 여성민우회 등 여성단체는 "외국의 경우 '추파를 던지다leer'를 성희롱에 포함시키고 있다며 이를 준용해야 한다며 이 조항의 삭제에 반대 입장을 천명하였다.[68]

성폭력 씨, 나오세요

성폭력은 성을 매개로 이루어지는 강제적인 무형, 유형의 힘의 행사를 통해 여성이 인간으로서의 존엄성을 말살하는 경우를 의미한다. 성폭력은 부녀자 인신매매, 강도 강간, 어린이 성폭행, 근친강간, 아내에 대한 강간 내지 성적 학대 및 아내구타, 강제된 성매매의 양상 등으로 나타난다. 특히 소외된 여성들의 경우 일상생활의 현장이 너무도 열악하고 허술하여 성폭력의 가능성에 노출되어 있었다. 예컨대, 가난한 여공의 자취방이나 열악한 기숙사 시설, 생활고와 같은 외부적인 환경조건은 여성을 쉽게 성폭력의 희생자로 만들었다. 특히 직장 내 성폭력의 문제는 상사의 강간과 구타행위, 부당해고와 같은 형태로 여성들을 괴롭혔다. 이는 우리 사회의 여성을 경시하는 사고방식에 의해 조장되었으며, 정조 이데올로기는 성폭력 피해자들을 이중의 고통으로 몰아넣었다.

1983년 '한국여성의전화'가 개원하면서 성폭력추방운동을 여

67 동아일보 1999. 3. 17.
68 중앙일보, 1999. 2. 3.

1988년 9월 20일 여성폭력 추방을 위한 긴급 시민대토론회(『베틀』 44, 1990. 1)

성운동의 큰 줄기로 선언하였다. 또한 성 문제와 관련한 여성 인권 활동의 측면에서 '한국성폭력상담소'의 설립은 여성운동사에 중요한 획을 그었다. 1984년 경희대 여학생 3명이 시위 도중 청량리 경찰서로 연행되어 성폭행을 당한 사건을 계기로 10개의 여성단체가 연합하여 여대생 추행 대책위원회를 구성하였다. 이어 1986년 권인숙 성 고문사건을 통해 정권에 의해 여성의 성이 고문의 한 수단으로 통제되고 있음을 인식하게 됨으로써 성과 정치의 문제를 폭로하는 운동이 전개되기 시작하였다. 이 사건으로 여성의전화를 포함한 여성운동 단체와 청년 및 교회여성단체들은 '여대생 추행사건 대책 협의회'를 결성하였다. 즉 이 사건이 여성에 대한 극단적 형태의 인권 탄압이며 공권력에 의한 야만적인 폭행사건이라는 내용의 성명서를 발표하고 강도 높은 비판이 제기되었다. 또한 이 사건을 기점으로 가정 내 성폭력의 문제에서 직장 내 성폭력 문제에 대한 상담으로 활동영역을 확대하면서 성폭력의 사회적 해결을 위해 노력하였다. 여성에게 가해지는 성폭력이 물리적

성폭력 추방의 해 여성주간 행사 - 성폭력 추방과 올바른 성폭력특별법 제정을 위한 공동결의대회(『베틀』 66, 1992. 10)

인 형태만이 아니라 결혼과 동시에 퇴직을 강요하는 관행적, 이데올로기적 억압의 형태로 교묘하게 나타나고 있음을 인식하면서, 사회 각 부문과 직장 내 여성문제를 사회에 고발하기 위해 노력하였다. 한국여성의전화 등은 여성에게 가해지는 모든 종류의 폭력에 대한 사회적 관심을 일으키며 여성폭력추방운동을 적극적으로 전개하였다.

1989년 성폭력 가해자의 혀를 깨물어서 사회적 파문을 일으켰던 변월순 사건과 1991년 "나는 사람을 죽인 것이 아니라 짐승을 죽였다"고 절규한 김부남 사건, 1992년 근친강간 범죄인 김보은, 김진관 사건에 이르기까지 우리 사회에 충격을 던져준 성폭력 범죄들로 인해 사회적인 관심이 더욱 높아졌다. 이러한 일련의 사건 속에서 1992년 여성단체연합 회원단체는 "성폭력 없는 사회를 위하여"라는 주제 하에 우리 사회에 만연된 성폭력의 심각성을 사

위 | 성폭력특별법 제정을 강력히 촉구한다(『베틀』 62, 1992. 6)
아래 | 성폭력특별법안의 올바른 방향 정립을 위하여(『민주여성』 13, 1992. 10)

성폭력관련 입법 추진을 위한 2차 연대회의(『베틀』 55, 1991. 8)

회적으로 알리는 것을 중점 사업으로 설정하고 그 해를 성폭력 추방의 원년으로 천명하였다. 그 해 7월 '성폭력 대책에 관한 특별법'을 확정하여 이우정 의원에 의한 소개 입법의 형태로 국회에 법안을 제출하였다. 여성단체는 정부에서 발표한 '성폭력종합대책안'과 관련한 공개질의서를 각 부처에 보내 법안에 담겨야 할 구체적인 조항과 사회복지예산, 인력 배치에 관해 구체적인 답변을 요구하였다. 이어 각 정당에도 성폭력특별법 마련을 위한 구체안 및 일정에 대한 명확한 답변을 요구하였다. 결국 민자당이 '성폭력 예방 및 규제 등에 관한 법률안'을 서둘러 마련하였고 민주당에서도 '성폭력 행위의 처벌과 피해자 보호 등에 관한 법률안'을 발표하는 등의 성과를 가져왔다.

특히 성폭력특별법을 제정하려는 목표 하에 성폭력추방을 여성운동의 중심과제로 설정하여 운동의 방향성을 명확히 하였다. 1991년 최초로 제1회 세계성폭력추방주간 기념 한국성폭력 추방 행사를 개최하여 성폭력 문제를 사회 여론화 하는 데 힘을 기울였

69 『베틀』 72, 1993. 7.

다. 사회적으로 성폭력 관련 사건들이 연일 불거져 나오면서 여성의전화 등은 이들을 위한 법적 · 사회적 지원을 아끼지 않았다. 개인적인 문제로 치부되어 온 성폭력 문제를 이제 사회적 범죄로 인식시키는 데 크게 기여하였다.[69]

여성단체연합 산하의 25개 단체 외에도 당시 28개 민간 사회단체와 연대하여 일반 시민을 대상으로 성폭력특별법 제정 방향을 알리는 전단을 배포하고 국회에서 올바른 성폭력 특별법의 제정을 촉구하는 범국민 서명운동이 전개되었다. 또한 성폭력 특별법이 제정되어야 하는 이유와 포함돼야 할 구체적인 내용을 일반대중에게 알리는 성폭력 추방 홍보책자, 성폭력 추방의 상징물로서 호루라기 볼펜을 제작하여 배포하였다. 특히 '여성의전화'는 성폭력 관련법 제정을 위한 공청회를 통해 학계, 여성계, 정신과 의사 등의 의견을 수렴하여 보다 구체적으로 입법운동을 전개하였다. 성폭력 추방기간을 선포하여 이를 쟁점화하였고, 서명운동, 홍보, 교육 등의 방법을 통해 다각도의 활동을 추진해갔다.

즉 성폭력 범죄가 근원적으로 근절되기 위해서는 개인적 차원에서의 순결상실의 문제가 아닌 사회적인 범죄로 인식되어야 하고, 성폭력이 '성적 자기결정권 침해'로 규정되어야 한다는 점을 명확히 하였다. 이런 점에서 성폭력 범죄에 대한 사회적 각성과 그 대응책으로서 법과 제도적 차원의 근본적인 대책이 수립되어야 한다고 주장하면서 구체적 표현으로서 '성폭력특별법' 제정을 요구하였다.

• 성폭력 관련법 입법을 위한 공청회

여성의 전화는 올해로 성폭력에 관한 상담을 한지 9년째를 맞고 있습니다.

그동안 아내구타와 강간등의 성폭력 상담건수는 2만 5천여건에 이르고 매사건마다 그 해결을 위해 애써 왔습니다. 그러나 현행법이 문제가 많아 그때마다 해결이 어려웠고, 성폭력의 문제는 날로 심각해져 갔습니다.

이번의 성폭력 공청회는 날로 극심해져 가는 성폭력의 문제를 다시 한번 진단하고 기존의 성폭력 관련법안 문제를 지적하여 보완되어져야 할 내용들을 제기하고자 하는 것입니다.

－순서－
사 회 : 이현숙 선생님
발제1 : 성폭력의 실태와 문제점
한우섭 선생님
발제1 : 성폭력의 사회적 원인과 정책방향
지은희 선생님
발제1 : 현행법의 한계와 보완책
이종걸(변호사)
논평1 : 박원순(변호사)
논평2 : 최일숙(변호사)
일시 : 1991년 4월 18일(목)
오후 2:00~4:00
장소 : 태화사회 복지관 지하 강당

성폭력관련법 입법을 위한 공청회
(『베틀』 52, 1991. 4)

아내 구타, 더 이상 침묵할 수 없어

우리 사회에서 가정폭력의 문제는 너무 흔한 일이라서 오랫동안 사회적 문제로 여겨지지 않았다. 대체로 가정 내에서 발생하는 일은 개별 가정의 고유한 문제로 인식하여 자체적으로 해결할 것을 전제로 하는 불간섭주의 태도에 기반하였다. 부부싸움은 다소 폭력적이라도 부부 간의 일이기 때문에 이른바 '가정사 불간섭의 원칙'에 따라 타인이나 사회가 간섭할 일이 아닌 것으로 인식되었다. 즉 가정폭력은 부부문제의 사적인 관계, '부부싸움은 칼로 물베기'라는 이데올로기로 인해 치외법권 지대에 놓여 있었다.[70] 따라서 기존의 성폭력 관련법은 가정폭력을 성폭력의 일종으로 보아야 한다는 개념조차 설정되어 있지 않아 가정이라는 장소에서 성을 매개로 이루어지는 폭력의 특수성이 전혀 고려되지 못했다.[71]

그러나 아내 구타의 문제를 들여다보면, 때리는 남성과 매 맞는 여성의 관계는 상하의 권력개념 속에서 여성을 종속적 존재로 보는 데 기인한 것이다. 즉 정치적, 경제적, 사회 문화적인 위치에서 남성보다 열악한 조건에 있는 여성에게 폭력이 가해지는 형태인 것이다. 한국사회의 경우 위계적 가부장적 질서 하에 가정은 남성의 절대특권과 협박, 강제, 경제적 학대 및 고립과 여러 형태의 정서적 폭력이 은밀히 이루어지는 장소라는 점에서 문제의 심각성이 내재해 있다. 특히 가정 내 부부갈등, 아내구타, 근친강간, 아동학대의 문제가 불거지면서, 가족관계를 민주적이고 동반자적 인간관계로 전환시켜야 한다는 목소리가 높아졌다.[72]

결국 가정폭력이 사회폭력의 온상이 될 수 있으며 모든 인간의 평등과 자유를 기초로 하는 민주사회를 건설하기 위해서는 이 문제가 반드시 해결되어야 한다고 본 것이다. 한국 가정에서 여성

70 『베틀』 창간호, 1983.
71 이종걸(1992), 성폭력관련법의 문제점과 그 개선 방향, 『민주여성』 12, 한국여성단체연합회, 1992. 3. 22.
72 이현숙, 1994년은 세계가정의 해, 『베틀』 77, 1994. 2. 6~7.

성폭력특볍법 시행에 따라 보건복지부 지정 '성폭력상담원 위탁교육' 실시(『베틀』 85, 1995. 4)

이 남편으로부터 당하는 성폭력의 문제는 사실상 부부간의 문제만이 아니라 우리 사회의 인권과 평화의 척도인 것이다. 이러한 배경 속에서 1983년 6월 "가정의 평화는 사회의 평화"라는 표어를 내걸고 '여성의전화'가 출범하였다. 여성이기 때문에 받는 차별과 학대에 대해 귀를 기울이면서 특히 가정에서 폭행당하는 여성의 고통을 함께 나누며 사회적 차원의 해결책을 모색하고자 하였다.

> [여성의전화]는 여성들에게 비인간적인 삶을 강요하는 모든 제도나 관습, 관념이나 사고방식을 없애고 남녀 간에 인간의 존엄성을 바탕으로 하는 평등한 인격관계를 수립함으로써 정의롭고 평화로운 가정과 사회를 이룩하는 데 기여함을 목적으로 한다.[73]

73 『베틀』 11, 1985. 11.

〔여성의전화〕는 가정에서 폭행을 당하거나 여성이기 때문에 사회에서 학대나 차별을 받는 이들을 위해 개통되었다. 한 통의 전화로 상처받은 이들의 위로와 해결이 되기에는 역불급이다. 그러나 바로 이 한 통의 전화는 피해를 당하고 있는 여성들의 진정한 편이 되고 그들이 처한 문제의 상황을 올바르게 판단할 수 있는 능력을 심어주며, 스스로 해결방법을 모색할 수 있는 용기를 심어주고 있다.[74]

이를 위해 '여성의전화'는 여성 대중의 정치 · 사회 · 역사의식을 고양시키고 이들을 조직화된 운동세력으로 결집하기 위해 초기의 상담기구 성격의 조직체에서 회원중심의 운동 조직으로서 개편을 단행하기에 이르렀다. 즉 여성 억압의 현실을 주체적으로 극복하고 인간다운 삶을 파괴하는 폭력을 종식시키며 모든 인간의 자유와 평등이 보장되는 통일민주사회의 건설을 목적으로 남편의 구타, 외도, 부부갈등, 시집 갈등 등 가정문제에서부터 직장과 사회에서 여성에게 가해지는 여러 유형의 폭력 문제에 관심을 두고 운동을 전개하였다.

- 여성의전화는 가정폭력, 성폭력, 성차별적 이데올로기 등 당면한 여성억압 현실의 극복을 위해 일한다.
- 여성의전화는 여성의 노동권 확보를 위해 일한다
- 여성의전화는 민중 생존권 획득을 위해 일한다
- 여성의전화는 자주적인 통일민주사회 실현을 위해 일한다.[75]

가정에서 여성이 처한 불합리한 상황과 가정폭력으로 인해 고통 받는 여성의 문제해결을 돕기 위해 활동해 온 여성의전화는

74 『베틀』 1983. 10.
75 『베틀』 23, 1987. 10.

「여성의 전화」 개원 10주년 기념 매맞는 아내 수기공모

"매맞는 아내 깨어진 삶" 수기공모 마감일이 다가옵니다.

안녕하십니까?
저희 「여성의 전화」에서는 개원 10주년을 맞이한
기념사업의 하나로 매맞는 아내들의
수기를 공모하고자 합니다
알려질까 두려워 숨죽인 채 참아온 고통의 세월을
글재주와 무관하게 진솔한 언어로
적어 보내시기 바랍니다.
우리는 이 수기공모를 통해 결혼생활 중에
나타나는 구타의 문제가 개인의 문제가 아닌
사회적 문제이며, '아내'이기에 매맞는 여성들의 자주적인
삶이 보장되어야 한다는 인식을 확산시키고자 합니다.

1. 응모요령

- 접수기간 : 4월1일~5월20일
- 원고매수 : 200자 원고지 200매 내외
- 당선작 발표 : 6월 10일(개별통지)
- 보내실 곳 : 종로구 연지동 136-56 기독교 연합회관 1112호
  한국 여성의 전화(전화:708-4383, 팩스:708-4386)

2. 시상내역

- 당선작 1편 상금 100만원
- 우수작 1편 상금 50만원
- 가 작 1편 상금 30만원
- 입 선 1편 상금 20만원
- 이외의 모든 분들에게는 여성의 전화에서 마련한 소정의 기념품을 드립니다.

*당선된 글들은 책으로 발간하여 아픔을 함께 나누고,
매맞는 아내가 없는 사회를 만드는 기반을 마련하고자 합니다.

여성의전화 개원 10주년 기념 '매맞는 아내' 수기 공모(『베틀』 71, 1993. 5)

아내구타 공개토론회 – 매맞는 아내, 깨어진 삶(『베틀』 63, 1992. 7)

1970년대 '크리스찬 아카데미 여성사회'와 여성문제를 연구해 왔던 젊은 여성모임인 '청녀회'가 주축이 되었다.

'아내 구타'로 상징되는 가정 내에서 여성이 겪고 있는 고통은 남녀의 불평등한 결합구조에 기인한 것이며, 가족 내의 여성억압을 심화시키고 가정파탄을 일으키는 주요 원인이다. 아내구타는 일차적으로 매맞는 여성에게 신체적 고통과 해를 주는 것 이상으로 부부관계에 심리적 긴장과 갈등을 첨예화하면서, 나아가 이러한 갈등이 곧바로 자녀들에게 전달되어 가정생활에 치명적인 악영향을 미치게 된다는 데 문제의 심각성이 있다.[76] 사회에서 가장 평안한 안식처여야 할 가정에 폭력이 난무하면 자녀도 학대와 폭행에 익숙해지면서 다시 제2의 가정폭력, 사회폭력의 원인이 될 수 있는 것이다.

이에 여성이 가정 내에서 받고 있는 육체적, 정신적 학대를 사회문제로 끌어내어 해결해 보자는 시도로 여성의전화는 1987년 구타와 강간을 당한 여성들이 위급한 상황에서 피신해 있을 수 있

76 박성수(1983).

성폭력특별법 제정 추진위원회의 정당인 초청간담회(『베틀』 56, 1991. 9)

는 '쉼터'를 마련하였다. 또한 일자리가 없는 여성에게 기술훈련을 배울 수 있게 하였으며, 다른 여성단체와 협력하여 궁극적으로 여성에게 불평등한 상황을 야기하는 가족법개정 운동에 동참하였다.

> '쉼터'의 운영은 상담의 연장이며 단순히 물리적인 공간을 제공하는 일 이상이어야 한다. 구타당하는 여성들이 구차 상황에서 탈출했다고 해서 평화를 찾게 되지는 않는다. 쉼터는 여성들이 구타 상황에서 벗어나 자신의 문제를 객관화시켜 보고 자신의 미래를 새롭게 계획하는 의지를 다질 수 있는 계기들을 만들어 가는 곳, 그들이 스스로 원하는 바를 생각해 낼 수 있도록 도와주고 용기를 북돋아 줄 수 있는 곳이어야 한다.[77]

이처럼 쉼터는 여성폭력에 대한 저항의 공간으로서의 상징하는 바가 컸다. 폭력으로 상처 입은 여성들끼리 모여 폭력추방의 문제를 제기하고 여성운동을 벌일 수 있는 공간적 구심체로서 쉼터

77 여성폭력에 대한 저항—쉼터의 의의와 한계, 『베틀』 19, 1987. 5. 4.

는 중요한 역할을 담당하였다. 남편의 구타로 생명의 위협을 느낄 때 폭력가정 피해여성의 피난처인 '쉼터'로 보내줄 것을 요청하거나, 24시간 핫라인 1366과 한국여성의전화연합 지역지부, 여성민우회의 '가족과 성 상담소' 각 지부를 통해서 도움을 받을 수 있도록 제도화하는데도 노력하였다.[78]

이럴땐 이렇게

폭력남편 위협 느낄 때

여성의 전화연합

02-2269-2962

가족과 성 상담소

02-739-1366

주부 A씨(38·서울강북구미아동)의 남편은 툭하면 A씨를 구타하기 일쑤다. 이제 '생명의 위협'까지 느낄 정도가 됐다.

A씨같은 경우 어떻게 하면 좋을까.

우선 위급한 경우라면 112로 신고해야 한다. 잠시라도 남편과 함께 있으면 안될 정도로 위협을 느낄 때는 경찰에 '나를 보호하거나 남편을 구치해달라'고 요구한다. 또는 한국여성의전화연합(02-2269-2962)에서 운영하는 폭력가정 피해 여성들의 피난처인 '쉼터'로 보내줄 것을 요청해도 된다. 다른 방법을 찾고 싶다면 24시간 핫라인 1366, 한국여성의전화연합 지역 지부, 여성민우회의 '가족과 성 상담소'(서울지부 : 02-739-1366) 각 지부를 통해서도 상담받을 수 있다.

이경선 기자

<kyung@joongang.co.kr>

폭력 남편 위협 느낄 때(중앙일보 1999. 4. 8)

이러한 과정 속에서 여성의전화는 상징적인 차원에서 제1회 공개토론회의 주제를 '아내 구타의 현황과 그 영향'이라는 제목으로 설정하여 사회적인 관심을 제고하였다. 이와 같은 활동을 통해 여성의전화는 단지 여성이기 때문에 함부로 구박하고 가해를 해도 좋다는 남성의 횡포와 사회적 통념으로 인해 가정에서 박해 받는 여성이 비록 전화를 통해서나마 어려움을 털어놓고 위로 받을 수 있는 공동운명체가 있다는 것을 느끼게 해주었다.[79]

또한 성폭력 교육용 비디오인 〈굴레를 벗고서〉를 제작하여 아내구타 문제를 다큐멘타리 형식으로 다루어 성폭력의 실태와 원인을 지적하여 쉽게 성폭력의 문제를 이해할 수 있도록 도모하였다. 1993년에는 가해 남성들의 모임으로서 '베틀남성모임'을 꾸릴 것을 제의하였다. 그러나 모임 하루 전까지도 참가를 약속했던 남편들이 당일에 단 한 명도 참석하지 않아 법적 강제력이 없는 가해자 교육상담은 불가능하다는 점을 다시 한번 확인하였다.[80]

나아가 1993년 '폭력에 대한 아시아 여성의 능력개발과 연대'를 주제로 아시아 17개국에서 참가한 아시아 여성인권회의에 이문우 여성의전화 대표가 참가하여 구타여성의 문제와 성폭력특별

78 중앙일보 1999. 4. 8.

79 『베틀』 6, 1984.

80 『베틀』 76, 1993.

가정폭력 추방주간 행사 중 호응이 높았던 '가정폭력피해 사진전'(『베틀』 80, 1994. 6)

법 제정에 대한 주제발표를 하였다. 이른 바 성폭력에 관한 발리Bali 성명서에서는 아시아 각 나라에서 일어나는 여성에 대한 폭력은 개인적이고 또 그 나라에만 국한하는 것으로 취급되어 왔으나, 이것은 모든 여성의 문제며 여성인권의 문제이므로 사회변화를 위해 아시아 여성의 끊임없는 대화와 연대가 필요하다는 점이 강조되었다. 성폭력이 없는 사회, 여성학대가 없는 가정, 평등과 평화의 정의로운 사회를 이룩하기 위해 아시아 각 국이 함께 노력할 것을 다짐하였다.

1994년 '세계 가정의 해'를 맞아 아내구타와 아동학대 등 가정 내 폭력 문제에 대한 여론을 환기하기 위해 가정의 달인 5월에 '가정폭력 추방주간'을 선포하는 등 여러 가지 프로그램이 마련되었다. 거리에서 가정폭력의 심각성을 알리는 피해사진전을 추진하였고, 가정폭력을 주제로 한 영화상영과 공개토론회, 서명운동을 전개하였다. 또한 가정폭력 신고전화를 개설하여 경찰이 즉시 출동할 수 있는 체제를 만들어 구타 남편과 아동을 학대하는 보호

한국여성의전화 「평등문화를 가꾸는 남성모임」 발족

한국여성의전화는 지난 4월 29일 크리스챤아카데미 사회교육원 뜰에서 「평등문화를 가꾸는 남성모임」 (이하 남성모임)을 발족시켰다. 32명의 남성들로 꾸며진 「남성모임」은 유재건(경원대 학장) 변호사를 회장으로 선출했다.

「남성모임」은 그동안 남성들이 여성운동에 관심이 있어도 후원자 역할 외에 직접 참여할 기회가 전혀 없었다는 점을 극복하고 여성운동에 새로운 동역자로 남성들이 나서야 된다는 여러분들의 의견과 노력으로 만들어졌다.

앞으로 「남성모임」은 정기적으로 만나 남녀가 함께 배우는 여성학을 공부하며 회원끼리 경험을 나누고, 여성의전화 활동에 참여할 계획이다.

한국여성의전화, 평등문화를 가꾸는 남성모임 발족(『베틀』 86, 1995. 5)

자를 신고하면 즉각 출동하여 격리조치시키고 수사하도록 하였다. 나아가 가정폭력 입법운동을 위한 연대조직으로서 '가정폭력 방지법 추진을 위한 전국연대'를 결성하였다. 아내 구타와 아동학대를 함께 공식적으로 다루어 가정폭력이란 단일주제로 전국의 여성단체가 연대하여 행사를 진행하였다.

특히 1995년은 가정폭력방지법 제정이 중점 과제로 등장하였다. 한국여성의전화 등은 이를 위한 기초 작업으로 '여성평화를 위한 변호사 모임' 소속 변호사들과 전문위원이 중심이 되어 입법 방향에 대한 내부 토론회를 가졌다. 이를 통해 처벌법 위주보다는 사회복지법으로 입법화하고, 긴급보호명령제도의 도입과 피해자들의 자립, 보호에 관한 사항, 외국의 여성폭력 입법운동의 사례를 분석하면서 가정폭력 방지법 특별위원회를 구성하는 문제 등을 협의하였다.[81]

또한 여성의전화는 면접상담을 통해 법률구조가 필요하다고 인정되는 여성을 '여성평화를 위한 변호사 모임'으로 연결해 주었다. 1995년 3월 여성문제에 대한 이해와 올바른 여성의식이 있는 변호사들로 구성된 '여성평화를 위한 변호사 모임'이 가사사건을

81 『베틀』 87, 1995.

비롯하여 여성인권이 침해된 사건을 담당하여 전폭적으로 지원하였다. 또한 1995년 4월 '평등문화를 가꾸는 남성모임'을 발족시켜 그 동안 남성들이 여성운동에 관심이 있어도 후원자 역할 외에는 직접 참여할 기회가 없었다는 점에 착안하여 여성운동에 새로운 동반자로서 참여할 수 있는 장을 마련하였다.

한편 또 다른 기구로 한국여성상담센터현혜순 소장가 1998년 11월에 창립되어 "가정폭력과 성폭력의 주요 피해자인 여성의 입장을 최대한 반영한 상담프로그램을 운영할 방침"임을 천명하였다.[82] "여성폭력의 문제를 가정이나 개인의 사적문제로 인식하는 사회통념으로 수많은 여성의 고통이 은폐되고 외면 받아 왔다는 점에서 피해자인 여성을 객관적인 시각으로 바라보고 가족문제로 고통 받는 여성에게 법적, 의료적, 심리적 상담의 기회를 제공하는 제반 지원 시스템들이 구축되기 시작하였다.

드디어 '가정폭력범죄의 처벌 등에 관한 법률'약칭 가정폭력방지법이 1998년 7월 국회를 통과하였다. 그러나 법의 실효성에 의문을 제기하면서 1998년 10월 한국여성의전화연합 주최로 '가정폭력방지법 조기 정착을 위한 토론회'가 개최되었다. 토론회 결과 "가정폭력방지법을 시행하기 위한 정부의 준비가 너무 소홀했다. 이 법이 실효를 거두기 위해서는 가정폭력이 사회적인 범죄라는 인식을 갖고 가정사의 공개를 꺼리는 관습과 통념을 버려야 하는데, 현재 신고자의 신변보호와 인격보호를 위한 장치가 없다"며 법 시행과 병행되어야 할 사회적 안전망이 미비한 측면을 지적하였다.

1999년 7월 제4회 여성주간을 맞아 여성단체들은 '함께 만드는 남녀평등'을 주제로 여성문제를 진지하게 재조명하고 남녀평등에 대한 범국민적 관심을 촉구하였다. '20세기 차별 버리기, 21세

82 대한매일 1998. 11. 16.

여성의전화 토론회: 가정폭력 예방 아직은 머나먼 길(문화일보 1998. 10. 30)

기 평등 세우기 여성축제'를 개최하면서 '20세기에 버려야 할 11가지 성차별'을 타임캡슐에 담아 묻는 상징적인 행사를 마련하였다. 예컨대 명절, 제사상의 성차별과 양육 상의 성차별, 학교 · 직장 · 공공장소에서의 성희롱, 도로 상의 성차별, 수업 내용상의 성차별, 커피 · 복사 · 심부름, 모집과 채용상의 성차별, 선정적 광고, 생활관습 상의 금기와 터부, 신용상의 성차별, 성차별적 민원태도 등을 시급히 고쳐야 할 과제로 지적하였다.[83]

또한 한국여성의전화연합은 가정폭력방지법 시행 1주년을 기념하여 '가정폭력방지법, 그 평가와 대안'을 주제로 토론회를 개최하였으며, '성폭력 예방 인형극-하늘이의 비밀'을 공연하였다.

83 한국일보 1999. 6. 24.

서울여성의전화 브로슈어

한국여성노동자협의회는 '직장 내 성희롱 추방 캠페인'을 벌이고 '평등 지킴이' 수첩을 배포하였으며 성희롱 탈에 시민들이 물 풍선을 던져 맞히는 코너를 마련하는 등 다양한 이벤트와 행사를 통해 시민들에게 성평등 의식을 심어주고자 노력하였다.

이와 같이 우리 사회의 건강한 가정을 만들기 위해 폭력으로 유린된 여성의 인권 회복이 선행될 필요가 있음을 강조하였다. 아내구타의 실상을 심층적으로 분석하여 그 문제의 심각성을 세상에 발표하였으며, 지속적으로 이를 사회문제화 하는 데 기여하였다. 특히 이러한 가정폭력의 문제가 결코 일부 여성들만이 당하는 특수한 사례가 아니라 우리 사회에 만연된 성차별적인 구조와 비민주적인 남녀불평등 문화와 밀접히 연관되어 있는 것임을 지적하였다. 이에 법적 대응을 비롯하여 사회여론화 작업에 지속적인 노력을 경주하였다.

20세기에 버려야 할 성차별 11가지

1순위: 명절, 제사상의 성차별 "명절, 여자에겐 중노동, 남자에겐 쉬는 날"

2순위: 양육상의 성차별 "아들 하나, 열 딸 안 부럽다"

3순위: 학교, 직장, 공공장소에서의 성희롱 "여자의 NO는 YES"

4순위: 도로상의 성차별 "집에서 애나 보지, 여자가 웬 운전?"

5순위: 수업내용상의 성차별 "여자가 공부는 뭐하러 해, 시집만 잘 가면 되지"

6순위: 커피, 카피, 심부름 "미스 김, 커피 한 잔"

7순위: 모집과 채용상의 성차별 "이왕이면 날씬하고 어려야"

8순위: 선정적 광고 "벗길수록 잘 팔린다"

9순위: 생활습관상의 금기와 터부 "여자가 아침부터 재수없게"

10순위: 신용상의 성차별 "남편 보증이 필요해요"

11순위: 성차별적 민원태도 "아줌마, 등본 나왔어요"

(한국일보 1999. 6. 24)

3. 성매매 피해자와 성노동자[84]

성매매는 인류 역사상 가장 오래된 직업의 하나다. 성매매를 둘러싼 논쟁은 이미 19세기 말부터 국제사회의 주요 이슈가 되어 왔다. 이러한 성매매는 항상 인신매매와 연결되어 일어났다. 지구화라는 거대한 물결 속에서 국경을 초월한 인신매매 조직은 개별 국가의 성산업과 연계되어 여성의 이주를 더욱 촉진시키고 있다. 이러한 점에서 성매매 문제는 국내 문제로만 해결할 수 없으며 지구적인 차원에서 해결해야 할 과제로 등장하고 있다.

성매매 행위를 표현하는 용어는 성매매에 대한 사회와 국가의 태도에 따라 매음, 매춘, 매매춘, 성매매, 성거래 등으로 변화되어 왔다. 용어의 변화와 상관없이 변화되지 않는 것은 성매매 자체가 관련 규제법과는 상관없이 지속적으로 존재해 왔다는 점이다. 매음, 공창과 사창, 매매춘 등은 모두 금전을 대가로 성을 거래하는 행위를 일컫는다.

성매매 운동의 전개

성매매에 대해 국가는 끊임없이 개입해 왔다. 역사적으로 전개된 성매매에 관한 입장은 성매매에 대한 국가의 입장과 개입, 규제 정도 혹은 여성운동이 주장하는 내용에 따라 규제주의regulation, 철폐주의abolitionism, 금지주의prohibitionism, 탈범죄화/합법화decriminalization/legalization로 구분할 수 있다. 이 구분은 단일 기준에 의한 이념적 분류가 아니라 역사적으로 전개된 '운동'을 중심으로 도출되었기 때문에 개념 자체가 명확하지 않지만 주장하는 내용을 중심으로 보면 다음과 같다. 첫째, 규제주의는 성매매를 필요악으로 보고 성매

84 2004년 성매매방지법이라고 칭하는 두 개의 법 '성매매알선등행위의처벌에관한법률'과 '성매매방지및피해자보호등에관한법률'이 실행되면서 성매매 피해자와 성노동자 간에 의견차이가 있음이 부각되고 있다.

매 관련법을 제정하여 '국가가 적극적으로 규제'하는 입장으로서 공창제도가 대표적인 예이다. 둘째, 철폐주의는 성매매 여성 및 성산업을 관리 · 허용하는 법제를 만든 '국가의 규제'를 폐지하라는 입장이다. 그러므로 철폐주의는 성매매 행위 자체를 폐지하라는 입장이 아니다. 성매매를 중심으로 착취를 하는 성매매 구조와 성매매 업주, 알선업자, 남성 구매자 등을 처벌하고 성매매 여성은 피해자 차원에서 보호해야 한다는 주장이다. 철폐주의는 역사적으로 19세기 후반 규제주의에 대항하여 20세기 초반에 등장하였다. 현재는 1998년 스웨덴에서 제정된 성구매자처벌법이 철폐주의의 대표적인 예다. 셋째, 금지주의는 미국을 중심으로 일어난 강력한 도덕주의에 근거하고 있다. 여기서는 성매매 여성과 성구매자, 알선업자 등 성매매와 관련한 모든 행위가 금지된다. 넷째, 탈범죄화/합법화는 최근에 제기되고 있는 성노동자의 권리 운동과 맥을 같이 한다. 성매매 행위 자체를 범죄화하지 말 것과 나아가 국가에 의해 합법화되어야 한다는 입장이다. 성매매가 합법적인 직업으로 인정되어야 이들도 노동권과 사회권 등을 다른 노동자와 마찬가지로 누릴 수 있으며 국가에 의한 제도적인 보호를 받을 수 있기 때문이다. 최근 네덜란드2000와 독일2002 등의 국가에서 성매매를 합법화하는 법제가 채택되었다. 역사적으로 성매매를 둘러싼 각 국가의 법제는 규제주의에서 금지주의, 철폐주의 등을 중심으로 전개되었으며, 최근에 성매매를 성노동으로 인정하라는 운동이 등장하면서, 탈범죄화/합법화의 운동이 전개되고 이를 채택하는 국가가 늘고 있다.

20세기 초 성매매에 대한 국제사회의 새로운 흐름으로 성매매에 관한 '철폐주의'가 등장하였다. 철폐주의를 선언한 대표적인 규범은 1949년 '인신매매금지및타인의매춘행위에의한착취금지에 관한협약'과 1979년 '여성차별철폐협약CEDAW, 1995년 제4차 세계여성회의 '베이징 행동강령', 2000년 '국제연합국제조직범죄방지협약을보충하는인신매매특히여성과아동의매매예방및억제를위한 의정서' 등이다. 1949년 협약은 철폐주의를 선언한 대표적인 규범이다. 이 협약은 성매매에 관한 합의 여부를 불문하고 모든 성매매 관련 행위를 처벌할 것을 규정하고 있다. 철폐주의는 성매매에 관한 강제와 자발은 무의미하며 모든 성매매 여성을 강제에 의한 구조적 피해자로 본다. 1979년 협약 6조는 "동 협약에 서명한 국가는 여성에 대한 모든 형태의 인신매매 및 성매매에 의한 착취를 금지하기 위하여 입법을 포함한 모든 적절한 조치를 취하여야 한다"는 의무를 부과하고 있다. 1995년 베이징 선언문과 행동강령의 성매매 관련 조항에서는 "여성의 인신매매와 강제 성매매를 여성에 대한 폭력으로 규정하고 그 피해자를 지원하기 위한 특별 방안을 채택할 것"을 권고하고 있다.[85] 2000년 한국 정부가 비준한 의정서는 동의 여하를 불문하고 성매매 여성을 피해자로 보고 지원하는 것 등을 명시하고 있다.[86]

이상 성매매를 폐지하기 위한 국제사회의 규범은 한국의 성매매방지법의 제정에도 영향을 미쳤다. 돌이켜보면 조선시대에도 매음부가 존재했다. 일제는 한반도를 강점한 이후 본격적으로 공창제도를 추진하였고 1916년에는 전국적으로 통일적인 법규를 마련하여 공창제도를 실시하였다.[87] 공창제도는 국가가 성매매를 관리하는 '규제주의'의 한 예다. 그 후 공창제도는 광복 후 미군정 시기인 1946년 5월 '부녀자의매매또는그매매계약의금지에관한법령'과 1947년 11월 '공창제도폐지령'에 의해 규제주의에서 '금지

85 1995년 베이징 행동강령은 1949년 협약과는 달리 자발과 강제에 의한 성매매를 구분하고 있다.

86 김현선(2004).

87 일제 식민국가 역시 개항과 더불어 조선의 매춘에 개입하였고, 1916년 경무총감부령 3호 '예기작부예기치옥(藝妓酌婦藝妓置屋)영업취체규칙'과 4호 '대좌부창기취체규칙(貸座敷娼妓取締規則)'을 발포하여 전국적으로 통일법규를 마련하고, 사창을 공창으로 전환시켰으며, 조선인 매춘부를 일본식 공창제도에 편입시켰다. 이제 공식적으로 국가의 통제 하에 들어가게 된 공창은 경찰에 의한 정기 검진 등 각종 규제를 받아야만 했다. 국가는 기생이나 창기 등의 영업 실적에 따라 세금을 과하였다. 이들은 부(府)에 영업세(1927년 기준 약 5원)를 납부하고 기생조합인 권번과 요리집에도 수입의 일부를 납부해야 했다(전경옥 외(2004), 『한국여성정치사회사 1』).

주의'로 전환하였다. 이후 1961년 '윤락행위등방지법이하 윤방법' 역시 성매매 당사자 모두를 처벌하는 점에서 '금지주의' 입장을 견지하고 있다. 그러나 윤방법의 윤락여성에 대한 금지주의적 규정에 대한 끊임없는 개정의 필요성이 제기되어 1995년 개정되었다. 개정의 주된 이유는 윤락행위를 한 여성을 선도하기 위하여 선도보호시설에 입소시키는 법적 근거를 명확히 하고 현실과 맞지 않는 벌칙을 상향조정하기 위하여 개정되었다. 개정된 윤방법에 의해 1961년 법에서 '요보호여자'라는 용어를 '요보호자'로 개정하여 윤락행위 주체상의 남녀 구분을 배제하였다.[88] 1995년 개정된 법에 의해 성매매 여성은 본인의 의사에 따라 선도시설의 입 · 퇴소를 결정할 수 있도록 하는 등 시대의 흐름을 반영하려는 노력을 하였지만 법 제정 이후 많은 문제점을 드러내었다.

그런 와중에 1995년 8월 21일 '경기여자기술학원' 화재사건[89]을 계기로 성매매 피해여성에 대한 강제수용의 문제점이 또 다시 사회에 드러났다. 이 사건은 성매매 피해여성에 대한 처벌과 강제수용을 규정하고 있던 윤방법의 근본적인 개정운동을 이끌어냈다. 여기에 도화선이 된 것이 2000년 군산시 대명동 집창촌의 화재사건이다.

성매매방지법의 제정에 앞서 2002년 청소년 대상의 성매매와 성폭력 행위자에 대한 처벌을 강화한 '청소년의성보호에관한법률'이 제정되었다. 동년 9월에는 조배숙 의원 외 85인의 의원이 여성단체들의 의견을 토대로 성매매알선자처벌법안과 성매매 피해자보호법안을 국회에 제출하였다. 2003년에는 국무총리 산하에 '성매매대책특별추진단'이 발족되었다. 이러한 활동 등의 결실로 2004년 3월 2일 국회에서 '성매매알선등행위의처벌에관한법률'과

88 1995년 개정된 윤방법 2조 ② '요보호자'라 함은 윤락행위의 상습이 있는 자와 환경 또는 성행으로 보아 윤락행위를 하게 될 현저한 우려가 있는 자를 말한다.

89 1995년 경기여자기술학원의 방화사건은 성매매 여성에 대한 대규모 강제시설수용의 문제점을 가시화시켰다. 정부로부터 매년 11억 원을 지원받고 있는 동 기술원은 원생들을 비인간적으로 처우했으며, 이에 항의하여 원생들은 숙소에 방화하였다. 불이 나자 원생들의 탈출을 방지하기 위해 기술원 측에서 출입문을 열어주지 않아 37명의 여성이 사망한 사건이다(김현선, 2004).

성매매 없는 사회만들기 시민연대(인터넷 여성단체연합 여성운동 사진자료실)

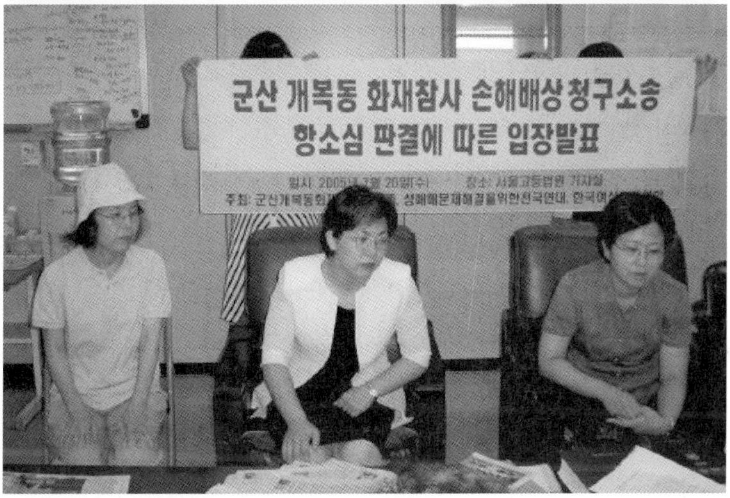

2005년 7월 20일 군산 개복동 성매매집결지 화재참사관련 손해배상청구소송 상소심에서 국가의 책임을 인정하는 일부 승소판결(인터넷 한국여성단체연합 여성운동 사진자료실)

'성매매방지및피해자보호등에관한법률이하 성매매방지법'이 의결될 수 있었다.[90]

2004년 채택된 성매매방지법은 금지주의 원칙을 기본으로 하면서 철폐주의 입장을 일부 채택한 절충주의적 성격을 띠고 있다. 성을 파는 여성만이 아니라 성을 사는 남성과 성매매를 알선, 권

90 김엘림(2004), 1980년대 이후 여성입법운동의 전개와 성과, 『여/성이론』 10.

유, 유인, 강요, 장소제공을 한 자 등도 처벌하는 면에서 금지주의 입장을 고수하고 있다. 여기에 '강제'에 의한 성매매 여성의 경우는 형사처벌을 면제하고 단순 성매매자에 대해서는 보호처분을 원칙으로 하고 있는 점에서는 성매매 여성을 피해자로 보는 철폐주의 입장을 추가하였다고 볼 수 있다. 그러나 성매매방지법에 의해 성매매가 여전히 불법이므로 강제적으로 성매매에 종사되었음을 입증하지 못하면 성매매 여성은 범법자가 된다. 이 법의 특징은 기존의 성매매 금지주의의 쌍벌주의를 유지하면서도, 성매매를 성을 파는 자와 사는 자의 양자 관계에서 성매매를 알선하는 자가 포함된 3자관계로 규정하고, 성매매 알선행위에 대한 처벌을 규정한 점이다. 외국인 여성과 관련해서는 성매매 사건과 관련하여 수사 중에 있는 외국인 여성신고, 고소, 고발에 대해서는 강제퇴거명령이나 보호처분 집행을 하지 않도록 하였다. 또한 외국인 성매매 피해 여성에게는 3개월 이내에서 숙식을 제공하고, 귀국을 지원하는 법적 근거도 마련되었다.[91]

성매매 피해자

새로 제정된 성매매방지법은 성매매를 여성에 대한 폭력의 하나로 보고, 여성을 억압하는 성산업 착취구조의 피해자인 성매매 여성을 보호해야 한다는 여성연합을 중심으로 한 여성단체의 주장을 그대로 반영하고 있다. 그러나 성매매 여성이 가부장제 및 성매매 시장의 구조적 피해자라는 논리는 성매매 여성을 성매매 공간에서 주체적인 행위자가 아니라 치유하고 관리해야 하는 대상으로만 간주하고 성매매의 철폐만을 논하게 된다.[92] 철폐주의에서 말하는 '성매매 피해자' 규정은 성매매의 구조적인 피해자인 '성

91 설동훈 외(2004), 한국의 외국인 여성 성매매 실태 조사 결과 보고, 한국사회학회, 『외국여성 성매매 실태조사 결과 발표회 자료집』.

92 원미혜(2004), 여성주의 성정치: 성매매 '근절' 운동을 넘어서, 『여/성이론』 10, 34~55; 고정갑희(2005).

매매된 자'에 대해 처벌을 면하게 하고, 흔히 포주, 업주라고 불리는 성매매 알선자들의 범죄를 보다 분명히 하기 위해, 그리고 이들을 엄격하게 처벌하기 위해 도출된 개념이다. 그러나 구조적인 면에서 피해자라는 것과 성매매방지법에서 보는 피해자 규정은 전혀 다른 층위에서 이루어지고 있다. 성매매방지법이 말하는 성매매 여성은 성매매를 강요당하거나 마약 등에 중독되었거나, 청소년이거나 사물을 판단할 능력이 없거나 미약한 자, 장애자, 인신매매된 자로 성매매 여성의 존재를 지나치게 좁은 의미로 규정하는 한계가 있다.[93]

이와 같은 한계는 성매매방지법의 제정과정에서 성매매 여성이 수동적인 피해자이기만 할 뿐 이들의 목소리가 반영되지 않은데 기인한다. 성매매방지법은 여성단체가 주축이 되어 여성 국회의원, 여성부 등이 적극적으로 협력함으로써 성공적으로 제정된 법이다. 2004년 9월 성매매방지법이 실행되자 그 동안 가시화되지 않았던 성매매 여성이 보이기 시작하였다. 그리고 이들의 주장이 뚜렷이 부각되기 시작했다.

성노동자의 또 다른 목소리

> 꿈인 듯 기뻐하는 모 창녀: 이게 정말입니까. 정말이면 얼마나 좋겠습니까. 우리 신세가 이게 무엇입니까. 집안 식구 먹여 살리고자 밤낮으로 몸을 팔고 있으나. 만약 이러한 제도가 없었더라면 사람이면서도 짐승 같은 생활을 왜 하고 있겠습니까. 우리 동무들은 누구나 뛰고 기뻐할 것입니다. 그러나 무거운 쇠사슬은 끊었으나 내일부터 우리는 어떻게 살아나가야 좋겠습니까(신한국보 1946. 7. 10).

93 김경미(2005), '피해'와 '보호'의 이중주: 성매매방지법을 넘어서, 『여/성이론』 2005 겨울, 56~73.

3월 14일로 공창제도는 폐지되어 수많은 창기들이 해방되었는데 서울 묵정동에 5백여 몇 전 창기들은 해방을 저주하듯 그대로 주저앉아 당국을 애먹이고 있는데 이런 이들에 대한 최후 대책이 확립되었다고 한다. 현재 묵정동에 주저 앉아 가족부양료와 취직 알선 등을 요구하고 있는 이들은 절대로 자기들의 방을 떠나지 못하겠다고 기염을 토하고 있는데 이들의 배후에는 포주들의 농간이 있는 듯하므로 이들을 전부 강제로 철퇴시킬 방침이 확고히 섰다고 한다(서울신문 1948. 2. 21).

성매매방지법이 통과되자 성매매 여성은 여성부, 여성단체와 공개토론회를 제안하고 "23일부터 영업을 재개하겠다. 죽을 각오로 싸우겠다"고 밝혔다(여성신문 2004. 10. 22).

장맛비가 쏟아지는 29일 오후 서울 잠실 체조경기장 앞에는 1500여 명의 젊은 여성들이 상기된 얼굴로 서 있다. 하루 전 경기장 측으로부터 명확한 이유없이 대관 취소통보를 받아 길거리에서 집회를 갖게 된 성매매 여성들이었다.… 이들은 이날 정부를 향해 자신들을 정식 노동자로 인정해 달라는 주장을 내놓았다(조선일보 2005. 6. 29)

위 인용문은 1946년 2월 17일 군정청 법령 70호 부녀자매매금지법령과 1947년 11월 14일 통과된 미군정청법률 7호인 공창제폐지령에 의해 공창단속이 이루어지자 이에 항의하는 성매매 여성의 기사이다. 그리고 60여 년 후 성매매방지법에 의해 성매매에

성매매 여성의 성노동자 생존권 주장
(여성신문 2004. 10. 22)

대한 단속이 실시되자 이에 항의하는 성매매 여성의 운동에 관한 기사이다. 과거나 현재나 성매매 여성은 성매매 철폐 방침에 대해 노동권과 생존권을 주장하면서 투쟁하고 있음을 볼 수 있다. 1948년 공창제를 폐지한 금지주의 입장과 60년이 지난 금지주의와 철폐주의를 절충한 성매매방지법 모두 성매매 여성을 범죄화하여 이들을 생업에서 몰아내는 현상은 반복되고 있다.

성노동자들은 성매매방지법이 성매매 여성 자체의 '차이'를 간과하고 있다고 주장한다. 이들은 여성부와 여성단체가 모든 성매매 형태를 동일하게 본다고 비판한다. 성매매방지법도 성매매의 강제와 자발을 구분하고 있지만, 이들의 주장은 진짜 피해 여성을 도와달라는 것이고 피해자가 아닌 성매매 여성을 상대로 '강요를 당한다, 피해를 당한다'는 식으로 피해자로 만들지 말라는 것이다.[94]

성매매방지법이 시행된 이후 성매매 여성은 자신들의 이해를 대변하고 노동권을 확보할 수 있는 조직을 결성하기 위해 그들의 뚜렷한 목소리를 내고 있다. 이들의 주장은 성매매가 비범죄화, 나

94 정희진(2005), 성판매여성, 페미니스트, 여성주의 방법 메모, 『여/성이론』 12, 50~68.

2005년 7월 4일 서울에서 개최된 세계 여성의 행진에 참여한 한국여성단체연합(인터넷 한국여성단체연합 여성운동 사진자료실)

아가 합법화되어야 보다 나은 노동조건이 보장되며, 업주와 포주의 착취로부터 성매매 여성이 자유로울 수 있다는 것이다. 또한 성매매를 하나의 정식 직업으로 인정하여 자신들을 성노동자로 대우해 줄 것을 주장한다. 2005년 3월 8일 '세계여성의 날' 행사에 이들 성매매 여성은 여성노동자로 참여하려 하였다. 이들은 성매매방지법 시행 6개월을 맞이할 즈음 성매매방지법이 규정하고 있는 '성매매 피해여성'이 아니라 '성노동자'라는 자신의 정체성을 확립하기 위해 자치조직을 결성하였다.[95] 이에 대해 한국여성단체연합 역시 성명서를 발표하고 성매매방지법 시행에 대한 그들의 변함없는 입장을 확인하였다.

> 성노동자들은 폭행이나 감금, 인신매매를 통해 성매매를 강요당해 온 피해여성들이 자유로워질 수 있는 근거를 마련했다며 대 국민적

95 최초의 성매매 여성 조직인 1973년 미국의 COYOTE (Call Off Your Old Tired Ethic)를 위시하여 성매매 여성의 자치조직은 태국의 EMPOWER, 대만의 TALP (Taiwasn Association of Licensed Prostitutie)와 COSWAS(Collective of Sex Workers and Supporter), 인도의 DMSC(Durbar Manila Samanwaya Committee), 영국의 IUSW(International Union of Sex Workers), 독일의 HYDRA 등이 있다. 특히 독일의 HYDRA는 독일이 2002년 성매매를 합법화하는 법을 채택하는 데 주도적인 역할을 하였다.

> 으로 홍보하고 있다.… '전국성노동자준비위'인 한여연은 성매매방지법이 대폭 개정 혹은 폐지되는 그 날까지 최선을 다해 투쟁할 것이다(2005년 3월 5일 전국성노동자준비위 한여연 출범사).

> 1961년 윤락행위등방지법 제정 이후 수많은 성매매피해여성들의 희생과 용기있는 증언 및 수년에 걸친 법적 소송, 그리고 여성인권 보호를 위해 나선 여성단체들과 국회 및 정부의 노력에 힘입어 '성매매알선행위등처벌에관한법률'과 '성매매방지및피해자보호에관한법률'이 제정되어 현재까지 진행되고 있다. 이 법의 제정은 성적 인신매매를 극악한 국제조직범죄로 규정하여 강력한 대응을 촉구하는 국제사회의 흐름과 2000년 한국정부가 비준한 유엔 국제조직범죄방지협약의 '여성과 아동의 매매예방 및 억제를 위한 의정서'의 이행을 위한 국내법의 정비와 대책 마련이 필요한 상황에서 나온 법으로 보고 있다(2005년 3월 23일 한국여성단체연합 성명서).[96]

2005년 6월 29일 성매매 여성은 '성노동자의 날' 행사를 갖고 전국성노동자연대한여연전성노련을 공식 출범시켰다. 그러나 이후 전성노련이 '전국'이라는 이름에 갇혀 시각이 다른 세력들로 인해 상황에 따른 신속한 대응이 어려웠고, 대표성 논란에 휘말리자 경기도 평택 지역 성매매 여성 200명이 전성노련을 탈퇴하고 9월 6일 민주성노동자연대민성노련를 새롭게 출범시켰다.[97] 새롭게 출범된 민성노련 노동조합의 12대 강령은 성노동자의 생존권, 노동권, 인권, 건강권의 쟁취뿐만 아니라 '성노동자'와 정직한 '성 산업인' 간의 민주적 관계 수립과 급진적 여성주의의 개혁 등을 주 내용으로 하고 있다. 정직한 성 산업인과의 평등한 관계 속에서 자신들의

96 동 성명서를 표명한 단체는 다음과 같다. 한국 여성단체연합/성매매문제해결을위한전국연대/자립지지공동체/새움터/전북성매매여성인권지원센터(현장상담센터, 쉼터 '민들레')/대구여성회부설성매매여성인권지원센터(현장상담소, 쉼터)/광주전남여연부설 성매매 여성쉼터 '한올지기'/제주여민회부설성매매 여성현장상담소, 피해자지원쉼터 '불턱'/성매매 문제해결을위한시민모임(군산여성의전화)/인천여성의전화부설성매매현장상담소(한국여성단체연합 성명서).

97 고정갑희 · 이희영(2005), 쟁점 2. 성노동자와의 서면대담, 『여/성이론』 13.

문제를 해결하려는 태도는 급진적 여성주의가 성매매 여성을 수동적인 피해자로 보고 이들을 구출, 구제하려는 시각과는 전혀 다른 입장이다.

민성노련 노동조합 12대 강령

1. 성노동자들의 생존권 보호를 위해 투쟁한다.
2. 성노동자들의 노동권 쟁취를 위해 투쟁한다.
3. 성노동자들에게 가해지는 각종 인권유린을 저지하기 위해 투쟁한다.
4. 성노동자들이 질병으로부터 보호될 수 있도록 건강권 쟁취를 위해 투쟁한다.
5. 고객인 남성을 성매매특별법에 의거 범죄자로 규정하는 것에 절대 반대한다.
6. 성노동자와 정직한 성산업인 간의 '합리적이며 민주적인 관계'를 추구한다.
7. 성노동과 탈 성노동에 관한 것은 성노동자 자신이 자율적으로 결정한다.
8. 성노동자를 억압하는 반인권 악법 '성매매특별법' 폐지를 위해 투쟁한다.
10. 민주적인 성노동자들의 전국적 조직화를 위해 지속적으로 노력한다.
11. 성노동운동의 대의와 취지에 공감하는 제 민주세력과의 연대를 도모한다.
12. 한국 사회의 급진적 여성주의를 개혁한다.

위 | 성노동자의 생존권을 주장하는 민주 성노동자 연대(한국인권뉴스 2005. 8. 29)

옆 | 성매매방지법 1년 평가와 성노동자 운동의 방향과 전망에 대한 토론회, 민성노련 외(사회진보연대 2005. 9. 13)

이들의 주장은 성매매방지법 제정 과정에서 자신들의 의견이 반영되지 않았으며, 그 결과 성매매 여성의 주체성을 인정하지 않았다는 것이다. 여성계를 대표한 여성연합과 여성가족부는 성매매 여성을 타자화시키고 대상화시켜서 이들을 가부장적 자본주의 구조의 피해자로만 인식한다는 것이다. 따라서 성매매방지법에 의해 성매매가 강요된 여성으로 간주되면 권리 없는 대상으로서 '보호되어야 할 피해자'가 되며, 자발적인 성매매 여성은 강요되지 않았기 때문에 '처벌되어야 할' 성매매 여성이 된다. 그러나 성노동자의 입장에서는 이러한 구조적인 이분법적인 설명 대신 경제적 원인으로 성매매에 대한 선택성을 설명하고 있다.

> 현재의 상황은 남성이 여성을 억압한다는 논리보다 경제가 여성을 억압하는 측면이 더 많다는 겁니다.… 성매매방지법은 가족부양까지 책임지고 있는 다수 성노동자들을 토끼몰이하며 음성 쪽으로 몰아내는 역할을 한다는 측면에서 '반인권악법'이 되는 것입니다.[98]

성노동자의 이해를 대변하기 위해 조직된 민성노련은 일하는 주체로서 업주성산업인들과 대등한 위치에서 단체교섭을 하기 시작했다. 이들은 성매매 업주 80여 명으로 구성된 '민주 성산업인 연대'와 28개 조항의 단체협약을 맺었다. 성노동자들은 이 단체협약을 통해 자발적인 성노동자의 권리를 최대한 구현하고 있다는 것이다.[99]

98 이희영(2005), 성노동자운동의 이해와 과학화, 『성매매방지법 1년 평가와 성노동자 운동의 방향과 전망』 2005. 9. 23 토론회 자료집.
99 이희영(2005).

역사를 바로 잡다, 여성 인권에 대한 관심

1. 식민지 유산의 그늘, '정신대 할머니'

드러나기 시작한 '정신대'

일제 강점기 군 위안부로서 성적으로 수탈당했던 일본군 위안부에 관한 문제는 1980년대 말에 들어서야 우리 사회의 중요한 이슈로 부각되었다. 1988년 한국교회여성연합회 국제세미나에서 윤정옥 교수의 '정신대 답사보고'를 시작으로 한국정신대연구소와 한국정신대문제대책협의회가 중심이 되어 군 위안부 문제의 진상규명과 일본의 사과 및 배상을 위한 투쟁을 시작하였다. 일본군 위안부가 공식화된 담론으로 자리 잡기까지 그 동안 이 문제는 한일 간에 잊혀지고 소외된 의제였다. 이 문제가 일본과의 주요한 외교사안으로까지 자리 잡게 된 것은 사회운동, 특히 여성운동의 질적인 성장에 기반하였다.

1980년대 후반은 성폭력, 인신매매, 성매매 문제가 여성운동의 뜨거운 쟁점이 되었다. 특히 기생관광에 대한 여성계의 문제제기는 일본과의 관계에서 우리나라 여성들의 성매매 문제를 연결시키는 계기를 제공하였다. 이와 관련하여 자연스럽게 일제 강점기 일본군 위안부 문제가 제기되면서 이 문제가 단순히 민족적인 문제만이 아니라 여성폭력의 문제가 겹쳐진 식민지 지배와 성적 착취가 중첩된 사안임을 인식하게 되었다.

'정신대挺身隊'라는 표현은 사실상 일제 강점기 1931년 만주침략 이후 진행된 제국주의 전쟁에서 요구된 인력동원정책에서 나온 것이다. 일본 제국에 '몸 바쳐 일하는 대원'이라는 뜻으로 일본군의 '위안'을 목적으로 강제 동원된 여성을 일컫는 말이다. 일제는 1944년 8월 '여자정신근로령'을 칙령으로 공포하고 12~40세의 여성을 대대적으로 동원했는데, 그들 대부분이 군 위안소로 끌려갔다. 전쟁으로 부족해진 노동력을 충원하기 위한 측면과 동시에 젊은 병사들의 불만과 욕구를 잠재우면서 제국주의 전쟁을 치르기 위한 차원에서 '정신대'란 미명 아래 여성을 일본군 위안부로 만든 것이다. 그 동안 일본군 위안부 문제는 우리 사회의 순결 이데올로기로 인해 덮어두어야 할 수치스러운 과거로 인식되어 그 피해상황과 역사적 경험을 공식적으로 논의할 수 있는 장이 부재하였다.

> 정신대 여성들을 단지 일본 군대의 성욕을 배설하는 '공중변소'로 취급했다거나, 정신대 여성들에게 주기적으로 '히로뽕'을 투입했다는 사실에서도 그 범죄의 잔악함은 그대로 드러난다. 이런 야만적 상황에 놓인 여성들 가운데 상당수가 당시에 목숨을 잃었다. 전쟁의 최일선에 군인들과 함께 내몰린 조선여성들은 전쟁으로 인해, 쉴 사이 없는 성관계로 인한 온갖 병마 때문에 하나씩 목숨을 잃었을 뿐 아니라, 정조를 잃었다는 절망과 비인간적 상황 속에서 스스로 목숨을 끊었다. 게다가 패전으로 도주하는 일본군들이 전쟁의 범죄를 은폐하기 위해 조선 여성들을 몰살하거나, 조선여성들만 고립시켜 버린 경우도 허다하다고 한다.[100]

그러나 인권이라는 맥락에서 일제강점시기에 조선여성의 성적 침해 문제를 제기하며 '일본군 위안부' 문제를 전쟁 시기 여성의 성적 노예화의 문제로 부각시켰다. 그 동안 우리 사회는 여성의

100 『민주여성』 12, 1992. 3.

성이 누군가의 필요와 요구에 의해 수단화 될 수 있다는 암묵적인 인식이 존재한 탓에 피해 여성이 오히려 비난받는 형편이었다.

1988년 5월 노태우 대통령이 일본 방문에 즈음하여 한국여성단체연합, 한국교회여성연합회, 여대생대표자협의회는 일본군 위안부 문제를 일본 정부와 함께 규명하고 해결해 줄 것을 촉구하는 공동 성명서를 발표하였다. 여성의 성적 권리에 관한 공감대의 확산은 각 진영과 입장을 뛰어 넘어 공동으로 일본군 위안부 문제 해결을 위한 연대를 형성하였다. 일본군 위안부 문제에 대해 우리 정부와 일본 정부에 대해 실질적인 해결을 요구하고 나아가 국제기구를 대상으로 다양한 활동을 전개하였다.

일본군 위안부들이 2차 세계대전 말 미국해병대에서 보호를 받고 있다(한국일보 1999. 4. 20)

한편 1992년 1월 미야자와 일본 수상의 방한을 앞두고 일본 정부와 군이 일본군 위안부를 직접 감독했다는 내용이 담긴 문서가 일본 방위청에서 발견됨으로써 다시 한번 일본군 위안부 문제는 한일 간의 초점이 되었다. 그 동안 일본군 위안부 문제를 군과는 관계없는 민간업자들의 문제라며 발뺌을 해 왔던 일본 정부는 이를 계기로 "일본군 위안부 동원에 당시의 일본 당국이 관여했을지도 모르지만, 설령 그것이 사실이라고 해도 그 책임은 이미 1965년에 조인된 한일 간의 청구권 협정으로 마무리" 된 것이라고 강변하였다. 이처럼 일본군 위안부를 비롯한 일본의 전쟁범죄로

강제연행된 정신대를 인정하고 사죄 배상하라(『민주여성』 12, 1992. 3)

인한 책임과 배상문제가 관심사로 등장하면서 전 국민적으로 일본에 대한 반일감정이 들끓게 되었다.

한국정신대문제대책협의회 출범

일본군 위안부 문제에 대한 여성운동은 여성단체연합과 힘을 합쳐 일본군 위안부 문제에 대한 공동의 투쟁체로서 한국정신대문제대책협의회를 결성하여 본격적으로 이 문제에 대응하기 시작하였다. 1990년 13개의 여성단체들이 모여 정신대 문제에 대한 연대의 틀을 구축하였다. 한국정신대문제대책협의회는 세 가지 운동목표를 가지고 연대활동을 전개하였다.

첫째, 일본군 위안부 제도와 같은 반인간적 범죄 행위는 인류역사에 되풀이 되어서는 안 되며, 이를 위해 범죄행위를 저지른 자는 이에 대한 책임을 지고, 피해자의 명예와 존엄성을 되찾는 역사적 선례를 만들어야 한다. 둘째, 일본군 위안부의 처절한 피해 현실에 대해서 일본의 사죄와 법적 책임, 배상을 받지 못한 한일관계는 평등한 관계라고 볼 수 없기 때문에 이 문제에 대한 올바른 역사적 해결을 위해 노력할 필요가 있다. 셋째, 진정한 아시아의 평화와 연대를 이룩하기 위해서 일본군 위안부 문제를 포함한 일본의 식민지 지배, 전쟁범죄에 대한 사죄와 반성이 있어야 하며, 이것이 선행되지 않은 상황에서 아시아에서의 일본의 역할 증대는 군국주의의 부활이라는 점이 강조되었다.[101]

이에 한국정신대문제대책협의회는 지속적으로 일본 정부에 대해 다음 사항을 받아들일 것을 촉구하였다. 첫째 일본 정부는 조선인 여성을 일본군 위안부로서 강제 연행한 사실을 인정할 것, 둘째 그것에 대해 공식적으로 사죄할 것, 셋째 만행의 전모를 스스로 밝힐 것, 넷째 희생자들을 위하여 위령비를 세울 것, 다섯째 생존자와 유족들에게 배상할 것, 여섯째 이러한 잘못을 되풀이하지 않기 위해 역사교육을 통해 분명하게 이 사실을 가르칠 것이 그것이다.[102]

한편 피해 할머니들의 실상을 다룬 영화나 다큐멘터리를 제작하여 국내외적인 여론을 환기시켰다. 동시에 '나눔의 집'과 같은 공동시설을 만들어 피해자 여성에게 복지 서비스를 제공하였다. 예컨대 1995년 정신대 할머니들에 관한 기록영화인 〈낮은 목소리 –아시아에서 여성으로 산다는 것〉은 사회적으로 큰 반향을 일으켰다. 광복 후 60여 년이 지났지만 아직도 식민지 역사의 상처를 치유하지 못한 우리 민족에게 일본군 위안부 문제를 진지하게 성찰하게 하는 계기를 제공하였다. 이를 제작한 변영주[103] 감독은 자신이 위안부였다고 증언한 167명 가운데 '나눔의 집'에서 함께 지내는 여섯명의 할머니의 현재의 삶의 모습을 다큐멘터리 형태로

101 지은희, 일본군 위안부 문제해결을 위해 우리는 무엇을 할 것인가, 『민주여성』 18, 1995. 4, 88~96.

102 『민주여성』 12, 1992

103 "내가 할머니들을 만난 건 1992년경이다. 처음에 찾아갔을 때 영화 만드는 사람이라고 하자 할머니들이 막무가내로 나가라며 쫓아냈다. 할머니들에 관한 영화를 꼭 찍겠다는 생각은 아니었다. 하지만 무언가 자기들을 대상화시키는 사람에 대한 증오감, 피해의식, 그런 할머니들의 반응이 더 관심을 붙잡았다. 1년 반을 그냥 왔다갔다 찾아가서 놀았다." 변영주 감독은 〈낮은 목소리(1995)〉, 〈낮은 목소리 2(1997)〉에서 일본군 위안부 할머니들의 일상을 담아 기록하였다. 여성신문 517, 1999. 3. 19.

보여주었다. 1993년 12월 23일 일본 대사관 앞에서 100번째 수요 항의 집회를 여는 할머니들의 모습에서 시작하여 위안부 할머니들과의 인터뷰와 현재의 삶의 모습을 보여주면서 이 문제가 과거사가 아니라 여전히 해결되지 않은 현재의 문제임을 지적하였다. 이와 같은 활동들로 인해 정신대 진상이 폭로되면서 우리 사회의 관심을 모으는 분위기를 자연스럽게 만들어 냈다.

'야만적 범죄'가 없는 세상을 위한 외침

한국정신대연구소, 정신대대책협의회 등은 매주 수요일마다 일본 대사관 앞에서 시위와 집회를 하며 일본군 위안부 문제의 실상을 대내외에 알리고 있다. 이들은 일본정부에 대해 범죄사실을 인정하고 관련 자료와 진상을 공개하고 공식적인 사죄와 법적 배상을 요구하였다. 또한 위안부 여성에 대한 추모비를 건립하고 역사교과서에 이 사실을 수록하고 더불어 이 문제에 대한 책임자 처벌을 주장하였다.

일본 제국주의 전쟁 당시 일본군 위안부로 끌려간 조선 여성의 수가 무려 20만 명에 달한다고 한다. 일본군 위안부 문제는 민족, 여성, 인권, 강제노동, 계급 문제 등이 중첩된 사안으로서 잔혹한 인권유린의 대표적인 사례다. 일본군 위안부 할머니들로 하여금 침묵을 강요한 우리 사회의 비민주적 권력구조와 성문화에 의해 오랫동안 묻혀진 의제였다. 1990년대 들어 본격적으로 일본군 위안부 문제의 진상이 밝혀진 것은 결과적으로 한국 사회 민주화 운동의 성장이 그 배경이 된 것이다.

1995년은 전후 50주년이 되는 뜻 깊은 해다. 우리 전체의 참가자들

해외에서의 일본군 위안부 대책 활동(『민주여성』 12, 1992. 3)

> 은 전쟁이 끝난 지 50년이 되는 오늘까지, 일본군 위안부 문제와 같은 명백한 인권범죄 문제가 해결되지 않고 있는데 대해 치솟는 분노를 표시하면서 이 문제의 해결이 더 이상 미루어져서는 안 된다는데 대해 뜻을 같이 한다.… 무엇보다도 전쟁을 반성하지 않은 채, 군사대국으로 발돋움 하려는 일본 내의 군국주의자들에 의해 전쟁의 위험성은 남아 있는 것이다. 이런 의미에서 일본군 위안부 문제는 과거뿐만 아니라 오늘과 미래의 여성의 인권과 아시아의 평화를 확립하는 중요한 문제이다.[104]

여성운동계가 일본군 위안부 문제에 대해 일본을 상대로 공식적인 사죄와 보상을 촉구하고 있는 데 반해, 사실상 한국 정부는 공식적으로 일본 정부에게 법적인 책임을 적극 요구하지 못하였다. 노무현 정권에 들어와서도 고이즈미 수상과의 제주도 한일정상회담을 통해 더 이상 식민지 시기의 과거사 문제를 논의하지 않

104 제3차 일본군 '위안부' 문제 아시아연대회의 공동결의문, 『민주여성』 18, 1995. 4, 95~96.

겠다고 표명함으로써, 이 문제를 정부 차원에서 힘있게 해결할 수 있는 실마리를 포기하였다.

1992년 1월 한국정신대문제대책협의회는 국제기구를 통해 이 문제의 해결을 촉구하는 노력을 전개하였다. 유엔인권위원회에 정신대 문제에 대한 보고서를 제출하면서 국제사회에 호소하였다. 이효재 공동대표는 유엔 여성지위위원회의 자문역을 맡고 있는 '여성매매 척결을 위한 연합'에 회원단체로 가입하여 국제적인 여론을 환기시키고자 노력하였다. 또한 미국사회의 여론을 움직이고자 3.1여성동지회, YWCA, LA노인회, 여성경제인연합회 등 7~8개 단체로 구성된 'LA정신대대책협의회'를 중심으로 교포사회에 호소하여 일본 영사관 앞과 LA 연방정부 앞에서 규탄대회를 갖는 등 조직적인 대응을 전개하였다. 또한 1992년 8월 서울에서 제1차 아시아 연대회의를 개최하여 북한, 대만, 필리핀, 인도네시아, 일본, 중국, 네덜란드 등 같은 피해를 입은 여성이 존재하는 국가와의 연결고리를 강화하고자 노력하였다. 그리고 1998년 8월 13일 유엔인권위원회 소수자보호소위원회에 군 위안부 문제를 '국제법에 금지된 노예제'로 규정하기 위해 주력하였다. 전쟁 중의 보편적인 여성인권침해의 실례로서 일본군 위안부 문제가 규정되면서 일본군에 의한 '성 노예'라는 용어가 자리 잡게 되었다.

이처럼 일본군 위안부 문제는 한국 여성 사회를 넘어서 세계 여성계의 관심사로 떠올랐으며 국내외적인 연대를 통해 문제해결을 위한 노력이 진행되었다. 그 동안 정신대대책협의회, 나눔의 집과 여러 관련 단체는 수요시위와 모금, 재발 방지를 위한 역사적 진실규명 작업, 민간교육을 지속적으로 담당해 왔다. 나아가 앞으로 있을 법한 전쟁에서의 여성인권의 문제, 그리고 식민지 체

제하의 민족과 여성문제에 대한 올곧은 역사 인식을 촉구하고 있다.[105]

2. 분단 장벽을 넘어, '진달래와 무궁화'

분단을 딛고 서다, 통일을 잉태하는 여성

분단된 한국사회에서 여성의 문제는 시대적 상황으로 인해 잉태되고 확대되었다. 역사적인 문제를 해결하지 않고는 진정한 여성해방의 요구를 관철시킬 수 없다는 점에서 분단을 극복하고 통일을 위한 운동에 여성들도 관심을 표명하기 시작하였다. 서구의 여성운동이 참정권 확보를 중심으로 출발한 것과는 달리 우리나라의 여성운동은 일제에 대항하는 민족해방적 성격에서 비롯된 것처럼 분단과 통일의 사회적 문제는 한국 여성운동에 중요한 화두가 되었다. 1991년 남북한이 동시에 유엔에 가입하면서 서로의 실체를 인정하는 시대로 접어들었다. 그리고 본격적으로 통일이 우리 사회에 어떠한 의미를 던져주며 여성운동은 어떠한 방식으로 통일의 길에 기여할 수 있을 것인가의 문제가 중요하게 대두되었다. 특히 1990년대 말 동구 사회주의권이 붕괴되고 탈북자의 한국 유입이 늘면서 이 문제에 대한 관심이 고조되었다.

진보적인 여성운동 단체는 분단 구조를 유지하기 위해 사회변혁의 요구를 억압하고 여성의 희생을 강요해 온 국가 체제에 대한 비판과 더불어 민족적 과제를 여성의 힘으로 풀어가려는 노력을 전개하였다. 한국여성단체연합을 비롯한 여러 여성단체는 통일운동의 대중화 및 여성운동을 통일문제와 접목하며 민주화와 통일, 평화의 문제에 관심을 보였다. 이들은 여성의 의식 속에 알게 모르

105 신영숙(1999), 현대사 다시 쓴다: 50대 사건 통해 본 격동의 한 세기–군위안부, 한국일보 1999. 4. 20.

게 들어와 있는 분단의식에 주목하여 이를 극복하지 않고서는 민주사회를 이룩한다는 것이 무의미하며, 우리 사회의 민주화가 선행되지 않고는 통일의 문제도 요원하다는 측면을 지적하였다.

> 우리는 어떻게 통일의 과정에 능동적, 자주적으로 참여할 것인가, 여성운동이 민족통일에 맡은 몫은 무엇이며 어떻게 그 몫을 감당할 것인가. 우선 우리는 우리와 북한의 여성들이 지닌 동질성을 찾아 합치고, 이질성은 서로의 장점을 찾아 동질화 시켜 가는 노력부터 해나가야 할 것이다. 북한의 여성들과 우리 사이의 동질성과 이질성을 알려면 사회주의 사회인 북한의 사회적 가치규범과 여성의 지위, 현실을 바로 알아야 할 것이고, 우리 스스로에 대해서도 객관적인 검증을 해봐야 할 것이다. 우리는 그동안 반공 이데올로기를 불변의 진리인 양 신봉하며 그 굴절된 렌즈를 통해 북한 여성을 보도록 길들여졌다. 이제 그 굴절된 렌즈를 치우고, 있는 그대로 북한과 북한 여성들의 삶을 알고자 노력해야 할 것이다.[106]

특히 한국여성단체연합의 '통일과 평화위원회'는 민족통일세력과 연대하여 방위비 삭감에 관한 공개토론회를 개최하고 관련 상임위원회의 국회의원과의 간담회와 공청회를 통해 새로운 안보개념을 제시하고 남북한 군축사안을 대중적으로 여론화 하는데 노력하였다. 또한 통일방안과 관련하여 정부안과 재야측의 방안을 각각 검토하여 여성의 시각에서 통일방안에 대한 구체적인 입장을 정리하였다. 동시에 독일 통일 이후에 제기된 여러 문제, 특히 여성의 지위와 관련된 사안 및 통일 방식에 대한 여성운동의 입장을 조명하였다.

106 『베틀』 48, 1990.

1990년대 들어 각계각층의 통일에 대한 관심이 고조되면서 분단으로 인한 이질감을 극복하고 통일운동의 지평을 넓혀가고자 전개된 '북한 바로 알기 운동'의 일환으로서, 여성단체 또한 북한 여성의 일상생활과 사회경제적 지위에 대한 관심을 표명하였다. 한국여성단체연합 기관지인 『민주여성』[107]은 '조국통일운동과 여성운동'이라는 특집을 통해 여성운동이 향후 넓혀가야 할 지평으로 통일문제를 지적하였다. 이들은 통일이 가져올 다섯 가지 '기쁨'을 다음과 같이 제시하면서 통일을 민족의 사활이 걸린 절체절명의 과제라고 하였다.

> 첫째, 전쟁의 위협 대신 평화의 기쁨을 가져다 준다. 둘째 남북한 간의 엄청난 군사비 지출과 인력자원의 낭비를 생산과 경제발전에 돌림으로써 민중생활의 비약적인 향상을 가져올 것이다. 셋째, 민중들의 진정한 자율과 생존권 회복의 전제조건이며 진정한 민주화를 가져다 준다. 넷째 통일은 우리의 민족문화를 크게 발전시킬 것이다. 다섯째 이산가족의 한을 풀어줄 수 있다

한국여성단체연합은 당시 우리 사회의 통일운동이 선언적 차원에서 통일을 논의하는 수준에서 벗어나지 못하고 있다고 지적하였다. 따라서 통일운동의 방법론으로 범국민적 통일논의가 활성화되어 통일의 분위기가 조성되도록 해야 하며, 계급 · 계층별 통일운동을 다양하게 조직해야 한다고 강조하였다. 한편 남북한 여성의 동질감을 획득하기 위한 방법으로서 남북한 여성 간의 교류운동을 적극 추진할 것을 주장하였다. 1988년 1월 북한에 제의했던 남북한 당국자들을 포함한 정당, 사회단체 대표들과 각계인

107 『민주여성』 6, 한국여성단체연합, 1988. 12. 20, 3~4.

사들이 참여하는 '남북연석회의' 소집처럼 여성단체, 여성노동자, 여성농민 등 각계각층 여성들의 자주적인 교류운동을 추진해 나갈 것을 촉구하였다. 특히 NCC 여성위원회, 교회여성연합회, 한국여성신학자협의회 등이 주축이 되어 남북한 여성들의 교류를 강조하였다.[108]

1992년 '화해, 불가침 및 교류와 협력에 관한 남북합의서'는 남북한 사회의 동질성 회복 및 동질성을 증대하는 인식이 중요하다는 점을 부각시켰다. 통일이 단지 분단 이전의 상태로 돌아가는 것을 의미하는 것이 아니라, 통일된 한국이 어떤 모습이기를 원하는지, 통일을 위해 여성은 무엇을 준비해야 하는지, 미래에 함께 할 수 있는 국가의 모습을 생각하면서 여성이 할 일이 무엇인지를 찾는 노력이 필요하다는 문제의식이 자리 잡기 시작하였다. 이러한 맥락에서 한국여성단체연합의 통일평화위원회는 1995년 여성의 눈으로 본 통일 이야기 『통일은 참 쉽소』를 발간하였다. 결코 통일의 문제가 멀고 무거운 문제가 아니라 생각보다 쉽고 또한 이를 위한 실천이 거창한 것이 아니라 여성 스스로 먼저 참여해야 한다는 취지를 강조하였다. 분단으로 인해 우리 여성이 겪고 있는 아픔과 고통이 무엇인지, 통일을 막고 있는 주 · 객관적인 조건은 무엇인지, 통일을 이루기 위해 무엇부터 시작할 수 있을지, 통일이 되면 세상이 어떻게 변화할 것인지 하는 내용을 재미있는 삽화와 함께 대중에게 쉽게 다가갈 수 있도록 제작하였다.

이와 같이 통일된 한반도의 모습은 남북한이 상호이해를 바탕으로 하나의 공동체 문화를 이끌어낼 수 있어야 하며, 내부의 이질성을 극복하고 상호보완적인 관계로 발전할 수 있어야 함을 강조하였다. 이에 무엇보다도 북한의 여성과 그들의 생활에 대하여 알

108 『민주여성』 6, 1988.

필요성이 있으며, 통일 이전에 남북한 상호공존을 위해 동질성을 증대하기 위한 노력을 실천해야 할 것임을 지적하였다. 동시에 국제 정세에 관심을 갖고 국제 상황에 민감할 수밖에 없는 통일의 문제에 여성들이 어떻게 주체적으로 참여 할 것인가를 진지하게 성찰 할 필요성을 제기하였다.[109]

아시아의 평화와 여성의 역할

분단 시대 한국사회의 가장 근본적인 모순은 남북한 대치 상황에 의해 비롯되었다. 여성 역시 당면한 사회구조적인 주요 모순을 해결하는 데 뒷짐을 지고 있을 수는 없다고 인식하였다. 이러한 배경 속에서 '아시아의 평화와 여성의 역할' 토론회가 개최되었다. 1991년 남북한 여성과 일본 여성이 한자리에 모여 '아시아의 평화와 여성의 역할'을 논의한 서울 토론회는 지난 분단의 역사를 실감하는 동시에 새로운 화합의 가능성을 보여준 중대한 사건이었다. 이 토론회에서 결국 아시아 평화의 핵심은 한반도의 평화실현임이 강조되었고, 분단 이후 처음으로 남북한의 민간 여성이 최초로 함께 하는 자리를 마련했다는 점에서 그 의의가 있었다. 통일 논의와 정책을 정부가 사실상 독점하고 있던 당시 상황에서 이러한 민간차원의 자리는 여성이 통일의 물꼬를 트는 일에 기여할 수 있음을 보여주었다.[110]

남한은 이우정, 이효재, 윤정옥이 대표로 활동하였고, 북한의 경우 여연구, 정명순, 김선옥, 홍선옥, 최옥희 등이 참여하였다. 반세기의 분단 동안 서로 다른 이념으로 서로가 얼마만큼 달리 변화되었는가를 확인하고 경험하는 기회가 되었다. 이어 1992년 9월에 평양에서 열린 '아시아의 평화와 여성의 역할' 토론회는 여성운동

109 이경숙(1994), 민족동질성 회복을 위한 여성의 역할, 숙대신보 897, 1994. 11. 21.
110 김형환(1992), 평양토론회를 마치고, 『베틀』 65, 1992. 9, 4~5.

차원에서 남북교류의 장을 열었다. 남북한 여성이 최초로 평양에서 만난 그 자리에서 민족의 대단결과 일본의 전후 보상 및 책임을 촉구하고 아시아의 평화를 구축하기 위한 여성의 역할에 대한 진지한 대화가 진행되었다. 특히 종군위안부 문제와 관련하여 북한에 생존해 있는 할머니들을 만나 증언을 청취하고 정신대 문제에 관련한 남북한 공동조사를 제기하였다.

평양토론회가 실질적으로 성사된 직접적인 배경은 한국여성단체연합 조국통일위원회를 중심으로 일본과 북한과의 지속적인 교섭의 산물이었다. 이 토론회가 가지는 중요한 성과는 진보적 여성운동의 통일사업에 관한 역량을 전국적, 범민족적으로 보여주었다는 점이다. 민주화운동과 통일운동을 동시적으로 수행해 온 진보적 여성운동의 성과였다.

냉전구조의 마지막 유물로 남북한이 여전히 상호적대적인 의식을 갖고 민족 간의 반목과 대립이 계속되고 있는 시점에서, '아시아의 평화와 여성의 역할' 토론회는 이러한 상황을 타개하기 위해 남북한 여성이 모여 한반도의 통일과 아시아의 평화를 실현시키기 위한 방안을 모색해 보았다는 점에서 역사적 의의가 크다. 특히 일본의 전후책임을 강조하고 정신대 문제에 대한 진상규명과 배상문제에 관한 의제들이 남한, 북한, 일본 여성의 공통관심사로 묶일 수 있음을 확인하였다. 이는 1993년 일본에서의 4차 토론회의 주제로 정신대 문제와 일본의 전후처리 문제가 자연스럽게 설정되었다.

물론 아시아의 평화와 여성의 역할 토론회의 목표에는 기본적으로 남북한간의 인식 차이가 존재하였다. 예컨대 남한은 과연 통일이 여성문제를 자동적으로 해결할 것인지, 그렇지 못하다면 여

'아시아의 평화와 여성의 역할'에 관한 3차 평양토론회(인터넷 한국여성사지식정보시스템)

성이 통일을 위한 전체 운동의 흐름에 연대하면서도 통일된 사회에서 여성의 지위와 권익을 어떻게 높일 수 있을 것인가의 방안에 대해 고민을 나누고 실질적으로 대비해 가야 된다는 입장이었다. 즉 통일과 평화를 위한 구체적인 방안을 모색하면서, 이와 더불어 여성문제를 중요한 핵심고리로 삼자는 것이었다. 그러나 북한의 경우 한반도 여성이 겪는 고통의 주된 본질이 제국주의 세력에 의한 민족분단에 있기 때문에 여성문제를 독자적인 의제로 삼을 필요가 없으며, 오히려 민족대단결, 통일방안, 외세의 문제에 대해 민족의 한 성원으로서의 여성의 역할을 어떻게 수행할 것인가를 우선적으로 모색할 필요성이 있다는 입장을 보여주었다. 또한 남한은 '여성과 문화'라는 주제를 채택하여 여성생활의 문제를 논의하길 원했던 반면에, 북한 여성들은 '통일과 여성'이라는 주제를 가지고 바로 통일의 핵심문제에 접근하기를 원했다. 이러한 남북한 여성 간의 인식 차이가 존재했지만 일본 여성과 함께 "아시아의 평화를 이루기 위해서는 남북통일이 무엇보다 중요하며, 또한 일본의 새로운 군사대국화와 경제적 지배를 막는 일이 필요하므로 남 · 북 · 일 여성이 함께 공동노력을 해야 한다"는 데는 의견을 모았다.[111]

"남측 정부가 이익이 있으니까 교류를 허용한 것 아닌가? 결국 정부측의 이익을 위해 기여한 것 아니냐?"는 일부에서의 물음은 "북측에서 김주석까지 남측 여성대표를 초청한 것은 자신들에게 그만큼 이익이 된다는 판단이 있었기 때문이 아닌가?"라는 정반대의 물음과 상통한다고 생각한다. 우리는 이처럼 극단적인 의심 속에서 통일운동을 하고 있는 것이다. 우리의 평가의 잣대는 남측 정부가 이익을 보았느냐, 북측 정부가 이익을 보았느냐보다는 남북의 화해와 통일에 도움이 되었느냐에 두어야 하리라고 생각한다.[112]

이처럼 한국여성단체연합은 통일평화운동을 주요 여성사업으로 설정하고 1990년부터 평화구축을 주장하며 정부의 방위비 예산삭감을 촉구하는 등 통일운동을 위한 기반을 조성하는 작업을 전개하였다. 1991년에는 교회여성단체연합회와 기독교여성평화연구원, 기독여민회 등과 더불어 '방위비 삭감을 위한 여성연대'를 결성하고 정책토론회, 결의대회, 국회에 편지 보내기 등을 통해 지나친 국방비 지출에 관해 여론을 형성하는 데 노력하였다.

한국 사회의 민주화가 진행되면서 통일을 위한 각종 시민단체의 활동이 전개되면서 여성운동도 통일을 위한 흐름에 맞춰 새로운 길을 모색하였다. '6·15 공동선언 실천을 위한 남북해외 공동행사 남측 준비위원회 여성본부'가 2005년 평양 등지에서 '2005

111 이미경(1992), '아세아의 평화와 여성의 역할', 평양토론회의 성과와 전망, 『민주여성』 13, 1992. 10, 34~35.
112 이미경(1992), 『민주여성』 13.

남북여성통일행사'를 개최하였다.[113] 이 행사에는 정현백 한국여성단체연합 대표, 김숙임 평화를 만드는 여성회 대표 등 한국여성단체협의회, 한국기독교교회협의회 여성위원회, 통일연대 여성위원회 55개 여성단체, 여성운동계 원로, 여성 국회의원 등 남측 인사 100여 명이, 북한은 조선민주여성동맹 소속 300명이 참가하였다. 남북여성통일행사에 남측 준비위원회 여성본부와 북측 준비위 여성분과위원회가 공동으로 '6·15 공동선언 실천과 반전 평화를 위한 남북여성통일연단'을 열어 6·15 공동선언의 이행과 민족공조 등을 강조하였다. "남북한 여성도 조국통일운동의 당당한 주체임을 다시 확인했으며, 힘을 합쳐 조국통일에 기여할 의지를 굳게 가다듬었다. 통일운동을 위해 6·15 공동선언의 정신에 맞게 여성통일운동을 힘있게 벌여 나갈 것"임을 공동결의문에서 밝히고 있듯이 여성들도 통일을 위한 노력을 꾸준히 전개해 가고 있다.[114]

여성운동의 확대

1. 국경을 넘어 세계로

베이징을 바라보자, 베이징 세계여성회의

1975년 UN제정 '세계여성의 해' 기념으로 멕시코시티에서 열린 제1차 세계여성회의 이래 1980년에 코펜하겐에서 제2차 세계여성회의가 1985년 나이로비에서 제3차 세계여성회의가 열렸다. 이어 열린 1995년 제4차 베이징 세계여성회의는 한국여성운동에 중요한 방향성을 제시하였다. '평등, 발전, 평화를 위한 행동Action for

113 연합뉴스 2005. 9. 2.
114 중앙일보 2005. 9. 13.

Equality, Development and Peace'을 주제로 개최된 베이징 세계여성회의는 1985년에 채택된 '나이로비 여성발전 미래전략'의 이행사항을 전 세계적으로 점검하고, 동시에 21세기의 여성운동의 방향과 전략을 결정하는 대회라는 의미를 표방하였다.

베이징 여성회의는 정부대표들이 참여하는 세계여성회의와 NGO포럼 두 가지로 대표되었다. 당시 한국여성단체연합을 비롯한 약 80여 개의 여성단체가 '한국여성 NGO위원회'에 가입하여 우리나라에서도 600여 명의 여성이 참석하였다. 전 세계에서 모두 3만여 명이 넘는 정부대표, 민간단체 대표, 언론인이 참가하여 전 세계적으로 여성운동의 역량이 성장하였음을 보여주었다. 각 국의 여성운동가들이 이 대회를 통해 올바른 행동강령을 통과시켜야 한다는 인식을 새롭게 하는 자리가 되었다.

한국의 여성운동도 역시 질적, 양적으로 발전을 거듭하여 이제 세계여성운동과의 교류와 연대의 폭을 넓힐 수 있는 조건이 마련되었음을 보여주었다. 특히 한국여성NGO위원회에서 제기한 일본군 위안부 문제, 한국의 날 행사, 아 · 태지역 텐트 행사, 성희롱 문제 등에 많은 관심과 성과가 있었다. 베이징 여성회의 참가를 계기로 각 여성단체는 국제적인 연대를 모색하려는 움직임을 보였다. 국제적인 차원에서 주제별 여성연대를 모색하면서 한국 여성의 미약한 정치 사회적인 지위를 회복하려는 노력을 전개하였다.

'여성의 눈으로 세계를 보자'는 베이징 여성회의는 여성운동 발전에 세 가지 흐름을 제시하였다. 첫째 세력화empowerment에 대해 강조하면서 여성문제를 지위 향상이나 남녀평등의 차원에서 벗어나 정치, 사회, 문화의 모든 주류mainstreaming에 합류하여 적극적인 참여를 통해 여성 인권을 확보할 것을 강조하였다. 정책결정과정

1995 베이징 세계여성대회

과 권력의 행사에 있어 과정적, 결과적인 평등을 추구하고자 하였다. 둘째 참여적 접근의 측면으로 유엔과 유엔 관련기구를 포함한 각종 정부 간 회의에 민중여성과 NGO들의 공식적인 참여를 강조하였다. 셋째 여성운동의 관심 영역이 확대되었다. 이는 여성운동이 비단 여성문제에 국한되는 것이 아니라 빈곤과 인권, 사회통합, 환경관리 등 사회 여러 분야의 문제들을 여성의 관점과 시각에서 보고 대안을 모색할 필요가 있다는 것이다. 따라서 베이징 여성회의 이후 각 부문운동이 여성 관련 정책을 채택하도록 강조하였으며, 여성들 또한 여타 사회운동에서 논의되는 쟁점들을 여성의 눈으로 평가하고 여성운동의 영역을 확대해 갈 것을 주문하였다.[115]

한국여성NGO위원회에서는 베이징 세계여성대회를 기점으로 21세기 한국여성운동의 방향과 구체적인 과제를 설정하는 것에 목표를 두었다. 베이징 여성회의에서 채택한 행동강령 가운데 여성인권에 대한 측면과 관련하여 가정폭력, 성적 학대, 성 노예

115 이상덕(1995), 북경 세계여성대회와 한국여성 NGO 활동방향, 『민주여성』 18, 1995. 4, 108.

동아시아여성포럼 대만대회에 참가한 한국대표들(인터넷 원불교신문)

화, 성적 착취, 국제적 인신매매, 강제 성매매, 성희롱 등은 성폭력이며, 이 같은 폭력의 책임자를 처벌할 수 있는 대책을 마련하자는 입장이 강화되었다. 또한 여성차별철폐협약 등 여성관련 국제협약을 준수하면서, 나아가 법 앞에서의 평등과 차별철폐를 보장하고, 법률의 평등을 보장하고 있다는 것을 확실히 이해하도록 교육할 것을 천명하였다. 아울러 여성단체들은 베이징 세계여성회의에서 일본군 위안부 문제에 세계적인 관심을 모으는 계기를 마련하였다.

이어 2000년 9월에 마련된 제4차 동아시아여성포럼EAWF에서 대만, 일본, 홍콩, 러시아, 티벳, 한국, 몽골 등 동아시아 7개국 여성단체 대표단이 모여 공통의 문제를 해결하기 위해 노력을 다짐하였다. 당시 57명의 대표단이 참석한 한국은 이 자리에서 북한 여성에게 보내는 메시지를 낭독하고 북한에 보낼 성금을 모금해 눈길을 끌었다. 이 자리에서 발표된 8개의 행동계획은 동아시아 여성 웹사이트 구축, 사이버포럼 개최, 여성예술인들의 작품 교환, 가정폭력방지법 제정, 정신대 문제해결을 위한 2000년 국제법정 참가, 성 산업 종사자의 인권문제 공론화, 유전자변형식품 표기 법제화, 청소년포럼 활성화 등이었다. 특히 여성과 가정폭력의 문제에 대해 참가자들은 여성 폭력을 방지하기 위해 가정폭력방지법을 제정하는 일이 시급하다는 데 의견을 같이 했다. 특히 이 포럼에서 가장 큰 이슈가 된 것은 정보화의 물결에 여성들이 뒤지지 않기 위해 노력해야 한다는 점이다.[116] 동 포럼은 급속도로 변화하고

116 중앙일보 2000. 9. 14.

있는 지식정보화 사회에서 한국의 여성단체가 어떻게 활동해야 할 것인가 방향을 정립하는 데 시사점을 제공하였다.

세계 여성 리더 서울로, 세계여성학대회

2005년 6월 제9차 세계여성학대회가 아시아에서 처음으로 서울에서 열렸다. 여성학자, 여성정치인, 여성정책결정자, 여성운동가 등이 참여해 '여성유엔총회'로 불리우는 세계여성학대회는 3년마다 열리는 행사로 여성운동의 아젠다가 설정되는 의미 있는 자리다. '경계를 넘어: 동서남북'이라는 주제로 열린 세계여성학대회는 90개국 2,100여 편의 발표문과 3,000여 명의 여성 리더가 참석하여 '폭력, 불관용, 그리고 평화의 문화', '전 지구화, 경제적 가치, 그리고 빈곤', '변화하는 국가, 건강, 환경에 대한 패러다임', '여성주의 리더십의 전망' 등을 중심으로 여성문제를 논했다.

> 아시아권에서 우뚝 선 한국 여성의 힘을 보여주는 기회가 될 것이다. 1970년대 말부터 여성학의 세례를 받은 한국 여성들이 학자 · 여성운동가 · 정책결정자로서 맹활약하며 성폭력과의 전쟁, 호주제폐지 등을 추진해 온 데 대해 참가자들이 놀라고 있다.[117]

> 각종 여성회의 때마다 한국 여성들은 '종군위안부' 문제를 줄기차게 의제화하여 국제적인 이슈로 만드는 등 한국여성단체들의 저력을 배우고 싶다. 아프리카의 많은 국가가 식민지 경험이 있어 비슷한 현안이 있음에도 이슈화하지 못하고 있다. 한국여성단체들이 어떻게 구성되어 있고 운영되는지 알고 싶다.…유교 문화권의 가부장적인 전통에도 불구하고 한국여성단체들은 단기간에 많은 것을 이뤄

117 장필화(세계여성학서울대회 조직위원장)의 인터뷰 내용, 아시아 여성운동 세계가 주목, 중앙일보 2005. 6. 20.

'갈등과 차이를 넘어 우리는 모두 자매!' 19일 오후 7시 서울 신문로 경희궁에서 열린 제9차 세계여성학대회 전야제에서 각국 여성들이 건배로 대회 개최를 축하하고 있다. 박종근 기자

세계여성학대회 폐막제가 23일 저녁 열렸다. 이화여대에서 열린 폐막제에서 각국 여성들이 손을 흔들어 작별 인사를 하고 있다. 대회는 24일 폐막된다. 임현동 기자

위 | 막오른 세계여성학 서울대회(중앙일보 2005. 6. 20)
아래 | 세계여성학 서울대회 오늘 폐막(중앙일보 2005. 6. 24)

냈다.[118]

세계여성학대회는 서구와는 다른 경험을 하고 있는 여성의 '아시아적' 문제와 해결책이 제시되면서 서구학자들에 의해 "서울대회가 여성학의 연구영역을 서구에서 아시아로 옮겨 놓는 기폭제가 될 것", "이제까지 서구 백인 여성 중심이던 여성학 연구에

118 대회 참가자들의 말: 한국 여성들 단기간에 많은 것 이뤄, 중앙일보 2005. 6. 20.

아시아 여성의 특수한 경험과 전략이 동등한 비중으로 자리 잡을 것"[119]이라는 평가를 받았다. 세계여성학대회에 참가한 외국학자들은 특히 아시아를 유교적 가부장제와 가족주의로 규정해 왔기 때문에 2005년 3월 호주제를 폐지한 한국여성단체의 역동적인 활동에 대해 깊은 관심을 표명하였다. 한국의 여성학과 여성운동에 대한 높은 관심 속에서 예컨대 한국여성단체연합이 주최한 한국 여성운동가와의 대화에 많은 여성이 참석하여 성황을 이루었다. 그들은 "한국여성운동이 단기간에 이룬 성과가 놀랍다. 한국여성운동가들의 열기가 뜨겁게 느껴진다"고 하였다.

각 여성단체는 그들의 활동을 알리면서 공동의 노력을 위한 연대의 자리를 모색하기 위해 노력하였다. 예컨대, 한국여성의전화는 아시아에서 가정폭력추방운동을 전개하고 있는 중국 · 몽골 · 필리핀과 별도의 심포지엄을 열어 각국의 경험과 해결책을 공유하였다. 이와 같은 여성단체, 여성연구기관들이 한자리에 모여 여성학의 현주소를 진단해 보고, 다양한 이벤트를 통해 여성의 권익을 위해 머리를 맞대는 시간을 가졌다.

2. 인터넷 시대, 사이버 여성운동의 대두

1995년 중국 베이징에서 열렸던 제4차 세계여성회의에서 '미래의 여성운동은 인터넷으로!'라는 주장을 제기하였다. 여성운동가 사이에 가상공간 인터넷이 세계 여성을 하나로 모으는 데 더 없이 훌륭한 도구라는 인식이 자리 잡게 되었다. 북경여성선언과 행동강령이 선포된 지 10년이 되는 2005년을 맞이하여 유엔은 지난 2월 제49차 유엔여성지위원회 회의49th UN Commission on the Status of Women, CSW

119 세계여성학대회 오늘 폐막 (중앙일보 2005. 6. 24).

를 개최하였다. 각국 정부가 베이징 여성행동강령에서 제기된 성평등을 향한 정부의 책임을 어느 정도 이행했는지를 평가하고, 아울러 지난 10년 동안 새롭게 제기된 여성이슈를 확인하면서 여성정책의 과제를 검토하기 위한 것이었다.

결국 모든 것이 급격하게 변화하고 디지털화 되는 세계적인 추세에서 한국여성운동 역시 사이버 공간을 적극적으로 활용하여 여성운동을 전개해 나갔다. 정보화로 인한 여성운동의 변화는 이슈별로 전지구적인 연대를 가능하게 함으로써 앞으로의 여성운동은 단체간, 지역간, 국가간, 국제기구와 다양한 NGO와의 연대에서 더욱 활성화되는 방향으로 나아갈 것이다. 전 세계적으로 여성들 간의 연결망이 구축되면서 보다 효과적으로 여성운동을 전개해 나갈 수 있는 기반이 제공된 것이다.

1990년대 중반이래 인터넷이 국내에 상용화된 지 이제 10여년이 지나면서 한국 사회는 혁명적인 변화가 진행되고 있다. 개인용 컴퓨터, 초고속 인터넷, 이동통신 등 디지털 시대 첨단 인프라의 수준이 전 세계적으로 비교해 볼 때 높은 수준에 이르고 있다. 국내의 인터넷 이용자는 2004년 12월 3천2백만 명으로 만 6세 이상 인구 10명당 7명 이상70.2퍼센트이고 전국 방방곡곡 인터넷을 통해 연결되지 않은 곳이 없다. 정보통신부와 한국인터넷진흥원이 매년 조사하고 있는 한국사회 정보화수준 실태조사에 의하면 2004년 12월 현재 인터넷 이용률은 10대 이하가 96.2퍼센트로 가장 높았고, 20대가 95.3퍼센트, 30대가 88.1퍼센트로 조사되어 바야흐로 인터넷 세대들이 우리 사회 온라인 여론을 이끌어 갈 수 있음을 보여주었다. 또한 남성의 인터넷 이용률은 75.9퍼센트로 여성의 64.6퍼센트와 비교해 볼 때 그 차이가 11.3퍼센트로 나타났다. 이러한 성 차에도 불구하고 대부분의 여성은 인터넷이 업무나 일상생활에 도움이 된다고 생각하고 있고, 남성에 비해 인터넷을 일상생활이나 업무에 활용하는 비율이 더 높았다.[120] 여성의 인터넷 환경에의 노출 또한 눈에 띄게 증가하고 있는 추세로, 특히 20~30대 여성일수록 여성 정보화를 21세기 여성발전으로 보는 적극적인 인식을 하고 있었다.

온라인 여성운동의 태동

인터넷은 여성에게 무한한 가능성을 제공하고 있다. 전 세계 여성이 물리적 공간과 현실적인 자본의 제약에 구애받지 않고 대내외적인 네트워크를 구축할 수 있기 때문이다. 또한 여성 상호간에 새로운 정보와 지식을 사이버공간을 통해 공유하면서 성평등 목표를 위한 실천적인 국제적 연대 전략을 수립하는 것이 용이해졌다. 실제 자리를 만들며 사람들을 만나야 하는 비용 부담에서 해방되면서 여성들로 하여금 보다 효과적으로 운동을 확대시킬 수 있게 되었다. 이처럼 여성은 인터넷을 통하여 세계적인 규모의 네트워크를 형성하고 새로운 방식으로 운동에 참여하는 기회를 제공받았고 지원과 결속을 강화할 수 있게 되었다.[121]

또한 인터넷은 다른 시민단체와의 네트워크를 통해 여성과 관련된 여론을 형성하는 데 핵심적인 역할을 담당할 수 있게 하였다. 정보공유가 빠르게 이루어지는 환경에서 보다 많은 단체와 시민이 인터넷을 통해 여성운동의 목적과 취지에 쉽게 동참할 수 있게 되었다. 인터넷은 공동의 관심사를 가진 여성을 시공간의 물리적인 제약을 뛰어 넘어 실시간에 지구 전역에 걸쳐 연결시킬 수 있는 네트워크의 힘을 보여주었다. 이처럼 세계의 많은 여성단체들이

120 김혜경 · 백영주(2004), 여성정보화정책 추진현황 분석 및 평가, 한국여성개발원, 39.

121 Anne Goulding, Rachel Spacey(2003), *Women and Information Society: Barriers and Participation*, 진정희, 정보화 사회의 여성: 그 도전과 역할, 『국회도서관보』 40(1), 98.

상호연대와 협력을 위해 유용한 도구로서 인터넷을 활용하여 다양한 성 분리 통계자료와 성인지 모범사례를 공유하면서 여성의 권리 확장에 노력하기 시작하였다. 인터넷을 통한 여성운동은 과거에 비해 빠른 시간 안에 전 세계 많은 사람들에게 여성운동의 목적이나 방향을 전파할 수 있게 되었다는 점에서, 정보통신기술이 가져온 효율성이 여성운동을 위한 네트워크 구축에 용이한 사회환경을 마련해 주었다. 오프라인에서 여러 가지 이유로 한정되었던 제약조건에서 벗어나 무한정의 사이버 공간에서 네티즌들은 환경, 빈곤, 인권, 여성문제 등 다양한 분야로 참여 범위를 넓혀가고 있다. 과거 여성만이 여성문제에 관심을 갖고 활동했던 것에 비하면, 현재 온라인 공간은 여성에게 공간을 확대하여 시민의 동참을 이끌어내는 형태로 발전해가고 있다.

인터넷을 통한 한국의 온라인 여성운동이 태동한 배경에는 노동력과 비용 측면에서 상대적으로 훨씬 부담이 덜하기 때문이다. 또한 사이버 상에서 여성운동이 확대되면서 그동안 성차별을 개선하고자 노력해 왔던 활동들이 직접적으로 노출되면서 자연스럽게 시민의 관심과 네티즌의 힘을 받게 되었다. 전자메일과 전자엽서 보내기, 배너 달기, 온라인 서명활동과 온라인 투표, 플래시 전파하기 등과 같은 방법을 통해 적은 노력을 들여 빠른 속도로 사회적인 관심을 모으고 여론을 형성해 나갈 수 있게 되었다. 또한 여성단체는 사이버상의 연대를 통해 다른 여성단체, 나아가 시민단체와도 긴밀한 결속을 도모할 수 있었다.

온라인 상에 여성운동은 처음에는 PC통신을 매개로 하는 모임이 결성되면서 시작되었다. 1994년 천리안의 〈여성학 동호회〉를 시작으로 1995년에는 나우누리에 〈미즈〉가 만들어졌고 1996년에는 하이텔에 〈페미니스트의 천국〉과 같은 컴퓨터 네트워크를 통한 여성모임이 생겼다.[122] 또한 1996년 11월 한국여성정보원이 출범하고 국내 최초로 인터넷상에 홈페이지를 개설한 〈페미넷〉과 같은 여성운동 사이트가 등장하면서 사이버 공간에서의 여성운동의 가능성을 열어주었다. 그 이후 가속화된 한국사회의 여성 정보화 추진은 다양한 여성정보 시스템의 구축을 가져왔다. 여성부나 한국여성개발원과 같이 공공기관이 운영하는 사이트, 대학 내 여성 관련 연구소 사이트, 영리를 목적으로 운영하는 상업적인 여성 포털 사이트에 이르기까지 폭발적인 관심이 이어졌다. 민간 여성단체들도 사이버 공간에 홈페이지를 개설하면서 여성이 겪고 있는 차별을 드러내고 여성의 지위향상을 위한 운동의 활동반경을 넓혀 나갔다. 홈페이지를 통한 온라인 여성운동이 새롭게 전개되기 시작하였다. 기존 오프라인에서 단체 회원 중심으로 운동을 전개해 왔던 것에서 인터넷 네트워크를 통해 보다 많은 시민의 참여와 관심을 유도하며 여성문제를 사회이슈화 하고 여론을 형성하는 등 운동형태의 질적인 변화가 제기되었다.

무엇보다 고무적인 점은 사이버 공간을 활용한 여성운동에 대한 인식이 매우 높게 나타났다는 점이다. '여성운동을 위한 사이버 공간의 활용은 필요하다', '여성단체의 정보화는 여성의 지위를 향상시킬 것이다', '사이버 공간을 활용한 여성 연대활동은 여성의 세력화를 효과적으로 이룰 것이다'라는 높은 인식과 기대감을 보여주었다. 특히 정보화 마인드가 높을수록 사이버 여성운동에 대해 긍정적인 인식을 하고 있음을 보여주었다. 이렇게 여성단체는 사이버상의 연대를 통해 집합적으로 대응하는 방식으로 특정 이슈를 지속적으로 쟁점화 하여 높은 사회적인 파급효과를 낳

122 여성사연구모임 길밖세상(2001), 사이버스페이스, 여성운동의 새로운 도전, 『20세기 여성사건사』, 여성신문사, 335.

았다. 온라인 여성운동은 정치사회적인 쟁점과 관련된 지속적인 정보를 제공하면서 각 개인의 인식을 제고시켰고 다른 여성단체 및 시민단체와의 결속을 통해 운동의 확대를 도모하였다. 사이버 공간을 어떠한 방향으로 활용하는가에 따라 여성도 막강한 힘을 가질 수 있음을 보여주었다.

사이버 공간에서 다루어진 여성운동 가운데 호응을 받았던 것은 정신대 문제와 호주제폐지와 관련된 것으로 온라인 여성운동이 얼마나 효과적이었는가를 보여주는 좋은 사례가 되었다. 예컨대, 정신대 문제에 대해 한국정신대문제대책협의회는 한국정신대연구소, 정신대 할머니와 함께 하는 시민모임, 위안부 문제해결을 위한 네티즌 연대, 안티 제팬 등의 시민단체와 연대하여 보다 효과적으로 여론을 환기시켰다. 온라인 서명운동을 통해 단체의 요구와 주장을 보다 대중적으로 확산시켰고 나아가 세계 NGO와의 연대를 구축하였다. 위안부 문제 해결을 촉구하는 국내외 민간인과 시민단체의 참여를 이끌어 내기 위해 일본이 위안부 문제에 대한 법적 책임을 지지 않는 한 유엔 안보리 상임이사국이 절대로 될 수 없다는 것을 보여주기 위해 세계 시민사회단체가 연대한 100만 명 '국제연대서명'을 전개하였다. 이러한 서명운동에는 한국뿐 아니라 일본 · 미국 · 독일 · 캐나다 · 네덜란드 등의 시민 · 사회단체들이 참여하고 있으며, 인터넷 매체를 통한 여성운동이 얼마나 효율적인가를 보여주는 좋은 사례가 되었다.[123]

또한 호주제폐지에 견인차 역할을 한 여성운동은 한국여성단체연합 호주제폐지운동본부, 한국가정법률상담소 호주제폐지운동본부, 한국여성단체협의회의 탈호주제대안사회운동 등과 같이 가족법개정운동을 지속적으로 전개해 왔던 여성단체들이 사이버

123 위안부 배상 20만 명 서명 국제노동기구에 전달할 것, 한겨레신문 2005. 3. 13.

공간에 둥지를 틀고 한 방향으로 결집된 목소리를 낸 결과였다. 이들은 '호주제폐지를 위한 시민의 모임', '호주제폐지를 위한 천주교연대', '탈호주제 대안 사회운동' 등과 같이 적극적으로 호주제의 문제점을 알리는 단체와 더불어 온라인상에서 '아이러브 호주제' 등과 같은 전통을 강조하는 보수적인 단체들과 격렬한 토론을 전개하면서 여론을 설득해 나갔다.

'호주제폐지를 위한 시민의 모임http://antihoju.jinbo.net'과 한국여성단체연합 '호주제폐지운동본부http://no-hoju.women21.or.kr'에서는 호주제 폐지를 찬성하는 서명을 계속해서 받았다. 또한 이러한 사이트들을 통해 호주제와 관련된 구체적 사례와 조사결과를 자료실에 게재하였고 호주제의 직접적인 피해 상황을 알리면서 호주제의 부당성을 홍보하였다. 또한 호주제가 실제 여성을 억압하는 현실과 어떤 연관이 있는지에 대해 구체적인 질문과 답변의 과정을 통해 일반인에게 정확하게 인식시킴으로써 호주제를 폐지해야 되는 당위성을 끌어내었다. 결과적으로 2005년 3월 성차별적인 가족법을 전면 개정하는 결과를 가져온 것은 온라인 운동이 여론을 형성하는 데 기여한 측면이 크다. 이제 여성운동은 여성만의 연대가 아니라 온라인상에서 시민들과 동참하는 형태로 발전하게 된 것이다.

여성주의 사이트의 성장

전 세계적으로 여성의 권익을 위한 여성주의 웹사이트는 수백여 개가 넘는다. 이는 물론 거대한 상업 자본이 성별화 된 여성을 부추기며 콘텐츠를 생산하고 결과적으로 여성을 소비자로 전락시키는 여성포털 사이트는 배제한 것이다. 최근 한국사회 여성운동에서 주목할 만한 변화는 영 페미니스트들을 중심으로 한 여성주의 웹 사이트들이 사이버 공간에 등장했다는 점이다. 여성주의 사이트는 기본적으로 페미니스트 커뮤니티나 웹진의 형태를 띤다. 즉 여성주의 웹 사이트란 사이버상에 여성문제를 드러내며 정보와 자료를 통해 여성을 의식화하고 세력화하는 과정에서 보다 광범위한 네트워크를 지향하는 운동 사이트를 의미한다.

여성단체라는 실제 조직은 없지만 온라인에서 여성운동을 수행하고 있는 여성주의 사이트는 또 다른 방식으로 여성운동의 활성화에 도움을 주고 있다. 월드 와이드 웹을 통해 자신의 목소리를 낼 수 있는 공간을 확보함으로써 여성 스스로의 권리를 지키고 여권운동을 지원하며 기존의 가부장적 문화에 도전하고 있다. 특히 1998년 〈달나라딸세포〉를 시작으로 만들어진 여성의식화 사이트들이 그것이다. 이들 여성주의 사이트들은 기존 여성단체의 홈페이지와 비교해 볼 때 여성학으로 축적된 지적 컨텐츠를 기반으로 공개자료실이나 사이트 맵을 제공하고 토론실을 적극 운영하면서 독창적인 여성 컨텐츠를 제공하고 있다.

우리나라에서 최초의 여성주의 사이트인 〈달나라 딸세포〉 http://www.dalara.jinbo.net는 사이버상에서 페미니즘은 무엇인가에 대한 진지한 고민에서 출발하였다. 이들은 여성운동을 다루는 대표적인 페미니즘 웹진으로 급진적인 제2세대 여성운동을 제창하였다. '딸 됨의 정치학을 위하여'에서 "한국 여성운동이 '여성'이라는 범주를 포괄할 수 있는 기본적인 틀조차 확보하지 못하고 있기에 계급, 지역 및 여타 문화적인 차이 속에 산재되어 있는 여성이 여전히 '여성'으로서의 독자적인 자리를 가지지 못한 채 타자로서 살아가고 있다고 보고, 따라서 한국 여성운동은 독자적인 세력화에 대한 고민 속에 보다 다양한 지점의 여성들을 끌어안을 수 있는 전

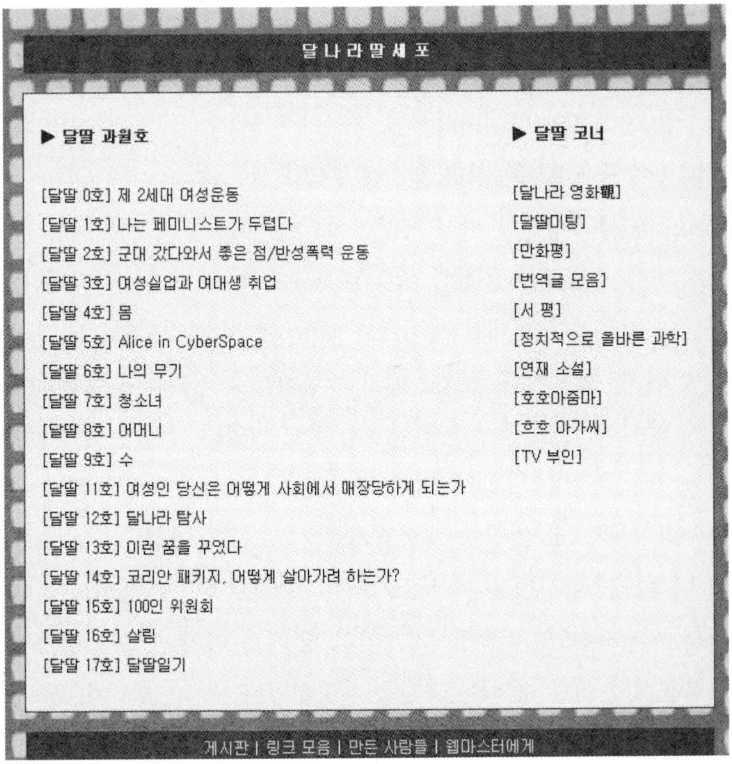

〈달나라딸세포〉 홈페이지

략들을 찾아내야 한다"[124]고 주장하였다.

특히 〈달나라 딸세포〉는 여성들이 IT기술, 컴퓨터, 인터넷에 익숙하지 않다는 점에 주목하여 이와 관련한 주제들을 중심으로 다루면서 또한 문화평론과 성교육 관련 자료와 글들을 수록하였다. 고정된 메뉴보다는 각 호의 특성에 맞게 컨텐츠를 제공하면서 유연하게 사이트를 운영하였다. 특히 '달딸 코너'에는 달나라 영화관, 달딸미팅, 만화평, 번역글 모음, 서평, 정치적으로 올바른 과학, 연재소설, 호호아줌마, 흐흐 아가씨, TV부인이라는 다양한 이름을 가진 별도의 섹션에 칼럼 형식의 글들을 올려, 여성주의 시각을 통해 다양한 우리 사회의 문화코드를 해석하였다. 또한 일반 게

124 달딸미팅 0호—내 친구의 방, 달나라딸세포 http://dalara.jinbo.net/webzine0/page2.html.

시판과 여성주의 게시판을 분리시켰고, 성 차별적인 게시물을 따로 버리는 일종의 필터링filtering 장치를 두었다. '달나라 딸세포'가 생산한 콘텐츠와 여성친화적인 공간의 탐색은 한국의 사이버 페미니즘에 중요한 가능성을 제시해 주었다.[125]

또한 주목할만한 여성주의 사이트는 '여성주의 지식공유 네트워크'를 표방하고 등장한 〈언니네〉www.unninet.co.kr이다. 〈언니네〉는 일종의 커뮤니티 형태로 사이트를 개설하면서 시작되었는데, '월간 언니네' 웹진을 구축하고 매거진 형식으로 정리되어 이용자가 쉽게 찾을 수 있고 풍부한 컨텐츠를 갖고 있었다. 이들은 광장, 지식놀이터, 자기만의 방, 작업장 등과 같은 다양한 코너를 통해 여성주의 시각으로 일상을 재점검하였다. 그리고 여성주의 달력에서 여성관련 행사들을 적극 소개하는 등 진보적인 여성의식을 생산하고 장려하였다. 특히 '자기만의 방'에는 마치 수다를 떨듯이 자유롭게 논의할 수 있는 공간을 제공하였다. 특히 〈언니네〉는 개인 블로그와 같이 자신의 칼럼을 올릴 수 있는 1,200여 개의 방과 동호회 및 온라인 사무실로 사용이 가능한 300여 개의 커뮤니티를 운영하고 있어 상호작용이 역동적인 온라인 공동체로서의 면모를 보여주었다.

또한 〈언니네〉는 기획 특집과 각 마을 코너의 구성, 사진공방, 소리공방, 그림공방, 영상공방 등과 같이 이미지에 익숙한 네티즌들의 감성을 자극하는데도 적극적이다. 2004년 한국여성재단의 '딸들에게 희망을 주는 사업'에서 '여성주의 웹 지식뱅크 사이트 개발 및 정보 구축'이라는 프로젝트에 선정되기도 하였다. 이들은 온라인 서명운동을 줄기차게 전개하고 있는데, 2005년 3월 5일 이후 현재까지 '여성 가족부'의 탄생을 반대하는 내용의 온라인 서

125 이지혜(2004), 여성주의 사이버 공간, 『여성이론』 통권 10, 여성문화이론연구소, 107~108.

〈언니네〉 홈페이지

명운동을 통해 여론을 환기시키기도 하였다. 또한 2005년 3월 현재 '2005 언니 네트워크에서 기대하고 기다리는 활동은?'이라는 인터넷 투표를 도입하여 새로운 사업을 구상하고 진행하려는 쌍방향적인 노력을 전개하고 있음을 주목해 볼 수 있다.

한편 2003년 5월에 시작된 여성주의 사이버 저널 〈일다〉http://www.ildaro.com는 '이루어지다, 되다'라는 의미에서도 드러나듯이 새로운 여성의 역사를 이루어내고자 시작된 페미니즘 언론이다. 즉 '어떤 매체도 제대로 접근하지 못하고 있는 여성의 삶의 현장에 뛰어들어 새로운 이슈를 발굴하고 사회로 끌어올리는 역할'을 자임하고 탄생되었다. 여성 이슈들을 주로 다룬다는 점에서 차이

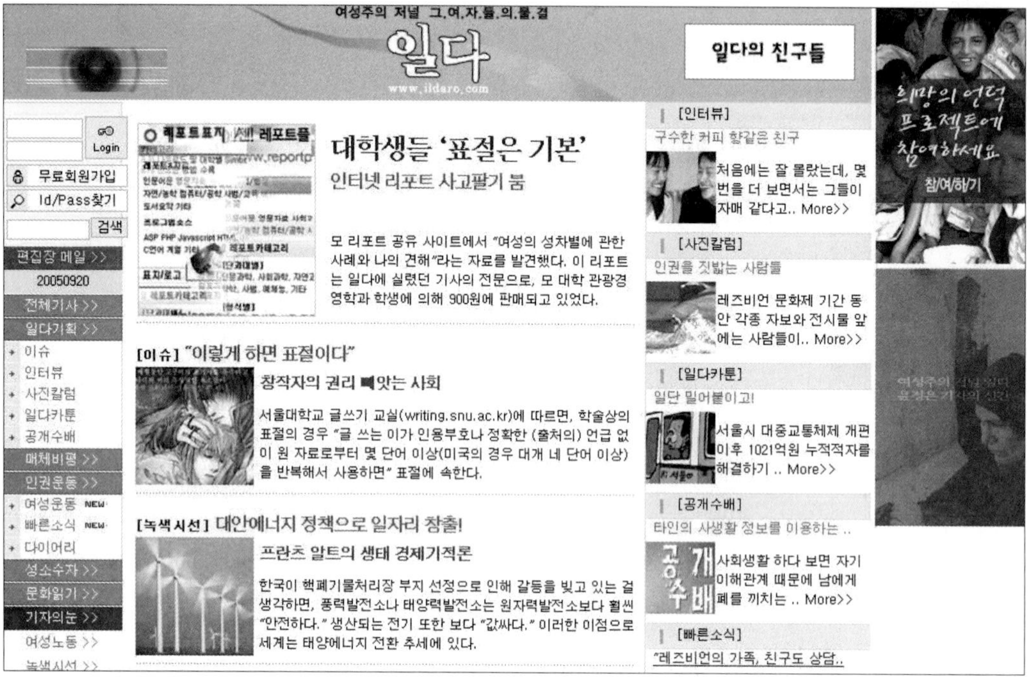

〈일다〉 홈페이지

가 있을 뿐, 〈일다〉는 〈오마이 뉴스〉나 〈프레시안〉과 같이 대안적인 인터넷 언론과 유사한 성격을 지닌다. 이 사이트는 민주적인 소통과 참여를 전제로 〈일다〉의 관점에 동의하는 사람이면 경력을 불문하고 누구나 기자가 될 수 있도록 하였다. "여성들의 삶 속에서 잡아낸 경험들을 풀어낸다는 측면에서 유명세에 관계없이 누구나 의견을 개진할 수 있고, 〈일다〉의 재정 문제는 독자의 자발적인 후원을 통해 마련" 할 것을 기조로 하였다.

오프라인으로 출발한 여성주의 언론인 여성신문이나 우먼타임스와 같이 〈일다〉는 신문 형태로 제작되어 있으며, 일다 기획과 매체비평, 인권운동, 성 소수자, 문화 읽기, 기자의 눈과 같은 다양한 섹션을 통해 여성소식을 다루고 있다. 2005년 3월부터는 '빠른

소식' 코너를 마련하여 기획기사에서 놓치는 내용을 신속하게 보도할 수 있도록 온라인매체의 속성을 적극 반영하였다. 또한 〈일다〉의 가치를 공유하는 여성주의 운동을 전개하고 있는 각종 단체들에 쉽게 접근할 수 있도록 메인 홈페이지 옆에 배너로 처리하였다. 예컨대, '일다의 친구들'로서 장애여성공감, 전쟁을 반대하는 여성연대, 레즈비언 인권연구소, 일하는 여성들의 네트워크, 성매매 없는 세상 이룸, 한국성폭력상담소, 한국여성의전화연합, 전국여성노동조합, 언니네 등이 링크되어 관련문제들을 쉽게 연결시켜 살펴볼 수 있도록 하였다.

사이버 페미니즘으로

사이버 커뮤니티는 사이버 페미니즘이라는 새로운 형태의 여성운동의 가능성을 제공하고 있다. 인터넷의 특성을 활용하여 물리적 공간의 한계를 극복하고 다양한 주제와 관심으로 사람들을 묶어주는 사이버 커뮤니티는 온라인 여성운동의 꽃이라고 할 것이다. 사이버 공간에서 커뮤니티의 가능성은 공동체를 만들려는 목적과 주체만 있다면 물리적 공간보다 더 신속하고 광범위하게 진행될 수 있다. 한 개인의 관심과 집단의 관심이 맞물리면서 커뮤니티 활동을 통해 '우리'라는 정체성을 형성해 가는 것이다. 에치오니Etzioni는 "커뮤니티에 '나'와 '우리'의 개념이 포함되어 있다"고 하였다.[126]

정보통신부 2004년 실태조사에 의하면 우리나라 인터넷 이용자의 절반 이상인 50.1퍼센트가 카페, 동호회 등의 커뮤니티에 가입되어 있는 것으로 나타났다.[127] 일반 시민의 정보화 수준도 높아져 네티즌 저널리즘이라는 말이 보편화되고 있다. 자신의 홈페이

126 김유정 · 조수선(2001), 사이버 커뮤니티로서의 인터넷 사이트 연구—여성사이트에 대한 탐색적 접근, 『한국언론학보』 45(3), 7~10.

127 정보통신부(2005), 『2004년 하반기 정보화실태조사』, 정보통신부 한국인터넷진흥원, 2~3.

지나 블로그를 운영하는 비율도 점차 높아지고 있고, 독립적으로 자신들의 의사를 표현할 수 있는 채널을 갖고 여론을 형성하고 만들어갈 수 있는 힘을 갖게 되었다. 그 중 사이버 커뮤니티를 통해 관심사에 관련된 정보를 제공받고 구성원 간의 정서적인 유대관계를 발전시켜 나가는 경우가 점차 늘고 있다는 점이 주목할 만하다.

특히 여성은 현실 사회에서 여러 가지 이유로 자신만의 물리적 공간을 갖기가 쉽지 않다. 이에 여성의 온라인 공동체는 다른 여성을 만날 수 있는 좋은 기회를 제공하고 있다. 사이버 커뮤니티는 여성들이 현실 변화를 위한 역량을 키워나가는 데 효과적인 장이 될 수 있다.[128] 여성이기에 공유하는 서로의 경험을 나누고 공동의 목소리를 낼 수 있는 방법으로 커뮤니티를 활성화하는 것이 필요하다. 이처럼 인터넷은 여성이 과거에 제대로 주장을 펴지 못했던 것을 극복하고 자신의 의견과 생각을 나눌 수 있는 민주적인 공간의 장을 제공하고 있다. 온라인 상에서 사회적 고립을 극복하고 여성의 이익을 위해 자유롭게 활동할 수 있게 되었다. 이제 사이버 커뮤니티는 단순히 대화를 나누는 장소나 친목도모 모임의 성격을 넘어서 집단 구성원이 추구하는 목적의식이 보다 강조되고 있다. 특히 사이버 커뮤니티는 온라인 상에서 이용자들이 자발적으로 모여 만든 공동체다. 여성이 자신의 의견을 표현하고 공론화할 수 있는 커뮤니티를 통해 여성담론을 형성하고 정책결정에 반영할 수 있도록 의견을 모을 수 있는 것이다.

여성 사이버 커뮤니티가 운동으로 세력화하기 위해서는 각 구성원의 공동체에 대한 강함 유대감과 적극적인 참여가 선행되어야 한다. 가상공동체란 개인 이용자의 자발적인 의사에 의해 이루어지기에 지속적인 커뮤니케이션과 상호작용이 전제되기 때문이

128 신희선(2005), 디지털시대와 사이버 페미니즘–한국 여성단체의 온라인 여성운동과 의사소통방식을 중심으로, 『아시아여성연구』 44(1), 257.

다. 여성이 사이버 공간을 통해 온라인 여성운동을 전개하고자 하는 목적은 궁극적으로 현실 공간에서 주변인이고 소수자였던 여성이 동등한 행위자로 사회에서 참여하고 인정받기 위함이다. 무엇보다 인력과 시간, 비용에 대한 부담 없이 이제까지의 명망가 중심의 여성운동의 한계를 극복하고 커뮤니티를 통해 일반 여성 이용자의 참여와 접근을 쉽게 끌어낼 수 있다는 점이다. 여성뿐만 아니라 사회적 약자로 존재했던 이들이 사이버 커뮤니티를 형성하여 자신들의 목소리를 드러내고 문제제기를 하고 있는 현상은 민주화의 중요한 진척을 의미한다. 여성의 신변잡기적인 의견을 공론화 하는 온라인 상의 '일상정치의 장'에서 우리 사회와 문화 속에 잔존해 있는 불평등과 차별의 문제를 하나씩 해결해 가는 것이다. 21세기 지식정보화 사회에서 여성은 더 이상 주변인이 아닌 당당한 주체로서 새롭게 자리 매김하게 될 것이다.

| 참고문헌 |

5월여성연구회. 『광주민주항쟁과 여성』. 민중사(한국기독교사회문제연구원). 1991.

5월여성회. 『5월 여성의 이야기들』. 2003.

강남식. 여성평우회의 활동과 여성운동사적 의의. 여성평우회 창립20주년 기념행사 준비위원회. 『여성평우회 발자취』. 2003.

강명구. 지방화와 정보화: 재구조화의 정치적 의미. 『한국정치학회보』 29(1). 1995.

강인순. 마산지역 여성단체의 활동과 운동: 1987년 6월 민주화항쟁 이후를 중심으로. 『논문집』 18. 경남대학교. 1991.

강준만. 『1980년대편: 광주학살과 서울올림픽』 1~4. 인물과사상사. 2003.

고정갑희. 성매매방지특별법과 여성주의자들의 방향 감각. 『여/성이론』 12. 2005.

________. 한국 성노동자 운동과 세계여성행진. 세계여성행진과 함께 빈곤과 폭력에 저항하는 여성행진 토론회 자료집. 『성노동자운동, 가능한가?!』. 2005.

고정갑희 · 이성숙 · 박선영 · 엄혜진. 쟁점 1. 성매매특별법 1년: 법, 세계화, 성노동. 『여/성이론』 13. 2005.

고정갑희 · 이희영. 쟁점 2. 성노동자와의 서면대담. 『여/성이론』 13. 2005.

공성민. 『여성운동이 여성정책에 미치는 영향연구: 여성단체활동을 중심으로』. 건국대학교 석사학위논문. 1998.

국회여성특별위원회 전문위원실. 『제15대 국회 여성특별위원회 참고자료』. 1996.

국회여성특별위원회. 『여성관련 법률의 입법과정 및 향후과제』. 1998.

________________. 『여성특별위원회 주요활동과 현안』. 2000.

국회회의록(해당 회기별). http://search.assembly.go.kr:8080/record/main.jsp#

국회여성위원회. 『제16대 국회여성위원회 주요 활동』. 2004.

광주광역시. 『5·18 광주민주화운동 자료총서』 1, 2. 광주광역시 5·18사료편찬위원회. 2000.

________. 『광주여성발전사』. 광주광역시 여성정책과. 2000.

광주여자기독교청년회. 『광주YWCA 70년사』. 1992.

吉見周子. 『근대일본여성사 2: 부인참정권』. 녹도연구회출판. 1971.
김경미. '피해'와 '보호'의 이중주; 성매매방지법을 넘어서. 『여/성이론』 2005 겨울.
김경순. CBD이론에서 본 90년대 민주화운동의 허와 실. 『평화연구소』. 고려대학교. 1994.
김경애. 『여성의 정치세력화와 지방자치』. 풀빛. 2001.
김경희. 세계화와 한국 여성정책의 변화. 『여성과 사회』 16. 2005.
김미경. 이주와 여성노동. 『여/성이론』 11. 2004. 겨울. 33~67.
김민정. 17대 총선에서 나타난 여성유권자의 투표성향과 시민단체의 영향. 한국여성정치문화연구소 창립15주년기념대토론회. 2004. 6. 29.
______. 20~30대 유권자의 신념체계, 정치심리 및 정치행위. 한국여성정치문화연구소. 창립14주년기념토론회. 2003.
김민정 · 김원홍 · 이현출 · 김혜영. 한국여성유권자의 정책지향적 투표행태. 『한국정치학회보』 37(3). 2003.
김선욱. 한국여성정책의 변화방향. 한국여성연구원 편. 『지구화와 여성시민권』. 이화여자대학교 출판부. 2002.
김애령. 여성주의적 관점에서 본 한국사회 반지구화 담론: 한국여성평화운동. 한국여성연구원 편. 『지구화 시대 여성주의 대안가치』. 푸른사상. 2005.
김양희. 북경세계여성회의 +10년을 돌아보며, 내다보며. 한국여성단체연합. 『한국여성정책10년평가 심포지엄 자료집』. 2004.
김엘림. 1980년대 이후 여성입법운동의 전개와 성과. 『여/성이론』 10. 2004.11~33.
______. 개정가족법과 가족법개정운동에 관한 연구. 『여성연구』 통권 33. 1991.
김엘림 · 윤덕경 · 박현미. 『21세기 여성인권법제사』. 한국여성개발원 연구보고서 210-19. 2000.
김영란. 한국의 여성운동과 여성복지정책의 변화: 노동과 섹슈얼리티 분야를 중심으로. 『한국사회학』 37(3). 2002.
김영정. 『1980년대 한국 여성운동의 성격에 관한 연구: 민주화운동과의 관계를 중심으로』. 숙명여자대학교 석사학위논문. 1999.
김운태. 한국의 지방정치의 좌표와 과제. 광복50년 한국정치50년 기조연설문. 제5회 한국정치 세계학술대회. 『한국정치학회보』 29(2). 1995.
김원홍. 제17대 총선을 통해 본 여성의 정치참여확대의 성과와 향후과제. 『여성정책포럼』 5. 2004.
______. 한국여성의 투표행태에 관한 연구. 『여성연구논집』 14. 2003.

김원홍 · 김민정 · 이현출 · 김은경. 『정당의 여성후보공천 확대방안에 관한 연구』. 한국여성개발원. 2003.
김원홍 · 김은경. 『제17대 총선에서의 여성후보 선거과정과 향후 과제』. 한국여성개발원. 2004.
김원홍 · 김혜영 · 김은경. 『해방 후 한국여성의 정치참여 현황과 향후 과제』. 한국여성개발원. 2001.
김은경. 16대 총선을 통해 본 남녀 유권자의 여성 후보 선택 요인: 정당과 인물 투표의 기준을 중심으로. 『페미니즘 연구』. 2002.
______. 여성의 정치세력화, 그 가능성과 딜레마. 『여성과 사회』 15. 2004.
김은실. 지구화, 국민국가 그리고 여성의 섹슈얼리티. 『여성학 논집』 19. 2002.
김인순. 1980년대 여성운동단체의 활동과 여성운동. 『사회과학연구』 2. 경남대학교 사회과학연구소. 1990.
김정은. 성노동자의 투쟁에 연대하자. 세계여성행진과 함께 빈곤과 폭력에 저항하는 여성행진 토론회 자료집. 『성노동자운동, 가능한가?!』. 2005.
김정희. 도시지역 여성운동 사례연구: 수도권의 소비자 생활협동조합을 중심으로. 한국여성연구원 편.『지구화와 여성시민권』. 이화여자대학교 출판부. 2002.
김지윤. 지방자치와 여성의 역할. 『여성과 사회』 6. 1995.
김태선. 법은 성매매를 올바로 취급하는가. 『여/성이론』 12. 2005.69~85.
김현미. '친밀성'의 전지구적 상업화: 한국의 이주 여성 엔터이너의 경험. 『여/성이론』 11. 2004 겨울. 68~102.
김현선. '성매매방지를 위한 국제조약 및 각국의 입법사례.
______. 성매매와 여성운동. 김명혜 편역. 『여성과 민주화운동』. 경인문화사. 2004.
김현정. 『여성운동과 국가의 관계에 관한 연구』. 이화여자대학교 석사학위논문. 2000.
김현희. 대안 정치세력으로서의 여성: 21세기 한국여성의 투표행태의 전환가능성 연구. 『경제와 사회』 52. 2001.
김현희 · 오유석. 여성은 여성에게 투표하지 않는가: 16대 총선결과를 중심으로. 『동향과 전망』 57. 2003.
김형준. 17대 총선과 여성후보투표: 이념, 인식, 인지, 관심의 정치적 심리요인을 중심으로. 한국여성정치문화연구소 창립15주년기념 대토론회. 2004. 6. 29.
김혜경. 지역여성운동의 성격연구. 『사회과학연구논총』. 이화여자대학교 사회과학연구소. 1999.
남윤인순. 6·13지방자치 선거의 의미와 평가. 민교협, 교수노조 공동주최. 『6·13지방선거의 의미와 평가』. 2002. 6. 19.
남윤주. 여성과 국가이론. 『여성과 사회』 5. 창작과 비평사. 1994.
남인순. 여성정책, 어떻게 만들어 왔고, 어떻게 만들 것인가. 한국여성단체연합. 『진보적 여성운동의 좌표 찾기』 정책수련회자료집. 2002.
대한YWCA연합회. 서울YWCA. YWCA포럼: 호주제 폐지를 통해 본 50/50사회만들기 자료집. 2005.
말지 편집부. 보도지침. 『말』 1986. 9.
문은미. 일단, 성매매 여성 비범죄화부터 시작합시다. 『여/성이론』 12. 2005.
문현아. 글로벌라이제이션. 『여성이론』 11. 2004.
민족민주운동연구소 여성분과. 1989년 여성운동의 흐름과 평가. 『정세연구』 통권 6. 1990.
박명선. 통일독일의 여성복지와 여성운동. 『경제와 사회』 통권 17. 한울. 1993.
박양순. 남북의 교류통일은 재일동포로부터: 남북의 접착제가 될 수 있을까. 『교포정책자료』 42. 해외교포문제연구소. 1992.
박은정. 지구화와 여성주의 법이론. 한국여성연구원 편.『지구화시대: 여성주의 대안가치』. 푸른사상. 2005.
박은진. 여학생운동을 위한 시론. 『한양』 통권 19. 한양대학교 한양편집위원회. 1989.
박재신. 독일은 평화통일을 어떻게 이루었나: 구동독의 여성운동을 중심으로. 『여성연구논총』 13. 서울여자대학교 여성연구소. 1998.
박현귀. 『1980년대 변혁운동가들의 정체성 변화과정: '운동권' 출신의 여성 모임을 중심으로』. 서울대학교 석사학위논문. 1997.
박화리. 종군위안부 문제와 일본의 시민운동. 『민족연구』 6. 한국민족연구원. 2001.
법무부. 호주제폐지 대비 새로운 신분등록제도안. 2005.
보건사회부. 『부녀행정 40년사』. 1987.
산하영애. 『한국근대 공창제도 실시에 관한 연구』. 이화여자대학교 석사학위논문. 1991.
서울여성의전화. 2003 사이버 여성의정지기단 활동보고회—자료집. 2003. 12. 17.
서울여성의전화. 『(월간) 여성! 그 당당한 이름으로』1~75(1998~2005. 7, 8).
____________. 발전방향과 정책제안을 위한 여성 '1366' 토론회—자료집. 1999. 11. 11.
____________. 아내 성폭력: 여성의 피해경험을 명명하기까지. 서울여성의전화 성폭력상담센터 사업실천 연구모임. 2005. 3.

____________. 아내구타 가정내 자녀폭력의 실태 및 대안마련을 위한 토론회— 자료집. 2000. 6. 9.
서지영. '기생(妓生)'과 '기업(妓業)'에 관한 역사적 고찰. 『여/성이론』 13. 2005.
______. 이미지와 환상을 넘어서. 『여/성이론』 12. 2005.
서현진. 17대 총선 여성후보자의 개인적 배경과 주요정당 공천. 『국제정치논총』 44(4). 2004.
설동훈 · 김현미 · 한건수 · 고현웅 · 샐리 이아. 한국의 외국인 여성 성매매 실태 조사결과보고. 한국사회학회. 『외국여성 성매매 실태조사 결과 발표회 자료집』. 2004.
손덕수. 한국의 현대여성(해방)운동의 실태와 전망. 『여성문제연구』 20. 1992.
손봉숙 편. 『1990년대의 여성정치』 1, 2. 다해. 2000.
손봉숙 · 김은주. 지방자치와 여성의 정치참여. 안청시 외. 『한국 지방자치와 민주주의: 10년의 성과와 과제』. 나남. 2002.
손봉숙 · 박의경. 『한국민주주의와 여성정치』. 풀빛. 2000.
손승영. 한국여성운동의 변천과 특수성. 『동덕여성연구』 3. 동덕여자대학교. 1998.
신상숙. 1990년대의 반성폭력운동과 성폭력의 법제화. 정진성 외. 『한국현대여성사』. 한울. 2004.
신이형. 여성운동, 전국을 묶는다. 『말』. 1989.
심영희. 1990년대 한국 성정책의 전개과정: 변화의 내용과 요인. 한양대 여성연구소. 『젠더와 사회』 1. 2002. 69~95.
______. 성정책의 국제비교연구: 미국과 호주의 성폭력정책을 중심으로. 한양대 여성연구소. 『젠더와 사회』 2&3. 2004. 73~106.
심지연 · 김민전. 선거제도 변화의 전략적 의도와 결과: 역대 국회의원 선거를 중심으로. 『한국정치학회보』 36(1). 2002.
안청시 외. 2002. 『한국지방자치와 민주주의』. 나남출판. 2002.
안청시 · 이광희. 한국 민주주의와 지방정치 10년의 성과와 과제. 안청시 외. 『한국 지방자치와 민주주의: 10년의 성과와 과제』. 나남. 2002.
어수영 · 곽진영. 한국인의 정치 참여의 변화와 지속성: 남성과 여성의 참여 변화를 중심으로. 『한국정치학회보』 35(4). 2001.
엄혜진. 세계화 시대, 성매매를 저항의 공간으로. 세계여성행진과 함께 빈곤과 폭력에 저항하는 여성행진 토론회 자료집. 『성노동자운동, 가능한가?!』. 2005.
여성. 젊은 세대가 바라보는 여성운동. 『여성』 1989. 5, 6.
____. 정당의 대 여성 선거공약을 진단한다. 『여성』 1984. 11.

____. 제20회 전국여성대회에 붙여. 『여성』 1983. 8, 9.
____. 제21회 전국여성대회 '여성과 조직.' 『여성』 1984. 8, 9.
여성모임사랑. 80년대 여성지식인의 자화상. 『여성과 사회』 6. 창작과 비평사. 1995.
여성부. 일본군 위안부 연구동향 및 주요 연구논저 목록.『위안부관련 이해를 돕기 위한 기초 입문』. 2002.
女性史總合硏究會 편. 『일본여성사 제5권: 현대』. 동경대학출판회. 1982.
여성정치세력민주연대. 『17대 국회 여성의원 1년을 말하다』. 여성정치세력민주연대.
여성평우회. 성명서—모음, 규약 및 팸플릿, 활동일지. 『여성평우회 발자취』. 여성평우회 창립20주년 기념행사 준비위원회. 2003.
오김숙이. '성매매특별법'을 둘러싼 서로 다른 이야기들. 『여/성이론』 13. 2005.
오선주. 양성의 평등과 가족법 개정: 법개정을 위한 여성운동을 중심으로. 『법학논고』 18. 청주대학교 법과대학 법학회. 1990.
오오코시 아이코. 페미니즘과 일본군 위안부. 『여성이론』 통권 5. 2001.
오유석. 4·13 총선과 여성유권자의 정치 행태. 『동향과전망』 45. 2000.
오혜란. 성매매방지법 제정과정에 영향을 미친 요인에 관한 연구. 『여성연구』 2. 2004.
우에노 치즈코. 『내셔널리즘과 젠더』. 박종철출판사. 1999.
원미혜. 『한국사회의 매춘여성에 대한 통제와 착취에 관한 연구』. 이화여자대학교 석사학위논문. 1996.
______. 여성주의 성정치: 성매매 '근절' 운동을 넘어서. 『여/성이론』 10. 2004.
유연숙. 한국인 여성의 국제이동 성격에 관한 일고찰: 1980년대 이후 일본에 이동한 케이스를 중심으로. 『재외한인연구』 13(2). 2003.
유팔무. 비정부사회운동단체(NGO)의 역사와 사회적 역할: 시민운동과 정부와의 관계를 중심으로. 『동서연구』 10(2). 1998.
윤영상. 『한국여성의 정치의식에 관한 연구: 1967년의 조사결과와의 비교』. 동국대학교 석사학위논문. 1974.
윤인진. 『코리안 디아스포라』. 고려대학교 출판부. 2003.
윤정숙. 여성향상을 위한 제도적 장치. 한국여성단체연합. 『한국여성정책10년평가 심포지엄 자료집』. 2004.
이경숙. 80년대 여성운동. 『여성』 1980. 1, 2.
이광규. 『재외동포』. 서울대학교 출판부. 2000.

이금순. 탈북여성의 사회적응 과제 및 대책. 여성분과위원회 제53차 회의자료. 민주평화통일자문회의. 2002.
이미경. 여성평우회. 『여성』. 1985.
______. 일본군 위안부 문제 일본정부와 민간단체에게만 맡길 일 아니다. 『국회보』 359. 1996.
이상록. 시민을 성폭행하는 민주국가, 대한민국. 『20세기 여성사건사』. 여성신문사. 2001.
이선주 · 김영혜 · 최정숙. 『세계화와 아시아에서의 여성 이주에 관한 연구』. 한국여성개발원. 2005.
이선희. 한국의 성매매특별법이 성노동자들에게 끼친 영향. 세계여성행진과 함께 빈곤과 폭력에 저항하는 여성행진 토론회 자료집. 『성노동자운동, 가능한가?!』. 2005.
이수자. 지구화와 테크놀로지 시대의 여성 노동. 『여/성이론』 11. 2004 겨울. 13~32.
이승희. 80년대 한국여성운동. 『여성연구논집』 3(1). 부산여자대학 여성문제연구소. 1992.
______. 88년 상반기 여성운동의 동향. 『동향과 전망』 통권 1호. 한국사회과학연구소. 1988.
______. 한국여성운동의 현단계. 『여성운동과 문학』 2. 풀빛. 1990.
______. 한국인의 정치적 태도와 행태의 성차연구. 『한국정치학회보』 26(3). 1992.
이시재. 사회운동과 사회구조의 제수준: 1980년대 민주화운동을 중심으로. 『사회운동과 사회계급 고영복 교수 회갑 기념 논집 (I)』. 전예원. 1988.
이연숙. 제20차 여성정책포럼: 토론. 『여성정책포럼』 6. 2004.
이우정. 여성의 눈으로 세계를 보자: 제4차 유엔 세계여성대회 참관기. 『국회보』 348.
이은영. 한국 여성관련 법의 변천과 법여성학의 전개. 양선아 편. 『가지 않은 길, 법여성학을 향하여』. 사람생각. 2004.
______. 한국여성운동의 대중운동으로의 발전과정. 『한양』 19. 한양대학교 한양편집위원회. 1989.
이정선. 일본군 위안부 문제 해결운동의 전개과정에 관한 연구. 계명대학교 여성학대학원 석사논문. 1998.
이태영. 『가족법 개정운동 37년사』. 한국가정법률상담소 출판부. 1992.
이현후. 여성의 정치대표성과 정당요인: 미국과 호주의 경우. 『국제정치논총』

42(3). 2002.
이희영. 성노동자 운동의 이해와 과학화. 『성매매방지법 1년 평가와 성노동자운동의 방향과 전망』 2005. 9. 23 토론회 자료집.
임영태. 『대한민국50년사』 2. 들녘. 1998.
임우경. 그 많던 '창녀'들은 다 어디로 갔을까. 『여/성이론』 12. 2005.
장동진. 한국의 인권단체와 운동. 『21세기 정치학회보』. 21세기 정치학회. 2000.
장을병. 12대 총선과 여성유권자. 『여성동아』 1985. 2.
장하진. 70년대 세대의 여성적 체험. 『여성과 사회』 6. 창작과 비평사. 1995.
전경옥 외. 『한국여성정치사회사 1』. 숙명여자대학교 출판국. 2004.
________. 『한국여성정치사회사 2』. 숙명여자대학교 출판국. 2005.
전경옥 · 노혜숙 · 김영란. 『여성의 정치적 권리인식과 정치참여』. 집문당. 1999.
전국여교수연합회. 대학 내 성희롱 · 성폭력 예방대책 자료집. 2003.
전정희. 16대 총선에 있어서 여성유권자 및 여성단체의 역할. 『16대 총선 평가학술회의: 16대 총선과 한국 민주주의의 진로』. 한국정치학회. 2000.
정미례. 자발과 강제의 이분법을 넘어서. 『성폭력을 다시 쓴다: 객관성, 여성운동, 인권』. 한울 아카데미. 2003.
정미례 · 조진경. 한국의 성매매방지법 시행 1년의 성과와 과제. 한국여성단체연합 외. 성매매방지법시행 1주년 기념 국제심포지엄: 여성에 대한 성적착취 근절을 위한 아시아 · 태평양 · 유럽의 경험과 교훈. 2005.
정순영 · 김영혜 · 이선주. 『유엔발전전략의 성인지적 통합방안에 관한 연구』. 한국여성개발원. 2004.
정진성. 일본군 성 노예문제 해결을 위한 사회운동. 『일본군 성노예제, 일본군위안부문제의 실상과 그 해결을 위한 운동』. 서울대학교 출판부. 2004.
정현백. 『민족과 페미니즘』. 당대. 2003.
______. 통일운동과 여성주의. 『창작과 비평』 109. 창작과비평사. 2000.
정현백. 한국의 여성정책 10년, 평가와 전망. 한국여성단체연합. 『한국여성정책 10년평가 심포지엄 자료집』. 2004.
정희진. 성판매여성, 페미니스트. 여성주의 방법 메모. 『여/성이론』 12. 2005.
조 은. 여성운동 단체의 연대와 균열. 『한국사회과학 *Korean Social Science Review*』. 서울대학교 사회과학연구원. 1998.
조 형. 법적 양성 평등과 성의 정치: 여성관련법 제 · 개정을 중심으로. 『한국여성학』 12(1). 1996.
______. 공 · 사영역의 변화와 여성의 삶의 질. 한국여성연구원 편. 『지구화와 여성

시민권』. 이화여자대학교 출판부. 2002.
_____. 법적 양성평등과 성의 정치: 여성관련법 제 · 개정을 중심으로. 『한국여성학』12(1). 1996.
조기숙. 한국의 여성정책 결정과정 연구. 이범준 외. 『21세기 정치와 여성』. 나남. 1998.
조영숙. 여성에 대한 성적 착취 발지를 위한 한국여성운동의 도전과 성과. 한국여성단체연합 외. 성매매방지법시행 1주년 기념 국제심포지엄: 여성에 대한 성적착취 근절을 위한 아시아 · 태평양 · 유럽의 경험과 교훈. 2005.
조주현. 군가산점제 논쟁과 젠더 정치: 능력접근법의 관점에서. 조옥라 · 정지영. 『젠더, 경험, 역사』. 서강대학교 출판부. 2004.
_____. 여성정체성의 정치학: 80~90년대 한국의 여성운동을 중심으로. 『여성정체성의 정치학』. 또하나의 문화. 2000
조현옥. 권력 및 의사결정과정에서의 여성. 한국여성단체연합. 『북경여성회의 +10년, 한국의 여성정책을 진단하며』. 2004.
주재선 · 김성익. 『2005 여성통계연보』. 한국여성개발원. 2005.
주현숙. 국제결혼여성, 가난은 더 깊어진다. 일다기획 8. 2005. 8. 15.
지은희. 지방자치제와 여성의 정치참여. 『여성과 사회』 2. 1991.
진수희. 여성할당제 도입의 의미와 평가. 한국정치학회 16대 총선 평가학술회의. 2000.
최선영. 『한국여성단체의 이념 정향과 활동영역에 관한 연구: 여협과 여연에 대한 비교를 중심으로』. 한국외국어대학교 석사학위논문. 2002.
캐롤라인 스펜서. 호주의 성매매 합법화의 결과와 성매매 여성의 인권 침해. 한국여성단체연합 외. 성매매방지법시행 1주년 기념 국제심포지엄: 여성에 대한 성적착취 근절을 위한 아시아 · 태평양 · 유럽의 경험과 교훈. 2005.
한국가정법률상담소. 호주제 폐지!! —호주제 폐지 기념 특집호. 『가정상담』. 2005.
_____. 호주제폐지운동 연혁. 호주제폐지운동본부 홈페이지(검색일 2005. 5. 17).
한국성폭력상담소. 『나눔터』 1~49(1991. 7~2005. 1).
한국여성개발원. 『해방 후 한국여성의 정치참여 현황과 향후 과제』. 2001.
한국여성단체연합. 『열린 희망, 한국여연10년사』. 동덕여대 한국여성연구소. 1998.
_____. 『진보적 여성운동의 좌표 찾기』. 정책수련회자료집. 2002.
_____. 민주헌법에 대한 우리의 입장. 『민주여성』 2. 1987.
한국여성단체협의회. 『한국여성단체협의회 30년사』. 1993.

한국여성민우회. 『한국여성민우회10년사: 한국여성민우회87 WROMENLINK 97』. 1997.
한국여성연구소. 좌담—민족민주운동과 여성운동. 『여성』. 1989.
한국여성유권자연맹 서울지부. 『우리나라 도시여성의 정치의식에 관한 조사보고서』. 1988.
______________________. 『한국여성의 정치의식에 관한 논문』. 1984.
한국여성유권자연맹. 『여성유권자운동과 정치발전』. 시공사. 2000.
한국여성의전화. 『쉼터여성자립과 사회통합을 위한 토론회 자료집』. 1999.
___________. 『가정폭력방지법 추진을 위한 공개 토론회 자료집 '아내구타, 아동학대, 깨어진 가족 공동체'』. 가정폭력방지법 추진을 위한 전국연대. 1994.
한국염. 이주여성에 관한 베이징 여성행동강령 이행 평가. 2004.
_____. 지구화와 이주의 여성화, 『한국 이주 여성의 실태와 과제』. 2005.
한일여성공동역사교재 편찬위원회. 『여성의 눈으로 본 한일 근현대사』. 한울아카데미. 2005.
함인희. 동구사회주의 국가의 붕괴와 성 불평등의 재구조화과정: 구동독 여성의 경제적 지위 변화를 중심으로. 『한국여성학』 20(2). 2004.
함희숙. 80년대 여성운동의 평가와 방향. 『한양』 통권 19. 한양대학교 한양편집위원회. 1989.
황아란. 국회의원후보의 당선경쟁력에 대한 性差 연구. 『한국정치학회보』36(1). 2002.
황정미. 개발국가의 여성정책에 대한 연구. 서울대학교 박사학위논문. 2001.
_____. 한국 여성정책의 역사적 전개과정. 정진성 외. 『한국현대여성사』. 한울. 2004.
후지메 유키. 미국의 순결십자군 운동과 반매춘법들. 『여/성이론』 13. 2005. 165~181.

Banaszak. Lee. Ann, Beckwith. Karen and Rucht Dieter. *Women's Movements Facing the Reconfigured State*. UK: Cambridge University Press. 2003.
Bayes, Jane. H. et als. Globalization, Democratization, and Gender Regimes. Kelly, Rita, Mae., Jane H. Bayes, Mary E. Hawkesworth, Brigitte Young. *Gender, Globalization, and Democratization*. Oxford: Rowman & Littlefield. 2001.
Beneria, Lourdes. *Gender, Development, and Globalization*. New York & London: Routledge. 2003.

Bleich, Erik. 'Making It Hard to Hate: Response to Racist Violence in Britain, Germany, and France." Paper Presented at the 14th International Conference of Europeanists. March 11-13, 2004.

Bock, Gesela. Translated by Allison Brown. *Women in European History*. UK: Blackwell. 2003.

Brown, Alice, Tahyna Barnett Donaghy, Fiona Mackay & Elizabeth Meehan. "Women and Constitutional Change in Scotland and Northern Irland", *Parliamentary Affairs*. Jan. 01. 55(1). 2002.

Brush, Lisa, D., *Gender and Governance*, Oxford: AltaMira Press. 2003.

Canning, Kathleen and Rose. Sonya. O. *Gender, Citizenships and Subjectivites*. A Gender and History Special Issue. 2002.

Caul, Miki. "Research Note: Political Parties and the Adoption of Candidate Gender Quotas: A Cross-National Analysis." *The Journal of Politics*. 63(4). 2001.

Chadya, Joyce. M.. "Mother Politics: Anti-colonial Nationalism and the Woman Question in Africa". *Journal of Women's History* 15(3). 153-157. 2003.

Croucher, Sheila, L.. *Globalization and Belonging: The Politics of Identity in a Chainging World*. Lanham: Rowman & Littlefield Publisher. 2004.

Dobrowolsky, Alexandra and Vivien Hart. "Introduction: Women, New Politics and Constitutional Change", Dobrowolsky, A. et. als. eds. *Women Making Constitutions: New Politics and Comparative Perspectives*. Basingstoke: Palgrave Macmillan. 2003.

Dobrowolsky, Alexandra. "Intersecting Identities and Inclusive Institutions: Women and a Future Transformative Politics". *Journal of Canadian Studies*, Winter 2001. 35(4).

Dorothy McBride Stetson and Amy G. eds. *Comparative State Feminism*. Sage: California. 1995.

Dovi, Suzanne. "Preferable Descriptive Representatives: Will Just Any Woman, Blak, or Latino Do?" *Americal Politcal Science Review*. 96(4). 2002.

Duverger, Michel. *The Political Role of Women*. Paris: UNESCO. 1955.

Enloe, Cynthia. "Daughters and Generals in the Politics of Globlaized Sneaker." P. S. Aulakh and M.G. Schecter. eds. *Rethinking Globlaization*. New York: St. Martin's Press. 2000.

Francheschet, Susan. "State Feminism" and Women's Movements: The Impact of Chile's Sevicio Nacional de la Mujer on Women's Activism." Latin American Research Review. 38(1). 2003.

Goetz, Anne Marie. Gender and Accountability. In A. D. Dobrowolsky and V. Hart (eds) *Women Making Constitutions: New Politics and Comparative Perspectives*. New York: Palgrave. 2003.

Grey, Sandra. "Does Size Matter? Critical Mass and New Zealand's Women MPs", *Parliamentary Affairs*. 55. 2002.

Hannam, "Women and Politics", in *Women's History: Britain, 1850-1945, ed.* Purvis, Junen (London: Routledge, 1999), 217-245.

Hart, Vivien "So Many Worlds, So Much to Do: Historical Specificity and Gender Politics", *Journal of Women's History*, 13(4). 200-209. 2002.

Hassim, Shireen. "A Conspiracy of Women": The Women's Movement in South Africa's Transition to Democracy". *Social Research*. 69(3). 2002.

Hassim, Shiren "The Gender Pact and Democratic Consolidation: Institutionalizing Gender Equality in the South African State" *Feminist Studies*, Fall 2003. Vol.29, Iss.3. 504-525. 2003.

Holton, Sandra Stanley, "Women and the Vote." Purvis, Junen. ed. *Women's History: Britain, 1850-1945*, London: Routledge, 277-305. 1999.

Hudson, Pat. "Women and Industrialization", Purvis, Junen, ed. *Women's History: Britain, 1850-1945*. London: Routledge. 1995.

Inter-parliamentary Union. *Men and Women in Politics: Democracy Still in the Making*. Series "Reports and Documents" No.28. Geneva. 1997.

Inter-Parliamentary Union. *Democracy Still in the Making*. IPU. Geneva. 1997.

Inter-Parliamentary Union. *Towards Partnership Between Men and Women in Politics*. IPU. Geneva. 1997.

Inter-Parliamentary Union. Women in Politics 1945-2000 IPU. Geneva. 2000.

Jackson, Robert M, *Destined for Equality: The inevitable Rise of Women's Status*, Cambridge: Harvard University Press. 1998.

Karlsson, Helena. "Politics, Gender, and Genre-The Kurds and 'The West': Writings from Prison by Leyla Zana", *Journal of Women's History* 15(3). 158-160. 2003.

Kerber, Linda K. No *Constitutional Right to be Ladies*, Hill and Wang, New

York. 1998.

KILA. *Korean Interim Legislative Assembly Daily Report*. 1947.

Kim, Pan-Joon. Foreign Migrants and Human Protection. Korea Research & Consulting Institute on Poverty. International Forum on Migrant Workers, Human Rights & Media: Comparison across Asia. 2005.

Lenz, Ilse. "Globalization, Gender, and Work: Perspectives on Global Regulation." *Reviewing of Policy Research*. 20(1). 2003.

Lerner, Gerda. *The Majority Finds Its Past: Placing Women in History*. Oxford: Oxford Univ. Press. 1979.

Lewis, Jane. "Women's History, Gender History, and Feminist Politics". in Kramarae, Cheris and Dale Spender (eds.), *The Knowledge Explosion*. New York:Teachers College Press. 1992.

Lovenduski, Joni and Azza Karam. "Women in Parliament: Making a Difference." Karam, Azza. ed. *Women in Parliament: Beyond Numbers*. International Institute for Democracy and Electoral Assistance. 1998.

Lovenduski, Joni. "Minority Representation or Critical Mass?" *Parliamentary Affairs*. 54. 2001.

Marchand, Marianne H. & Anne Sisson Runyan. "Introduction. Feminist Sightings of Global Restructuring: Conceptualizations and reconceptualizations." 2000. in Marchand, Marianne H. and Anne Sisson Runyan. 2000. *Gender and Global Restructuring: Sightings, Sites and Resistances*. 1-22. London: Routledge.

Marchand, Marianne H. and Anne Sisson Runyan. *Gender and Global Restructuring: Sightings, Sites and Resistances*. London: Routledge. 2000.

Mary E. Hawkesworth, "Democratization: Reflections on Gendered Dislocations in the Public Sphere." in *Gender, Globalization, and Democratization*. eds. by Kelly, Rita, Mae., Jane H. Bayes, Mary E. Hawkesworth, Brigitte Young. Oxford: Rowman & Littlefield.

McDonach, Eileen. "Political Citizenship and Democratization: The Gender Paradox". American Political Science Review. 96(3). 2002.

McNelly, Theodore. ""Women Power" in Japan's 1989 Under House Election" Wilma, Rule and Joseph F. Zimmerman. eds. *Electoral Systems in*

Comparative Perspective: Their Impact on Women and Minorities. 149-159. London: Greenwood Press. 1994.

Midgley, Clare, "Ethnicity, "Race" and Empire", in Purvis, Junen. ed. *Women's History: Britain, 1850-1945*, London: Routledge, 247-276. 1999.

Molyneux, Maxine. "Mobilization without Emancipation? Women's interests, the state, and revolution in Nicaragua" *Feminist Studies* 11, 227-254. 1985.

Norris, Pippa and Ronald Inglehart. "Women and Democracy: Cultural Obstacles to Equal Representation. *Journal of Democracy*. 12(3). 2001.

Offen, Karen. "Book Reviews: Women's Citizenship in the Twentieth-Century World: States, Gender, and Historiographical Strategies in Comparative Perspective" *Journal of Women's History*, 13(4). 180-190. 2002.

Okeke-Ihejirikam Phillomina and Franceschet, "Democratization and State Feminism: Gender Politics in Africa and Latin America" *Development and Change*, 33(3). June 2002.

Olcott, Jocelyn, "Worthy Wives and Mothers:" State-Sponsored Women's Organizing in Postrevolutionary Mexico" *Journal of Women's History*, 13(4) (Winter), 106-131.

Pereira, A.P. "Women's Political Organizations in the Transition to Democracy: An Assessment of the Spanish and Italian Cases", *Journal of Women's History*, 15(3). 143-147. 2003.

Pereira, Chairmaine. "Configuring "global," "National," and "Local," in Governance Agendas and Women's Struggles in Nigeria" *Social Research*. Fall 2002. 69(3).

Philomina, Okeke-Ihejirikam and Franceschet. 2002. "Democratization and State Feminis: Gender Politics in Africa and Latin America." *Development and Change*. 33(3). June 2002.

Purvis, Junen. "From 'women worthies' to poststructuralism? Debate and controversy in women's history in Britain." Purvis, Junen, ed. *Women's History: Britain, 1850-1945*. London: Routledge. 1995.

Purvis, Junen. ed. *Women's History: Britain, 1850-1945*. London: Routledge. 1995.

Rai, Shirin. M., *International Perspectives on Gender and Democratization*. London: MacMillan Press LTD. 2000.

Rajan Rajeswari Sunder, *Real and Imagined Women: gender, culture and Postcolonialism*, Routledge, London. 1993.

Ranchod-Nilsson, Sita and Mary Ann Tetreault, Women, eds. *Women, States, and Nationalism, at home in the nation?*, London: Routledge. 2000.

Rendall, Jane, 1991. "Uneven Developments: Women's History, Feminist History, and Gender History in Great Britain" in ed. by Offen, Karen. 1991. *Writing Women's History: International Perspectives*. London: Macmillan.

Rose, Sonya, O. "Introduction to Dialogue: Gender History/Women's History: Is Feminist Scholarship Losing its Critical Edge?". *Journal of Women's History*. Spring 1993.

Ryu, Jeong Soon. Migrant Workers Policy of Korea. 2005.

Sapiro, Virginia "When are Interests Interesting? The problem of Political Representation of Women", *Feminism and Politics*, Oxford. Univ. Press. 161-192. 1998.

Schattschneider. *The Semisovereign People: A Realist's View of democracy in America*. The Dryden Press. 1975.

Scott, Joan. W. *Gender and The Politics of History*. rev. New York: Columbia University Press. 1999.

Seidman, G. W. "Institutional Dilemmas: Representation Versus Mobilization in the South African Gender Commission", Feminist Studies, Vol. 29, Iss.3. 541-523. 2003.

Stetson, Dorothy McBride and Amy G. *Comparative State Feminism, Sage*, California. 1995.

Studlar, Donley T. & Ian Mcallister. "Does Critical Mass Exist? A Comparative Analysis of Women's Legislative Representation Since 1950." *European Journal of Political Research* 41. 2002.

Summerfield, Penny. "Women and war in the twentieth century", Purvis, Junen, ed. *Women's History: Britain, 1850-1945*. London: Routledge. 1995.

UNDP. Human Development Report 1995. New York: Oxford University Press. 1995.

Waylen, Georgina. "Women and Democratization." *World Politics*. 46(3). 1994.

Wiliams, Melissa. *Voice, Trust, and memory: Marginalized Groups and the*

Failings of Liberal Representation. Princeton: Princeton University Press. 1998.

Wilma, Ruel. “"Parliaments of, by, and for the People: Except for Women?" Wilma, Rule and Joseph F. Zimmerman. eds. *Electoral Systems in Comparative Perspective: Their Impact on Women and Minorities*. 15-30. London: Greenwood Press. 1994.

Wu, Hsinchao. "Whose State? The Discourse of Nation-State in European Feminist Perspectives in the Late Nineteenth and Early Twentieth Centuries", *Journal of Women's History* 15, no.3(2003). 148-152. 2003.

Young. *Gender, Globalization, and Democratization*. Oxford: Rowman & Littlefield.

Zellerer, E. & Dmitry Vyortkin. "Women's Grassroots Struggles for Empowerment in the Republic of Kazakhstan." *Social Politics*, Vol.11(3). 2004.

Zimmerman, Joseph F. "Equity in Representation for Women and Minorities." Rule, Wilma and Joseph Zimmerman. eds. *Electoral Systems in Comparative Perspective: Their Impact on Women and Minorities*. 3-13. London: Greenwood Press. 1994.

| 인터넷 사이트 |

국회 도서관 국회 회의록(http://search.assembly.go.kr/record)
대한민국국회 법률정보시스템(http://search.assembly.go.kr:8080/law/index.html)
민주성노동자연대(http://cafe.daum.net)
이주여성, 다문화가족 센타(http://www.eulim.org)
중앙선거관리위원회 역대선거정보시스템(www.nec.gr.kr/necis/index.html)
한국여성단체연합(http://www.women21.or.kr)
Inter-Parliamentary Union(www.ipu.org/english/home.html)
Women in national Parliaments(www.ipu.org/wmn-e/world.htm)

| 사진출처 |

2장 여성과 정치

민주화, 지방화, 지구화 속의 젠더체제

1981년 여의도 광장에서 개최된 국풍 81 (인터넷 국가홍보처 국가기록사진관)

日誌선정화보 파문 "한국 연예인에 여대생 특집"이라는 제목의 기사가 실렸다 (한국일보 1985. 1. 20).

1987년 6·10규탄대회 및 호헌철폐 국민대회 (인터넷 국가홍보처 국가기록사진관)

노 대표, 직선제 개헌 선언 (조선일보 호외 1987. 6. 29)

여성단체 개헌 공청회 (조선일보 1987. 7. 31)

한국여성단체협의회의 여성 국회진출을 위한 공청회 (인터넷 한국여성사지식정보시스템)

지구적으로 전개되고 있는 성평등구축을 위한 여성의원할당제 (IPU, 1997, 81~82)

2000년 16대 총선 공천심사에서 여성 우선 배려를 요구 (뉴스피플 406, 2000. 2. 24, 20~21)

1988년 13대 총선 지역구 여성의원 출마자 포스터 (김정례, 정희경, 홍사임 후보)

한국여성단체 연합회원들이 2000년 4월 6일 여의도 한나라당사 앞에서 비례대표 여성할당 30퍼센트 위반 정당을 규탄하고 있다 (한국여성유권자연맹 (2000), 『여성유권자운동과 정치발전』, 414)

정치관련법 개정 청원서 확정 (조선일보 1993. 11. 3)

17대 총선 사상최다 여성의원 입성 (조선일보 2004. 4. 16)

2004년 12월 27일 호주제 연내 폐지촉구 남성국회의원 기자회견 (인터넷 한국여성단체연합)

1985. 1. 25 올바른 투표권 행사를 위한 여성대표자 간담회 광경 (이태영, 『가족법 개정운동37년사』)

호주제폐지 개정 민법 통과 (조선일보 2005. 3. 3)

부천서 사건 공안당국의 분석에는 혁명 위해 '성'까지 도구화한 사건으로 몰았다

(조선일보 1986. 7. 17)

1988년 5월 17일 부천서 성고문사건으로 기소된 문귀동의 첫 공판이 열린 날(한겨레 2005. 9. 5)

성희롱 사건을 승소로 이끈 서울대 우 조교의 기자회견(『보도사진연감』 1995. 4)

김대중 대통령 여성부 창립1주년 기념식 참석(인터넷 국정홍보처 국가기록사진관)

지방화, 지구화 속의 여성

기초의회 투표, 여야 광역선거체제 돌입(조선일보 1991. 3. 26; 3. 28)

1991년 기초자치단체 의원선거에 여성 40명 당선(인터넷 한국여성사지식정보시스템)

1995년 6 · 27 선거 대비 할당제 도입을 위한 여성연대의 기자회견(『지방자치』 84)

한국 최초의 여성시장으로 임명된 전재희 광명시장(『보도사진연감』 1995. 4)

2002년 지방선거 대비 유권자 결의 대회(조선일보 2002. 2. 8)

부천시 〈의정기지단〉 주부들이 부천시의회 임시회의 방청 후 의원들과 토론하고 있다(조선일보 1991. 8. 25)

부천YMCA 산하 어머니모임 112명은 담배자판기 금지에 관한 조례제정을 건의하는 청원서를 시의회에 제출하였다(조선일보 1992. 5. 11)

86매스개임 19개 고교생 동원 학부모 반발(조선일보 1985. 7. 6)

이주여성인권연대와 한국여성의전화연합 주최로 개최된 이주여성 도우미 전문상담원 교육(여성신문 2004. 7. 19)

러시아 성매매 여성들이 자신들의 상황을 경찰과 인권단체에 설명하고 있다(문화일보 2006. 1. 20)

한국 여성이 가장 많이 불법 송출되는 도쿄 유흥가(조선일보 2005. 7. 3)

이주노동자와 한국인 여성의 결혼(인터넷 다문화가족센터, 2005. 9. 21)

전남 무안군의 이주여성학교에서 한국어와 예절을 배운 외국인 이주여성의 수료식 (전남일보 2005. 12. 27)

이주여성 김장 담그기(인터넷 다문화가족센터 2005. 12. 17)

베이징 세계여성회의 한국대표단의 위안부 문제, 세계적 관심 촉구(조선일보 1995.3 9. 2)

'아시아의 평화와 여성의 역할'에 관한 3차 평양토론회(인터넷 한국여성사지식정보시스템)

2005년 7월 6일 일본 여성과 함께 하는 664차 수요시위(인터넷 한국여성단체연합)

2004년 2월 27일 반전여성캠프(인터넷 한국여성단체연합)

3장 여성과 사회

민주화를 위한 변혁의 대열에

이천만 여성, 억압하는 군부독재 타도 (『베틀』 24, 1987. 12)
폭력테러, 공권력 투입을 규탄한다 (『베틀』 38, 1989. 5)
여성해방 대동굿: 평등한 삶의 새날을 향해 (『베틀』 42, 1989. 10)
주요 여성운동단체 (중앙일보 1999. 5. 8)
『민주여성』 창간호 표지 (1987. 7)
여성의전화 첫 지부로 개원하는 인천여성의 전화 (『베틀』 77, 1994. 2)
창간10돌 여성신문 (중앙일보 1998. 12. 18)
여성노동해방가 (『민주여성』 6, 1988. 12. 20)
민주노조 건설! 노동삼권 쟁취! (『민주여성』 2, 1987. 8. 10)
노동여성운동의 새로운 지평을! (『민주여성』 4, 1987. 11. 5)
구사대 폭력 반대 시위 (『민주여성』 5, 1988. 6. 1; 『민주여성』 6, 1988. 12. 20)
여성노동자운동의 현황과 과제 (『민주여성』 6, 1988. 12. 20)
남녀고용평등법 해설집 (『민주여성』 7, 1989. 5. 20)
아직 끝나지 않은 남녀고용평등법 개정운동 (『민주여성』 6, 1988. 12. 20; 『민주여성』 7, 1989. 5. 20)
전국노동조합 여성지도자 세미나 (『민주여성』 8, 1989. 9. 20)
결혼, 임신퇴직 및 조기정년 철폐를 위해 (『민주여성』 11, 1991. 6. 1)
모성보호 쟁취하여 평생노동 확보하자 (『민주여성』 10, 1990. 11. 5)
한국여성단체연합 노동자 생존권 확보 시위 (『민주여성』 11, 1991. 6. 1)
3 · 8 세계여성의날 기념 여성 노동자 전진대회 (『민주여성』 12, 1992)
비정규직 철폐시위 (『한겨레21』 2005. 8. 30)
첫 여성 헌법재판관 전효숙, 첫 여성 법무부장관 강금실, 첫 여성 대법관 김영란, 첫 여성 장성 양승숙

성평등을 위한 진일보

개정되어야 할 가족법의 주요 내용 (『베틀』 42, 1989. 10)
호주제로 인한 여성피해사례 (중앙일보 2000. 8. 24)
한국가정법률상담소의 〈호주제 바로알기〉 브로슈어
호주제 헌법불합치 결정 이끌어낸 민변 호주제 위헌소송변호인단
온오프 토론방: 호주제 폐지 추진 어떻게 보나 (중앙일보 2003. 5. 16)

개인별 신분등록부와 가족부의 장단점을 비교하는 토론회 (여성신문 2003. 5. 2)
서울대 조교 성희롱사건 공대위는 공정한 재판 촉구와 성희롱 추방을 위한 거리 캠페인을 벌였다 (『베틀』 86, 1995. 5)
성희롱 배상 6년 만에 승리 (중앙일보 1999. 6. 26)
『월간중앙』의 성의식 조사 (중앙일보 1999. 2. 21)
성희롱 예방지침안 (중앙일보 1999. 1. 23)
성희롱 예방교육 안 하면 과태료 (조선일보 1998. 12. 24)
성희롱 예방, 신사교육 붐 (중앙일보 1999. 2. 5)
1988년 9월 20일 여성폭력 추방을 위한 긴급 시민대토론회 (『베틀』 44, 1990. 1)
성폭력추방의해 여성주간 행사—성폭력 추방과 올바른 성폭력특별법 제정을 위한 공동결의대회 (『베틀』 66, 1992. 10)
성폭력특별법 제정을 강력히 촉구한다 (『베틀』 62, 1992. 6)
성폭력특별법안의 올바른 방향정립을 위하여 (『민주여성』 13, 1992. 10)
성폭력관련 입법 추진을 이한 2차 연대회의 (『베틀』 55, 1991. 8)
성폭력관련법 입법을 위한 공청회 (『베틀』 52, 1991. 4)
성폭력특별법 시행에 따라 보건복지부 지정 '성폭력상담원 위탁교육' 실시 (『베틀』 85, 1995. 4)
여성의전화 개원 10주년 기념 매맞는 아내 수기 공모 (『베틀』 71, 1993. 5)
아내구타 공개토론회—매맞는 아내, 깨어진 삶 (『베틀』 63, 1992. 7)
성폭력특별법 제정 추진위원회의 정당인 초청간담회 (『베틀』 56, 1991. 9)
폭력 남편 위협 느낄 때 (중앙일보 1999. 4. 8)
가정폭력 추방주간 행사 중 호응이 높았던 '가정폭력피해 사진전' (『베틀』 80, 1994. 6)
한국여성의전화, 평등문화를 가꾸는 남성모임 발족 (『베틀』 86, 1995. 5)
여성의전화 토론회: 가정폭력 예방 아직은 머나먼 길 (문화일보 1998. 10. 30)
서울여성의전화 브로슈어
성매매 없는 사회만들기 시민연대 (인터넷 여성단체연합 여성운동 사진자료실)
2005년 7월 20일 군산 개복동 성매매집결지 화재참사관련 손해배상청구소송 상소심에서 국가의 책임을 인정하는 일부 승소판결 (인터넷 여성단체연합 여성운동 사진자료실)
성매매 여성의 성노동자 생존권 주장 (여성신문 2004. 10. 22)
2005년 7월 4일 서울에서 개최된 세계 여성의 행진에 참여한 한국여성단체연합 (인터넷 한국여성단체연합 여성운동 사진자료실)

성노동자의 생존권을 주장하는 민주 성노동자 연대 (한국인권뉴스 2005. 8. 29)
성매매방지법 1년 평가와 성노동자 운동의 방향과 전망에 대한 토론회, 민성토론 (사회진보연대 2005. 9. 13)

역사를 바로 잡다. 여성 인권에 대한 관심

일본군 위안부들이 2차 세계대전 말 미국해병대에서 보호를 받고 있다 (한국일보 1999. 4. 20)
강제연행된 정신대를 인정하고 사죄 배상하라 (『민주여성』 12, 1992. 3)
해외에서의 일본군 위안부 대책 활동 (『민주여성』 12, 1992. 3)

여성운동의 확대

베이징 세계여성대회
동아시아여성포럼 대만대회에 참가한 한국대표들 (인터넷 원불교신문)
막오른 세계여성학 서울대회 (중앙일보 2005. 6. 20)
세계여성학 서울대회 오늘 폐막 (중앙일보 2005. 6. 24)
'달나라 딸세포' 홈페이지
'언니네' 홈페이지
'일다' 홈페이지

| 찾아보기 |

| ㅇ |

한국여성근현대사 ❸ : 1980-현재

한국여성정치사회사 3

지은이 | 전경옥 유숙란 신희선 김은실

펴낸이 | 이경숙

펴낸곳 | 숙명여자대학교 출판국

펴낸날 | 2006년 1월 31일

주소 | 서울특별시 용산구 효창원길 52 숙명여자대학교

등록일 | 1968. 3. 20(제3-52호)

전화 | 02) 710-9161~3 팩스 | 02) 710-9090

값 15,000원

ISBN 89-7182-190-6 04340 89-7182-145-0 (세트)

이 책은 한국학술진흥재단의 지원으로 수행하고 있는 2002년 기초학문육성 인문사회분야 지원과제 "한국여성근현대사: 정치 · 사회사, 문화사, 인물사"(KRF-2002-073-BM1001)의 3차년도 연구성과물입니다.